U0856654

马克思主义新闻观
教育统编教材

丛书主编　李昌文
常　庆

中国新闻传播史

主　编　钱　婕
副主编　徐　苒　赵纪娜

山东大学出版社
SHANDONG UNIVERSITY PRESS
·济南·

图书在版编目(CIP)数据

中国新闻传播史/钱婕主编. —济南:山东大学出版社，2022.5

马克思主义新闻观教育统编教材/李昌文,常庆主编

ISBN 978-7-5607-7440-4

Ⅰ.①中… Ⅱ.①钱… Ⅲ.①新闻事业史—中国—教材 Ⅳ.①G219.29

中国版本图书馆 CIP 数据核字(2022)第 065542 号

责任编辑 楚洋洋
封面设计 张 荔

中国新闻传播史
ZHONGGUO XINWEN CHUANBOSHI

出版发行 山东大学出版社
社 址 山东省济南市山大南路 20 号
邮政编码 250100
发行热线 (0531)88363008
经 销 新华书店
印 刷 山东蓝海文化科技有限公司
规 格 720 毫米×1000 毫米 1/16
19.5 印张 325 千字
版 次 2022 年 5 月第 1 版
印 次 2022 年 5 月第 1 次印刷
定 价 56.00 元

目　录

第一章 中国古代的新闻事业

中国古代的新闻事业至少可追溯至唐代的进奏院状。这种由藩镇长官派驻京城的进奏官发回地方的消息虽以“状”命名，但已脱离官文书的性质，体现出新闻性。宋代都进奏院的建立让服务地方的进奏院状变成中央统一管理的信息发布系统。邸报是古代人对封建官报最经常、最习惯使用的一种称呼。作为传递圣令、彰显圣威的信息工具，邸报内容以皇帝诏令、皇帝起居、官吏迁黜和臣僚章奏为主，流通范围仅限于官僚士大夫阶层。伴随着官方信息发布渠道的建立，一些原本只应在体制内流通的信息外溢到民间。民间报纸又分作两脉：一类为非法的民间报纸，最初由进奏官在进奏院状之外“别录单状”，“矫为家书”传递出来，因“多以小纸书之”，故而被称作“小报”。时效和内容优势既是小报的生命力所在，又是它遭统治者禁绝的原因。小报在清代历经顺治、康熙、雍正、乾隆四朝的打击，终归于绝迹。另一类为合法报纸。明代，伴随着商品经济的发展，出现了办报的社会化和公开贩卖报纸的行为。清代出现的《京报》是中国历史上第一份有固定名称、连续发行且受众广泛的报纸，也是中国古代民间报纸发展的巅峰。

第一节 中国古代报纸的起源

谈及古代的新闻传播，不少学者着力于考证有文献记载的新闻传播在何时，以何种方式出现。通过对语言文字和书写工具的发展历程、古代信息采集与发布体系和古代文化形态发展的研究，再佐之以历史典籍中零星的记载，我们了解到上古时期以诗歌和谣谚为主要的传播形态；春秋战国时期有采诗观风、置邮传命、烽燧警报、史官记事；秦代书同文、车同轨，为传播范围的扩大提供了基础。以甲骨、简牍、丝帛、纸张为代表的书写工具的演进也无一不影响着传播的形态、规模与速度。

在人类的传播实践中，带有新闻信息的传播行为随处可见。然而，新闻史研究更关心的是独立于行政法令、军事情报或文化艺术等信息的新闻文本，以及专门的新闻采集与发布行为出现于何时。

一、中国报纸起源的几种说法

关于中国的报纸最早起源于哪个朝代，不同的学者持不同的观点。一般来讲，学术界有三种观点。

一为周朝说，即认为报纸起源于周朝。

持这种观点的又有两种说法：一种将先秦时的史官与乐官作为新闻事业之滥觞。春秋战国时期，各诸侯国都有史官。如据《史记・廉颇蔺相如列传》记载，公元前 279 年秦赵两国国君会于渑池，赵王鼓瑟，秦御史提笔写道："某年月日秦王令赵王鼓瑟。"秦王击缶，赵御史不甘示弱，也写道："某年月日秦王为赵王击缶。"周朝之时史官的记事之举与今天新闻记者的报道看起来确实有一定程度的相似。著名教育家蔡元培先生曾经说："余维新闻者，史之流裔耳，古之人君，左史记言，右史记事，非犹今之新闻中某某之谈话与行动乎？"[①]蔡元培抓住了历史与新闻的相通之处，即对于事实的真实记载。谈到历史与新闻的相似性，报学研究者还提到了王安石曾将《春秋》比作邸报。《春秋经解后跋》有云："（王荆公）诋圣经而废之曰：此断烂朝报也。"王安石称《春秋》为"断烂朝报"，意思是说《春秋》是一部残缺不全的邸报。

周朝不仅有史官记史，也有乐官采风的传统。各诸侯国专设"采诗之官"，又叫作"行人"，每年春、秋两季出去收集民歌，呈献朝廷后交乐官保存，除供天子了解"民意"外，每逢祭祀、朝会、宴食、迎宾等场合，还用于演奏和演唱。这种将"饥者所歌之食，劳者所歌之事"记录下来的过程，也与今日之记者有几分性质上的相似。林语堂称："中国新闻事业发端于诗歌的形式——即以精辟的诗句和民谣的形式记录公众对当时事件的看法，并以此保存了大量有关的资料。"[②]梁启超、秦理斋等人也表达过《诗经》"犹如后世民报"的观点。

---

① 转引自朱传誉：《先秦唐宋明清传播事业论集》，台湾商务印书馆 1988 年版，第 30 页。

② 林语堂：《中国古代新闻舆论史》，中国人民大学出版社 2008 年版，第 12 页。

将新闻追溯至周朝的说法，只是看到史官记史、乐官采风与新闻记录之间的相似性，将《春秋》或《诗经》这样的文本与后世报纸做了类比，并无足够的史实根据。

二为汉朝说，即认为中国的报纸起源于汉。

持这一观点的学者中最有影响的是中国近代新闻史学者戈公振先生，他也是在学术界第一个提出“中国古代报刊产生于汉朝”观点的学者。在《中国报学史》中，戈公振在“汉有邸报乎”一节写道：

> 《西汉会要》：“大鸿胪属官有郡邸长丞。”注：“主诸郡之邸在京师者也。按郡国皆有邸，所以通奏报，待朝宿也。”通奏报云者，传达君臣间消息之谓，即邸报之所由起也。
>
> 秦筑驰道，汉收其利而定驿制。书写之具，竹帛之外，又有纸之发明，其用亦日备。当时西域既通，夷越朝鲜既平，疆宇大拓，商业大兴。君主固极留心边事，而诸侯之心怀叵测者，又极注意皇室动静，则传递消息之方法，因政治上之需要与交通书写之便利，自宜较前代为进步也。[①]

在戈公振看来，汉代已有地方驻京师之“邸”，且有“通奏报”的行动，加之“政治上之需要与交通书写之便利”，邸报在汉代应已出现。受戈公振的影响，不少学者也支持这一说法。但是在《中国新闻事业通史》中，方汉奇先生提出《西汉会要》中的确提到了邸，但有邸不一定就有邸报。大鸿胪其职为“主宾客”，即负责接待郡国、属国到首都的办事人员，代他们呈递章奏，并没有向下发报的任务。至于道路交通、书写材质的便利，疆宇大拓，商业大兴引发的信息需求等，只能说明汉代有产生报纸之可能，不意味着有产生报纸之必然。更何况根据《中国雕版源流考》，“竹帛废而纸大行，当在魏晋间矣”[②]，即汉代虽已有纸张发明，但纸张还未成为被广泛使用的工具。

将报纸的历史追溯至汉代的另一个证据是西汉“木府报”的发现。20 世纪 80 年代，在我国西北地区的汉长城烽燧中出土了数万枚西汉木简。经考证，这些木简的年代从汉武帝时期一直延续到王莽新朝，其是由中央政府的御史大夫下发给地方太守，转抄都尉、县令，再层层转抄到侯官、亭燧长的皇帝制书和诏书。由于具有公开、告知事实和发行范围广的特征，一些学者认

---

① 戈公振：《中国报学史》，上海古籍出版社 2014 年版，第 23～24 页。

② 留庵：《中国雕版源流考》，上海商务印书馆 1924 年版，第 53 页。

为这些"府报"即是中国现存最早的"报纸"。[①]

第三种说法也是最为盛行的和广受认可的说法是唐代说。唐代,出现了有确切文献记载的"开元杂报",公元9世纪的"敦煌进奏院状"也为这种说法提供了实物证据。

根据目前的史料,邸报最早出现在开元年间,证据是孙樵的《读开元杂报》:

> 樵曩于襄汉间,得数十幅书,系日条事,不立首末。某略曰:某日皇帝亲耕籍田,行九推礼。某日,百僚行大射礼于安福楼南。某日,安北奏诸蕃君长请扈从封禅。某日,皇帝自东封还,赏赐有差。某日,宣政门宰相与百僚廷争一刻罢。如此,凡数十百条。樵当时未知何等书,徒以为朝廷近所行事。
>
> 有自长安来者,出其书示之,则曰:"吾居长安中,新天子嗣国及穷虏自溃,则见行南郊礼,安有籍田事乎?况九推非天子礼耶?……"语未及终,有知书者自外来,曰:"此皆开元政事,盖当时条布于外者。"
>
> 樵后得《开元录》验之,条条可复。[②]

孙樵,晚唐人士,这篇文章作于唐宣宗大中五年(851年)。该文说他在襄汉时看到唐玄宗开元年间的朝报,报纸有这样的特点:第一,"数十幅书",可见所谓"开元杂报"是几十张未经装订的单页书面材料。第二,内容上,罗列"朝廷近所行事"。"开元杂报"里记载的是"当时条布于外者"。第三,形式上,"系日条事,不立首末"。即整份报纸没有报头,各则消息没有标题和结束语。

"开元杂报"是孙樵给这"数十幅书"的命名,那么这些名为"杂报"的散页,究竟为何物?对此,学界有不同的说法。有的学者认为它是"开元年间政府公报",也是国内最早一份定期发布的政府公报,与西方被称为第一份报纸的古罗马时代的《每日纪闻》在社会功能上存在着内在的对应。[③] 当然,更多学者认为它是襄汉地区所在的山南道邸吏在京师传发到地方的政事信息,与敦煌出土的"进奏院状"性质相同。

---

① 参见张涛:《中国中央的信息发布——兼评张涛先生的"府报"说》,《新闻与传播研究》2006年第4期;陈力丹:《发现"府报"——我国古代报纸的历史前推800年》,《当代传播》2004年第1期。

② (唐)孙樵:《读开元杂报》,蒋含平、李新丽编:《中国新闻传播史文选》,合肥工业大学出版社2016年版,第3页。

③ 参见陈昌凤:《中国新闻传播史:媒介社会学的视角》,北京大学出版社2007年版,第14页。

二、唐代进奏院状的面貌与性质

目前保存下来的两份唐代报纸实物是1900年在敦煌莫高窟出土的两张进奏院状残页。这两张进奏院状是唐僖宗时期由驻地在沙州的归义军节度使派驻朝廷的进奏官发回沙州的。沙州在今敦煌地区，所以新闻史学家将其定名为“敦煌进奏院状”。现在这两张进奏院状分别藏于伦敦大英图书馆和巴黎国立图书馆。

与唐代进奏院状的孕育和发展关系最为紧密的是唐代的藩镇制度。藩镇制度自古有之，但是此前没有一个朝代发展到像唐朝这样中央无法控制的局面。唐朝，藩镇设立的初衷是抵御外敌。藩镇的最高长官是节度使，节度使在京都的居停办公之所，开始称上都留后院，或上都邸务留后院，代宗大历十二年(777年)后改称上都知进奏院，简称进奏院。安史之乱后，藩镇崛起，地方势力坐大，渐趋式微的唐中央在与地方的权力、利益争夺中逐渐丧失其主导地位，地方藩镇便在信息交流渠道的争夺中开始占据主动。唐后期，势力强劲的藩镇长官终身不朝觐，进奏官作为藩镇代表常驻京师，成为唐后期地方藩镇获取中央动向等信息的最重要途径。

进奏官负责为藩镇长官呈递奏章，下达文书，办理需要和中央各部门交涉的各项事宜，也为地方搜集、通报各项政治消息。经由进奏官传发给各藩镇和地方诸道，用来介绍朝廷政事动态和各项消息的报告，在当时被称作“进奏院状”，也被称作“进奏院状报”“状报”“报状”“邸吏状”“留邸报状”等。总体来讲，进奏院状具有以下特质：第一，不定期地由首都向地方传发，读者主要是各地藩镇和诸道长官。第二，内容以朝廷公布的政事活动为主，辅以自行采集。他们会对朝廷经由政事堂牒布于外的信息加以筛选，选择藩镇长官感兴趣的内容，如官员任免、朝廷动态及其他藩镇的政治军事动向等。还有一些通过非常规手段刺探而来的信息情报。第三，时效性强。信息由中央向地方的传播往往要早于官方文书，因此进奏官向藩镇长官传递之政治信息是地方藩镇了解最新政治形势的最直接、最快速的依据。[1] 第四，进奏院状不同于官文书。“状”，就名称看属于上行公文，进奏院状也确有诏令、制书等内容，但它并不具有行政效力，其功能仅在于信息传递。

就性质而言，唐代进奏院状是一种由官文书向早期官报过渡的，具备了

① 参见李永：《从朝集使到进奏官——兼谈中国古代的“驻京办事处”》，《天府新论》2011年第6期。

一定报纸作用的原始形态的报纸。它很像公元前500多年古罗马出现的新闻信中的官方新闻信，又近似16世纪诞生于欧洲、作为西方近代报纸远祖的“新闻书”。①

第二节　中国古代官方报纸

“邸报”这一名称，最早出现于宋朝，是古代人对封建官报最经常、最习惯使用的一种称呼。之所以称为邸，是因为作为邸报发布机构的进奏院亦称邸，进奏官也叫邸吏。除了邸报外，“邸抄”“邸吏状”“状”“报”都是对邸报的称谓。邸报是对中国古代官报的通称，并不指某一份报纸，它在不同的朝代又有不同的官方称谓。比如在宋代，其官方称谓为“朝报”，至明代才称“邸报”。

一、邸报的抄传程序

公元960年，赵匡胤发动“陈桥兵变”，黄袍加身，建立了宋王朝。随后他虽以“杯酒释兵权”的方式削弱藩镇的军事实力，但仍允许“逐州就京师各置进奏院”，归各州自行管辖。公元981年，即太宗太平兴国六年，宋太宗赵匡义开始对散在都下的各进奏院进行整顿。原二百名进奏官，选出一百五十贤能，取消进奏知后官名，一律称进奏官；余下五十人补为“副知”。同年又设“都进奏院”于大内侧近，作为进奏官集中办公地点，文件承抄都在这里，以避免泄露于外，同时命供奉官张文瓌提辖诸道进奏院。

宋代邸报的发报制度，以太宗太平兴国六年都进奏院的建立为分水岭。此前，进奏院和进奏官们各自听命于自己的行政长官，目的是帮助各地方当局了解中央动向及京城消息；此后，有了中枢部门的集中统一管理，进奏院状成为中央向地方发布信息的工具，中央官报的性质更加明显。其在编发的工作方法和程序上也与过去不同，以往是隶属于各地藩镇的进奏官自行收集材料，自行编发，多属个体行为，没有统一的章程，改组后有了专门的主管部门，主管部门先是枢密院，后由分别隶属中书、门下省的检正、检详官负责，南宋时则由“门下后省给事中点检”。赵升《朝野类要》记载：“每日门下后省编定，请给事判报，方行下都进奏院，报行天下。”②进奏官的参与主要表

① 参见陈昌凤：《中国新闻传播史：传媒社会学的视角》，清华大学出版社2009年版，第16页。

② 转引自方汉奇主编：《中国新闻事业通史》第1卷，中国人民大学出版社1992年版，第70页。

现在抄传环节,其间只能在经过审定允许抄传的稿件中筛选和删节。

由于有中央统一的管理,宋真宗咸平二年(999 年)出现了中国历史上最早的新闻审查制度——定本制度。《宋会要辑稿》记载皇帝下诏说:"进奏院所供报状每五日一写,上枢密院定本供报。"即要求进奏院把各地上呈的奏章及皇帝对奏章的批复等内容,整理成邸报的初稿,每五天编成一册,报到枢密院。由枢密院审定甚至修删后,再退回都进奏院,由各进奏官抄写发报。所谓"定本",指的就是经过审定后的邸报样本。进奏官按照审查通过后的"定本"向地方发布消息,不得超过"定本"框定的范围。

宋神宗熙宁四年(1071 年),大臣刘奉世认为"五日行遣,颇属烦文",乞革定本,去实封[①],但以通函誊报。[②] 即革除定本制度,不再用密封形式下发进奏院状报,而改用一般公告形式向全国发布。皇帝从之,同时在枢密院增设了一个专管新闻发布审查的职位——检详官,在中书省设了"检正中书五房公事"的检正官,分管枢密和中书各项公文的发布。这就把审查新闻的程序提前到朝廷对外发布之前,凡不适合发布的由枢密院和中书省的检详官、检正官截留不出。同时,为防止进奏官发布从其他途径获得的不应发布的新闻,进奏院状报在发出后仍然由枢密院派出的监官"逐月抽摘点检",由此实现了事先控制、事后审查的双保险。

邸报的抄传制度在明代有了较大的改变。明太祖朱元璋在位时宣布:"罢丞相,设五府、六部、都察院、通政司、大理寺等衙门,分理天下庶务,事皆朝廷总之。"[③]其中,通政司就是明代邸报抄传的第一个环节。

通政司的前身叫"察言司",成立于洪武三年(1370 年),其主要职责是"掌受四方章奏",原本地位平平。随着加强皇权的需要,察言司的地位和级别一步步地上升,洪武十年改设通政司。在朱元璋看来,通政司为"喉舌之司",其职在于"通上下之情,以达天下之政"[④]。陆容在《菽园杂记》中也记载:"通政司,所以出纳王命,为朝廷之喉舌;宣达下情,广朝廷之聪明,于政体关系甚重也。"[⑤]故而通政司是宋代中央政府机构中政事信息的汇集地,臣

---

① 古代奏章有两种封装方式:实封和通封。实封可保证奏章的密封性,《宋会要辑稿》载:"凡系实封者,并令依常式封书毕,更用纸折角重封,准前题字及两折角处并令用印,无印者,细书名字。候到阙,令都进奏院监官躬亲点检。无拆动即依例进纳,或有损动者,具收接人姓名以闻。"

② 参见方汉奇主编:《中国新闻事业通史》第 1 卷,中国人民大学出版社 1992 年版,第 94 页。

③ 转引自孟森:《明史讲义》,四川人民出版社 2018 年版,第 89 页。

④ 严耕望:《中国政治制度史纲》,上海古籍出版社 2017 年版,第 201 页。

⑤ 转引自刘家林:《中国新闻史》,武汉大学出版社 2012 年版,第 28 页。

僚章奏大都要经通政司上达文书房。

经皇帝御批或经内阁大学士们票拟的章奏，会送至午门外的六科廊房。六科，是明代邸报抄传的第二个环节。六科设于洪武六年，包括吏、户、礼、兵、刑、工六科，对应六部之事。《明史·职官志》记载："六科，掌侍从、规谏、补阙、拾遗、稽察六部百司之事。凡制敕宣行，大事覆奏，小事署而颁之；有失，封还执奏。凡内外所上章疏下，分类抄出，参署付部，驳正其违误。"六科的众多职能中，与邸报抄传有关的工作有两项：一是"凡日朝，六科轮一人立殿左右，珥笔记旨"，即六科有专人负责记录皇帝接见大臣们时的"谕旨"。经由邸报发布出去的皇帝谕旨，有很大一部分就来源于此。二是"凡内外所上章疏下，分类抄出"。凡是有皇帝朱笔批示或认可的章奏，会由内阁发至六科。据顾炎武《日知录》卷九，若六科认为不妥，"给事中驳正到部，谓之科参。六部之官无敢抗科参而自行者，故给事中之品卑而权特重"。若无不妥，则分类"抄出奉行"，供在京各衙门"互相传报，以知朝政"，同时供邸报抄传。

除通政司和六科外，明代邸报抄传的第三个环节是提塘。它存在的目的是实现邸报的异地发行，即满足京师之外抚衙的阅读需求。提塘是提塘官的简称，是地方督抚派驻京城的传递有关本省的文书的官员。提塘官隶属兵部，提塘官的身份与唐宋时进奏官的身份有相似之处，都属地方驻京人员。邸报由提塘从六科抄出后，会一式多份，通过驿路传送给各省城或驻地的主要军政长官。在次一级的行政机构复制传阅的同时，更次一级的府县衙门也会派专门从事抄传工作的职业书手前去复制邸报，并再经驿路分送地方长官。明朝行政区划分为省、府、州、县四级，邸报抄传应以此依例进行。

邸报抄传至地方，除官吏可传阅外，一些地方士绅也有阅报的门路。《金瓶梅》第十七回《宇给事劾倒杨提督　李瓶儿许嫁蒋竹山》中描述了邸报在地方上的抄传：西门庆的亲家陈洪随内侍杨戬一起被兵科给事中宇文虚中参倒，西门庆的女儿和女婿便回来躲避，西门庆一见，顿时慌了手脚，一面安顿女婿女儿，一面"叫了吴主管来，与他五两银子，教他连夜往县中承行房里，抄录一张东京行下来的文书邸报来看"。西门庆为了打听这条性命攸关的消息，不惜花费五两银子去县中承行房里抄录一份邸报。五两银子大概是明代县衙书手两个月的工资，按保定府的抄传价格，相当于抄写 7 本邸报的费用。虽然所费不赀，但证明邸报存在体制外流通的非常规渠道。

明代的邸报原件现已无存，被保存下来的只有当时人的抄件与抄本。其中属于一个时期的邸报，被抄辑成册保存下来的是《万历邸钞》；属于某一天的邸报，被抄作附录辑入一般文集保存下来的是《天变邸钞》。

清因明制，封建官报的发行方式、发行渠道和明代十分接近，也分为通政使司、六科和提塘三个环节。

通政使司是收受臣僚题奏的机关，据《清史稿·职官志》记载，它的职责是"掌受各省题本，校阅送阅"。通政使司的主官通政使由满汉各一名官员担任，满员级别高于汉员。由于通政使司地位的重要，皇帝往往将通政使一职委以亲信，如曹雪芹祖父曹寅就曾担任此职。

六科是发抄皇帝谕旨和臣僚章奏的机关。谕旨中属于明降的那一部分，由参与密勿的大学士和军机大臣传达到六科。臣僚奏章中经过内阁票拟，皇帝批红同意发抄的那一部分，也由军机处经内阁送到六科。这两部分材料到达六科后，一方面由六科传知有关衙门抄出奉行，另一方面由六科公开发抄，称为科抄。非明降的谕旨，如经军机处通过驿递直接传送地方重臣的"廷寄"，或未经皇帝审阅批示同意公布的臣僚奏章，是不能发抄的。

清代的提塘分为京塘和省塘。京塘是各省设在北京的提塘，据《清史稿·职官志》《清会典》等书记载，长驻北京的提塘共 16 人。他们多为各省的武进士和候补候选守备，由各省负责遴选，兵部负责管理，与地方及中央政府都保持一定的联系。京塘的办事机构大多位于北京城南前门大街以西、宣武门大街以东、西河沿以南、南横街以北这一片街区，这一带也就逐渐发展成为清代北京新闻传播活动的中心。京塘的任务主要是收受和转呈地方上报中央的各类公文，收受和下达中央各部院发给本省的一般公文、皇帝发给本省官员的一般谕旨和赏赐品，并兼发行邸报。省塘是指驻在各省省会的提塘，由兵部从所属车驾司、捷报处两衙门中遴选，分驻各省会及黄河、运河沿线。省塘专门负责京省之间官文书和官报的传递工作。

二、邸报的内容与禁忌

按《宋会要辑稿》记载，邸报的内容大致可概括为"朝廷政事设施、号令、赏罚、书诏、章表、辞见、朝谢、差除、注拟"等几项。在宋人著作中，可以看到一些关于进奏院状的记载。

宋祁《景文集》卷三十六载："臣某言：今月八日得进奏院状报，圣体康复，已于二月二十三日御延和殿，亲见群臣者。"同书卷八十五载《慰皇兄汝南郡王薨表》:“臣某言:得进奏院状报,今月八日,皇兄汝南郡王薨谢,追封濮王者。”同书同卷载《慰温成皇后大葬表》:“臣某言:得进奏院状报,十月七日,温成皇后大葬礼毕者。”陆佃《陶山集》卷八载《贺受玉玺表》:“臣某言:准都进奏院递报,五月朔,皇帝御太庆殿,行受贺之礼者。”同书同卷载《贺城西安州表》:“伏睹进奏院报,泾原路城西安州毕功者。灵旗所指,一方尽平。”同书同卷载《贺收青唐表》:“伏睹进奏院报,收复青唐故地者……丑虏归穷,王灵大赫,神人欢喜,河陇晏清。”毕仲游《西台集》卷九载《谢范德孺举自代状》:“某惶恐再拜,近睹进奏院状报,伏蒙经略侍郎不以其迂阔无成,久自弃于门下,意欲挽而推之,使就涂辙,因拜新命,特有荐论以自代。”

由上面的记载可知,邸报上的内容大致包括皇帝诏旨、皇帝起居、官吏任免、臣僚章奏、战报、刑罚等。这些内容当中,排在首位的是皇帝诏旨,排在次位的是皇帝起居。宋代,由于官僚队伍日渐庞大,一人之迁黜实际牵涉甚广,故而因利益相关性最受瞩目。熙宁三年(1070年),皇帝下诏:“擢用才能赏功罚罪,事可惩劝者……月以事状录付院,誊报天下。”[①]可见朝廷将赏功罚过、升迁罢黜之事作为对士大夫的刺激与警戒。因此官吏任免这部分内容数量最多,也最受读者关注。臣僚章奏是邸报上占据篇幅最大者。邸报篇幅有限,章疏大多很长,因此往往刊登的只是节选、摘录,有时因太过简略影响读者理解。

作为中央一级的官报,封建统治者自然会对邸报上的言论进行规范和管理。从宋代统治者对邸报内容的规范,可以看到限制较严的有以下几个方面。

灾异。水、旱、蝗灾及日食、地震等自然灾害和异常的天象,一般被认为是上天对天子的不满和警告,有损皇帝的威望,不利于皇权的巩固。尤其是宋仁宗以后,由于小规模的兵变和农民起义时有发生,社会秩序不稳,对于灾异信息的限制更加严格。《宋会要辑稿》载仁宗庆历八年(1048年)正月十二日秘阁校书知相州杨孜言:“进奏院逐旬发外州军报状,盖朝廷之意欲以迁授降黜示赏功罚罪,勉励天下之为吏者。积习因循,将灾异之事悉报于天下,奸人赃吏、游手凶徒喜有所闻,转相扇惑,遂生观望。京东逆党未必不由此而起狂妄之谋。况边禁不严,细人往来。欲乞下进奏院,今后惟除改差任臣僚,赏罚功过,保荐官吏乃得通报。自余灾祥之事,不得辄以单状伪题亲

---

① 转引自戈公振:《中国报学史》,上海古籍出版社2014年版,第25页。

识名衔以报天下。如违,进奏院官吏并乞科违制之罪。”所谓“京东逆党”,指的是庆历三年在密、青两州发动兵变和官军对抗的沂州虎翼军卒王伦和庆历七年以弥勒教名义在德、齐两州发动起义被推为东平王的王则等人。他们在倡乱和起义的过程中,都曾以异常的天象为号召。杨孜的这一建议为仁宗所采纳。仁宗后,灾异方面的消息很少见于宋代邸报。

军情等朝廷机事。封建统治者历来要求“事干机密者不得传报”,军情更是机密中的机密。对涉及军事行动,特别是涉及兵变、农民起义、少数民族武装反抗官军等方面的军事行动消息,一般不准报道。如上面提到的王伦在密、青两州的兵变,当局就严禁在邸报上透露。欧阳修《欧阳文忠公集》卷一百五十三记当时的情况是:“江淮州军频有奏报,朝廷不欲人知,召进奏官等于枢密院,责状不令漏泄,指挥甚严。”仁宗皇祐元年(1049 年),广南西路的少数民族首领侬智高据广源州起兵造反,当局仍然命令进奏院“毋得辄报”。这以后,禁报这一类的军机成为定局。

未经准许公布的臣僚章疏。《宋会要辑稿》载徽宗宣和三年(1121 年)九月二十四日诏:“臣僚章疏不许传报中外,仰开封府常切觉察。仍关报合属去处,内敕黄行下臣僚章疏,自合传报。其不系敕黄行下臣僚章疏辄传报者,以违制论。”由此可知,臣僚章疏有可传有不可传者。敕黄行下,即由皇帝批出的奏章可以传报。但有些“机密不合报外之事”,或事关臣僚间的相互攻击,或可能引起物议与反对的,则不在朝廷准许公布的信息范围内。

上述内容上的禁忌在自宋至清的历史中是普遍存在的,只是各朝可能因政治局势或言论尺度的不同,控制的力度会有变化。比如明代,由于言官权力较大,言论尺度相对其他朝代更为宽松。从《万历邸钞》上的内容来看,有不少涉及国家财政、军士作乱、民变等方面的内容,甚至连“争国本”这样事关皇位继承、反映皇帝与群臣尖锐矛盾的权力之争也赫然出现在《万历邸钞》上。灾异在明代也并非绝对的禁忌,《天变邸钞》以 2000 字的篇幅记载了发生于熹宗天启六年(1626 年)的一场自然灾害。它如实地描述了灾难之惨重:“东自顺城门大街,北至刑部街,长三四里,周围十三里,尽为齑粉,屋以数万计,人以万计。王恭厂一带糜烂尤甚,僵尸层叠,秽气熏天……此真天变,大可畏也。”皇帝后来不得不下“罪己诏”以平息民情。再比如《万历邸钞》中一条名为“浙直大旱”的消息,描绘了民不聊生的惨状:

> 东南太湖俱涸,宜兴东西两氿俱绝流。浙江巡抚滕伯轮题严州桐庐县民郭四揶饥馑绝食,止有一子六岁,遍卖无主,于四月十七日闭门

杀男而食，随自缢死；又绍兴府余姚县民黄十五见有一子五岁，于今年初三日密地杀男剖鬻。

三、邸报的读者与发行

邸报的读者，主要是政府官员和士大夫。高宗绍兴三年(1133 年)，大理司建议把赏功罚罪交进奏院“镂板颁降诸路州军监司，及在京官司”。可见作为封建官报，邸报中的相当一部分内容承担着传递政令，彰显圣威的功用，因而在封建官吏中流传是顺理成章的。宋代官僚机构庞大，要每个官吏人手一份，怕是不现实。仁宗天圣七年(1029 年)六月一日，殿中侍御史朱谏言：“河北边城，每进奏院报状至，望令本州实封呈诸官员，若事涉机密，不为遍示。”由此可知，那些级别较低的官吏，是以“遍示”的方式阅读邸报的。而若事涉机密，则连“遍示”的资格也没有。

进奏院总天下邮递之事，但只是邸报的收发机构，邸报的发行工作是由兵部负责的。孝宗隆兴二年(1164 年)六月十三日，兵部言：“进奏院承受诸处行下外路州军监司等处文字，自来并系本部径行排发。”如果说京师的邸报按照定本制度是五天一发布，向外地的邸报发送则需要更长的时间间隔。仁宗庆历八年(1048 年)正月十二，秘阁校书知相州杨孜言“进奏院逐旬发外州军报状”，由此可知向外地发送大概要十天一次。

宋代的驿运较唐代更为发达。据沈括《梦溪笔谈》卷二十六记载，“驿传旧有三等，曰步递、马递、急脚递。急脚送最遽，日行四百里，惟军兴则用之。熙宁中，又有金字牌急脚递，如古之羽檄也。以木牌朱漆黄金字，光明眩目，过如飞电，望之者无不避路，日行五百余里。有军前机速处分，则自御前发下，三省枢密院莫得与也”。南宋初年，由于金兵南侵，驿路被严重破坏，还专门建立斥堠铺和摆铺制度以传递军情。它们和急脚递一样都属于快递方式。但邸报属于常程邮件，故而一般经步递、马递、水递，路上耽搁的时间比较长。如从南宋行都临安到四川，需要将近一个月的时间。

明代，邸报的读者群进一步扩大。明代报纸的读者群主要是在京城的官吏阶层和外地官府的官吏阶层，以及所有准备入仕的知识分子阶层，还包括武官集团中一部分弃文从武和热衷于政治的将领。[①] 他们借助邸报了解

① 参见尹韵公：《论明代邸报的传递、发行和印刷》，《新闻与传播研究》1989 年第 4 期。

朝政，同时将邸报用于应举、党争、修史和创作。[①]

明代的竹枝词唱道："小户岂曾窥邸报，也随人写太平年。"这是描写崇祯年间的情况，说明在明朝经常看报的是大户人家，寻常百姓是无缘读报的。但到了清代光绪年间，坊间流传竹枝词："唯恐人疑不识丁，日来送报壮门庭。月间只费钱三百，时请亲朋读我听。"可见伴随着民间报刊的发展，邸报上的内容被复制到民间，读者群体进一步扩大。清代直接担负邸报发行工作的是提塘专线，但当时的驿传体系也已参与到邸报传递中。清代前期，建立起有 2000 多个驿站、70000 多名驿夫和 14000 多个递铺、数百个塘站、40000 多名铺兵的庞大驿传组织。驿传网络四通八达，纵横交错，其规模远远超过此前任何一个朝代。[②] 清代的驿传体系为清代邸报的运作和发行提供了坚实的物质基础和制度保障。比较《明会典》和《钦定大清会典则例》对于常程文字驿传的时间规定，清代的驿传速度有显著提升。明代自京师至陕西都司限 86 日内，清代自京师至陕西总督、西安巡抚限 13 日内；明代自京师至四川松潘限 192 日内，至清则限 24 日内。

第三节　中国古代民间报纸

一、起始于北宋，兴盛于南宋的小报

1.小报的诞生

在任何时候，当人们希望了解某事而得不到权威答复时，小道消息便会满天飞，信息的黑市也会异常繁荣。小报就诞生于北宋王朝民族矛盾、阶级矛盾和社会矛盾尖锐的社会背景中。在民众迫切需要信息以获得生活的确定性时，据李心传《建炎以来系年要录》卷一七一记载，邸报却"动辄年旬日，俟许报行，方敢传录，而官吏迎合意旨，多是删去紧要事目，止传常程文书，偏州下邑往往有经历时月不闻朝廷诏令"。

和邸报一样，小报并没有报头和固定的名称。流行在社会上的小报，也并非出自一家一人之手。小报是当时人们对那种以刊载新闻和时事性政治材料为主的不定期的非官方报纸的习惯称呼。小报出现的确切时间难以考

---

① 参见方汉奇主编：《中国新闻事业通史》第 1 卷，中国人民大学出版社 1992 年版，第 170～171 页。

② 参见程丽红：《清代报人研究》，社会科学文献出版社 2008 年版，第 26 页。

证，但有学者认为有官方信息发布之时，或许就难避免其向体制外的泄露。其应当始于那些常规处理此类信息的进奏官。

都进奏院的成立，就是为了规范信息的发布。其后规定采取事先检阅制、进奏官五人为保等种种措施，也都是为了防止信息的外泄。《宋会要辑稿》记载，仁宗天圣九年(1031 年)“诏如闻诸路进奏官报状之外，别录单状，三司开封府在京诸司亦有探报，妄传除改，至感中外”。这是对小报最早的记载。

可见小报源自进奏官“别录单状”，即掌握信息的邸吏在抄传信息的过程中选择一部分信息编成小报。宋初，皇帝为体恤臣僚，允许他们的家书借传递公文的递铺邮寄。进奏官将小报“矫为家书，以入邮置”，这些未经许可的信息因此在民间迅速传播开来。

2.宋代小报的发展

开始只是“别录单状”的复制，随着小报的发展，逐渐出现有意识的新闻采集。据《宋会要辑稿》记载，仁宗皇祐四年(1052 年)九月十七日诏：“访闻诸州进奏官日近多撰合事端腾报，扇惑人心，及将机密不合报外之事供申。”这里“撰合”二字表明，进奏官开始自己编造，而不仅仅是原来对已有消息的偷传了。而且这种撰合呈愈演愈烈之势，据《宋会要辑稿》记载，至神宗熙宁二年(1069 年)，监察御史里行张戬言：“窃闻近日有奸妄小人，肆毁时政，摇动众情，传惑天下。至有矫撰敕文，印卖都市。”“矫撰敕文”即意味着假传圣旨，以编造皇帝诏书的手法来表达报纸编印者的意见。据《宋会要辑稿》，徽宗大观四年(1110 年)，产生过一份痛责蔡京的伪诏，极为精彩：

> 前宰相蔡京，目不明而强视，耳不聪而强听，公行狡诈，行迹谄谀。内外不仁，上下无检，所以起天下之议。……今州县有蔡京踪迹，尽皆削除；有朋党之辈，悉皆贬剥。仰内外文武臣僚无隐。

徽宗看后勃然大怒，于同年十月一日下诏指出，“此御笔手诏，深骇闻听，且奸人乘间辄伪撰诏，撰造异端，鼓惑群心”，要求“内外收捕”嫌疑之人。因此，此时的小报不仅是一种机要信息的外泄，还承担了一部分民意表达的社会功能。

有学者认为北宋后期“朝报”仍流传于封建统治集团，还没有史料说明它是在街头公开出售的。但至北宋末年，一度出现既脱离了朝廷传报组织系统又具有特殊性质的在街头公开出售的“朝报”。[①] 这种公开销售的“朝报”并非官方的邸报发行到了民间，而是一种民间报纸。它出现于靖康年间，正是金人占领开封时期。金人尚未建立起正常秩序，整个社会实际上已失去了控制，所以民间报人看准这个机会，推出了公开出版发行的民办的“朝报”。

至南宋，小报有了大的发展。关于小报的记载，有这样两段较为完整。高宗时期周麟之在《海陵集》卷三中有《论禁小报》一文：

> 方陛下颁诏旨，布命令，雷厉风飞之时，不无小人诪张之说，眩惑众听。如前日所谓召用旧臣者，浮言胥动，莫知从来。臣尝究其然矣，此皆私得之小报。小报者出于进奏院，盖邸吏辈为之也。比年事有疑似，中外未知，邸吏必竞以小纸书之，飞报远近，谓之小报。如曰：“今日某人被召，某人罢去，某人迁除。”往往以虚为实，以无为有。朝士闻之，则曰：“已有小报矣！”州郡间得之，则曰：“小报已到矣！”他日验之，其说或然或不然。使其然耶，则事涉不密；其不然耶，则何以取信？此于害治，虽若甚微，其实不可不察。臣愚欲望陛下深诏有司，严立罪赏，痛行禁止。

《宋会要辑稿》所载光宗绍熙四年（1193 年）的一则“臣僚言”（群臣在朝廷应对时的发言），有更为具体、详细的描述：

> 比来有司防禁不严，遂有命令未行，差除未定，即时誊播，谓之小报。始自都下，传之四方。甚者凿空撰造，以无为有，流布近远，疑误群听。且常程小事，传之不实，犹未害也；倘事干国体，或涉边防，妄有流传，为害非细。乞申明有司严行约束，应妄传小报，许人告首，根究得实，断罪追赏，务在必行。又言：朝报逐日自有门下后省定本，经由宰执始可报行。近年有所谓小报者，或是朝报未报之事，或是官员陈乞未曾施行之事，先传于外，固已不可。至有撰造命令，妄传事端，朝廷之差除，台谏百官之章奏，以无为有，传播于外。访闻有一使臣及阁门院子，专以探报此等事为生。或得之于省院之漏泄，或得之于街市之剽闻，又或意见之撰造，日书一纸，以出局之后，省、部、寺、监、知杂司及进奏官悉皆传授，坐获不赀之利。以先得者为功，一以传十，十以传百，以至遍

① 参见黄卓明：《中国古代报纸探源》，人民日报出版社 1983 年版，第 72 页。

达于州郡监司。人情喜新而好奇，皆以小报为先，而以朝报为常，真伪亦不复辨也。

从上述两段描述可知：

第一，南宋时民间报纸有了统一的称谓——小报或新闻。称“小报”，是因为“以小纸书之”。“新闻”是一种隐秘的称谓，南宋赵升在《朝野类要》卷四中有这样一段话：“其有所谓内探、省探、衙探之类，皆衷私小报，率有漏泄之禁，故隐而号之曰新闻。”

第二，此时的小报，实现了办报的社会化，即有“专以探报为生”的社会成员参与进来。上文中提到内探、省探和衙探，“内”是指“大内”，也就是皇廷；“省”是指中书省、门下省等高级行政机关；“衙”则是指“省”以下的行政机关。这些“专以探报为生”之人，就其身份而言多为下级官吏和“阁门院子”[①]，其信息“或得之于省院之漏泄，或得之于街市之剽闻，又或意见之撰造”，真实性难以保证。

第三，小报时效性强，内容丰富。小报发表的内容常常超出朝廷许可的边界，那些“朝报未报之事，或是官员陈乞未曾施行之事”，“命令未行，差除未定”之事，小报即已“即时誊播”，甚至“每遇批旨差除，朝殿未退已传播”。“喜新而好奇”指出了小报的特质和它屡禁不止的原因，人们“皆以小报为先，而以朝报为常，真伪亦不复辨也”。

第四，从“省、部、寺、监、知杂司及进奏官悉皆传授，坐获不赀之利。以先得者为功，一以传十，十以传百，以至遍达于州郡监司”这句话来看，小报的发行是以“传授”的方式进行的，而非公开销售。但南宋偏安一隅之时，临安的商铺出现了“供朝报”的行当。文献中也有关于小报“印卖都市”“镂板鬻卖，流布于外”“京城印行，沿街叫卖”的记载，说明南宋小报是公开销售的，这应该与南宋中央权力的衰微有关。

3.宋代对小报的查禁

自北宋有小报起，对于小报的查禁就从未停止，且愈加严厉。封建统治者查禁小报是通过规范进奏官和打击小报发行人两种途径实现的。

邸吏是小报的消息源头。为了维护朝廷政事消息发布的权威性，朝廷自定本制度开始即意在整顿都进奏院的新闻发布秩序。据《宋会要辑稿》记

① 阁门，是阁门司的简称，隶属于门下省，主管皇帝和大臣们的朝会、游幸、宴享、礼仪、赞相、召对、引见、辞谢等事宜，朝廷内这方面的动态消息汇总于此。阁门院子，即阁门司的低级仆役。

载，真宗大中祥符元年(1008年)诏:“进奏院不得非时供报朝廷事，宜令进奏官五人为保，犯者科违制之罪。”这条文献记录一是说明进奏院“非时供报朝廷事”已经构成一个需要整治的问题。二是让我们看到整治的方式是在进奏官之间采取株连、互保制度。要求进奏官五人一组，一人违规，其余四个人同时受罚。三是明确规定了进奏官若“非时供报朝廷事”则犯“违制之罪”。违制，即违背皇帝的命令，按照《宋刑统》要受到笞杖之刑或“徒二年”的惩罚。[①] 据《宋会要辑稿》，仁宗天圣九年(1031年)皇帝下诏:“闻诸路进奏官，报状之外，别录单状，……自今听人告捉、勘罪、决停，告者量与酬赏。”鼓励人们告发，这是朝廷企图遏制官方信息外溢的又一办法。对那些告发举报的官吏，不但给予精神上的表彰，而且给予物质上的奖励。

对于小报的发行人，从封建统治者对他们的称呼可见官方之态度。从一开始，他们就被称为“奸人”“小人”“无图之辈”“不逞之徒”，他们的行为是“撰造浮言，诳惑群听”，“肆毁时政，摇动众情”，他们的言论是“小人诪张之说”。因此，对于小报发行人的打击，也是沿着严惩发行人、奖励告发者的思路进行的，而且惩罚力度越来越大。

方汉奇先生整理了《宋会要辑稿》中历朝的相关规定，仅取其中几条。哲宗元祐五年(1090年)规定:“违者徒二年，告者赏缗钱十万。”至南宋，孝宗淳熙十六年(1189年)规定:“今后有私撰小报，唱说事端，许人告首，赏钱三百贯文，犯人编管五百里。”宁宗嘉泰三年(1203年)规定:“诸听探传报漏泄朝廷机密事，若差除，流二千五百里。主行人有犯加一等，并配千里。非重害者徒三年，各不以荫论。”“于事无害者杖八十”，“事不宜传播而辄漏泄者，杖一百”。[②] 对小报的打击力度如此之大，可以看出统治者对于民间办报的深恶痛绝。从官方的视角看，自然是为了稳定社会秩序，安定民心。但更重要目的还是禁锢民众的视听，以维护政治上的专制统治。宋高宗时吏部尚书周麟之在《海陵集》卷三《论禁小报》一文中对查禁小报的目的讲得十分清楚:“使朝廷命令播之天下，天下可得而闻，不可得而测；可得而信，不可得而诈，则国体尊而民听一。”然而，尽管政府三令五申，措施严厉，宋代始终未能将小报禁绝。

---

① 参见杨立民:《制书有违:古代“违制律”的概念辨析与源流考证》，《云南大学学报》(法学版)2014年第3期。

② 参见方汉奇主编:《中国新闻事业通史》第1卷，中国人民大学出版社1992年版，第110页。

二、明代民间报房的生存与发展

明代中叶以后，首都北京地区的民间新闻传播活动日趋活跃，开始出现民间的报房和从事抄报工作的专门行业。民间报房问世后，其官方消息仍然来自六科，或间接得自提塘报房，因此两类报房所抄发的官方消息内容基本一致，它们所发行的报纸都称邸报。民间报房的发抄，总体而言在内容上与官发邸报差别不大，延续官方意志，只是发行范围有所扩大。这大概是明代民间报房得以公开存在的重要原因。

于慎行《谷山笔麈》卷十一《筹边》对明代民间报房的生存状况作了较为清晰的描述：

> 南宋时元兵南下，诏中外不许传播边事。此虽末世之政，然于军国机密，亦不可不知也。近日都下邸报有留中未下先已发抄者，边塞机宜有未经奏闻先已有传者，乃至公卿往来，权贵交际，各边都府日有报帖，此所当禁也。幸而君上起居，中朝政体，明如悬象，原无可掩。设有造膝附耳之谋，不可使暴于众，居然传播，是何政体。又如外夷情形，边方警急，传闻过当，动摇人心，误事大矣。报房贾儿博锱铢之利，不顾缓急。当事大臣，利害所关，何不力禁？

沈榜《宛署杂记》卷十三《铺行》云：

> 今查得宛、大二县，原编一百三十二行，除本多利重如典当等项一百行，仍行照旧纳银……将网边行、针蓖杂粮行、碾子行、炒锅行、蒸作行、土碱行、豆粉行、杂菜行、豆腐行、抄报行、卖笔行、荆筐行、柴草行、烧煤行、等秤行、泥罐行、裁缝行、刊字行、图书行、打碑行、鼓吹行、抿刷行、骨簪箩圈行、毛绳行、淘洗行、箍桶行、泥塑行、媒人行、竹筛行、土工行，共三十二行，仰祈皇上特赐宽恤，断自今年六月初一日以后免其纳银。

从上述两段文字，可知明代报房生存状况的下列基本事实。

其一，既称“抄报行”，那就意味着有了一定数量以抄报为生之人，如此方能构成一个行当。其二，政府准许抄报行“免其纳银”，意味着在此之前已将其纳入税收体系，因此抄报行最晚在万历十五年（1587 年）已经成为一种合法存在的行当。[1] 其三，抄报一行有利可图，但“报房贾儿博锱铢之利”说明其获利甚微。也正因如此，它与图书行、打碑行等三十二行被列入免税行业，需政府特别体恤扶持。抄报行除抄传和发行邸报以外，还会印卖缙绅录、鼎甲单，为应试的士人通报考试成绩等。其四，被称“贾儿”，说明报人社会地位低下，登不上台面。明末清初小说家吴拱宸的小说《鸳鸯针》里曾经有这样一段情节：

> 学内又有一个秀才，姓周名德，绰号白日鬼。这人虽是秀才，全不事举子业。今日张家，明日李家，串些白酒肉吃。别人着棋，也在旁边算子斗彩。别人打牌，他插身加一的拈头。终日醉熏熏，吃不餍饱。家里那只锅灶儿，也是多支了的。到那有权势的人家，又会凑趣奉承。贩卖新闻，又专一拴通书童俊仆，打听事体，撺掇是非，赚那些没脊骨的银钱。是以秀才家，凡有大小事，俱丢不得他的。

由上述文字可见，报人的地位低下并不只是因为收入微薄，更源于其“打听事体，撺掇是非”的行为历来被视为“奸伪悖德”之举，故而为社会所不齿。

三、清代小报的禁绝和《京报》的发展

1.清代小报的禁绝

清代的小报，主要见于清初顺治、康熙、雍正、乾隆四朝。小报在清代又被称作“小钞”或“小抄”，也有的称为“报条”。王士祯在《池北偶谈》卷四中提到清初“亦有小报，谓之小抄”。蒋良骥在《东华录》中也说，康熙五十三年(1714 年)有人报告：“近闻各省提塘及刷写报文言，除科抄外，将大小事件探听写录，名曰小报。”雍正年间四川巡抚宪德在奏疏中说：“若小钞，则川省之文武大小各衙门皆有，一赍俱到，一看皆知。”[2]由此可见小报在清朝初年是公开存在的，后因遭严厉查处而销声匿迹。

雍正年间，雍正帝因小报两度震怒。第一件事是小报刊发不实消息，引发雍正帝震怒。据《清世宗宪皇帝实录》卷四十四，雍正四年(1726 年)五月初五，雍正帝召住在圆明园内的王大臣十余人在园内勤政殿侧的四宜堂会

---

① 《铺行》一文出自万历十五年(1587 年)四月户部尚书张学颜的一份题奏。

② 《四川巡抚宪德奏奉朱批训诫据实陈情并请革提增以杜京抄泄露之弊折(雍正六年正月二十二日)》,《宫中档雍正朝奏折》第 11 辑，台北故宫博物院 1978 年版，第 468 页。

面，并请他们吃了过节的粽子，“逾时而散”。对于这次简朴的端午活动，提塘小报做了如下铺陈：“初五日，王大臣等赴圆明园叩节毕，皇上出宫登龙舟，命王大臣等登舟，共数十只，俱作乐，上赐蒲酒，由东海至西海，驾于申时回宫。”登舟、作乐、赐酒、游园等细节全属虚构，情节严重失实。当时皇室内部的政治斗争还很激烈，雍正帝对提塘小报的这一失实报道十分敏感，认为与政敌的流言构陷有关，立即下诏：

> 庚子，谕大学士等：从前阿其那、允禟、允禵等结党营私，每好造言生事，凡僧道喇嘛、医卜星相，甚至优人贱隶，以及西洋人、大臣官员之家奴，俱留心施恩，相与往来，以备其用。若欲排陷何人，即捏造无影响之言，使此等人传播，以簧惑无识见之辈。圣祖仁皇帝深知此辈奸恶，时时留心。至朕即位以后，即有传言云，朕日日饮酒，又云朕与隆科多饮至更深，隆科多沉醉不胜，令人抬出……着兵刑二部详悉审讯，务究根源，以戒将来，以惩邪党。

雍正帝批兵刑二部查办，最后以“捏造小钞，刊刻散播，以无为有”的罪名，将发行这一小报的何遇恩、邵南山两人判处斩刑，于该年秋后处决。这是中国新闻史上因办报获罪被杀的有姓名可考的最早的两个人。

第二件事是小报先于部文到达地方，泄露了司法机密，影响了对获罪官员的惩处。雍正五年(1727 年)十月，刑部奉旨要将在押的原四川按察使程如丝就地正法。可是刑部文函到川前五六日，程如丝突然自缢，畏罪自杀，显然是预先得到消息。雍正帝大为恼火，给四川巡抚宪德的朱批是：“若此不愧，非具人面者也。待罪自有国法，奈天下人耻笑，朕焉为汝难堪，若不究出传递消息之人，严加参处，这督抚还作得么？”后经查核是小抄泄密。宪德在奏折中呈报说：“程如丝着即处斩之部文到，在十月二十九日，而京报小抄到在前五日，十月之二十四日。部文单行臣署，臣得而密之。若小抄则川省之文武大小各衙门皆有，一赍俱到，一看皆知。是通知程如丝之斩决，不在部文到之后，而在小报甫到之际，已五六日矣。”[①]

清代康雍乾三朝是文字狱十分严酷的时代，对小报的限制就是在这一历史背景下进行的。历经严厉查处，小报发行活动基本上被禁绝，这以后直到清末，很少看到关于小报的记载。

---

① 转引自刘文鹏：《清代提塘考》，《清史研究》2007 年第 4 期。

2.《京报》的出现及其基本面貌

明代民间报房抄报的传统延续至清，并且民间报房出品的报纸有了固定的称谓——《京报》。当然，也有说《京报》最初出现于明末，而非清代之产物。《京报》是中国历史上第一份有固定名称、连续发行且受众广泛的报纸，是中国民间报业发展的顶峰。

清代的民间报房主要集中在北京，这应该也是《京报》名称之起源。清初民间报房就已经存在，但从雍正朝开始大兴文字狱，雍正、乾隆两朝对于民间报房和小报的查禁来看，《京报》的发展当在乾隆中叶以后。对于清代民间报房的产生有两种说法，一种是长白山人（管翼贤）在《北京报纸小史》中所说："当年东华门外，设有白本报房一所，该所雇用数十名文贫，由内阁领到宫门钞，众文贫分写数百本，派人送投各衙门，各大员邸第……但因代价昂贵，中下级官吏及商民等，无力订阅，于是黄皮报房应时而出……经营黄皮报者，均为山东人，所谓京报房是也。"①另一种说法是戈公振在《中国报学史》中的观点："据北京报房中人言，清初有南纸铺名荣禄堂者，因与内府有关系，得印《缙绅录》及《京报》发售。时有北京登属之人，负贩西北各省，携之而往，销行颇易。此辈见有利可图，乃在正阳门外设立报房，发行《京报》，其性质犹南方之信局也。"②对于这两种说法，方汉奇先生认为不妨并存，因为二者在有关《京报》的关键史实上都是没有问题的：《京报》确是先有白皮，后有黄皮；稿件领自内阁，关系来自内府，以赢利为目的，出版于北京，负贩于外地，从事这一行的多为山东人。由提塘及其所设报房垄断邸报的抄传、发行，到一部分人分化出来以刻报为营生，进而私设报房、刊刻钞报，这是清代民间报房诞生和发展的历史轨迹。③

乾隆、嘉庆年间的《京报》一般没有报头，没有封面，每天一期，每期一册，第一页的第一行刻印出版日期，版心部分印有"题奏事件"四个字，每册第一页和最后一页的空白处印有报房的堂名。这就是所谓"白本报"的样式。早期官报和民间报房所出报纸大抵皆如此。同治以后各朝，民间报房所出报纸在形式上有了很大革新，其中最明显的变化就是加上了封面。大部分的封面用黄色连史纸，封面左上角加盖"京报"二字，右下角印上报房的

① 管翼贤：《北京报纸小史》，杨光辉等编：《中国近代报刊发展概况》，新华出版社1986年版，第400页。

② 戈公振：《中国报学史》，上海古籍出版社2014年版，第29页。

③ 参见方汉奇主编：《中国新闻事业通史》第1卷，中国人民大学出版社1992年版，第205页。

名戳，少数则在封面加印“指日高升”或“一品当朝”的图案，把《京报》和报房名称嵌在其中。《京报》全部为竖排，一行到底，每行一般为22个字，每页七行。

京报房抄报、编报过程比较紧张。黄卓明在《中国古代报纸探源》中根据收集到的材料，整理出《京报》的编辑过程：清王朝内阁在东华门外，设有一个称为“抄写房”的专门机构，每天中午由报房派人去抄录当天发布的“官文书”。报房取得抄件后，除被称为“宫门抄”的朝廷政事动态报道和谕旨全部照登外，奏折因数量较多，加以选用。所以《京报》上的内容基本上分为三部分：宫门抄、上谕和奏章。不同报房出版的《京报》之间的区别只在其内容选择上的差异性。编排好的《京报》当晚刻印，次晨发行，大概在十点时能送到订户手中；有时报房从业务经营上着眼，为了抢时间、争取读者，会把“宫门抄”部分单独排印，当晚发行，名称就叫作《宫门抄》。[①]

清袁栋在《书隐丛说》卷十三中说：“近日邸报往往用活版配印，以便屡印屡换，乃出于不得已，即有讹谬，可以情恕也。”当时的《京报》多用木活字印刷，字体歪斜、墨色浸漫，质量不佳。加之为抢时间，校对不精，错字较多。然因内容新颖，销路不错，印数多过一万份。

《京报》读者甚众，其读者绝大部分是朝野的官绅和士大夫。至清朝末年，个别市井贾儿为提高身份也成为《京报》的读者。正是因为读者众多，所以《京报》的发行队伍非常庞大。他们不仅能够开展在京的报纸零售与订阅业务，还可以将报纸“整批发售至省外”。北京各报房是每天刊刻出版，按日送至京城订户家中的。但对外地订户来说，就只能是积几天的《京报》，报房派人送一次。据文献记载，京师附近的州县如通州、良乡等地大约是两天一次，天津等地大约五天送一次，保定等地大约十天送一次，边远省份则往往要一个月或一个多月才能送一次。为了尽可能发挥送报人奔走一个来回的效益，一些送报人除了替报房送报外，还兼营代捎书信、代寄包裹、代购物件、代送银两等业务，以增加收入。因此，报纸的发行网络自清代就已尝试增值业务。

---

① 参见黄卓明：《中国古代报纸探源》，人民日报出版社1983年版，第164页。

思考题

1.中国古代报纸的基本构成是什么样的?

2.唐代“进奏院状报”是报纸吗?为什么?

3.中国邸报的编发程序自宋至清经历了哪些变化?

4.小报自宋代诞生后屡禁不止,其生命力究竟体现在何处?

5.《京报》为什么被称作中国古代民间报纸发展的巅峰?

第二章　中国近代报业的开端

中国报纸的历史虽可追溯至唐代，但“报告新闻、揭载评论，定期而为公众刊行”的报纸是在19世纪初才出现的。外国人来华办报为中国人提供了作为“现代化工具”的报刊的最初的范本。早期的外报大致分为两类：一类是传教士以宣教为目的创办的大量中文报刊，另一类是商人为沟通商情创办的商业报刊。它们有各自的历史局限性，但在客观上促进了“西学东渐”，为中国传统知识分子提供了一种新的对世界的想象。在借助“报刊”这一新的知识工具与世界交往的过程中，报刊之于一个“通达”的民本社会的功能与作用被先进的中国人发现。国人自办报刊在严苛的政治环境和落后的商业市场中艰难起步。

第一节　西学东渐中的传教士报刊

一、首批中文近代报刊

15世纪中叶，古登堡活字印刷术问世。伴随世界航路的发现与开辟，现代报刊伴随着全球经商与殖民扩张，由西欧逐渐抵达世界。这些新式的传播工具不仅改变了信息传递的方式，而且重构了当地人对世界与自身的思考与想象。最早将西方新式传播工具带到中国的，是那些以传教为目的的传教士。

自唐代起，基督教几番来华。18世纪初，天主教在华已有澳门、南京和北京三个主教区，信徒已达30余万人。然而，明清之际，围绕着中国天主教徒是否应遵从敬天、祭孔、祀祖等传统习惯，“礼仪之争”最终发展成罗马教皇与中国皇帝之间的权威之争。自康熙朝开始,清廷实行禁教。嘉庆十九年(1814 年),清廷又谕:"禁止西人传教,查出论死,入教者发极边。"这就是基督教新教传教士来华办报时面对的政治局面。

1795 年,英国成立海外基督教新教传教组织——伦敦布道会,总部设在伦敦,宗旨是向海外非基督教徒传播基督教新教。1804 年,马礼逊(Robert Morrison)主动请缨,成为伦敦布道会派遣入华之第一人。他的任务是先学好中文,然后编辑英汉词典以及将《圣经》翻译成中文。由于没有得到英国东印度公司的支持,马礼逊是借助美国人的帮助,自美国转道中国的。他历时 15 年编纂了《华英字典》,用了 10 年的时间把《圣经》翻译成中文。因为一时无法在中国公开活动和建立据点,根据伦敦布道会的指示,马礼逊在马六甲开办了印刷所和英华学院,前者雇请中国刻工刻印传教小册子和《圣经》,后者成为后来的来华传教士的培训基地。

1.《察世俗每月统记传》(*Chinese Monthly Magazine*)

1815 年 8 月 5 日,世界上第一份中文近代报刊《察世俗每月统记传》在马六甲创刊。这个地方是英属殖民地,与中国交通方便,且靠近南洋的华人聚集地。

《察世俗每月统记传》的主编是英国传教士米怜(William Milne),由伦敦布道会于 1813 年派遣到中国。

《察世俗每月统记传》采用中国书册形式,免费赠送,每月发行一次,全年合订一卷。创刊号云:"既然万处万人皆由神而原被造化,自然学者不可止察一所地方之各物。单问一种人之风俗,乃需勤问及万世万处万种人,方可比较辨明是非真假矣……所以学者要勤功察世俗人道,致可能分是非善恶也。"[①]由此劝勉华人放开眼界,博采众长,以一种更加开放的胸怀接纳外国人的宗教与物俗。《察世俗每月统记传》每一期的封面上都印有"子曰:多闻,择其善者而从之"的字句。报刊内容是"神理人道国俗天文地理偶遇,都必有些,随道之重遂传之,最大是神理,其次是人道,又次国俗,是三样多讲,其余随时顺讲"。《察世俗每月统记传》总共刊发 244 篇文章,其中直接传播教义的 206 篇,占总数的 84.4%;关于科学文化方面的文章 29 篇,占

① 《〈察世俗每月统记传〉序(1815 年 8 月 5 日)》,复旦大学新闻系新闻史教研室编:《中国新闻史文集》,上海人民出版社 1987 年版,第 4 页。

11.9%。[①]《察世俗每月统记传》上虽刊登了中文近代报刊上第一条消息，但新闻并未受到重视，亦即刊物的新闻性并不强。所以中国报史研究者白瑞华曾说，与其说该刊是月刊杂志(monthly journal)，不如说是“定期发行的(宗教)小册子”。

《察世俗每月统记传》从1815年持续出版至1821年，历时7年，每月印数从500份发展到2000份。1821年《察世俗每月统记传》因主编米怜病重出版至年终停刊。次年，米怜去世。

2.《特选撮要每月统记传》(*Monthly Magazine*)与《天下新闻》(*Universal Gazette*)

《察世俗每月统记传》停刊后不久，伦敦布道会又陆续在南洋地区出版了两种中文报刊：一种为《特选撮要每月统记传》，另一种为《天下新闻》。《特选撮要每月统记传》由英国传教士麦都斯(W.H.Medhurst)于1823年在巴达维亚(今印尼首都雅加达)创办，“书名虽改，而理仍旧矣”，实际上是《察世俗每月统记传》的续刊，无论在内容或形式上都与《察世俗每月统记传》有很大的相似性。右上角仍题古训“子曰亦各言其志也已矣”。《特选撮要每月统记传》1826年停刊，前后共出四卷。1828年，《天下新闻》创刊。《天下新闻》是由英国传教士纪德(Samual Kidd)创办的，它主要刊登欧洲和中国的新闻，宗教和道德方面的内容退居次要地位。式样也突破了过去的书册式，改为散张，并用活字印刷，比起之前两种月刊它更像一张近代报纸。不过这个刊物只出版了一年，保存下来的不多，详细情况已难考证。主编纪德于1832年返英，在1839年出任伦敦大学第一位中国语言文学教授。

3.《东西洋考每月统记传》(*Eastern Western Monthly Magazine*)

长期以来，传教士只能在外围进行文化渗透，直到1833年郭实腊(Karl Friedrich August Gutzlaff)在广州打开缺口，创办《东西洋考每月统记传》。这份刊物被认为是中国境内第一份中文近代报刊。[②]

郭实腊出生于普鲁士波美拉尼亚，是第一位来华的路德宗传教士。他23岁来到东南亚传教，为博得中国人的好感，自取笔名“爱汉者”，着汉服，讲

---

① 参见姚福申：《〈察世俗每月统记传〉的再认识：关于南洋最早的中文期刊》，《新闻大学》1995年第一期。

② 关于《东西洋考每月统记传》是否为中国境内出版的第一份中文近代报刊，目前学术界存在争议。2006年有学者在英国发现了创刊于1833年4月的《杂闻篇》原件。经考证，该刊物为马礼逊在澳门创办，主要内容是宣传基督教信仰。因此，有学者认为中国境内第一份中文近代报刊应当前推。但也有学者认为《杂闻篇》为不定期出版，非定期的出版物是否可算作报刊，尚值得商榷。

汉语，入籍福建同安的郭氏宗祠。郭实腊的个人智慧毋庸置疑，他是一位汉学家，又懂德文、英文、荷兰文、中文、马来文、泰文、日文等多种语言。他一生留下各种文字著作85种，其中中文著作最多，共61种。除尝试借助著书办报等文字工作沟通中西以建构共识外，他还行医送药，协助妻子在澳门创办的女校是中国近代女子教育的开端。但他同时参与鸦片贸易，并直接介入中英战争，以翻译的身份参与了《南京条约》的签订，声称“我们装备精良的火炮比翻译嘴里的话更能撼动（中国）人（的）心”①。郭实腊表现出来的复杂、多元且不无内在矛盾的身份与行为令其饱受争议，也使其成为近代来华传教士中最具传奇色彩的人物。②

在《东西洋考每月统记传》出刊前的一个多月，郭实腊曾用英文写过一份出刊缘起：

> 虽然我们与他们（指中国人）长久交往，他们仍自称为天下诸民族之首尊，并视所有其他民族为“蛮夷”。如此妄自尊大严重影响到广州的外国居民的利益，以及他们与中国人的交往。……（本月刊的）出版是为了使中国人获知我们的技艺、科学和准则。它将不谈政治，避免就任何主题以尖锐言词触怒他们。可有较妙的方法表达，我们确实不是“蛮夷”；编者偏向于用展示事实的手法，使中国人相信，他们仍有许多东西要学。又，悉知外国人与地方当局关系的意义，编纂者已致力于赢得他们的友谊，并且希望最终取得成功。③

《东西洋考每月统记传》的办刊目的十分明确，是要借宣扬西方文化以征服中国人骄傲自大的心态，传播西方友谊以清除中国人敌视外国人的心理。因此，《东西洋考每月统记传》不再是一份纯粹的宗教刊物，它被认为是宗教报刊世俗化的开始。有学者对其所刊全部文章进行分类统计，结果发现新闻占27.2%，历史内容占12.9%。④《东西洋考每月统记传》的各专栏中也没见到类似“神理”这样的专栏，取而代之的是历史、地理、天文、新闻、贸易、杂文等专栏。当然，宗教内容并非完全消失，它被有意隐含在了世俗内容中。

---

① 杨佳智：《郭实腊其人及其在早期对华传教活动中所扮演的角色和影响》，宗教文化出版社2007年版，第116页。

② 参见胡凯、张翰轶：《试析郭士立在华传教活动中的身份建构与身份冲突》，《德国研究》2017年第2期。

③ 黄时鉴整理：《东西洋考每月统记传》，中华书局1997年版，“导言”第12页。

④ 参见黄时鉴整理：《东西洋考每月统记传》，中华书局1997年版，第66页。

如《东西史记合和》将中西方历史并列：中国历史以“盘古氏为开辟首君”为始，西方历史则从“亚大麦，当初神天，即上帝造化天地，及造世人”写起。

科学文化知识成为刊物的主要内容，包括相当丰富的社会科学和自然科学知识。以自然科学论，《察世俗每月统记传》重天文，因为日月星辰是最易施展神威的领域，这类知识是宣讲“上帝万能”的最佳材料；而《东西洋考每月统记传》则着重介绍为中国社会所需而又可以反映西方近代科学成就的实用知识。如《火蒸车》写道：“英国人驾火蒸车一个时间，走九十里，如鸟之飞。不用马，不恃牛，任意飞跑。”这些知识都是当时的中国人闻所未闻的，对于人们的冲击自不必说，而编纂者也确实做到了谨慎巧妙，在介绍知识的过程中始终保持着谦恭，至少是尊重中国人的态度。

这个刊物对现实斗争和时事政治表现出浓厚的兴趣。《东西洋考每月统记传》特设新闻专栏，新闻主要是对西方来华商船带来的外报的翻译，少数为广州、澳门的地方新闻，后期也摘录一些《京报》上的材料。当时的新闻时效性差，常与言论混杂，假新闻也时有出现，但毕竟迈出了重要的一步。该刊有颇多创举：该刊所发的酒徒打人致命的报道和 105 岁老翁四年前娶 22 岁女子并生子的报道，是近代中文报刊最早的社会新闻。第一篇新闻学专论《新闻纸略论》也刊登于此，第一次向国人介绍了西方报纸起源、现状及出版自由情况：

> 在西方各国有最奇之事，乃系新闻纸篇也。此样书纸乃先三百年初出于义打里亚国，因每张的价是小铜钱一文，小钱一文西方语说加西打，故以新闻纸名为加西打，即因此意也。后各国照样成此篇纸，至今则到处都有之甚多也。惟初系官府自出示之，而国内所有不吉等事不肯引入之，后则各国人人自可告官而能得准印新闻纸，但间有要先送官看各张所载何意，不准理论百官之政事，又有的不须如此各可随自意论，诸事但不犯律法之事也。其新闻纸有每日出一次的，有二日出一次的，有七日出二次的，亦有七日或一月出一次不等的，最多者乃每日出一次的，其次则每七日出一次的也。其每月一次出者，亦有非记新闻之事，乃论博学之文。于道光七年在英吉利国核计有此书篇，共四百八十多种，在米利坚国有八百余种，在法兰西国有四百九十种也。此三国为至多，而其理论各事更为随意，于例无禁，然别国亦不少也。①

① 黄时鉴整理：《东西洋考每月统记传》，中华书局 1997 年版，第 66 页。

该刊目前所见最后一期出于1838年4月。

二、鸦片战争后传教士报刊非宗教性的增强

鸦片战争后,清政府被迫打开国门,长期以来对于西方宗教的禁锢被打破,教会报刊数量逐年增加。中国被迫开放五处通商口岸,改变了传教士只能在广州活动的局面。为了抓住这一大好时机,伦敦布道会理事会决定筹募资金,正式展开对华传教活动。1843年,英华书院院长理雅各(James Legge)来到香港,马六甲的英华书院就此关闭,印刷所也随之迁港。凭借宽松的政治条件、繁荣的商业环境,香港成为传教士新的根据地。

《遐迩贯珍》(*Chinese Serial*)由马礼逊教育会创刊于1853年8月,月刊,是香港第一份中文报刊。其第一任主编是英国传教士麦都斯,继任主编是奚里尔(Charles Batten Hillier)和理雅各。编者在《遐迩贯珍小记》中称:"非欲借此以邀利也,盖欲人人得究事物之颠末,而知其是非,并得识世事之变迁,而增其闻见,无非为华夏格物致知之一助。"由此可知《遐迩贯珍》在内容上以介绍西方近代文明及时政要闻为主。《遐迩贯珍》设新闻栏,新闻一部分摘自《京报》,一部分得之于驻通商口岸的领事职员、商人或传教士。《遐迩贯珍》是我国近代第一个以时事政治为主的刊物,时事政治新闻和评论所占篇幅最大。① 特别是那些对于中国内政的报道,其无意讨好清政府,敢说敢言,对太平天国、小刀会及其他会党活动做了大量客观、准确的报道,为史学界所重视。

《遐迩贯珍》在业务近代化方面取得了重大进展。它是第一份具有中英文对照目录的中文报刊、第一份刊登新闻图片的中文报刊、第一份冠有新闻题目的中文报刊、第一份刊登收费广告并辟有广告专栏的中文报刊(1855年《布告篇》)、第一份铅字印刷的中文报刊。就报刊业务而言,它是中文报刊发展史上的里程碑。然而其寿命较为短暂,仅出至33号即告终刊。停刊词中指出停刊原因并非经费不足,而是"办理之人,事务纷繁,不暇旁及此举耳"。当时的主编理雅各正忙于中国儒家典籍的研究和英译工作。在王韬等人的协助下,理雅各将中国的四书五经全部译成英文,有28卷之巨。理雅各在1873年离开香港回到英国,成为欧洲享有盛誉的汉学家,还是牛津大学首位汉学教授。

---

① 参见黄瑚:《〈遐迩贯珍〉介绍》,《新闻大学》1985年第9期。

第二次鸦片战争后传教士在华办报中心继续北迁，由香港转移至上海。熊月之在《西学东渐与晚清社会》中这样解释上海的后来居上：

> 上海没有广州那么良好的西学传播基础，不像福州、厦门有那么多华侨在南洋。在中国传统城市历史上的，上海比起其他在通商四口，地位最低。但她有自己的优势——地理环境。地处中国经济、文化最发达的江浙地区，离中国中心地带比较近，沿江可直达中国内地，沿海可直逼京畿，港口优良，潜力特大。加上外国人在这里对租界的经营比较顺手，以及吴越人的性格特点，不像广州人、福州人那么激烈排外，这种种因素，使得上海在适应外国人居留方面，在吸引外国人兴趣方面，在西学传播方面，很快超过其他五个城市，从而成为西学传播中心。[①]

1857年1月，上海第一家传教士报刊《六合丛谈》(*Shanghai Serial*)创刊，它也是上海第一家中文报刊。该刊由英国伦敦布道会传教士韦烈亚力(Alexander Wylie)主编，墨海书馆印行。它基本按照《遐迩贯珍》的模式创办，连名称都有几分相似。《六合丛谈》把重点放在改善中国人眼中外国及外国人的不良形象上，因此其除刊载传教文章和新闻，也有不少篇幅介绍西方文明，再三强调外人来华的"善意"。与《遐迩贯珍》关注太平天国等国内时事不同，该刊新闻栏目以欧美消息("泰西近事述略")为主，对第二次鸦片战争只字不提。这种避开国内新闻事件的做法，应该是考虑到当时中英两国的紧张关系与民众强烈的不满情绪而不得不采取的编辑方针。[②]

传教士随后在上海创办的主要报刊还有《中外杂志》(1862年)、《中国教会新报》(1868年，后改名为《万国公报》)、《小孩月报》(1874年)、《格致汇编》(1876年)等。至1890年，基督教会派人督查中国报刊出版状况，发现先后刊行的76种报纸中，"十之六系教会报"。这些教会报刊一部分专注于宗教事务，另一部分则在非宗教化的道路上越走越远，甚至完全放弃了宗教内容。如英国传教士傅兰雅(John Fryer)创办的《格致汇编》，是中国近代第一份科学普及期刊，傅兰雅称这本杂志"惟愿激励中国人的探索科学的兴趣，也希望在中国各地传递有用且通俗的科学信息"[③]。杂志广泛普及自然科学

① 熊月之：《西学东渐与晚清社会》，上海人民出版社1994版，第218页。

② 参见卓南生：《中国近代报业发展史(1815～1874)》，中国社会科学出版社2015年版，第91～93页。

③ 转引自赵中亚：《〈格致汇编〉与中国近代科学的启蒙》，复旦大学历史学系博士学位论文，2009年，第31页。

和工艺技术方面的知识，从不刊登宗教内容。

传教士报刊非宗教性的增强，有其现实处境。鸦片战争后，传教士虽然获得了宣教的权利，但宣教工作的开展极其艰难。陈玉申指出了其原因：

> 以儒学为主干的传统文化对宗教采取“未知生，焉知死”，“敬鬼神而远之”的态度，“无事不烧香，急来抱佛脚”是当时民众的普遍心理。这和西方社会中《圣经》是家家必备之书，礼拜是人人必作之事的宗教传统大相径庭。此外，传教士凭借不平等条约的庇护在中国活动，洋教的传播是和中国战败的耻辱联系在一起的，因此中国人在冷淡之外还有排斥的情绪。①

面对这样的宣教环境，有的传教士认为，直接对中国民众传经布道就好比把种子撒在水中一样徒劳无获。所以“以学辅教”成为一个有效的策略，他们希望以西学为敲门砖，击碎中国传统知识分子的优越感。

基督教会内部并非都赞同教会报纸漠视宗教宣传的做法。1877 年，在华基督教会在上海举行了基督教传教士大会。会上一些人认为，西学应该传播，但是这件事不应该由传教士去做，传教士传教的工作是比传播世俗知识更为重要的。这种意见占了上风，使得出版非宗教性报刊在传教士内部逐渐丧失支持，《格致汇编》时断时续，《万国公报》也减少了介绍西学的文章，增加了宗教性内容。

三、报刊内容由西学到西政的转变

随着甲午战争中中国的惨败，中国人对西方的强盛有了更深层的认识。有些人已经不能满足于“师夷长技以制夷”这种物质层面的变革，想在制度和文化层面进一步深入，向西方学习成为一股无法遏制的社会思潮。正是在这样的新的历史条件下，非宗教性报刊又获得了生存的土壤。1889 年 2 月，停刊 6 年之久的《万国公报》作为广学会②的机关报复刊。

《万国公报》的前身是 1868 年美国传教士林乐知（Young John Allen）自筹资金创办的《中国教会新报》。内容除了讨论基督教教义、报道教会消息外，还介绍科学知识、外国史地与各国新闻。林乐知原本以为这份报纸会受

① 陈玉申：《晚清报业史》，山东画报出版社 2003 年版，第 14～15 页。

② 广学会，初名“同文书会”，1887 年 11 月在上海成立，1892 年始称“广学会”，是一个旨在“广西国之学于中国”的书刊出版机构，以中国的士大夫阶层为主要的宣传对象。

到中国基督教徒的欢迎,但18省内教徒订购者寥寥,上海一地仅销出百余份。1874年,《中国教会新报》更名为《万国公报》,跳出教会圈子,发刊词称"本刊是为推广与泰西各国有关的地理、历史、文明、政治、宗教、科学、艺术、工业及一般进步知识的期刊"。1883年7月,因林乐知"拟建中西大书院",无暇兼顾而停办。1889年,复刊后的《万国公报》已非林乐知个人所有,而是广学会的机关报,不过仍由林氏主编,改为月刊,在甲午战争后每月销售量约为4000份。英国传教士李提摩太(Timothy Richard)于1891年出任广学会总干事,并主持广学会达25年之久,对《万国公报》的发展有直接的影响。

《万国公报》是19世纪影响力最大的传教士报刊,它建立了传教士与中国上层社会沟通的管道,并借着这些管道输出了西方的政治文明。在《万国公报》上,对西方文明的引介开始由西学向西政转移。如《美国治法要略序》中说:"盖美国最重者,为人民之自主与自治。"《美国治法原理》中又讲:"国之有治法,为民而立,非为官而设也。故自总统而下一切之官,其操有治法之权,皆为人人所委托,而名之曰公奴隶。"这些民主政治观念都是中国知识分子完全陌生的。甲午战争后,《万国公报》上批评中国弊病、鼓吹变革的文章越来越多。《万国公报》的撰稿者们将甲午战争中中国的战败看作变法图新对闭关守旧的胜利。林乐知在《险语对》中提出华人八大积习,并尖锐指出,朝鲜之役"非日本之能败中国也,中国自败之也"。因此,"倘再因循自误,不从新学,将见邻国日起而昌大,中国反日下而衰颓"。李提摩太提出"教民、养民、安民、新民"四法,其中新民之法,一为多见西人,二为多读译书,三为阅日报,四为派学生出洋,五为派使臣,六为建学校。

这些介绍西方民主政治、探讨中国振兴之计的文章,对中国的维新运动影响极大。康有为、梁启超等人都是《万国公报》的忠实读者,他们后来的维新主张也可以在《万国公报》上找到思想之根源。至此,从最初的宗教小册子,到"以学辅教"的思路之下报刊宗教色彩的减弱,再到《万国公报》发挥强大的政治影响力,传教士报刊切实参与中国政治改革的进程,影响力在19世纪末达到顶峰。

第二节 商业报刊的出现

一、外国人在华早期的商业报刊实践

鸦片战争前中国境内出版的外文报刊多于中文报刊,且创办者多为商

人。目前有据可查在中国出版的第一份外文报刊是创办于1822年9月12日的《蜜蜂华报》。它并非商业报刊，而是一份政党报纸。由于是葡文出版，又主要服务于葡萄牙国内立宪派反对保守派的斗争，其在中国并无太大影响力。

中国境内第一份商业报刊是《广州纪录报》(*Canton Register*)，由英国大鸦片商马地臣(James Matheson)创刊于1827年11月，初为双周报，后改为周报。该刊最初名称为《广州纪录和行情报》，创刊时声称："我们的主要努力是发表丰富而准确的物价行情。"实际上，《广州纪录报》并非一份简单关注商情信息的报纸。它紧紧扣住长期以来困扰来华西人的问题，刊发大量探究中国文化制度的文章，批评当时中国政治、司法、文化及社会的问题。该刊公开鼓吹分化政策，主张西方政府采取强硬政策，相信经过斗争"自由交往将会实现。外国的宗教、哲学、科学文化将会被这个中华帝国接受"①。由于受到所谓"广州体制"的影响与限制，《广州纪录报》的报业活动并没有太大的进展。英文报刊在中国获得进一步发展，是在鸦片战争结束后。

香港被割让给英国之后，很快成为贸易枢纽，商人云集。香港不同于租界，它处在英国绝对的控制下，港英当局一开始就对商业贸易采取放任政策，使香港成为自由港。商人对商情信息的需求与日俱增，于是商业报纸应运而生。1841～1850年，香港出现了9家英文报刊，多为商业报刊。其中比较知名的有《德臣报》(*The China Mail*)、《孖刺报》(*Daily Press*)、《士蔑西报》(*The Hong Kong Telegraph*)。商业报纸主要刊登行情、航运、特价、广告等商业信息，这一点从《孖刺报》的副标题("Ship, Commerce and Colonies"，即船期、商业活动及殖民地事务)即可看出。

中文商业报刊多为英国商业报馆创办。香港最早的中文商业报纸是1857年11月3日创刊的《孖刺报》的中文版《香港船头货价纸》。这份报纸后来更名为《香港中外新报》，仍属商业报纸。其版面编排为：第一版全版为货价起落的商业讯息；第二版是中外新闻(其顺序是《京报》新闻、"本港新闻"、"外报新闻"以及转载自上海等其他各地报纸的新闻等)；第三版继续登载第二版未刊完的新闻，余者为船期与广告等；第四版为广告。②《香港中外新报》这一版面安排，成为后来中文报刊效仿的范本。其办报经验与模式，也给上海《申报》等商业性报纸树立了榜样。

---

① 转引自方汉奇主编：《中国新闻事业通史》第1卷，中国人民大学出版社1992年版，第186页。

② 参见陈昌凤：《中国新闻传播史：传媒社会学的视角》，清华大学出版社2007年版，第56页。

第一份由中国人主持笔政的中文日报《香港华字日报》(1872年4月17日创刊)及其前身《中外新闻七日报》(《德臣报》中文专页)也诞生在香港,主持笔政的是陈蔼廷。陈蔼廷服务于英文《德臣报》,中英文均佳。他见中文的《香港中外新报》大受香港华人欢迎,与《德臣报》负责人商量创办《香港华字日报》。该报创刊时的《本馆宣言》即宣称"本新闻纸系属唐人自设"。陈蔼廷后来也以"广州会邑蔼廷陈言"发表《创设香港华字日报说略》,称办报"以华人而为主宰,则提挈之惟我,左右之惟我"①,表现出较强的华人主体意识。但从后来的事实来看,陈氏在《德臣报》体系下承办的华文新报不可能实现"西人无预"的梦想。《香港华字日报》提供清廷消息,粤、港两地及海外的近闻,船舶消息、货价行情、船期、政府宪报及告示等消息,内容广泛。光绪末年,《香港华字日报》增加"广智录",内容以杂文、中外轶事为主,又有"精华录",载有"谈丛""粤讴""歌谣"。该报出版至1946年停刊。

二、上海开埠后商业报刊的起步

上海开埠后,同样有了对商业信息的需求。1850年,英文报纸在上海出现。商业报刊在上海的出现晚于香港,但在发展势头上后来居上,1861～1895年香港新出版的英文报刊有8种,而上海有31种,占全国英文报刊总数55%以上。早期的外文报刊以商业信息为主,船期、物价与广告为其主干。随着居华外侨人数的增加,外国侨民形成社区,报刊除了商业功能之外,也开始提供新闻报道的服务。新闻报道的内容开始多半以国际消息(尤其国际局势变动常会影响商业发展)、母国消息为主,后来地方新闻的比重逐渐上升,报刊慢慢成为地方公共事务的交流中心,承担起联络当地外国人的社群感情、促进社交活动,以及对切身公共事务进行讨论等功能。

《北华捷报》(*North China Herald*)是上海开埠后出现的第一份近代报纸,1850年8月3日创刊,初由英国商人奚安门(Henry Shearman)独资经营,后由英商字林洋行发行。这份报纸首先是为了满足在华西人这个小社群的需求,"要为本埠造成最有益的东西",记载旅沪侨民动态以及他们所关心的一些新闻和议论,还开设"学习上海话""一周天气综述"这样的专栏。奚安门还期待"在英国唤起一股热情,支持从现有水平上同整个庞大帝国

---

① 转引自卓南生:《〈香港华字日报〉创刊初期大量原件的发掘与意义》,《国际新闻界》2014年第10期。

(清廷)建立更加密切的政治联系,更加扩大对华贸易"①。由于需要刊载的信息日益增多,1864 年 7 月 1 日起出版日报《字林西报》(*North China Daily News*),《北华捷报》成为《字林西报》的每周增刊。

《字林西报》重视采编业务,在中国各地,包括青海、甘肃、新疆、四川、云南等边远地区均聘有通讯员,在路透社于 1872 年在上海建立远东分社后一度获得专用权,所以新闻报道远远胜过中国其他报刊。《字林西报》同样重视言论,并把《北华捷报》时期提出的"公正而不中立"(Impartial, Not Neutral)的口号印在言论版上端。它就中外关系、中国政局和其他时事问题发表见解,政治色彩浓厚,在中国有"英国官报"之称。戈公振在《中国报学史》中描述道:"《字林西报》为纯粹英国式之报纸,在上海为工部局之喉舌,故社会上颇占势力。其立论常与华人意志相反,故注意外事之华人多阅之。近因经营有方,自建房屋,骎骎然为英人在东方之唯一言论机关矣。"②因其风格沉稳、保守,亦有"上海滩上的老太婆"之称。该报于 1951 年 3 月 31 日停刊,出版时间长达 101 年。它是旧中国出版时间最长、发行量最大、最有影响的外文报纸。

19 世纪后半期开始,字林洋行逐渐发展成为拥有日刊、周刊、海外版、中文版、年刊、月刊、行情纸、船期表的上海"报业大王"。其创办的报纸中比较重要的包括《上海新报》(1861 年)、《沪报》(1882 年)、《汉报》(1894 年)和《消闲报》(1898 年)。

《上海新报》(*The Chinese Shipping List & Advertiser*)创刊于 1861 年 11 月 19 日,是近代来华的外国人在中国内地创办的第一份中文商业报纸,并在长达 10 年的时间里是上海唯一一份中文商业报刊。至 1871 年,其主编共历经四任,先后为美国传教士詹美生(R. Alexander Jamieson)、华美德(Marquis Lafayette Wood)、傅兰雅和林乐知。有学者认为,《上海新报》的发展可分为三个阶段:重信息的新闻商业报阶段、重教化的本土综合报阶段和重经营的娱乐化阶段。③《上海新报》在创刊时称:"大凡商贾贸易,贵乎信息流通。本行(字林洋行)印此新报,所有一切国政军情,市俗利弊,生意价值,船货往来,无所不载。"该报初期基本内容主要是新闻(多译自《北华捷报》和《字林西报》)、船期、各地物价以及各种广告。1868 年2 月 1 日,傅兰

① 转引自马光仁主编:《上海新闻史(1850～1949)》,复旦大学出版社 2014 年版,第 13 页。
② 戈公振:《中国报学史》,上海古籍出版社 2014 年版,第 69 页。
③ 参见王樊逸:《〈上海新报〉在华传播的三个阶段及其特点》,《国际新闻界》2008 年第 2 期。

雅将《上海新报》改为新式版面，《上海新报》的新闻独立成页。与此同时，傅兰雅还撰写了大量文章和社论，竭力向中国读者介绍西方的科学和教育。其继任者林乐知牧师也希望通过这份报纸“能够给以他们（中国人——笔者注）正确的真理指导，从而来改变那些滋生迷信思想的根源”[①]。这一时期的报纸发表了大量诸如《缠足论》《重女命以清娼源》等力图纠正生活陋习、实现道德教化的文章。1871 年 2 月 1 日林乐知离开《上海新报》，其继任主编是谁尚且待考。1871 年之后《上海新报》的新闻版逐渐呈现一种娱乐化的倾向：符合国人阅读趣味的奇闻逸事、果报迷信、妓女近事等内容越来越多，消遣类的文章数量也明显增加。

《上海新报》雄霸上海滩整十年，直至遇到《申报》这一强劲的竞争对手。1872 年 4 月 30 日，《申报》创刊，以 8 文钱的价格直接冲击售价 30 文的《上海新报》。面对竞争，《上海新报》7 月 2 日改为日刊，并核减定价，每年洋银 2 元，每张亦 8 文。但《申报》用中国土纸，成本低廉，而《上海新报》用西洋白报纸印刷，不堪负累，于 1872 年 12 月 31 日自动停刊。自此，上海报业进入“《申报》时期”。

三、《申报》的创刊与申报馆的经营

英国商人美查（Ernest Major）是在清朝同治初年（19 世纪 60 年代初）和哥哥一起来到上海的。他们从事茶叶和布匹生意，约在 1862 年开设江苏药水厂。由于看到办报有利可图，美查邀三位友人合资办报，每人各出银 400 两。他们约定“此项股款专为投资于印刷机器、铅字及其他附属设备”，并规定美查负实际经营责任，因此盈亏损耗按三份计，美查独占两份，其余三人占一份。1872 年 4 月 30 日，《申报》正式创刊。说到办报目的，他称：“本报之开馆，余愿直言不讳焉，原因谋业所开者耳。”既然以营利为目的，《申报》很自然地遵循这样的商业逻辑：要获得发行与广告收入，就必须扩大发行；要扩大发行，就必须在内容上满足读者的需要；要满足读者的需要，就必须了解读者，适应中国读者的心理。因此，从《申报》开始，以美查为代表的英国商人的利益与华人读者的需要合二为一，新闻纸这种外国引进的媒介也终于从“中文化”向“中国化”转变。

为了打开市场，《申报》一方面任用中国人主持编务，另一方面确立了大

---

① 宋佩玉：《近代上海早期中文商业报纸的变迁——以〈上海新报〉为例》，《上海师范大学学报》（哲学社会科学版）2011 年第 3 期。

众化的市场定位。《申报》第一号《本馆告白》中这样写道:“凡国家之政治、风俗之变迁,中外交涉之要务,商贾贸易之利弊,与夫一切可惊可愕可喜之事,足以新人听闻者,靡不毕载,务求其真实无妄,使观者明白易晓。……世之览者亦皆不出户庭而知天下矣。”《申报》重视新闻,除译述西文报纸,选录《京报》、香港中文报刊的文章外,还着手建立自己的新闻采集网络,在北京、南京、苏州、武昌等地聘请访员报道当地新闻,没有访员的地方则鼓励当地读者惠寄稿件,一旦采用即付给稿酬,号称要“将中国境内各紧要消息具录无遗”。在“报纸罕言政事,对于官场人物尤不敢妄加只字”的政治环境中,社会新闻为《申报》提供了安全又有效吸引读者的题材。《申报》第一条新闻便是《驰马角胜》,介绍西方赛马的情形;第二条题为《完人夫妇得善报》,是典型的劝善的社会新闻。更晚一些的“杨月楼案”和“杨乃武与小白菜案”,都在《申报》的报道下成为轰动一时的话题。《申报》还重视论说和文艺作品。创刊之时,《申报》刊登启事征集“名言谠论”和“短什长篇”,“附登本报,概不取值”。这类作品的刊登,不仅争取了传统的士人阶层,更重要的是创造了一个新的“公共平台”,改变了士人群体的交往方式。对此,台湾学者李仁渊总结为:

> 在期刊风行之前,文人可以通过通信彼此唱和,此时的私人信件固然具有半公开的性质,而如今文人之间的文学交流唱和可以在一个更是直接公开的媒介上进行;由于无法预期回复的对象是谁,文人相当于与一个虚拟的文人群体对话。抒发私人情感的诗人一旦面向了一个公共领域,让诗文的内容亦因之参与了更多公共的成分。一方面这些文人围绕着报纸,形成了某种文坛,吸纳了许多流寓上海的文人,成为这些“流亡者”的沟通管道;另方面这种文学发表形式成为日后小报、副刊、小说期刊的先声,而谴责小说、讽刺性杂文、讥喻时事世局的笑话、寓言等包含不满甚至颠覆性的文化,乃渐渐依着这些管道的特性而诞生。[①]

《申报》初创时,每期只销 600 份。为打开销路,《申报》在上海设立了 22 个代销点,每家商行只要代销就有报酬。卖报人的报价是每份 6 文,且卖报人先取报,月底缴款,销剩的报纸还可在月底退回。这样的政策极大地调动

---

① 李仁渊:《晚清的新式传播媒体与知识分子:以报刊出版为中心的讨论》,台北稻香出版社 2002 年版,第 75～76 页。

了报贩的销售热情，因此一时间上海的杂货铺、书坊、信局、烟膏铺都有《申报》寄卖。至1877年，报纸销量达八九千份。从清末到民国的几十年里，人们习惯把《申报》当作报纸的同义语，把所有的报纸都称作“申报纸”。《申报》的成功深刻地影响了报业的发展模式，以至于其后再起的中文报刊都依循着与《申报》相似的经营手法。

申报馆除了出版《申报》以外，还经营其他出版事业。1872年，为了应对文艺稿投稿太多，《申报》版面容量有限的问题，申报馆发行文艺性月刊《瀛寰琐记》，这是我国最早的文艺期刊。1876年，创办白话报刊《民报》，称“此报专为民间所设，故字句俱如寻常说话”，稍有点文化的人就能看懂。1884年，又创办我国第一份石印的时事画报——《点石斋画报》，其最鲜明的特点在于新闻性强，专门摘新闻中可惊可喜之事绘制成图，再配以文字说明，接受对象偏向于文化程度较低的群体。

文化出版事业的发展为美查兄弟带来了丰厚的收益。1889年思落叶归根的美查兄弟将申报馆改组为美查兄弟公司(Major Bros. Ltd.)，收回股本回国。此时的2000股本约合银10万两，与初创时的1600两形成天壤之别。这之后《申报》的事务由董事会主持。

四、“申、新、沪”三报鼎立局面的出现

《申报》的成功，使得商业性报纸接踵而起，但因竞争不过又纷纷败下阵去，直到《字林沪报》尤其是《新闻报》创刊后才打破了《申报》在上海商业报刊市场上一家独大的局面。

在《上海新报》被《申报》挤出上海报业市场10年后，字林洋行携《沪报》向《申报》发起挑战。1882年5月18日，《字林西报》主笔巴尔福(Frederic Henry Baifovr)发起创办《沪报》。自1882年第73号起，为凸显字林洋行品牌和差异性，《沪报》更名为《字林沪报》。1900年，《字林沪报》出让给日本东亚同文会，遂改名为《同文沪报》。1908年改回本名，直至终刊。

《字林沪报》效仿《申报》，聘请戴谱笙、蔡尔康等中国人担任主笔。蔡尔康是中国本土第一代报人中的代表性人物，被誉为“上海华文报业中的最佳作家”[1]。他于1874年底正式进入报馆。此后，他虽辗转过许多报馆——《申报》5年，《字林沪报》8年，《新闻报》半年，《万国公报》8年，之后还做过

---

① 梁元生：《林乐知在华事业及〈万国公报〉》，香港中文大学出版社1978年版，第115页。

《南洋官报》采访委员，但终未脱离报纸领域。[①] 蔡尔康主持《字林沪报》后，内容和体例都较以前更为丰富。该报重视评论和新闻，编排方式为当时中文报纸通行模式："首列谕，尊君也；次列论议，以见心想；次列出译电西报，俾共稔知中外时事；次列外埠及本埠诸新闻，事取其详，文取其富；次列诗文杂作，以供文士之消遣；次列邸抄、辕门抄，务求其速；次列各种告白及钱洋市价、轮船进出等类，以便贸易场中及往来仕商阅看。"[②]新闻版是报纸的主体部分，该报广派访员，开辟消息来源。它还取得了路透社的供稿特权，这成为该报的一大特色，为他报所不及。《字林沪报》也是第一家连载长篇小说的报纸——每天随报送一页清初夏敬渠的长篇小说《野史曝言》。1897 年 11 月 24 日，《字林沪报》为与其他报纸争夺读者，率先把消闲类的文字印成单张，在刊期、版面和编辑队伍上都相对独立，取名《消闲报》。《消闲报》的诞生对中国报纸副刊的成型起了重要的推动作用。副刊此后逐渐有了相对固定的位置、刊名与地位，与新闻、评论、广告一起成为报纸的"四大部件"。

《新闻报》于 1893 年 2 月 17 日由中外商人合资创刊于上海，英商丹福士为总董事，蔡尔康为主笔。2 月 17 日正是当年的大年初一，据蔡尔康回忆，之所以要选在这一天出报，是因为《申报》《字林沪报》二报"新年休假，出报以初四为期，凡喜阅报章者，正苦消息不通，我则乘间而兴，连赠阅者三日，始基立矣。异日扩之，未可量也"[③]。蔡尔康把他在《沪报》工作时合作的几个排字熟手、访员都挖了过来，又在出报当天"命送报熟手，各自认定地段，凡官衙公馆、高门巨宅、豪商巨贾以及繁盛茶坊烟馆中啜茗吸烟之佳面人，鳞次送阅，宁滥勿缺，盖一日而得阅《新闻报》者，将及万人。申、沪报皆大惧，提前初三日出报"[④]。蔡尔康主持《新闻报》期间重视言论，每期必有，前后有 150 多篇。半年后，蔡尔康因与报社某些同事不和，辞职离去。

《新闻报》在新闻业务上并无明显建树，新闻报道篇幅也与《申报》《字林沪报》大体相同。《新闻报》在我国成为一张具有广泛影响力的报纸是后来

---

① 参见樊亚平、王小平：《早期寄身外报者的职业认同——以蔡尔康为例》，《当代传播》2010 年第 6 期。

② 黄瑚：《中国新闻事业发展史》，复旦大学出版社 2009 年版，第 44 页。

③ 孙慧：《〈新闻报〉创办过程及其概况》，《档案与史学》2002 年第 5 期。

④ 田中初：《游历于中西之间的晚清报人蔡尔康》，《新闻大学》2003 年第 4 期。

的事。1899年,丹福士破产,美商福开森(Ferguson)廉价取得了《新闻报》产权,并任命汪汉溪为总经理全权处理报务。正是汪汉溪的苦心经营(后由其子汪伯奇、汪仲韦分别接任总经理和协理职务),开创了《新闻报》的全盛时期。

虽然《新闻报》的销量尚不及《申报》《字林沪报》二报,但毕竟在强大的竞争对手面前站住了脚跟,三报鼎立的局面出现了。这表明上海为商业报纸活动提供了越来越优越的条件,报业市场已经大到足够容纳三份大报的竞争。而这些商业报刊普遍采取大众化的办报方针,重视新闻与评论,积极探索广告、发行、多元经营等商业运营策略,也在竞争的同时不断培养起日渐庞大的读者市场,带动商业报刊进一步繁荣。姚公鹤在《上海闲话》中记述说,其八九岁时(约1879年)“社会间又不知报纸为何物,父老且有以不阅报纸为子弟勖者”,甚至买报会让“乡俗间颇以骇怪不置矣”[①]。但出生较晚的包天笑,同是八九岁时(约1884年),以苏州中等之户,家里却订了《申报》,当时苏州订《申报》者,恐怕不及百户;至其十四五岁(约1890年),苏州看报的人渐多,乃至各报在苏州都有了代理处,不用信局派发。

五、在华外报的两面性

在华外报对于中国报业及中国社会的影响可分为消极的和积极的两方面。

一方面,在华外报是殖民侵略政策的产物,服务于西方的殖民势力。在华外报是伴随着西方帝国主义侵华的脚步出现的。其在中国境内的发展,往往借助的是由不平等条约提供的特权。很多外报积极地为西方列强侵华做资料的搜集和舆论准备,为鸦片贸易辩护。《中国丛报》上就曾有这样的言论:“采用低声下气的请求,我们必将一无所获;倘若我们希望同中国缔结一项条约,就必须在刺刀尖下命令它这样做,用大炮的口来增强辩论。”[②]即便是以传教为宗旨的传教士报刊,有时也难掩其殖民色彩,郭实腊即有煽动英军侵华之举,其曾作为翻译参与《南京条约》的起草和签订。就经济方面而言,19世纪,西方各国对华活动的总目标是掠夺市场、倾销商品。外报中刊载的商情船期广告等内容无疑促进了西方各国商品的销售。而外国商品的倾销,无疑打击了我国的民族工商业。戈公振在《中国报学史》一书中说:

---

① 戈公振:《中国报学史》,上海古籍出版社2014年版,第89页。

② 《与中国定约——一个巨大的迫切要求》,《中国丛报》1836年2月。

"从悲观方面言,则外货阑入内地,漏卮日巨,因而物价腾踊,民生日困,在我国经济史上,诚一大变迁也。"①

另一方面,在华外报客观上促进了中西方文明的交流。外报登载科学知识的用意在于展示西方文化之优越,借以传播宗教或者更有效地打开中国的大门,但客观上的确是把先进的知识带到中国,启迪了中国人的心智。中国人开始有了"师夷长技以制夷""中学为体,西学为用",甚至"变法以救中国"的主张,中国社会也逐渐开启了现代化的进程。

另外值得一提的是,这些在华的外报对于中国新闻业产生了积极的带动作用。外报,尤其是商业报刊,将现代新闻与报纸观念带到中国。1833年,《东西洋考》首开"新闻"专栏,从此,中文报刊中"新闻"一词成为常用语。1872年,《申报》指出:"新闻则书今日之事。"短短八个字,描述出新闻之实质。《申报》还特别发表文章《邸报别于新报论》,称新式报刊在纪事内容、读者对象等方面与古代邸报迥异其趣。外报还在编辑、采访、广告、印刷方面为中国人办报提供了经验。后来外报逐渐衰落,外报的设备由国人接手,为国人创办报刊提供了物质条件。

第三节 国人自办报刊的开始

19世纪末,伴随着外人来华办报,这种以发布新闻、刊登评论为内容,以承载民意、舆论监督为功能的新式报刊,进入了中国人的视野。中国知识分子迅速发现了报刊在沟通信息方面的功效。只是认识这个新事物,赋予其合理化的叙事,到最终全面地实践,尚需要一个过程。

一、林则徐译报:"探访夷情"的情报纸

林则徐是"开眼看世界之第一人",也是近代较早重视和运用报刊的国人。只是他没有想到办报,而是用译报的方式和报刊这一西方新鲜事物做了"第一次亲密接触"。林则徐与新闻的关系,始于其以两广总督身份督办禁烟事宜时。深感于"沿海文官武弁,不谙夷情,震于英吉利之名,而实不知其来历",迫切认识到"必须探访夷情、知其虚实,始可定控制之方",林则徐把了解夷情作为当时的迫切任务,报纸则是"探访夷情"的途径。他在1841

---

① 戈公振:《中国报学史》,上海古籍出版社2014年版,第87页。

年给奕山将军的一封信中讲得很清楚：

> 夷人刊印之新闻纸，每七日一礼拜后，即行刷出，系将广东事传至该国，并将该国事传至广东，彼此互相知照，即内地之塘报也。彼本不与华人阅看，而华人不识夷字，亦即不看。近年雇有翻译之人，因而辗转购得新闻纸密为译出，其中所得夷情，实为不少，制驭准备之方多由此出。虽近时间有伪托，然虚实可以印证，不妨兼听并观也。①

在林则徐看来，报纸实际上是情报纸，他的意图在于把外国人用来对中国推行扩张政策的舆论工具转而变成和他们进行斗争的手段，用外报所提供的信息来对付外国侵略者。他选择澳门作为“探访夷情”的“窗口”，派人到澳门搜集外国人出版的报刊，并聘用梁进德（参与编印《察世俗每月统记传》的中国刻工梁发的儿子）等精通外文的中国人，在府中秘密组织翻译班子，将从澳门收集来的《广州周报》和《广州纪事报》两份英文周报以及澳门、新加坡、孟买、加尔各答、伦敦、悉尼等地出版的报纸中有关鸦片贸易、政治、军事等问题的相关消息、言论翻译成中文，提供给两广总督、广东巡抚、海关监督和军方，并抄报朝廷，作为制定对外政策的参考。这种翻译材料先是零散的，并无名称，后来汇集成册，被称为《澳门新闻纸》，现存 6 册，共 171 条，后人把它称为我国最早的译报。

林则徐译报，是中国人第一次将报刊“为我所用”。此时的中国人发现了报刊传播信息的情报功能，尚不懂得利用报刊传播信息、引导舆论的特性为自己服务。而且就当时的社会评价而言，林则徐的做法不入时人之眼，因为当时人们信奉的教条是“立国之道尚礼义不尚权谋，根本之图在人心不在技艺”。后来琦善主政广州，当有人向他报告夷情时，他竟勃然大怒：“我不似林总督，以天朝大吏，终日刺探外洋情事。”

二、洪仁玕：“以资圣鉴”的宏观设计

洪仁玕（1822～1864 年），洪秀全的族弟，太平天国后期的主要领导之一。洪仁玕的办报思想集中体现在其“以资圣鉴，以广圣闻”为目的的《资政新篇》中。洪仁玕对办报的热情是其政治动机的外化。在治政的总体思路下，洪仁玕高度评价了“新闻篇”（即报刊）在社会结构中的重要地位。洪仁

---

① 林则徐：《答奕山防御粤省六条》，汪廷奎、茅林立选注：《林则徐读本》，海峡文艺出版社 2015 年版，第 115 页。

玕的主要观点有：

一是把报纸视为维系中央政权、加强集中统一领导的有力工具，认为可以通过报纸去禁朋党之弊以消除种种弱本强末的离心力量。洪仁玕说：“倘至兵强国富、俗厚风淳之日，又有朝发夕至之火车，又有新闻篇（报纸）以泄奸谋，纵有一切诡弊，难逃太阳之照矣。”在洪仁玕看来，对付“结盟联党”和“一切诡弊”的办法之一便是让其“奸谋”和“诡弊”公之于众，暴露于光天化日之下。

二是把办报视为实现政治昌明的手段。认为可以通过这道桥梁沟通太平天国领导集团和民众之间的公议，因此提出了“准富民纳饷禀明而设”新闻馆和准卖新闻篇的建议，实际上是利用报纸来“通上下之情”，是戊戌变法前后中国报人的普遍认识和呼声，而洪仁玕则是最早具有这种认识的人。

三是认为报纸有教育民众、移风易俗的作用，可以改变社会风气。“上览之得以资治术，士览之得以激变通，商农览之得以通有无。昭法律、别善恶、励廉耻、表忠孝，皆借以行其教也。教行则法著，法著则知恩，于是民相劝戒，才德日生，风俗日厚矣。”

四是认为报纸有监督政府的作用，因此建议在各省设置新闻官，选拔那些“性品诚实不阿者”充任，其职责是“专收十八省及万方新闻篇以资圣鉴，则奸者股栗存诚，忠者清心可表，于是一念之善，一念之恶，难逃人心公议矣”。洪仁玕的这些主张和建议应该说是很有见地的，洪秀全也表示大体上同意，只是对于准卖新闻篇和设立暗柜（意见箱）一条，认为“钦定此策杀绝妖魔行未迟”。不久，太平天国覆灭，洪仁玕的办报主张未能得到实施。

三、《循环日报》：第一份成功的国人自办报刊

国人自办报刊当以同治十二年（1873年）在汉口出版的《昭文新报》为最早。日本记者内田佐和吉在《武汉的文化机关史》一文中，对该报有这样的记述：

> 在汉口地方，当时社会情形，十人中九人可以说是文盲，到乡间去更为蔽塞不堪，毫无事业之可言。至于新闻一事，更无成立之必要。若谈到新闻纸登载广告，在商人方面，绝无此种思想，在那种情形下，无论鼓着如何的勇气，怀抱着如何的方法，要想经营这样的新闻事业，不过是虚掷金钱，付诸流水就是了。[①]

① 转引自唐惠虎、朱英主编：《武汉近代新闻史》，武汉出版社2012年版，第127页。

由于国人办报缺乏现实的土壤,《昭文新报》出版不久即以失败告终。中国新闻史上,第一份成功的国人自办报刊是1874年王韬在香港创办的《循环日报》。

王韬,1828年出生于江苏甫里(今属苏州)。他祖上在明朝时曾为官宦,清末早已没落。王韬18岁中秀才,却不料乡试不中,随后屡试不第。迫于生计,王韬接受了外国传教士麦都斯提供的就业机会,受雇于上海墨海书馆,帮助传教士翻译西方书籍,也得以见识到报刊这种西方文明的产物。此时的王韬,一边抱守"华尊夷卑"的优越感,一边却感受着先进的西方文明的挑战;一边要忍受被贴上与殖民者合作的"叛徒"标签,一边却只能以"逐臭海滨,为西人佣书,计非得已"自我安慰。王韬的处境实际上代表了一批"条约口岸知识分子"[①]的生存现实,他们是传统政治秩序中的落魄文人,因西人提供的就业机会来到口岸城市,却也因此陷入了文化的两难,成为"两大文明版块之间的'中间人'"和"离开传统堤岸跳入陌生海洋而又一时没有找到彼岸依归的'畸零人'"[②]。

1867～1870年,王韬由理雅各相邀前往英国译书。欧洲之行,使王韬眼界大开。在目睹中国远远落后于西方的事实后,多年郁积在王韬胸口的匡时之志,终于难以按捺。他于是有意效仿魏源,走"师长"之路。正如黄旦评价:"如果说,'未经沧海'的王韬只不过是一个初具资产阶级改良思想萌芽的'洋务秀才'的话,那么'沧海归来'的王韬已变成了忧国忧时的魏默深。"[③]在西方世界,王韬看到了日报的功效。他写道:"日报之行于泰西诸国,岂泛然而已哉!所载上关政事之得失,足以验国运之兴衰;下述人心之事,亦足以察风俗之厚薄。凡山川之形胜,物产之简番,地土之腴瘠,邦国之富强,莫不一览而了然。"[④]因此在他给中国开出的变革药方中,一个信息灵通的文化环境是其中重要的一味药。

王韬在结束游历回到香港后,于1874年创办《循环日报》。对报刊在西方社会的重要地位,王韬已有切身认识,但在当时的中国,投身报馆仍被认为是无赖文人的"末路"。因此若要建构起职业认同,还需要一个更强大的理由。对于这个理由,王韬是这样阐述的:"韬虽身在南天,而心乎北阙,每

① 柯文:《在传统与现代性之间——王韬与晚清改革》,江苏人民出版社2006年版,第10页。

② 张海林:《王韬评传》,南京大学出版社1993年版,第36页。

③ 忻平:《王韬评传》,华东师范大学大学出版社1990年版,第102页。

④ 王韬:《重订法国志略》卷二十一,光绪己丑(1889年)弢园老民校刊本,第29页。

思熟刺外事,宣扬国威。日报立言,义切尊王,纪事载笔,情殷敌忾,强中以攘外,诹远以师长,区区素志,如是而已。"[①]王韬将"立言"作为自己办报的理由,然而何为"立言"?《左传·襄公二十四年》记载:"太上有立德,其次有立功,其次有立言,虽久不废,此之谓不朽。"所谓"立德",是指追求个人在道德上的完善,古代一般知识分子都以"君子"来自我要求和期望,表现为道德上的高度自觉;所谓"立功",是指建功立业,实现知识分子经世致用的抱负;所谓立言,正如《春秋左传正义》所说,"言得其要,理足可传……其身既没,其言尚存……乃是立言也",指的是借着思想的表达和流传,实现价值的永恒。王韬将日报这一现代化的舆论工具、由西方传入的新生事物与传统知识分子追求的"三不朽"结合,在"中学为体,西学为用"的框架内建构起了对于办报的价值认同。

《循环日报》积极讨论"洋务"、鼓吹变法,注目时艰,关心国计民生,成为改良主义者的言论中心,以至于"国有大事,士林皆重其所出"。丁日昌特地汇款要求订阅,同行《申报》特地派人来向他学习办报经验,年轻的革命派领袖孙中山也送上自己的文章请王韬斧正并作序。王韬由此从一个落魄文人变为具有政治影响力的社会人物。

王韬的成功,改变了"报社之主笔访员,均为不名誉之职业。不仅官场仇视之,即社会亦以搬弄是非轻薄之"[②]的局面,让办报具有了合理的思想根基,而且他突破了"学而优则仕"这唯一的一条知识分子的进阶路径,书写了传统文人体制外生存的范本。传统的知识分子"达则兼济天下"的手段原本只能依靠做官才能将文化资本转变为权力资本,实现人生的抱负,而按照美国汉学家柯文的说法,王韬"作为记者和政论家而'达'了"[③]。

四、其他国人自办报刊及其生存境况

《循环日报》的"国有大事,士林皆重其所出"的地位,并不能代表当时国人自办报刊普遍的生存境况。由于民族工商业落后,读者规模有限,政治上又有封建统治者和外国殖民势力的双重控制,绝大多数的国人自办报刊,尚处于艰难的处境。第一批国人办报,数量不多,规模不大,发行时间不长,地域范围集中于香港、上海、广州等地。由于市场空间和政治空间狭仄,报刊

---

① 王韬:《弢园尺牍》,中华书局 1959 年版,第 206 页。

② 戈公振:《中国报学史》,上海古籍出版社 2014 年版,第 80 页。

③ 柯文:《王韬与晚清改革:在传统与现代性之间》,江苏人民出版社 2006 年版,第 53 页。

不得不托庇洋人、依附官府或栖身租界。虽背靠大树好乘凉，但缺乏稳定的生存环境，影响力终究有限。这一时期比较重要的报纸有以下几份。

《汇报》于1874年6月16日创刊于上海，该报是国人在上海创办的第一家中文日报，创办者是被称为"中国近代留学第一人"的容闳。容闳是广东人，入股《汇报》的大都是其广东同乡，有商人也有官员。《汇报》一创刊就公开宣布："本局为中华日报，自宜求有益于中华之事而言之。故于有裨中国者，无不直陈，而不必为西人讳。"①《汇报》鼓吹发展洋务，在内政方面措辞谨慎，不议论官府政事，但对外人侵害中国的言行常言辞激烈。为了维护民族利益，该报曾多次与外商创办的《申报》和《字林西报》进行笔战。尽管《汇报》小心行事，但出版不足半年，还是因文章中涉及政事，遭官府非议。部分股东要求退股，报纸被迫进行改组。1874年9月1日报纸改用"彙"（"汇"的繁体字）作为报名，并聘请了一名英国人担任名义上的发行人兼主笔，以求得政治上的庇护，实际产权未变。《汇报》出版未及一年，又因种种困难而再次改组，于1875年7月16日更名为《益报》，以示报纸对官府有益而无害。上谕、宫门抄、奏疏等转录《京报》的内容原本在《汇报》时期已挪至次要版面，此时又重回版首。时事新闻、论说的数量和思想水平也严重下降。因此，《益报》被认为是无论在政治上、思想上还是业务上都大大地倒退了。②它勉强维持至1875年12月初停刊。

《新报》创刊于1876年11月23日，由在上海的各省商帮兴办，实际的主办人是上海道台冯峻光，经费也全部出自道库。冯峻光为洋务派官员，创办《新报》是欲借其为宣传工具，影响在沪外国人的舆论。当时国人称它为"官场新报"，而外侨则称之为"道台的嘴巴"。《新报》虽声称"博采世情"，但冯峻光道台的官场身份让这份报纸颇多自我规训，规定"国政则不可议也"，凡"疾世愤时"之作一律不许发表。《新报》初创时中英文合刊，不过外国人阅读该报的很少，英文稿遂于1877年6月9日停刊。《新报》由于其官方背景发展比较顺利，却也因官员变动而受到直接冲击。1882年2月14日，新任上海道台不愿续办，《新报》奉令停刊。

《述报》创刊于1884年4月18日，是第一份在广州出版的国人自办报刊。《述报》每日出版，第1页和第2页"述中外紧要之事"，第3页"译录西国一切图式书籍"，第4页刊登"各行告白及货物行情、轮船出入日期"。《述

① 转引自刘家林：《中国新闻史》，武汉大学出版社2012年版，第127页。

② 参见方汉奇主编：《中国新闻事业通史》第1卷，中国人民大学出版社1992年版，第330页。

报》是我国最早出版的石印日报，也是最早注重新闻图画的报纸。自创刊之日起，配合文字报道，每天绘制一图或多图，穿插于新闻和评论中。《述报》出版期间，正值越法战争、中法战争紧张进行之际，因此该报70%的新闻版面都是有关这场战争的消息和评论，这些报道为后人研究中法战争留下了珍贵的资料。该报也重视地方新闻，尤其关注地方时局、社会乱象和社会趣事。这些新闻注重对情节的描述，可读性强，是吸引当地读者的重要手段。[①] 1885年4月3日，《述报》刊登启事称“停派三天，更订章程，增聘主笔”，似为革新之举，但此后并未发现重新出版的《述报》。

《广报》创刊于1886年6月24日，是广州出版的第二家国人报刊，由曾任张之洞秘书、主持过上海《汇报》报务的邝其照创办。该报版式与《申报》相仿，设有宫门抄、辕门抄、上谕、著论、新闻等栏目。除中外新闻外，也刊登一些匡正时弊的文章。该报的发行面很广，除广东各地和香港、澳门、上海外，还发行到新加坡、西贡、小吕宋、旧金山等地，颇受海外侨胞欢迎。1891年，该报发表了一条报道某政府要员被参的消息，触怒两广总督李瀚章，被李下令查封。邝其照等人只得将馆址迁至沙面租界，由英商出任发行人，改名为《中西日报》继续出版。托庇于洋人让报纸言论更加大胆。1895年该报对广州起义的报道风行一时。1900年该报因刊登义和团战胜八国联军的消息，被英、法等国殖民者勾结广东地方当局查封。是年冬，邝其照等人又将报纸改名《越峤纪闻》，因发行受限，不久亦停刊。

五、通达：早期国人对报刊的基本认识

诞生于19世纪早期的外人来华办报是中国人认识报纸的范本。外报进入中国时，并未直接照搬西方新闻发展的成熟模式，而是依据其办报目的和中国的特殊国情选择了中国人更能接受的书刊样式，具体表现为线装书式、征引古籍、使用章回体等。另外，为了便于清廷接受，传教士在陈述办报理由时，不是从天赋人权或宗教宽容来论证新闻自由的合理性，而是从中国国情出发，从实用主义出发，强调报刊沟通中外、沟通上下、富国强兵的功能。其主观上是为西方报刊自由进入中国减少障碍，客观上却造成了国人对报刊理解的偏颇。晚清外患频仍，官方不振，数次对外战争的落败让知识分子将挽救政治危局视作第一要务。在这一情形下，报刊能有效减少信息

① 参见蒋建国：《广州〈述报〉与地方新闻报道（1884～1885）》，《国际新闻界》2011年第4期。

阻隔，有利于“通达”的作用首先被知识分子注意。

“通达”，简单讲包括两方面。一方面是信息的垂直流动，即所谓“上下情通”。洪仁玕是最早完整阐述办报思想的早期资产阶级知识分子。在《资政新篇》中他提出“要自大至小，由上而下，权归于一，内外适均而敷于众也。又由众下而达于上位，则上下情通，中无壅塞弄弊者，莫善于准卖新闻篇或暗柜也”。郑观应认为报纸是国家之耳目，在内政方面，可使“民隐悉通，民情悉达”。王韬也认为西方国家之所以强大，不仅仅因为其甲兵精强、财赋富饶、物产繁庶，更重要的是因为其上下相通。因此，王韬热切地呼唤中国也要“上下相通，民隐得以上达，君惠得以下逮”，希望通过创设日报来达到上下相互联络的目的。

另一方面，“上下情通”之外，早期国人也看到了“达内事于外，通外情于内”即“内外情通”的必要性。郑观应提出报馆有益于外事的观点：“大报馆为国家耳目，探访事情。每值他邦有事，与本国有关系者，即专聘博雅宏通之士，亲往远方探访消息，官书未达，反藉日报得其先声。”[①]王韬则将这一认识进一步上升到争夺国际话语权的高度：西方在华报刊“其所立论，往往抑中而扬外，甚至黑白混淆，是非倒置。泰西之人只知洋文，信其所言，以为确实，如遇中外交涉之事，则有先人之言以为之主，而中国自难与之争矣”[②]。换言之，在信息的流量和流向上，中西方存在不平等的关系，而要改变这种关系，则“非自设西字日报不为功”，王韬甚至认为出版外文报刊比出版中文报刊更加迫切。

“通达”的认识对后世影响深远，至维新变法时期仍被知识分子持守。1896年，梁启超在《时务报》第一期上发表第一篇论述报馆作用的新闻学论文《论报馆有益于国事》，开篇即说：“觇国之强弱，则于其通塞而已……上下不通，故无宣德达情之效，而舞文之吏因缘为奸。内外不通，故无知己知彼之能，而守旧之儒，反鼓其舌，中国受侮数十年，坐此焉耳。去塞求通，厥道非一，而报馆其导端也。”梁启超形象地将报纸比作“耳目”和“喉舌”，“其有助耳目、喉舌之用，而起天下之废疾者，则报馆之为也”。严复在天津创办《国闻报》时，也明确提出以“通”为宗旨：“夫通之道有二，一曰通上下之情；一曰通中外之故。”

纵观近代先进的中国知识分子报刊思想的沿革，从最初林则徐的识见

① 夏东元编：《郑观应集》，上海人民出版社1982年版，第346页。

② 王韬：《弢园尺牍》，中华书局1959年版，第233页。

仅限于译报，到洪仁玕意识到报纸在上下情通方面的作用，再到王韬、郑观应等人看到报纸“通内外”的功能，国人对于报刊的认识不断深化。在这不断深化的理论阐述中，我们又可见其共性所在。对于报刊功能的认识，无论强调其“通达”的作用，还是强调其“广见闻”，立论者的眼光是自上而下的：洪仁玕是为了“资政”，王韬旨在“义切尊王”，郑观应是为“变法自强”。所谓“君惠得以下逮，民隐得以上达”，其实质上是巩固中央的权力，实现统治阶层的“耳聪目明”。至梁启超时，首先急于论述的命题依然是“报馆有益于国事”。

在“有益于国事”的思路下，当时的开明知识分子发现了报纸与“谏鼓”、“谤木”、清议传统和立言理想的关联。这一关联易于提升报刊的社会地位，但将报刊置于民本主义而非民主的框架内，这恰导致了它的局限。所以当时的国人对于报刊新闻报道的功能并未充分挖掘，对于报刊之于民主社会的角色尚缺乏认识。

思考题

1.早期外报给中国带来的影响是什么？

2.近代报刊与古代报刊的区别是什么？

3.《申报》初创时采取了怎样的办报方针和经营策略？

4.以王韬为代表的知识分子是如何“以旧识解新知”，将办报这一行为合理化的？

5.早期国人对报刊功能有何基本认识？

第三章　维新变法至辛亥革命时期的政论报刊与新式官报

19世纪末，分别以“改良”“革命”为政治目标的两支资产阶级力量相继登上晚清政治舞台。他们将报刊作为宣传政治主张的工具，高度重视报刊“以先觉觉后觉”的社会动员威力。维新变法运动中，维新派以《时务报》为先锋，以《知新报》《湘学新报》《湘报》《国闻报》为侧翼，大张旗鼓。戊戌政变后，改良派和革命派先是齐聚横滨，后在形势允许的条件下回国办报。革命派以革命动员为要务，积极创办机关报并利用报刊宣传革命的纲领和主义，这一时期创办的著名报刊有《民报》《苏报》《中国白话报》等；改良派以“新民”为主旨，希望通过塑造现代国民实现其立宪改良的政治愿景，这一时期创办的著名报刊有《新民丛报》《大公报》《京话日报》等。双方的政治分歧引爆了以《新民丛报》和《民报》为阵地的激烈论争，成为新闻史上的大事。面对民间报刊的批评和岌岌可危的政治形势，清政府被迫回应，创办新式官报，启动法制建设。

第一节　维新变法时期的报刊活动

报刊这种新式传播工具的引入，加上交通与通迅技术的进步，让信息传播的速度与范围增加。为了制造让读者关心的话题，趁机获取商业利益，报纸对两次对外战争（1883～1885年中法战争和1894～1895年甲午战争）尤其关注。这些战争报道将前方的战事消息带给后方各阶层，让原本是皇帝和官僚才考虑的问题，成为众人谈论关注的焦点。

在战争的震撼和媒体的推动下，读书人开始从举业汲营中抬起头，注意“时事”，报上也由此形成了“时务”部分。一些敏感的士人逐渐发现：“这些新式传播工具形成一个前所未有的管道，使其理想抱负与现实关怀可以借之连结起来；此尚未完全被纳入常态规范的新领域提供有心之士跨越既有权力阶序，发展其个人理想的机会。无论是后来的维新派或革命派，都逐渐认识到新式传播媒介可以作为改变甚至颠覆现状的政治工具。”①如同吕思勉的回忆：“余年十一，岁在甲午，而中日之战起，国蹙师熸，创深痛巨；海内士夫，始群起而谋改革。于是新书新报，日增月胜。”②据不完全统计，从1895年到1898年，全国出版的中文报刊有120种，其中80%左右是中国人自办的。这其中又以资产阶级维新派以及与其有联系的社会力量创办的报纸数量最多，影响最大。

一、强学会与最早的维新报刊

1895年，清政府在甲午战败后签订了《马关条约》。条约规定割让辽东半岛和台湾给日本，并赔偿军费白银2亿两。中国遭此屈辱，“国将不国”的危机感弥漫，变法改制的呼声空前高涨，康有为和梁启超则成为这股潮流的领军人物。

康有为，广东南海人，出生于书乡之家，世代官宦。他11岁读完四书五经后，就开始读《大清会典》《明史》《三国志》等，并有机会读邸报了解时政，自然“有异于群儿”。康有为16岁考中秀才，虽后来屡试不第，但学贯中西，成为当时颇负盛誉的大儒。1888年，梁启超投身康有为门下。当时梁启超已考中举人，“秀才老师，举人学生”的组合更让康有为名满天下。1895年康梁师徒进京参加会试，恰逢《马关条约》割地赔款的消息传来，群情鼎沸。康梁师徒写成上皇帝万言书，呼吁拒和、迁都、变法，十八省应试举子一千二百余人一呼百应，联名上书，史称“公车上书”，也称《上清帝第二书》。公车上书不久，会试发榜，康有为中进士，授工部主事一职。以此身份，他又接连递了《上清帝第三书》《上清帝第四书》，一再提出“开报馆”“设报达聪”等建议。他认为“中国百弊，皆由蔽隔”，而报纸可使“民隐咸达，官慝皆知”，并能“通

---

① 李仁渊：《晚清的新式传播媒体与知识分子：以报刊出版为中心的讨论》，台北稻乡出版社2002年版，第102页。

② 吕思勉：《三十年来之出版界(1894～1923)》，《吕思勉遗文集》(上)，华东师范大学出版社1995年版，第373页。

悉敌情，周知四海”。

1895年8月17日，康梁在京师办起了中国资产阶级维新派的第一家报纸——《万国公报》，经费由康有为承担，主笔为梁启超、麦孟华。每期报纸皆有论说，除少数转自当时广学会的《万国公报》之外，绝大多数出于梁启超和麦孟华之手，内容基本上是阐扬康有为在历次上清帝书中的变法主张。

《万国公报》采用分送的形式，托报房的报人每日夹在《京报》中免费送出，隔天一版，每出千份。通过这种最原始的发行形式，康有为悄悄地将自己的变法维新理论塞进了士大夫的门缝之中。只是随着《万国公报》在北京的影响越来越大，发行上的阻力也就随之而至。梁启超对此的回忆是：

> 当时安敢望有人购阅者，乃托售《京报》人随宫门抄分送诸官宅，酬以薪金，乃肯代送，办理月余，居然每日发出三千张内外。然谣诼蜂起，送至各家门者，辄怒以目，驯至送报人惧祸，及悬重赏亦不肯代送矣。[①]

按照康有为最初的计划，其在京师的部署是“办报→设会→合群→开风气”。随着《万国公报》舆论影响的扩大及其发行阻力的增大，康有为将工作的重心转到了政治组织的建立上。在《万国公报》的宣传和康有为的奔走游说下，一些具有维新思想的帝党官员和知识分子经过一段时间的酝酿，于1895年11月在京师成立了自己的组织——强学会。《万国公报》在出版三个月后成为强学会机关报，更名《中外纪闻》，由梁启超、汪大燮任主笔。

更名后的《中外纪闻》与《万国公报》阶段相比，有了一些改变。首先，从内容上来讲，论说之外增加纪事内容，有译自国外报纸的，也有转载自国内报刊的。其次，从经费上看，它不再由康有为一力承担，而是吸收了陈炽、袁世凯、张之洞等人的捐款，资金相对雄厚。当时，张之洞代理两江总督，坐镇南京，未能亲自参加强学会的活动，但他的儿子张权、亲信门生杨锐都是强学会的成员。张本人亦寄去五千金“以充会用”。张的这一举动，使有志变法者争相效仿，一时强学会“主之者内有常熟（翁同龢），外有南皮（张之洞），名士会者千计，集款亦数万”。可惜1896年初，北京强学会被御史杨崇伊一纸弹章参劾下来，《中外纪闻》只存在了一个月零五天。

1895年10月，康有为离开北京，来到南京游说代理两江总督张之洞。他在南京住了20多天，与张之洞“隔日一谈”，终于说服张之洞允许他在上海成立强学会，并且捐银1500两。康有为之所以选择上海，是因为上海已

---

① 陈书良编：《梁启超文集》第4册，北京燕山出版社2009年版，第534页。

经成为中国资产阶级最集中的地区，同时又是文化出版事业最发达的地区，在这里成立强学会可南北呼应，推动全国的维新变法运动。

1895年11月，上海强学会成立，由康有为起草的《上海强学会章程》宣布："本会专为中国自强而立"，当前要做的四件事是译印图书、刊布报纸、开大书藏和开博物馆。关于报纸，章程这样写道："今之刊报，专录中国时务，兼译外洋新闻，凡于学术治术有关切要者，巨细毕登，会中事务附焉。"[①]1896年1月12日，强学会机关报《强学报》创刊。创刊号称："现当开创之始，专以发明强学之意为主，派送各处，不取分文，一月以后乃收报费。"

《强学报》使用孔子纪年，在报头位置印出"孔子卒后二千三百七十三年"字样，与光绪纪年并列，打着尊孔的招牌，宣传康有为"托古"以改"今制"的主张。《强学报》更大力强调变法的必要性，明确提出"开设议院""开设报馆"等政治要求。《强学报》仅仅存在了14天，出版3期即在张之洞解散强学会的情况下不得已停刊。

对于张之洞解散强学会，方汉奇先生称："1896年1月25日，惯于看风使舵的张之洞下令解散强学会，停刊《强学报》。"[②]张之洞久居官场，自然洞悉政治的变化，而在这"审时度势"的背后，是张之洞与康有为在"国之根本"的问题上存在分歧。在张之洞看来，维新派是"不知本"的，而"本"又最重要。

康有为托古改制，其理论观念集中地体现于《新学伪经考》和《孔子改制考》两本书中。在《新学伪经考》中，康有为提出，历代封建统治者所尊崇的"古文经"都是西汉末年刘歆伪造的，目的是帮助王莽篡夺西汉政权、建立国号为"新"的朝代。所以古文经学是新莽一朝之学，只能称为"新学"。这个结论从根本上动摇了封建统治者赖以维系统治的理论根基。它给出的暗示是：既然这些被统治者奉为封建专制制度理论根据的神圣典籍实际上并不算什么根据，那么政治制度本身亦非不可更张。当《孔子改制考》公然否定经典存在的合理性时，所引发的轩然大波可想而知。梁启超曾说：

> 夫辨十数篇之伪书，则何关轻重；殊不知此伪书者，千余年来，举国学子人人习之，七八岁便都上口，心目中恒视为神圣不可侵犯；历代帝

---

① 汤志钧、陈祖恩编：《中国近代教育史资料汇编·戊戌时期教育》，上海教育出版社1993年版，第77～78页。

② 方汉奇主编：《中国新闻事业通史》第1卷，中国人民大学出版社1992年版，第552页。

王，经筵日讲，临轩发策，咸所依据尊尚；毅然悍然辞而辟之，非天下之大勇固不能矣。自汉武帝表章六艺罢黜百家以来，国人之对于六经，只许征引，只许解释，不许批评研究；韩愈所谓“曾经圣人手，议论安敢到”；若对于经文之一字一句稍涉拟议，便自觉陷于“非圣无法”，蹙然不自安于其良心；非特畏法网惮清议而已。①

一直同情和帮助康有为的翁同龢，读罢《新学伪经考》也有这样的评价：“看康长素《新学伪经考》，以为刘歆古文，无一不伪，窜乱六经，而郑康成以下皆为所惑云云。真说经家一野狐也，惊诧不已。”②由此不难想见身处封建阵营中的顽固派对待康有为的学说是何等抵触，他们视之为邪说妄语，群起而攻之。康有为到南京谒见张之洞之时，张之洞曾表示，如果康能够放弃他那套东拼西凑起来的孔子改制学说，就答应供养他。康则冷言以对：“孔子改制，大道也，岂以一两江总督供养而易之?”张之洞与康有为之间的矛盾终究无法调和。

京、沪两地强学会及其机关报，存在时间皆十分短暂，但影响重大。这三份报纸的出版，冲破了封建统治者的言禁，尤其是《万国公报》和《中外纪闻》能够在京城出版，从边缘直抵中央，并取得位居政治核心的大臣的支持，这让原本处于边缘的新式传播媒体一下子高度政治化，且成为中央政治派系争攘的目标。由此产生的影响，自然要超出偏居一隅的《循环日报》。

二、《时务报》的风行与寂灭

从甲午战败到强学会被封，时间不到一年。然而，一年间风云变幻。先是各省在京举子“公车上书”，舆论震动。很快，维新变法的思想即在统治阶级内部广泛传播，光绪帝“每言及国耻，辄顿足流涕”，皇帝最信任的师傅翁同龢也“日言变法”。维新派成立了第一个政治组织强学会，一些当朝实力派纷纷入会捐资。然而就在短短几个月的时间里，封建势力反扑，强学会解散，强学会的机关报被迫停刊，维新运动一时间陷入低谷。

上海强学会虽解散，但“器皿宅舍具存”，连同余款共千二百金俱交汪康年收存。这时黄遵宪也在上海，“愤学会之停散，谋再振之，欲以报馆为倡

① 梁启超：《清代学术概论》，岳麓书社2010年版，第15页。

② 翁万戈编，翁以钧校订：《翁同龢日记》第6卷，中西书局2012年版，第2741～2742页。

始"[①]。汪、黄二人意见相同,于是策划办报,并函邀梁启超加入。1896 年 8 月 9 日,《时务报》正式创刊。汪康年任总经理,负责馆内事务,兼外间酬应,梁启超任总主笔,主持"报中文字"。参与《时务报》创办的还有邹凌翰、吴德潇、吴樵等人。

汪康年最初与黄遵宪商议时,主张广译东西方各报,报名也定为《译报》。梁启超则主张抒发言论,以便发挥报纸的舆论宣传作用。他认为《译报》这个名字不是特别响亮,不会太吸引人,建议改为《时务报》。考虑到当时的政治情形已略有好转,经过报社同人讨论后决定,报名定为《时务报》,开辟论说,同时坚持"广译录","翻各国报章"。鉴于强学会太过张扬而遭封禁,报社同人一致同意以"论说绝无讥刺"为尺度,言论小心谨慎。

《时务报》宣传开学校、变科举、复民权、开议院等主张,在全国激起强烈反响,"数月之间,销行至万余份,为中国有报以来所未有"[②]。其中自然有言论触怒当局,梁鼎芬等人曾致书汪康年,要求对此类文字加以"检对",汪康年则以"总理不能管主笔之事"相搪塞。这种不加制止的态度实际上是对梁启超的认同和支持。在汪梁二人的合作下,《时务报》迎来了辉煌。胡思敬在《戊戌履霜录》中写道:"自《时务报》一出,每旬一册,每册数千言,张目大骂,如人人意所欲云,江淮河汉之间,爱其文字奇诡,争传诵之,销行至万七千余册。"[③]

《时务报》不仅发行量可观,更重要的是它的发行区域已由原本报纸较为集中的江南地区扩展到长江流域。这样的发行规模,一方面靠的是《时务报》同人运用各种私人关系,获得地方官员支持。在《时务报》创办前后,汪康年两度赴鄂,说服旧长官张之洞,明文命令全省各官府书院公费订阅。汪康年好友邹代钧找到陈三立,请陈父湖南巡抚陈宝箴效法张之洞行事。后来也有地方官员主动响应风气,要求属下购报者。比如湖南,因为张之洞的命令,每年有五六百元订报费发送各州县书院,各"州县之官见抚宪有此举动,或迎合上意,亦从而看报,书院诸生又或从而增买"[④]。另一方面则是"亲友派报处"即与《时务报》核心成员存在人际关联的亲友们协助完成发行工作。如光绪二十二年(1896 年)八月至九月间,《时务报》在湖南推广不畅时,

① 汤志钧:《戊戌变法史》,人民出版社 1984 年版,第 169 页。

② 丁文江、赵丰田编:《梁启超年谱长编》,上海人民出版社 2009 年版,第 45 页。

③ 中国史学会主编:《中国近代史料丛刊·戊戌变法(一)》,上海人民出版社 1957 年版,第 373 页。

④ 上海图书馆编:《汪康年师友书札 3》,上海书店出版社 2017 年版,第 2464 页。

邹代钧当即表态揽下全省业务。有学者统计,《时务报》共有46个亲友派报处,其中23个在内陆,经由它们销售的报纸占到了同期内陆地区销量的六七成。① 这种对中国官场与士林群体的倚重,是之前所有报刊包括传教士的报刊以及商业报刊所办不到的。

广泛的销售渠道、可观的发行规模,让报刊这一新式传播媒介给更多知识分子带来新知和期待,一种新型的交往模式得以形成。在以往,知识分子的社会交往可以分为公、私二途。于私,即个人的人际交往,每个人因为师承、门第等个人联系而交织成一个网络,比如"汪康年—邹代钧—陈三立—陈宝箴"这条交往的链条即建立在私人关系基础上。于公,体现的是一种纵向的秩序,比如陈宝箴以官文书的方式要求地方订阅《时务报》。但对于《时务报》的投稿者而言,他们形成的是一种跨越地域和阶序、非个人而近乎公共的新关系。"以报刊结成的领域为核心,每个人都可以直接与之接触,无须透过层级上达,一个理想的公开场合让每个人保持非个人的等距可接受性,其形态比较接近人人都可以进出的广场,而非一座金字塔。"②如果这种关系日渐扩大,显然会危及旧秩序的基础。然而不待旧秩序发动反扑,《时务报》本身的矛盾即已显现。

汪梁矛盾肇始于黄遵宪改革报馆组织架构的提议。黄遵宪于光绪二十三年(1897年)三月十日和四月十一日两次致信汪康年,提出《时务报》"既为公众所设,当如合众国政体,将议政(于馆中为董事)、行政(于馆中为理事)分为二事,方可持久。此不仅为公言之。至于公则或为董事(专司章程兼馆外联络应酬),或为总理(守章程而行馆中一切事,皆归督理),即或以董事而兼总理"。虽然按照此处文字,汪康年亦可司"总理"一职,但黄遵宪同时明确建议"馆中仍聘铁乔总司一切",铁乔即吴樵,因吴樵不愿来馆,黄遵宪又竭力推荐康门弟子龙积之。这样一来,汪康年对黄遵宪颇为不满,"在沪日日向同人诋诽之"③。

黄遵宪的提议,让梁启超也搅入其中。在汪康年看来,这是黄遵宪和梁启超联合起来"挠我之权利"。实际上梁启超虽同意报馆改革,但对于黄遵

---

① 参见朱至刚:《跨出口岸:基于"士林"的〈时务报〉全国覆盖》,《新闻与传播研究》2017年第10期。

② 李仁渊:《晚清的新式传播媒体与知识分子:以报刊出版为中心的讨论》,台北稻乡出版社2002年版,第135页。

③ 梁启超:《创办〈时务报〉原委记》,转引自戈公振:《中国报学史》,上海古籍出版社2014年版,第108页。

宪要求汪康年“引去”的提议，觉得“卤莽不通人情”。他一再致信汪康年，意在说明情况，“暂灭意见”，但嫌隙已然形成。

报馆最初的管理模式是汪管经营，梁管文字，此后双方在各自负责的事务上纷纷邀请同籍人士担任。如汪康年请其弟汪诒年帮忙管理财务，梁启超亦引荐康门弟子撰写文章。后来汪有意介入论说，梁亦有意介入馆务。梁启超引康门弟子龙积之等人进入报馆，汪康年则介绍与其有姻亲关系的章炳麟进入主笔群，这就为后来矛盾的激化埋下了伏笔。章炳麟师承朴学大师俞樾，“自与梁、麦诸子相遇，论及学派，辄如冰炭”[①]。章炳麟一次酒后失言，“诋康长素教匪”，康门弟子闻讯前来与他争辩，甚至发展到大打出手。事后章炳麟退出报馆，《时务报》“将尽逐浙人而用粤人”的流言蜂起，报馆中本来似隐似露的浙、粤地方界线因此而显明，汪梁彼此间的隔阂又进了一步。

1897 年夏天，黄遵宪调任湖南按察使，谭嗣同等人要办时务学堂，邀请梁启超出任湖南时务学堂中文总教习，梁启超趁机离沪。在湖南，梁启超忙于主持时务学堂，对《时务报》难免顾及不周——不仅不能按时寄送文章，而且作文颇多敷衍。汪康年一方自然不满，便也赌气把梁启超反复嘱托刊登的大同译书局告白和不缠足会《女学歌》一拖再拖。1898 年 2 月，汪康年写信告诉梁启超，打算聘请郑孝胥担任总主笔，给他留下一个“正主笔”之名。梁启超不能接受这种安排，致书汪康年提出“非兄辞则弟辞，非弟辞则兄辞”，“如兄愿辞，弟即接办，如兄不愿辞，弟即告辞，再设法另办”[②]。汪康年当然不会轻易让出已经掌握在手的《时务报》。1898 年，梁启超请辞。自 55 期之后，不仅梁启超的笔墨，其他康门弟子的文章也在《时务报》绝迹。

百日维新开始后，作为舆论界重镇的《时务报》为各方倚重。梁启超“力请其师康有为向清帝前自求派往上海督办官报。其意即在借官报名义以强收归《时务报》”[③]。康有为也因此上书，请改《时务报》为《时务官报》，责成梁启超“督同向来主笔人等实力办理”。光绪帝批示“准如所奏”，但以“梁启超已奉旨办理译书事务，不遑兼顾报馆”为由，另推康有为督办其事。

改官办的上谕发出后，汪康年等人密商，决定“让《时务报》空名与康”，设法另办新报。因上谕中有“从实昌言”之语，《时务报》改名为《昌言报》，梁

① 张舜徽：《张舜徽集：爱晚庐随笔》，华中师范大学出版社 2005 年版，第 214 页。

② 上海图书馆编：《汪康年师友书札 2》，上海书店出版社 2017 年版，第 1684 页。

③ 冯自由：《冯自由回忆录：革命逸史》，东方出版社 2011 年版，第 42 页。

鼎芬出任"总董"。不仅封面、版式都与从前一样，而且曾订《时务报》全年者改寄《昌言报》。这样的一场纷争当时闹得沸沸扬扬，直到慈禧太后发动政变。9月26日，慈禧太后矫诏称："《时务官报》无裨治体，徒惑人心，并着即行裁撤。"《昌言报》也因销路锐减，经费支绌，出至第10期即行停办。汪梁之争由守旧派为之强行划了一个句号，如严复所言："吾见其两败俱伤，而维新之事自此废矣。"①

三、维新运动中的办报高潮

《时务报》之后，学会与期刊大量增加。有学者统计，戊戌时期的学会有60多家(不考虑各地分会)，这些学会纷纷创办报刊以"开通风气、广联人才"。百日维新期间光绪帝颁布准许官民办报的诏书，更促进了各地报刊迅速发展。此一时期，第一次国人办报高潮兴起，国人自办报刊打破了外报在中国新闻舆论界的垄断地位。占据这次办报高潮主流的是宣传变法维新的政论性报刊，它们在地域上分布较广：在上海有《农学报》《算学报》《新学报》《实学报》，在浙江有《经世报》《利济学堂报》，在湖北有张之洞支持的《正学报》，在四川有宋育仁创办的《渝报》，在广州有《岭学报》，在广西有康门弟子的《广仁报》。维新派报刊中，澳门的《知新报》、湖南长沙的《湘学新报》与《湘报》、天津的《国闻报》分别构成华南、华中和华北的舆论中心。

1.华南地区的舆论阵地——《知新报》

《知新报》是维新派在华南地区的重要舆论阵地，1897年2月22日在澳门创刊。这份创办较早、出版时间最长的维新派报刊，是在康有为亲自策划下创办的，由澳门富商何廷光出资。

《知新报》最初想定名为《广时务报》，"广"字含有两重意思：一为推广，二为"广州之《时务报》"之意。以现代的眼光看，此名确实可借《时务报》的品牌之利，但在当时的政治环境下却留有隐患。因为《广时务报》在澳门，清政府难以辖制，然一出祸端必将牵连《时务报》。加之当时已有一份名为《广时务报》的报纸，因此在正式出版时定名为《知新报》。

《知新报》是《时务报》的姊妹刊，刚出版时无论封面还是版式都力求与《时务报》相仿。然而在内容上，两者有明显的分工。按照梁启超的计划，《知新报》首先应"多译格致各书各报，以续《格致汇编》"。梁启超要求《知新

---

① 王栻主编：《严复集》第2册，中华书局1986年版，第495页。

报》能译录西国近事和农学、矿政、商务、工艺、格致之学，以补《时务报》之不足。因此，沟通中外信息、传播西方科技知识是该报一大内容特色。其次，“多载京师各省近事，言《时务报》所不敢言”。利用在澳门出版、清政府控制不了的地理优势，《知新报》言论比较自由。因此，在《知新报》上，常可看到抨击内地弊政的文章，对于康梁的奏折、言论以及维新派的政治活动，也比其他报纸报道得更为详尽。

《知新报》从1897年2月22日创刊，到1901年1月20日停刊，前后出版近四年时间，是戊戌变法时期出刊时间最长的维新派报刊。它有敢言内地报刊所不敢言的政治环境，又有比较雄厚的经济实力。尤其重要的是，自戊戌政变发生后，在清政府统治区域内，维新报刊因“聚党密谋”“惑世诬民”等罪名停刊殆尽。在横滨《清议报》创刊之前三个多月时间里，《知新报》成为唯一能与封建顽固派针锋相对的舆论阵地。当然，《知新报》最终没能像《清议报》《新民丛报》那样成为具有全国影响力的维新派机关报，一是与它所处地理环境有关——地处偏远，导致信息传递滞后；二是作为一份政论报刊，它的办报者从来不是维新人士中的一流角色，这就限制了它的水平与影响。

2.华中地区的舆论阵地——《湘学新报》与《湘报》

1897年前后，湖南巡抚陈宝箴、按察使黄遵宪、学政江标，以及唐才常、谭嗣同、熊希龄等维新派人物齐集长沙。他们在这里创办《湘学新报》介绍西学，开办湖南时务学堂培养维新骨干，成立南学会提倡变法，创办轮船公司、电灯公司等推行新政。一时间，湖南的维新运动呈现后来者居上的势头，成为全国“最富朝气的一省”。湖南省重要的维新报刊是《湘学新报》和《湘报》。

《湘学新报》(自第21册起更名为《湘学报》)创刊于1897年4月22日，由学政江标发起，唐才常主持。《〈湘学新报〉例言》中阐明报纸创办目的在于“将群章甫缝掖之儒，讲求中西有用诸学，争自濯磨，以明教养，以图富强，以存遗种，以维宙合”[①]，简言之即为以新学实学开民智、育人才，救亡图强。

与《时务报》相似，《湘学新报》在发行中也得到了开明官绅的襄助。《湘学新报》出版后，湖南巡抚陈宝箴、两江总督张之洞即通饬湘、鄂各府州县订阅，以利销行。《湖南抚院陈饬各州县订购〈湘学新报〉札》中要求各县“于奉

① 《〈湘学新报〉例言》，《湘学新报》1897年4月22日。

到后，先自捐廉赴省订购。每次或数十册，或十余册，分交书院肄业各生及城乡向学士子，一体披阅，并劝绅商自行购买分送，俾乡僻寒畯皆得通晓当世之务，以为他日建树之资”[①]。这种对官方发行势能的倚重，让《湘学新报》在发行上颇有成绩，“仅长沙一城，销千数百份”，但也难免让报纸受到辖制。1897年7月至次年5月，随着黄遵宪、徐仁铸、梁启超、谭嗣同陆续抵湘，时务学堂、南学会、《湘报》次第创办，湖南的维新运动日益活跃，宣传康有为改制之说和资产阶级民权观念的文章所发言论越来越激烈。此时再寄递湖北，张之洞批评报纸言论“谬论甚多”，“恐于学术人心有妨”，不再支持《湘学新报》在湖北传播。《湘学新报》赶忙连载张之洞以反对民权为主旨的《劝学篇》以示妥协，直至停刊。

《湘学新报》设有史学、时务、舆地学、算学、商学、交涉学六个固定栏目，虽然也刊载一些新闻报道，但毕竟学理性过强，文字艰涩。加之十日一出，周期太长，已不能满足日益高涨的维新运动的需要。南学会因此决定创办一份比较通俗的日报，作为自己的机关报，“以辅《时务》《知新》《湘学》诸报所不适”。

1898年3月7日，《湘报》在长沙创刊。《湘报》“专以开风气、拓见闻为主旨”，设有论说、奏疏、本省新政、各省时政、各国时事、新书选录、答读者问等栏目，初具近代综合性报纸的规模。与只面向学界的《湘学新报》不同，《湘报》自创刊之日起便注意扩大读者面。它追求语言的通俗性，“以使圆颅方趾，能辨之无之人，皆易通晓”[②]。为扩大销路，它利用有省款津贴的条件，只收工本纸张之费，比同类报纸便宜三到五成。[③] 因此，三个月后其发行量达到6000份，成为湖南维新变法的舆论中心。康有为曾称它为“全国最好的一张维新报纸”，梁启超也称它是戊戌时期日报中的“巨擘”。

在《湘报》的言论中，最具特色的是对封建专制制度的猛烈抨击，对民权、平等学说的热烈鼓吹。尤其是在报纸初创的前两个月，《湘报》响亮地喊出了“人人平等的口号”，倡导“人人有自主之权”，强调“权也者，我与王臣卿相共之者也；国也者，非独王侯卿相之国，即我群士群民共有之国也”。1898年3月29日，易鼐发表《中国宜以弱为强说》，指出中国“以弱为强”的四种途径，即西法与中法相参、西教与中教并行、民权与君权相重、黄人与白人互

① 《湖南抚院陈饬各州县订购〈湘学新报〉札》，黄林编：《近代湖南出版史料》，湖南教育出版社2012年版，第1117页。

② 唐才常：《湘报序》，黄林编：《近代湖南出版史料》，湖南教育出版社2012版，第92页。

③ 参见方汉奇主编：《中国新闻事业通史》第1卷，中国人民大学出版社1992年版，第597～598页。

婚。文章发表后，开明如陈宝箴亦觉不妥，传知《湘报》，说它“过于偏激，惊世骇俗，非处士所宜言”。不久，张之洞也看到这篇文章，大为震怒，致电陈宝箴、黄遵宪，申饬：“新出《湘报》其偏尤甚。近见刊有易鼐议论一篇，真是十分悖谬，见者人人骇怒……亟宜谕导阻止，设法更正。”[①]陈宝箴复信表示自己看到易鼐言论亦“骇愕汗下”，一方面让熊希龄收回易鼐的文章，并且著论敦正，切实劝戒；另一方面下令“删去报首议论，但采录古今有关世道名言，效陈诗讽谏之旨”[②]。自1898的5月20日第66号以后，《湘报》再也没有刊登过谭嗣同、唐才常的文章，同时还由黄遵宪出面劝告梁启超勿“以康之短自蔽”。在各种压力下，加之身体原因，梁启超离开湖南。5月下旬，被梁启超称为湖南“新政之命脉”的南学会竟以“天时渐热，人多气郁，难以宣讲”为由暂停正常活动。百日维新前，湖南维新事业已陷于停滞。百日维新期间，湖南新政虽有复苏，亦不过是余波而已。[③]

戊戌政变中，南学会因“迹近植党”，被张之洞电饬查封。《湘报》勉力出版至10月15日被迫停刊，总共出了177期。

3.华北地区的舆论阵地——《国闻报》

《国闻报》是戊戌变法时期维新派在华北的重要舆论阵地，也是维新派创办的第一份日报。《国闻报》1897年10月26日创刊于天津，严复是主要出资人和报馆的灵魂，王修植为馆主，夏曾佑为主笔。

严复(1854～1921年)，字又陵，福建侯官人，出生于名医世家。1866年他考入马尾船政学堂，毕业后在军舰上工作，1877年被选派到英国格林威治海军学院留学，回国后受聘于天津水师学堂，后升任学堂总办。对于中国的思想界而言，严复的最大贡献是翻译了英国自然科学家赫胥黎的《天演论》，第一个把进化论介绍到中国。他用“物竞天择，适者生存”的理论警醒国人，动摇了封建顽固派所奉行的“天不变道亦不变”的观念，为变法维新提供了理论依据。严复是进化论的追随者，属于维新阵营中的右派。他并不主张过激的变法要求，却努力倡导提高“民力、民智、民德”，《国闻报》即是为“开民智”而设。

《国闻报》之外，严复还创办了《国闻汇编》。两者一为日刊，一为旬刊，在严复看来，“大抵日报则详于本国之事，而于外国之事则为旁及。旬报则

① 《致长沙陈抚台、黄臬台》，苑书义等主编：《张之洞全集》第9册，河北人民出版社1998年版，第7581页。

② 《陈抚台来电》，苑书义等主编：《张之洞全集》第9册，河北人民出版社1998年版，第7581页。

③ 参见桑兵：《民权与百日维新》，《贵州社会科学》1985年第2期。

详于外国之事，而于本国之事则为附见。阅报之人亦可分为二类：大抵阅日报者，则商贾百执事之人为多，而上焉者或嫌其陈述之琐屑；阅旬报者，则士大夫读者之人为多，而下焉者病其文字之艰深”[①]。因此，兼日报、旬报并而有之，则国内国外之事，上层下层读者可尽数网罗。

《国闻报》以英国《泰晤士报》为榜样，明确表明《国闻报》为“求通”而设。“通之道有二：一曰通上下之情；一曰通中外之故。”通上下之情，即为在国内实现信息畅通；通中外之故，就是主张学习西学。严复指出，塞其下情国必弱，昧于外情国必危。而在“上下之情”和“中外之故”中，严复特别强调“尤以通外情为要务”。“欲通知外情不能不详述外事，欲详述外事不能不广译各国之报。”[②]《国闻报》不惜重金聘请懂得英、法、日文字的翻译人员，大量译载西方资产阶级的社会政治学说和自然科学知识，以及外电、外报的消息和评论，这让《国闻报》在维新派报刊中独树一帜。

“消息确而速，又极多极详”是《国闻报》的另一特色，但这份报纸有明确的报道重心。《国闻报馆章程》中说：“日报首刊电传上谕，次登路透电报，次登本馆主笔人论说，次登天津本地新闻，次登京城新闻。”至于“东南各省新闻，则东南各报馆言之甚详，本馆一概不述”。《国闻报》关注北方的政治事件，对于重大事件的追踪报道，持续时间之长，过程之详是其他报刊所没有的。[③]

《国闻报》成立之时，恰逢德占胶州湾。沙俄也打着“帮助中国”的旗号企图强占旅顺、大连。《国闻报》从1897年11月18日至1898年1月7日，共发表连续报道29篇。对于这一时期《国闻报》的表现，日本驻天津领事馆一等领事郑永昌这样描述：

> 《国闻报》虽说创立之日尚浅，但其着眼点以及所刊载者，无一不是中外交涉之事件。凡外国报纸所刊载之有关日清两国交往事项，一一取来，翻译登录。尤其在胶州湾及旅顺口占领问题上，各处寻求通信与联络，无论事情大小，俱有所记，毫无遗漏之处。而且，其所刊内容，又有多处仰仗北京通信得来消息。关于外交上之问题，直言明记相关事

---

① 严复：《〈国闻报〉缘起》，蒋含平、李新丽编：《中国新闻传播史文选》，合肥工业大学出版社2016年版，第45页。

② 严复：《〈国闻报〉缘起》，蒋含平、李新丽编：《中国新闻传播史文选》，合肥工业大学出版社2016年版，第45～46页。

③ 参见方汉奇：《中国新闻事业通史》第1卷，中国人民大学出版社1992年版，第610页。

实，其探察之敏捷，亦可圈可点，一时颇得内外人士之好评并广泛信用。①

由于揭露了俄国“貌为居间，而潜相要结，则中国受害益重”的真相，问世不久的《国闻报》即面临生存危机。俄国人在京四处活动，要求总理衙门下达停刊令。王修植不得已向日本驻天津领事紧急求救，请到了甲午战争中随日军来华的朝日新闻社记者西村博做名义上的发行人，表面上暂将《国闻报》转让。

百日维新中，由于汪梁之争，《时务报》并没有能够继续发挥其维新派旗帜的作用。倒是《国闻报》由于距离京师较近，梁启超、谭嗣同、张元济等人与夏曾佑关系又比较密切，所以京师的重大事件和朝廷动向等信息源源不绝地通过他们流向天津。即便是戊戌政变后的一段时间里，《国闻报》也仍然以鲜明的态度支持变法维新。《国闻报》借洋人之口报道谭嗣同拒绝到领事馆避难之事，称赞其“视死如归”：

有西人自北京来，传述初六、七日中国朝局既变，即有某国驻京公使署中人，前往康氏弟子谭嗣同处，以外国使馆可以设法保护之说讽之。谭嗣同曰：“丈夫不作事则已，作事则磊磊落落，一死亦何足惜，且外国变法未有不流血者，中国以变法流血者，谓自谭嗣同始。”即纠数十人谋大举，事未作而被逮，闻中国国家拟即日正法以儆效尤。②

不过在当时的政治压力下，这样的斗争精神并没有坚持多久。报社骨干成员知道已无办报机会，逐渐萌生退意。1898 年底，夏曾佑、王修植和严复相继离开报馆。1899 年 2 月，《国闻报》正式转卖给日方，作价 11000 元。

维新变法运动期间，政论性报刊的大量出现，让报刊这一西方近代工具在进入中国近百年后第一次产生结构性的影响。这些民间自办的报刊在国家权力阶序之外提供了新的议政空间，构成了晚清制度化的公共领域。借由报刊形成的言论，其高下之别取决于言之有物与否，而不是个人的政治位阶。新的人际关系在以文字构成的新式报刊领域实践的同时，也因着对政

① 《郑永昌致外务省次官小村寿太郎报告》，转引自孔祥吉、村田雄二郎：《从中日两国档案看〈国闻报〉之内幕（上）——兼论严复、夏曾佑、王修植在天津的新闻实践》，《学术研究》2008 年第 7 期。

② 《视死如归》，《国闻报》光绪二十四年（1898 年）八月十二日，转引自孔祥吉、村田雄二郎：《从中日两国档案看〈国闻报〉之内幕（下）——兼论严复、夏曾佑、王修植在天津的新闻实践》，《学术研究》2008 年第 7 期。

治事务的讨论，自然地将其行为规则转移到对现今政治秩序的想象上，暗示了一种新的、更为平等的我群关系，甚至无形中削弱了既有专制权威的基础。

当然，此时的知识分子尚无意挑战整体的政治秩序，他们甚至期待借助报刊能得到当朝权力中心的垂青。也就是说，新式媒体的动作虽无形中削弱了旧秩序的权威基础，但并无推翻原有政治秩序的初衷。这种稳定伴随着一种新的资产阶级政治力量的崛起和维新阵营的转化而被打破，报刊逐渐成为颠覆政局的舆论先声。

第二节　戊戌政变后革命与新民的诉求

一、革命派的报刊活动与革命动员

1.革命报刊的初创

19 世纪末，就在以康有为为代表的维新派登上政治舞台的同时，一支主张武力推翻清王朝的革命力量也开始出现。1894 年 11 月，孙中山在檀香山成立兴中会，提出了“驱除鞑虏，恢复中国，创立合众政府”的主张，以孙中山为代表的革命派开始形成。

1895 年，孙中山领导的广州起义以失败而告终。孙中山由此遭到清政府通缉，同时面临极为不利的舆论环境：“举国舆论莫不目予辈为乱臣贼子，大逆不道，咒诅谩骂之声不绝于耳。”[①]在海外亦是如此，不少华侨对孙中山等革命党人敬而远之。孙中山回忆说：

> 甲午中东战起，以为时机可乘，乃赴檀岛、美洲，创立兴中会，欲纠合海外华侨以收臂助。不图风气未开，人心锢塞，在檀鼓吹数月，应者寥寥，仅得邓荫南与胞兄德彰（按，孙眉字德彰）二人愿倾家相助，及其他亲友数十人之赞同而已……是到檀岛事，复信使同志以推广兴中会，然已有旧同志以失败而灰心者，亦有新闻道而赴义者，惟卒以风气未开，进行迟滞……故予由太平洋东岸之三藩市登陆，横过美洲大陆，至大西洋西岸之纽约市，沿途所过多处，或留数日，或十数日。所至皆说以祖国危亡，清廷腐败，非从民族改革无以救亡，而改革之任人人有责。

① 孙中山：《建国方略》，《孙中山全集》第 6 卷，中华书局 1985 年版，第 235 页。

然而劝者谆谆，听者终归藐藐，其欢迎革命主义者，每埠不过数人或十余人而已。[①]

孙中山由此认识到宣传之重要，将革命失败之重要原因归于公众不了解革命派的主张，未形成舆论支持。伦敦蒙难更让他亲身体会到了媒体的力量。

1896 年，革命失败的孙中山在伦敦被清政府驻英公使诱禁。他在香港西医书院时的老师康德黎得知后，将此事在当地报纸上公开披露。一夜之间，孙中山被秘密绑架成了轰动一时的大新闻。正是媒体的报道、舆论的干预才让孙中山免于一死。伦敦蒙难一事使他对于“报纸左右社会之力量，至能达成政治力量所未能完成之任务，有身受其惠之深切认识，而觉革命主义之借报纸宣传，收效必能速于置邮，是无疑也”[②]。

1899 年秋，由于港英当局在广州起义后禁止孙中山入境，孙中山派陈少白赴香港筹办报纸。孙中山在日本购办机器铅字，筹办开办经费，并取“中国者中国人之中国”之义，将报纸定名为《中国日报》。1900 年 1 月 25 日，《中国日报》正式出版，陈少白任社长兼总编辑。作为革命派的机关报，《中国日报》刊载的内容包括：及时报道革命党人和留日学生的革命活动；揭露清政府的腐败无能和政府官员的卖国行为，宣传反清思想；宣传“民权主义”，赞美民主共和，号召人民起来推翻君主专制制度，建立民权国家；宣传反帝救亡，揭露和谴责西方列强侵华罪行，声援内地人民的反帝爱国斗争；与保皇派展开论战，批驳他们的政治主张。《中国日报》同时出版日报和旬刊，后者名为《中国旬报》，两者统称“中国报”。《中国旬报》设“论说”“译论”“中外时事”等栏，第 7 期起又增辟“杂俎”等专栏，第 11 期起“杂俎”改名“鼓吹录”，专以谐文歌谣地方戏曲方式讽刺时政。《中国旬报》出版至 37 期后停刊，“鼓吹录”并入日报，随日报出版至 1913 年。“鼓吹录”被认为是中国最早的副刊之一。

《中国日报》的意义在于它是“革命党机关报之元祖”。它不仅是兴中会的宣传机关，还是党务军务机关，革命党人经常在报馆里秘密集会，商讨革命大计，谋划武装起义，并利用报馆进行运输军火、印刷文告等秘密活动。

---

① 孙中山：《建国方略之一：“孙文学说”——行易知难（心理建设）》，《孙中山选集》，人民出版社 1981 年版，第 193～195 页。

② 黄宇和：《分析伦敦报界对孙中山被难之报道与评论》，广东省孙中山研究会主编：《孙中山研究》第 1 辑，广东人民出版社 1986 年版，第 10～30 页。

1900 年惠州起义爆发时，革命党人就把指挥部设在报馆三楼。起义发动后，报纸公开刊载起义的揭帖和檄文，从舆论上进行配合。把办报与武装斗争紧密结合在一起，是《中国日报》一大特色。辛亥革命后，《中国日报》转入广州出版，最终在 1913 年 8 月被袁世凯在广东的代理人龙济光查封，共出版了 13 年零 8 个月。

2.由改良而革命的留日学生报刊

中国向日本派出留学生，是甲午战争后开始的。当时国人对于出洋留学非常重视，留学不仅对一个人在官场的晋升有好处，还是晋升的关键性条件。日本似乎是最诱人、最经济和最不出乱子的留学目的地。张之洞曾说："至游学之国，西洋不如东洋。一、路近省费，可多遣；一、去华近，易考察；一、东文近于中文，易通晓；一、西书甚繁，凡西学不切要者，东人已删节而酌改之，中东情势风俗相近，易仿行，事半功倍，无过于此。"[①]因此，学生赴日较赴欧美各国要晚，但人数迅即跃居留学各国学生首位。有数据记载，1900 年中国留日学生有 100 人，1902 年达到 500 人，1904 年达到 1500 人，1905 年达到 8000 人，1906 年达到 13000 人。这些留日学生的思想经历了由改良到革命的转变，转变的契机之一即是 1903 年的拒俄事件。

1900 年义和团运动期间，沙俄派遣军队以"保护东三省铁路及其他利益"为名驻军东北。1902 年 4 月清政府与沙俄签订《交收东三省条约》，规定俄军自该条约签字之日起，分三期撤军，十八个月内撤完。1903 年，沙俄不但违约不撤，反而增派军队，企图继续霸占东北三省。消息传出后，中国学生极为愤慨，留日学生更是"闻之大愤，各省同乡会纷纷开会研究对策"。随后，留日学生召开了 500 余人参加的抗俄大会，讨论组织拒俄义勇队，提出"宁死不为亡国人"的口号，并派代表回国请愿，表示若与俄交战，学生愿为先锋。就性质上来讲，义勇队是以"拒俄"为主旨的爱国团体，没有推翻清政府的意思，其中大多数人还对清政府抱有幻想，表示愿意听从清政府的节制。但是，清政府认为这些学生是"名为拒俄，实则革命"，密令驻日公使蔡钧对在东京的留日学生"时侦动静"，又连忙命令各省督抚密切注视回国的留学生。遇有行踪诡秘，访问有革命本心者，即可随时拿到，就地正法。接着，报纸上传出消息，回国请愿的两名学生代表在天津被清朝官吏杀害。因此，一大批原来并没有"革命本心"的留日学生，在清朝政府如此倒行逆施的

① 张之洞:《劝学篇》，曲铁华主编:《中国教育名著导读》，教育科学出版社 2016 年版，第 286～287 页。

驱迫下终于觉醒过来，丢弃了对清政府的幻想，走上革命的道路。这也使得留日学生的报刊呈现由改良到革命的立场变化。

《开智录》是留日学生中最早出现的刊物，创办人是郑贯公、冯自由、冯斯栾三人。《开智录》宣称："以开民智为宗旨，倡自由之言论，伸独立之民权，启上中下之脑筋，采中东西之善法。"[①]《开智录》每月两期，辟有本会论说、言论自由录、杂文、译书、伟人小说、词林、时事笑谈和粤讴解心八栏。在郑贯公兼任改良派刊物《清议报》编辑之后，由清议报馆代为印刷与发行，因此"凡有《清议报》销流之地，即莫不有《开智录》，各地华侨以其文字浅显，立论新奇，多欢迎之，尤以南洋群岛为最"[②]。

《开智录》与《清议报》共用一套印刷发行体系，但在立论上常有分歧。比如在《清议报》眼中，义和团是受到了以慈禧太后为首的顽固派的利用，招致帝国主义列强的干涉，对义和团持负面评价，而《开智录》则称赞义和团是中国人民反抗外侮的爱国之举。《开智录》还公开提出反满革命主张，称清政府为"满洲贼"，比之为"压我之土，握我之财"的大贼强盗。这样的一些言论自然惹怒了由维新派演变而来的保皇派人士，《清议报》经理冯紫珊不再允许《开智录》"搭乘"自己的印刷发行系统，并解除郑贯公编辑之职。《开智录》出世仅半载，以无所凭借，由是告终。

1901 年 5 月 10 日在东京创刊的《国民报》，具有更加鲜明的革命色彩。该报总编辑秦力山 1900 年曾参与自立军起事，失败后与保皇派绝交，属于较早转向革命的一批。该报在第 2 期发表的社论《说国民》中，开篇即尖锐发问："今试问一国之中可以无君乎？曰可。……又试问一国之中，可以无民乎？曰不可。"这一期还发表了秦力山的《中国灭亡论》，公然地提出了革命的必然性："凡国之所以因祸而为福，转败而为功者，必赖千百志士不畏艰难以肩巨任，杀身以易民权，流血以购自由，前仆后兴，死亡相继，始能扫荡专制之政治，恢复天赋之权利。此今日民权世界所由来也。"在《国民报》上，反满宣传也比《开智录》占有更突出的地位。第 3 期的《说汉种》一文中指出当今天下是"汉土为非汉种所有"，"汉种为非汉种所奴"。第 4 期又刊登了章炳麟的《正仇满论》，指出要推翻清政府，"非仇视之谓也"，而是因为"今日之满人，则固制汉不足，亡汉有余，载其呰窳，无一事不足以丧吾大陆"。

从 1902 年开始，随着留日学生人数的增加，各省留学生纷纷成立同乡

① 《本会录告白》，《开智录》1900 年 12 月 22 日改良第 1 期。

② 冯自由：《革命逸史》(上)，新星出版社 2016 年版，第 78 页。

会，并创办了一批以省区为单位的学生报刊。如《游学译编》是湖南留日同乡会主办的刊物，《直说》由直隶留日学生主办，《湖北学生界》《江苏》《浙江潮》的地域归属亦一见自明。这些刊物最初的内容，主要是分析中华民族所面临的严重危机，介绍西方资产阶级的哲学、政治、经济、军事、法律、教育、历史等学说，并从各方面探讨西方国家之所以富强、中国之所以落后和遭受侵略的原因，寻求救亡图存的方法。它们虽然表现出强烈的爱国主义精神和改变中国现状的要求，但并没有提出反清革命的口号。它们所宣传的教育救国、实业救国、地方自治等救亡方案，也没有跳出改良主义的纲领。直到拒俄事件发生，它们的面貌为之一变。《湖北学生界》从第5期改用黄帝纪年，并从第6期改刊名为《汉声》，提出当前“最急之先务”就是“扬民族之风潮，兆汉祀之既绝”。《江苏》发表《革命其可免乎》的文章，“伫看叱咤风云起，不歼虏胡非丈夫”，“满珠王气今已无，君不革命非丈夫”这样的诗句也在刊物上公开出现。清政府终于失掉了留日学生这支极具战斗力的新生力量。

3.名动天下的“苏报案”

1903年的拒俄运动，其影响自然波及国内，国内报刊立场的转变，章太炎、邹容激进文章的发表都是在这一年，“苏报案”也正是在这样的背景下发生的。

1896年6月，《苏报》诞生在上海公共租界，创办者胡璋以日籍妻子生驹悦名义注册，挂“日商”牌子。当时其只是一份格调低下的小报，“所刊消息议论，颇为无聊”。1898年冬天，因“营业不利”，胡璋将《苏报》转手卖给了罢官后蛰居上海、“思以清议救天下”的陈范。

陈范，1860年出生在江苏阳湖（今江苏常州）一个地主官僚家庭。1889年，陈范中举人，1891年出任铅山县县令，1895年罢官回到上海。

1898年，陈范买下《苏报》。陈范初掌《苏报》，以妹夫汪文溥为主笔，他自己和儿子陈仲彝编发新闻，兼写论说。18岁就创办《女学报》（被誉为“女苏报”）的女儿陈撷芬也“打横而坐”，编小品诗词之类副刊。熟悉上海报界掌故的包天笑称之为“合家欢”。

当时正值戊戌政变后，舆论普遍低调，即使是上海租界也是如此。陈范不为时局所动，毅然坚持维新立场，倡导立宪保皇，乃至“时人多以康党目之”。为此，《苏报》受到了流亡日本的梁启超的称赞，梁氏在《清议报》第100期上发表文章，称它为“日报佼佼者，屹立于惊涛骇浪狂飙毒雾之中，难矣，诚可贵矣”。但就当时的舆论环境而言，革命思想已经渐趋主流，立宪保皇思想不再受众人推崇，“读《苏报》者，辄诧为怪诞，经济乃大困”[①]。

《苏报》的困顿至1903年初始有转机。此时《苏报》之所以大张旗帜，源于1902年冬天增辟“学界风潮”专栏。自19世纪末中西方文化发生碰撞以来，年轻学子一方面向西方学习的热情高涨，另一方面受到传统教习的压制，加之他们有了公然挑战权威和传统的勇气和习惯，因此学潮运动频频爆发。陈范敏锐地抓住了这一社会现象，增辟“学界风潮”专栏，聚焦学生运动，《苏报》成为“新学界”的代表，“乃大为阅者所注目矣”。

陈范敢于创辟“学界风潮”，当然有其所恃，他与学界似有着非同一般的人脉关系。[②] 他与中国教育会和爱国学社都有私人联系。中国教育会是晚清的一个资产阶级教育团体，它声称“以教育中国男女青年，开发其智识，而推进其国家观念，以为他日恢复国权之基础为目的”，但实际上“表面办理教育，暗中鼓吹革命”。学潮运动中，中国教育会创办了爱国学社这样一个新式学堂，吸引了不少在学潮运动中退学的进步学生。蔡元培、吴稚辉、章炳麟等任兼职教员，但义务教学，需另谋生计。爱国学社学员本就是一些离经叛道的青年学生，师生自由讨论，畅所欲言，毫无禁忌。上海舆论界对于他们的表现，颇为不满，包括《申报》《新闻报》也常持批判论调。爱国学社迫切希望辟机关报以做言论对抗，但苦于经费紧张。恰逢《苏报》面临稿荒，于是爱国学社与《苏报》订约，每日由学社教员轮流撰写论说一篇，《苏报》则每月赠给学社100元，供学社办公与教学之用。

5月27日，陈范正式聘请爱国学社学生章士钊任《苏报》主笔。当天章士钊在《苏报》发表章炳麟言辞激烈的论说——《论中国当道者皆革命党》。

6月初，章士钊接连三天改革《苏报》。6月1日，《苏报》宣布“本报大改良”，声称：“今后特于发论精当、时议绝要之处，夹印二号字样，以发明本报之特色，而冀速感阅者之神经。”即凡是涉及革命、排满的激烈言辞，均用较大字号印刷，以增强震撼力。这种排版方式让编辑仿佛导读员，“以视觉化手法，将自己的阅读逻辑强行推介给读者。报纸的版面，不再是疏密有度张弛有法，而是凹凸不平，不仅读者无法顺畅阅读，甚至是被迫跟着大大小小

① 周佳荣：《苏报及苏报案：1903年上海新闻事件》，上海社会科学院出版社2005年版，第16页。

② 参见黄旦：《报纸革命：1903年的〈苏报〉——媒介化政治的视角》，《新闻与传播研究》2016年第6期。

跳来跳去的字号走"[①]。6月2日，报首刊出"本报大注意"启事，将"学界风潮"移到头版"论说"后的显著位置，并增辟专门发表来稿的"舆论商榷"栏，明确提出"本报当恪守报馆为发表舆论之天职"，力图把《苏报》办成一个开放的公共论坛。6月3日，报纸刊出"本报大沙汰"启事，强调"本报务以单纯之议论作时局之机关"，不录"琐屑新闻"。

6月9日，章士钊以"爱读革命军者"的笔名发表《读〈革命军〉》文，以热情洋溢的语言对邹容的《革命军》大加赞赏，称之为"今日国民教育之第一教科书"。同一天，"新书介绍"栏刊出《革命军》出版的广告，称"其宗旨专在驱除满族，光复中国，笔极犀利，文极沉痛，稍有种族思想者，读之当无不拔剑起舞，发冲眉竖。若能以此书普及四万万人之脑海，中国当兴也勃焉，是所望于读《革命军》者"。6月20日，"新书介绍"栏推荐章太炎的《驳康有为论革命书》，誉为"警钟棒喝"，将矛头直指保皇派。

1903年6月20日，两江总督魏光焘电告外务部，称："查有上海创立爱国会社，招集群不逞之徒，倡演革命诸邪说，已饬查禁密拿。"6月21日，清廷根据魏光焘的电报下旨："朝廷锐意兴学，方期造就通才，储为国用。乃近来各省学生，潜心肄业者固不乏人，而沾染习气肆行无忌者正服不免。似此猖狂悖谬，形同叛逆，将为风俗人心之害。着沿海沿江各省督抚，务将此等败类严密查拿，随时惩办。"[②]魏光焘派遣江苏候补道俞明震到上海，要他联络租界当局共同查办爱国学社和《苏报》。俞明震(1860～1918年)，浙江山阴人，此人思想比较开通，曾任南京陆师学堂总办。章士钊在南京陆师学堂读书时，颇得俞的赏识，后来，陆师学堂闹学潮，章士钊率30余人退学至上海，俞明震"阳怒之而阴佐之"。因此《苏报》一案，俞明震有意回护，他曾经找到陈范和吴稚辉，希望苏报馆能有所收敛，但《苏报》同人仍一意孤行。

6月29日，《苏报》在头版显著位置刊出章炳麟的文章《康有为与觉罗君之关系》，文中写道："然则公理之未明，即以革命明之；旧俗之俱在，即以革命去之。革命非天雄大黄之猛剂，而实补泻兼备之良药矣。"文章甚至直呼光绪之名："载湉小丑，未辨菽麦，铤而走险，固不为满洲全部计。长素乘之，投间抵隙，其言获用。"大意是戊戌变法期间，光绪帝着意维新，其意不过在于保住自己的权位；他与康有为的关系，是建立在互相利用的基础上的。斯

① 黄旦：《报纸革命：1903年的〈苏报〉——媒介化政治的视角》，《新闻与传播研究》2016年第6期。

② 《苏报鼓吹革命清方档案》，中国史学会主编：《辛亥革命(一)》，上海人民出版社1957年版，第444页。

文一出，举世哗然，“上海市上，人人争购”，专制者雷霆震怒，认为大逆不道。这一天，经过多次密谋，在清廷的要求下，一向对《苏报》持支持态度的租界工部局发出拘票。章炳麟在爱国学社被捕，邹容本来已藏匿于虹口一外国教士家中，亦于7月1日自投捕房。

按照租界的旧例，案未定谳之前，是不能封禁报馆的。因此，《苏报》在章、邹被捕后仍坚持出版了七天。

7月15日，上海租界会审公廨第一次会审“苏报案”。这一天，章炳麟36岁，邹容18岁，《申报》记载：“章长发毵毵然被两肩，其衣不东不西，颇似僧人袈裟之状。邹剪辫，易西服。”他们面对的罪名是：“故意污蔑今上，诽诋政府，大逆不道，欲使国民仇视今上，痛恨政府，心怀叵测，谋为不轨。”二人在庭上坦然“供认”，章炳麟说“《革命军》序文，系我所作”，“因见康有为著书反对革命，袒护满人，故我作书驳之”。邹容也说：“因愤满人专制，故有《革命军》之作。”庭审完毕，他们乘马车归捕房，观者填巷。①

苏报案庭审，是旧中国无所不能的专制权力与布衣百姓的正面交锋，而交锋的地点恰恰是在清廷势力所不及的租界。因此清廷提出引渡章、邹二人，但这一要求遭到了租界的拒绝。究其原因，在于东西方政治文明的冲突和权力的角逐。拒绝引渡是租界当局对“治外法权”的坚持。正如英文《字林西报》评论说：“外人在租界一日即有一日应得之权利，中国人在租界一日即有一日应受外人保护之权利，而华官固不得过问也。”②

就在清廷外务部与各国公使关于引渡的交涉毫无进展时，7月31日，记者沈荩因为披露《中俄密约》的消息，在北京被杖毙。8月4日的《大公报》详细报道了沈荩惨死的场面：

> 拿来刑部之沈荩，于初八日被刑，已志本报。兹闻是日入奏，请斩立决。因本月系万寿月，向不杀人。奉皇太后懿旨，改为立毙杖下。惟刑部因不行杖，此次特造一大木板。而行杖之法，又素不谙习。故打至二百余下，血肉飞裂，犹未至死。后不得已，始用绳紧系其颈，勒之而死。

沈荩之死对租界当局最终拒绝引渡章、邹等产生了直接的影响。8月5日，英国首相向驻华公使直接发出“现在苏报馆之人，不能交与华官审判”的

---

① 参见《初讯革命党》，《申报》1903年7月16日。

② 转引自刘艳华：《辛亥革命》，北京时代华文书局2016年版，第22页。

训令。到9月10日，经过两个多月反复的讨价还价、密谋筹商之后，清廷最后放弃了引渡“苏报案”犯的努力。1904年5月21日，租界会审公廨最终宣布判处章太炎监禁三年、邹容监禁二年，自上年到案之日起算，期满逐出租界。

清廷兴师动众，费尽心机，甚至不惜脸面，在低级法院与自己的子民对簿公堂，最终也没有达到置革命党人于死地的目的。与它为制造此案而付出的政治代价相比，囚禁章、邹的胜利简直微不足道。清政府本想借“苏报案”杀一儆百，将当时方兴未艾的革命思潮扑灭下去，但此案的发生反而促进了革命思潮在国内的广泛传播。新闻史家胡道静在《上海日报》中说：

> 《苏报》案在历史上的意义是很大的。其正面的影响，就是革命派不过牺牲了一个报馆，毕竟予清政府以极锋利的舆论攻击，使它全盛时代辣手段焚书坑儒的威严全消失了。其侧面的影响，是清廷虽以雷霆万钧之力，欲提办章、邹诸人，卒以事出租界，外人为维护其既得之行政权的缘故，卒未使它达到野心的目的；以后的上海言论界、出版界多数集中于公共租界，这件事情有莫大的关系。①

1905年4月3日凌晨，邹容因病在狱中去世，这一天离他两年的刑期期满不到三个月。1906年6月29日，章太炎熬过三年的刑期出狱，当天就登上了赴日本的轮船。

4.同盟会成立与《民报》创刊

1904年前后，随着革命思潮的发展，国内出现了一批新的革命团体。1904年，黄兴在长沙成立华兴会，刘静庵在武昌成立科学补习所，上海也成立了光复会，以蔡元培为会长。这些革命团体的出现，一方面说明了革命形势的高涨，另一方面也提出了一个新的命题：为了推动革命的发展，有必要将这些分散的、地方性的革命组织联合起来，建立一个全国性的、统一的革命政党。

1905年8月，在日本东京，经过孙中山、黄兴等人商议，确定中国同盟会作为全国性的革命组织。8月20日，同盟会举行成立大会，宣布以“驱除鞑虏，恢复中华，创立民国，平均地权”为宗旨，推选孙中山为总理。在成立大会上，黄兴提议把宋教仁等人创办的《二十世纪之支那》改为同盟会的机关报，得到大家的赞同。正当商议改组之时，日本政府突然指责该刊第二期的

---

① 转引自刘艳华：《辛亥革命》，北京时代华文书局2016年版，第26页。

一篇文章《日本政客之经营中国谈》妨害安宁秩序，命令警察予以没收。为此，同盟会不宜再使用《二十世纪之支那》作为机关报的名字，遂决定改名《民报》，另行出版。1905 年 11 月 26 日，《民报》在日本东京创刊，1908 年冬被日本政府封禁，1910 年初在日本秘密印行两期后停刊，共出了 26 期。

《民报》之名，本于三民主义。曼华在《同盟会时代民报始末记》中谈到报名的由来："报字曰民，所以者何？原孙总理数十年舟车栖皇，颠播海外，其孳孳不倦所提倡革命者，厥为三民主义：曰民族、曰民权、曰民生。兹三大主义，胥基于民，故民报之称，于焉以定。"[①]孙中山在为《民报》写的《发刊词》中，第一次提出了民族、民权、民生三大主义。孙中山在《在东京〈民报〉创刊周年庆祝大会的演说》中说："我们革命的目的，是为众生谋幸福，因不愿少数满洲人专利，故要民族革命；不愿君主一人专利，故要政治革命；不愿少数富人专利，故要社会革命。这三样有一样做不到，也不是我们的本意。达了这三样目的之后，我们中国当成为至完美的国家。"[②]

《民报》以张继为发行人和编辑，实际的主要编辑人是胡汉民。在《民报》的旗帜下，聚集了汪精卫、陈天华、宋教仁等有着高涨的革命热情和出色的才华与文笔的年轻革命宣传家，他们"为文立论，探奥撅微，莫不以阐发三大主义为任"[③]。也正是在阐明三民主义、推动武装革命的宗旨指导下，这些革命的少壮派发动了对改良派的论战，并最终取得了论战的胜利，让《民报》的声望如日中天。

1906 年 6 月，章太炎出狱东渡，加入同盟会，自第 7 号起出任《民报》主编。由于苏报案，章太炎已然成为革命派的一面旗帜，他的加入为《民报》带来了更大的感召力。另外，章太炎是当时公认的"有学问的革命家"。他的文章，虽然被评为艰深、古奥，有碍于读者的阅读理解，当时却对知识分子有着特殊的魅力。章太炎的文章作为符号文本，传递着比文章内容远为丰富的信息：它让读者看到一个集革命家与学问家为一身，集资产阶级民族革命呐喊者与中华民族传统文化继承者为一体的巨人形象，从而使读者对这一巨人所从事的革命事业增强了信心，或者增添了敬畏。[④]

---

① 曼华：《同盟会时代民报始末记》，《建国月刊》1932 年第 7 卷第 2 期。

② 孙中山：《在东京〈民报〉创刊周年庆祝大会的演说（一九〇六年十二月二日）》，《孙中山选集》，人民出版社 1981 年版，第 86 页。

③ 曼华：《同盟会时代民报始末记》，《建国月刊》1932 年第 7 卷第 2 期。

④ 参见屠忠俊：《章太炎与〈民报〉》，《华中科技大学学报》（社会科学版）1991 年第 2 期。

《民报》的革命宣传，引起了清政府的惊恐与仇视。早在1907年9月，清政府就照会日本驻华临时代办阿部宋太郎，要求日本政府查禁《民报》等七种刊物，说："此项杂志均系本国乱党在贵国境内出版发行之件。其中倡导革命、措语狂悖者，不胜枚举，若听其辗转流传，煽惑人心，实于本国治安大有妨害。"[①]日本外务省接到照会后，开始并没有理会，直至1908年10月，清政府派唐绍仪再议此事，日本政府才于10月19日向章太炎发出命令书，禁止第24号《民报》的发行。对于日本政府突然的封禁，章太炎等人立刻提出抗议——"本编辑兼发行人宁为玉碎，不为瓦全"，并聘请律师向日本法庭提起诉讼。庭审之际，两千余名留学生闻风而来，群情激动。章太炎则在庭上慷慨陈词，驳斥日方："我买手枪，我蓄刺客，或可谓扰乱治安，一笔一墨，几句文字，如何扰乱？"又说："我言革命，我革中国之命，非革贵国之命。我之文字，即扇惑，扇惑中国人，非扇惑日本人，鼓动中国人，非鼓动日本人，于贵国之秩序何在？于贵国之治安何与？""言论自由，出版自由，文明国法律皆然，贵国亦然，我何罪？"[②]尽管章太炎据理力争，法庭还是宣判《民报》违反《新闻纸条例》，科罚金115元。《民报》就此中断。后虽有汪精卫1910年复刊《民报》以显示百折不挠之决心，但复刊后的《民报》仅出版两期，就因汪精卫赴北京谋刺摄政王载沣而停刊。

5.革命派在国内办报活动的蓬勃发展

1900年八国联军入侵北京，清政府迫于内外压力不得不改弦更张，于1901年宣布实行新政，并有限度地放开报禁，中国进入第二次国人办报高潮。特别是在1906年预备立宪开始后，新办报刊首次历史性地超过了100家，1906年至1911年6年间，新办报刊竟达800多家，可见当时办报风气之盛。[③] 这一时期的报刊，有资产阶级政党报刊、民营报刊，也有清政府创办的新式官报，其中革命报刊成为第二次国人办报高潮中的主导力量。

苏报案发生之时，《国民日日报》于1903年8月7日在上海创刊，主编为章士钊。为避免清政府干涉，《国民日日报》以发行人高茂尔的名义在英国领事馆注册，声援《苏报》，对于"苏报案"和"沈荩案"做了详细的报道，又发表了诸多评论。《苏报》未了又有《国民日日报》，两江总督魏光焘坐立不安。鉴于"苏报案"交涉之难，他下令禁人买看，以为断绝销路，《国民日日报》不

---

① 金冲及、胡绳武：《辛亥革命史稿》，上海辞书出版社2011年版，第562页。

② 汤志钧编：《章太炎年谱长编》，中华书局1979年版，第207页。

③ 参见陈昌凤：《中国新闻传播史：传媒社会学的视角》，清华大学出版社2009年版，第114页。

封自停。然而，这些张贴在大街小巷的禁令，无异于报纸之免费广告，更激起民众好奇，使之销量大增。这恰如马克思所说："书报检查制度使每一篇被禁作品，无论好坏，都成了不同寻常的作品，而新闻出版自由却使一切作品失去了这种特殊的外表。"[①]可惜该报编辑部和经理部发生纠纷，甚至惊动中国日报社社长陈少白亲往调停。虽最终双方停止争执，但出资人心灰意冷，该报终因无经费支持于 12 月上旬自动停刊。

《国民日日报》停刊不足半月，另一份革命报刊《俄事警闻》问世，参与编辑工作的有蔡元培、林白水、江允宗、刘师培等。1904 年，日俄战争在中国东北爆发，《俄事警闻》更名为《警钟日报》。《俄事警闻》第 73 号刊出的《俄事警闻之尾声》中指明了更名的原因："东三省问题前者为俄人独据时代，今者为日俄并争时代。在独据时代，我国民宜专筹对付俄人之策。在并争时代，则我国民一面为对付俄人之策，一面又宜为对付日本人之策。此本社将于明日改为警钟之原因。"《警钟日报》公然宣称"本报为民党之机关"，称孙中山为"吾国革命巨子"，并第一次向国内民众公布"驱除鞑虏，恢复中华，创立民国，平均地权"的十六字纲领。1905 年 3 月 25 日因报道德占山东之事，《警钟日报》被上海道台勾结租界以"任意毁谤，淆惑人心"的罪名封禁。

1903～1904 年，在上海地区创办的革命报刊，还有林獬的《中国白话报》和中国最早的戏剧杂志《二十世纪大舞台》。这两份报纸一是白话报刊的代表，一是戏曲报的代表，是革命派面向下层民众开展启蒙与动员的尝试。

《中国白话报》于 1903 年 12 月 19 日在上海创刊，创办人林獬。林獬以"白话道人"为名在其发刊词中写道，办这报是为了让"各位种田的、做手艺的、做买卖的、当兵的，以及孩子们、妇女们，个个明白，个个增进学问，增进识见，那中国自强就着实有望了"。《中国白话报》寄希望于"做手艺的、做买卖的、当兵的，以及孩子们、妇女们"，因而选择"以语体的报纸来做革命的宣传"。该报设论说、历史、地理、传记、教育、新闻、实业、诗歌、小说等栏，从栏目的设计和发表的文章（如《做百姓的身份》《说民意》《论国民不可不知外情》）来看，《中国白话报》的目的在于教导民众时事，塑造现代国民。

近代上海，戏园繁盛。20 世纪初年，在戏曲改良运动的影响下，戏曲、戏园的社会政治批判功能凸显，主张变革的新派人士无不以改良戏曲为急务，视之为启迪民智、改良民俗、开通风气、进行政治宣传的有效手段。《二十世

---

① 《马克思恩格斯全集》第 1 卷，人民出版社 1995 年版，第 178 页。

纪大舞台》于1904年10月在上海创刊，其发刊词称："今兹《二十世纪大舞台》，乃为优伶社会之机关，而实行改良之政策，非徒以空言自见，此则报界之特色，而足以优胜者欤?"这道出了《二十世纪大舞台》的实质，即它虽是戏曲报，但志在社会改良，"以改革恶俗、开通民智、提倡民族主义，唤起国家思想为惟一之目的"。作为"优伶社会之机关"，《二十世纪大舞台》以倡导戏曲改良、发表先进的戏曲理论、创作与宣传新戏为独有的启蒙手段。

总体来说，1905年前，革命派在国内的报刊宣传虽然已经开始，但还不够普遍，比较活跃的只是个别地区和个别报刊。1905年后，革命派的报刊活动在国内掀起新的高潮。1905～1911年出版的革命派报刊，或虽非革命党人所办但具有明显革命倾向的报刊有100种，其中一半集中在上海、港穗、武汉、京津地区。①

于右任的《神州日报》与"竖三民"是上海革命派报刊的代表。于右任，1878年出生于陕西三原县，原名伯循，右任是其笔名。于右任17岁中秀才，25岁中举人，由于亲历西北地区因旱灾民不聊生，目睹清廷腐败无能和西方列强的野蛮侵略，他用诗作表达满腔悲愤，批评、讽刺清政府和慈禧太后。这些诗作最后集成一部《半哭半笑楼诗草》，触怒清廷，于右任因此遭到通缉。1906年4月，于右任赴日本考察报纸的编辑和经营业务，并筹集办报经费。在此期间，他见到了孙中山、胡汉民等人，加入了同盟会。日本一行让他筹集到3万多银圆，并在朝日新闻社、每日新闻社学到了一些办报的经验。

1907年4月2日，《神州日报》在上海创刊，《神州日报》是革命派创办的第一份现代化大型日报。于右任鉴于《苏报》《国民日日报》被封的教训，考虑到当时敌我力量的对比，言论比较谨慎。在宣传手法上有以下特点：第一，不摆革命架势，很少有刺目标题，也很少激烈词语。它不用清帝年号，改用干支纪年，但也刊载清廷上谕奏折。第二，所发大量革命运动的消息，尽量不由记者出面报道，而是打着"有闻必录"的旗号，刊登清朝各级政府机关的通告以及缉捕党人的文告，或转载外电、外报有关革命活动的消息。有关同盟会的纲领和三民主义思想的宣传则是用照录党人"供词"或公布缴获革命党文件的方式刊出。第三，不轻易作过激言论，很少直接鼓吹革命，而是使用旁敲侧击的方式，如指责秦始皇之暴政来影射清政府之专制等。当然，

① 参见方汉奇主编：《中国新闻事业通史》第1卷，中国人民大学出版社1992年版，第900页。

在秋瑾被害时，报上也毅然刊登“女郎也上断头台，时事如斯大可哀”等直抒胸臆的文字。

《神州日报》销量上万，然好景不长，仅出版37天，因隔壁失火，编辑、印刷、营业三部付之一炬。报馆虽未就此沉沦，但由于重振工作繁多，又因人事关系，1908年6月20日于右任宣布辞职，为期仅80天。

1908年春夏之交，于右任以个人名义倡导办报，经人协助，终于募集股金6万元，于1909年5月15日正式创刊《民呼日报》。于右任担任社长，宣称“大声疾呼，为民请命”，“民呼”即为“人民的呼声”之简称。《民呼日报》设言论（社说、要件、时论、商榷、小说、天声人语）、纪事（宫门抄、上谕、电报、重要新闻、各地通信、本埠新闻、大陆春秋）、丛录（传记、佚史、谐文、文苑、译丛、词话）等三部。配合各地时事新闻，还刊登有关政治、时事、社会生活的图画，其中以讽刺画为主，日出四大张。

《民呼日报》不直接阐述主义，而是重点批评时政之得失、官僚之腐败。该报集中火力揭露陕甘总督三年匿灾不报、田赋不免，造成千里人相食的罪行。作为西北人的于右任，不仅在舆论上为改善百姓生活造势，而且组织起甘肃赈灾委员会。为办事方便，甘肃赈灾委员会的办公地点就设在报馆内。在于右任的努力下，甘肃赈灾委员会迅速筹集14万银圆，但陕甘总督却诬陷他经手的款项有舞弊情形。8月2日，于右任被租界当局逮捕。8月14日，《民呼日报》发表《停刊声明》：“同人审时度势，报纸一日不停，讼案一日不了。加以酷暑如焚，总理于右任被系狱中，备受苦楚，同人委曲求全，不得不重违于君之意，已招由开明日报馆接办，所有本馆经手事件及账项等类，统由于君出狱，自行清结。特此声明。”《民呼日报》只发行92天就被迫停刊。租界会审公廨连续研讯《民呼日报》讼案14次，于右任因此被羁巡捕房月余。[①] 直至9月8日糊涂结案，称：“《民呼日报》不安本分，叠被控发。公堂念系初犯，姑予从轻议结。于右任已在押一月零七天，毋须再行押办，逐出租界。”[②]于右任未见舞弊罪行，却得了个被逐出租界的判决。

1909年10月3日，《民吁日报》在法租界创刊，距《民呼日报》被封不到两个月。人还是《民呼日报》的人，机器设备也是《民呼日报》的，只是注册地点换在法租界，名称换了一个字。关于报纸名称，按照于右任的解释，“呼”与“吁”字形字义相近，用以表示人民的愁苦阴惨之声，不能呼，唯有吁之。

---

① 参见刘作忠：《“元老记者”于右任与〈神州日报〉和“竖三民”》，《文史春秋》2003年第4期。

② 方汉奇主编：《中国新闻事业通史》第1卷，中国人民大学出版社1992年版，第870页。

他还说，这其中有幽默的意味，“吁”可以理解为“于某之口”。《民呼日报》与《民吁日报》一脉相承，“精神丝毫不差”。

10月26日，曾胁迫清廷签订《马关条约》的日本前首相伊藤博文来华游历至哈尔滨时，被朝鲜志士安重根击毙。上海许多报纸慑于清吏和日方的淫威不敢披露这一消息，唯《民吁日报》不畏强御，率先用大字标题报道。日本驻沪总领事松冈对此十分恼火，多次向法国驻沪总领事诬指《民吁日报》。法领事于11月6日取消了《民吁日报》在该处的注册。19日，公共租界会审公廨传讯民吁日报社社长范鸿仙。当晚，报馆被封禁，罪名是连续刊载《外交回顾之惋叹》《国民之自觉》《利益均沾之余焰复兴》《伊藤噩耗杂感》《伊藤公赞》《呜呼歌舞英雄》等十余篇“排日”文章。《民吁日报》从创办到被迫停刊仅48天。

《民吁日报》被查封后，“机器不准作印刷报纸之用”，于右任只得将印刷设施转售商务印书馆，策划另起炉灶。各界人士对于右任不屈不挠的精神和遭遇十分同情。在得到沈缦云等富商的解囊相助后，于右任于1910年10月11日创办了第四份报纸《民立报》。后来有人曾问于右任为何取名“民立”，他回答说：“先是什么都不怕，大声疾呼地宣传革命；不允许大声疾呼就只好叹息，叹息也不准许就迫得非挺立起来不可！”[①]于右任自任社长，刚从日本回国的宋教仁担任《民立报》主笔。另外还有张季鸾、章士钊等人的参加，可谓人才济济。该报坚持反帝反封建的方针，创刊不久发行量即至2万余份，是当时国内发行量最大的一家日报，也是国内影响最大的一家革命报刊。

《民立报》出世之日，正为清廷君臣昌言预备立宪时代，国中言论较前些年更加自由。革命党人乘此时机，纷纷在长江沿岸诸省大举活动。《民立报》不仅是革命党人的宣传机关，而且革命党人赴沪联络工作、通报消息、接运弹药，均以报馆为联络中心。1911年，同盟会中部总会成立，确立《民立报》为同盟会中部总会的机关报。1913年，革命党发动的“二次革命”失败，于右任逃亡日本，《民立报》被迫停刊，共出1036号。

《民呼日报》《民吁日报》《民立报》皆由于右任创办，且都以民字打头，创办时间又互相衔接，故人们称它们为“竖三民”。

武汉是长江流域仅次于上海的第二大商埠，也是武昌起义前革命报刊

---

① 吴廷俊:《中国新闻史新修》，复旦大学出版社2008年版，第116页。

活动的又一个中心。自1905年至武昌起义爆发，武汉出版的革命报刊有十余种，其中比较重要的是《楚报》《商务报》《大江报》。其中，《大江报》因言辞激烈还引发了“大江报案”。

《大江报》的前身是《大江白话报》，于1910年12月14日在汉口创刊。投资人胡为霖任经理，詹大悲、何海鸣分任正、副主笔。该报出版不久，汉口发生英国巡捕无故殴毙人力车夫吴一狗事件，《大江白话报》不顾当局禁令以《洋大人何敢在汉口打死吴一狗》为题，发表社论，谴责英人暴行。文章还指出，外人这样虐待我们，与当局的腐朽无能是分不开的。该报自此为社会所注意，“大悲之名，遂喧腾于报界”。胡为霖担心受到牵连，撤回投资，詹大悲只得自筹资金3000元接办该报，并将其更名为《大江报》，自任经理。不久，湖北革命团体振武学社改组为文学社，詹大悲出任文书部部长，《大江报》被确定为文学社机关报。文学社的成员多在新军当兵，因此《大江报》的读者对象主要是新军士兵和下级军官。《大江报》鼓励士兵投稿，关心士兵疾苦，在它的影响下，越来越多的新军士兵愿意与它共图革命。后来新军中的革命党人数有5000多人，占湖北新军编制总人数的三分之一，这就为武昌起义的发动奠定了坚实的基础。

1911年7月17日，《大江报》刊出何海鸣（署名“海”）所作时评《亡中国者和平也》，斥责清廷颁布的《钦定宪法大纲》为“摧抑民气之怪物”，警告国民如不亟起革命，必然招致亡国。紧接着，《大江报》又在7月26日发表黄侃（署名“奇谈”）的《大乱者救中国之妙药也》，所谓大乱，即指革命。鄂督瑞澂极为震恐，当即以“宗旨不纯，立意嚣张”和“淆乱政体，扰乱治安”的罪名，于8月1日晚派军警包围大江报馆，逮捕了詹大悲，何海鸣闻讯自动投案，报馆也随即被封。这就是历史上著名的“大江报案”。在法庭上，詹大悲慷慨陈词，宣称：“国民长梦不醒，非大乱不足以警觉，望治情殷，故出此忿激之语。”当法官讯问时评的作者时，詹大悲说：“此稿经我过目，不能问作稿之人”，“我是发行兼编辑，一切责任均归我负”[①]。

《大江报》被封后第二天，报馆即向全国各地发出专电：“敝报昨夕封禁，拘总理，乞伸公论。”一时间舆论哗然，上海《神州日报》《时报》《白话日报》等均发有专论。汉口各界人士也公开集会表示抗议，被封的《大江报》报馆门前，贴满了慰问的纸条和哭吊的短文。瑞澂原本打算对二人“从重置典”，慑

① 《汉口大江报被封三志》，《时报》1911年8月9日。

于民情不得不从轻判处罚金800元了事，后因二人无钱交全罚款，才改判徒刑18个月。

二、改良派的“新民”理想

1.戊戌政变后的舆论重建

戊戌政变发生后，康有为、梁启超在外国人的帮助下逃离虎口，流亡日本。他们到日本后，首先考虑重建自己的宣传阵地，很快在横滨创办了《清议报》。

《清议报》于1898年12月在横滨创刊，旬刊，梁启超主编，是康、梁在海外创办的第一份报刊，后来成为保皇会的第一个机关报。在第1期卷首《叙例》中，梁启超将该刊宗旨归纳为“维持支那之清议”“增长支那人之学识”“交通支那日本两国之声气”“发明东亚学术以保存亚粹”四项。后来又把上述四项概括为“本报宗旨专以主持清议、开发民智为主义”。

《清议报》创刊初期专注于对戊戌变法失败的总结和对死难烈士的哀悼。《戊戌政变记》《明义篇》《尊皇论》等文均为这一时期所刊发。他们打出“尊皇”“保皇”的旗号，力拥光绪帝复政。在康有为、梁启超看来，中国之能立与否，全系乎改革不改革；能改革与否，全系乎皇上之有权无权。① 因此，1900年清政府面临义和团和八国联军内外夹击之时，康、梁策划了武装勤王的自立军起义。这次起义以失败告终。康、梁放弃对皇权的幻想，政治诉求由尊皇、讨贼转为争取“预备立宪”。

《清议报》发刊不久，即获“海内外有心人称许，销售已至三千余份”。1901年12月21日，《清议报》出至第100期。为了纪念这个日子，这一期改为特大号，发表了梁启超写的《本馆第一百册祝辞并论报馆之责任及本馆之经历》等纪念性文章。可是，就在特大号出版后的第二天，报馆失火，馆舍和一应设备全部焚毁，《清议报》就此停刊。

《清议报》停刊不到两个月，《新民丛报》于1902年2月8日创刊，出版地点仍在横滨。编辑兼发行人是冯紫珊，但实际主持报务的是梁启超。

《新民丛报》在创刊号《本报告白》中宣布办报宗旨如下：

> 一、本报取大学新民之义，以为欲维新吾国当先维新吾民，中国所以不振，由于国民公德缺乏，智慧不开，故本报专对此病而药治之，务采

① 参见丁文江、赵丰田编：《梁启超年谱长编》，上海人民出版社1983年版，第103页。

合中西道德以为德育之方针，广罗政学理论以为智育之本原。

二、本报以教育为主脑，以政论为附从，但今日世界所趋重在国家主义之教育，故于政治亦不得不详，帷所论务在养吾人国家思想，故于目前政府一、二事之得失不暇沾沾词费也。

三、本报为吾国前途起见，一以国民公利公益为目的。持论务极公平，不偏于一党派；不为灌夫骂坐之语，以败坏中国者，咎非专在一人也。不为危险激烈之言，以导中国进步当以渐也。

《新民丛报》从报名看以“新民”为宗旨。但“维新吾民”，是为实现“维新吾国”的终极诉求，“维新吾民”之手段，则“务在养吾人国家思想”。自 1899 年，国家主义的思想在梁启超心中日渐清晰。他视国民与国家为一体两面，密不可分。在《论近世国民竞争之大势及中国前途》一文中，他说：“国者，积民而成，舍民之外，则无有国，以一国之民，治一国之事，定一国之法，谋一国之利，捍一国之患，其民不可得而侮，其国不可得而亡，是之谓国民。”为了培育现代国民，《新民丛报》针对当时中国人“公德缺乏”“智慧不开”的现实，从德育和智育两个方面同时着力。自创刊之日起至 1905 年，《新民丛报》连续刊登梁启超的《新民说》共 20 节，11 万字。围绕“涣散”“怯懦”“文弱”“服从”“依赖”，以及国民“无政治思想”，尤其缺乏“国家思想”的弱点，《新民丛报》提出“论公德”“论国家思想”“论进取冒险”“论权利思想”“论自由”“论自治”“论进步”“论自尊”“论合群”“论生利分利”“论毅力”“论义务思想”“论尚武”等条目，实践该报通过“新民德”以“建国家”的策略。《新民丛报》内容丰富，包罗万象。鉴于外国大报门类极博，“《新民丛报》仿其例，备列门类，俾读者获世界种种之知识。其创刊号登载之门类有 25 种之多”[①]。

《新民丛报》每册 6 万字左右，容量比《时务报》《清议报》要大得多。《新民丛报》出版后很快畅销全国，最高发行数达到 14000 份。黄遵宪在致梁启超的信中称赞：“《清议报》胜《时务报》远矣，今之《新民丛报》又胜《清议报》百倍矣。惊心动魄，一字千金，人人笔下所无，却为人人意中所有，虽铁石人亦应感动，从古至今文字之力之大，无过于此者矣。”[②]

从《新民丛报》创刊号《本报告白》的文字中还可看出，梁启超主张渐进改良的路线。恰因无“新民”则无“新国”，国民的改造又非一日之功，梁启超

① 《本报告白》，《新民丛报》1902 年 2 月第 1 号。

② 丁文江、赵丰田编：《梁启超年谱长编》，上海人民出版社 1983 年版，第 274 页。

认定中国需要的是理性的、和平的改革，而不是非理性的革命。至此，他与孙中山领导的革命派完全站在了对立的立场上。1905 年，同盟会机关报《民报》在东京创刊，双方展开了一场空前的思想论争。

2.改良派在国内创办的报刊

1903 年以后，革命形势迅速发展，改良派同清政府顽固派的矛盾斗争退居次要地位。清政府对康有为、梁启超的通缉令虽没有解除，但对其他改良派人士的限制却放松了。腐朽的清政府已经没有力量禁止所有报刊的出版，它只能集中力量打击革命派报纸，这就为改良派在国内办报创造了条件。除康、梁直接派人回国创办报刊外，国内一些持改良思想的知识分子也在各地创办了一批报刊，其中影响较大的是英敛之创办的《大公报》、狄楚青创办的《时报》和彭翼仲创办的《京话日报》。

《大公报》的创办人英敛之，是满洲正红旗人，1902 年得到天主教派的支持创办《大公报》，自任总理、撰述、编辑等职，总揽言论和经营的全权。在他主持该报的 10 年间，日出 8 页，除广告外，大约刊登消息、评论等各类文章 1 万多字，是当时华北地区最为引人注目的大型日报。英敛之在创刊号登载《大公报序》，阐明办报宗旨为“开风气、牖民智，挹彼欧西学术，启我同胞聪明”。就是说，要打破封建顽固势力的禁锢，用西方资本主义的学术文化观点，对读者进行新的思想启蒙。《大公报》声称要“知无不言”，既不“如寒蝉之无声”，也不会“胶执己见”，更不会“指鹿为马，信口雌黄”。它敢于冲撞地方大员，敢于指斥朝廷权贵，因此创刊后不久便赢得了“敢言”的美名。

《时报》也是近代颇有影响的全国性大型日报，1904 年 6 月 12 日创刊于上海。为免清廷干扰，名义上的发行人是日本人宗方小太郎，实际上出资人是康有为。主持这份报纸的是康有为的得力弟子狄楚青，历任主编为陈景韩、雷奋、包天笑、戈公振等。狄楚青主持《时报》17 年，一直致力于业务改革。他创刊该报时阐明了其报业革新观点：“吾之办此报非为革新舆论，乃欲革新代表舆论之报界耳。”①《时报》甫一问世即新人耳目。它一改我国几十年来的书册式，使用“对开报纸、分为四版、两面印刷”的现代版式。辛亥革命后，各报都效仿《时报》采用这种版式，报纸的书册版式逐渐被淘汰。为求醒目，它最早采用一至六号铅字排版，最紧要的新闻用大字，次者用中字，寻常新闻用小字，新闻标题和评论中的关键词，皆加圈点以为识别。胡适曾

① 戈公振：《中国报学史》，生活·读书·新知三联书店 2011 年版，第 134 页。

感叹:“他的内容与办法也确然能够打破上海报界的许多老习惯,能够开辟许多新法门,能够引起许多新兴趣。”[①]除了版面上的安排,短小精悍的时评、专电和特约通讯都肇始于《时报》。《时报》开辟时评专栏,陈景韩、包天笑、雷奋分别负责“时评一”“时评二”“时评三”,对应要闻、地方新闻和本埠新闻,每期固定版面发表 3 篇时评。这种应时而发、短小精悍、活泼明快的文体颇受读者欢迎。

既然以“新民”为目标,那便需要提供能够触及民众且为民众接受的信息渠道。白话报刊成为这一时期改良知识分子很自然的选择。

中国近代白话报刊的历史,可以追溯至 1876 年上海申报馆创办的《民报》。《字林西报》当时对《民报》的评价是:“此报的特点是用通俗文字写的,而力求使读者易于了解其内涵……只消读过两年书的华人,便能阅读此报,而其定价仅取铜钱五文,当能深入《申报》所不能达到的阶级和店员劳工之类。”[②]《民报》可以看作中国报刊由文言过渡到白话的最初尝试,但当时白话报刊未成气候,该报没持续多久即告停刊。

戊戌维新时期白话报刊逐渐发展起来,这一时期创办的白话报刊主要有五种:《演义白话报》《平湖白话报》《无锡白话报》《通俗报》《女学报》。其中,创办最早的是《演义白话报》,影响最大的是《无锡白话报》(该报第 5 期后更名为《中国官音白话报》)。戊戌政变后,资产阶级革命派为了在识字不多的新军、会党、手工业工人、城市贫民中进行革命宣传,积极创办白话报刊;改良派基于开启民智的思想,也积极利用白话报与一般民众沟通,从而掀起中国历史上白话报刊的创办高潮。具体表现为:从数量上看,1901～1911 年,新创办的白话报刊多达 100 余种;从地域上看,白话报刊覆盖了大半个中国。

辛亥革命时期,革命派和改良派的白话报分别以林獬在上海创办的《中国白话报》和彭翼仲在北京创办的《京话日报》为代表。

彭翼仲(1864～1921 年),名诒孙,江苏苏州人。彭翼仲出身官宦世家,祖父彭蕴章曾任咸丰朝武英殿大学士和军机大臣领班,伯父彭祖贤也官至湖北巡抚。彭翼仲于 1897 年出资捐了一个六品通判,但很快不堪官场丑态,辞官不为。他一生办过 3 份报纸,1902 年 6 月创办的《启蒙画报》在画报中影响力极大。1904 年 8 月创办面向平民的白话报《京话日报》,12 月又创

---

① 胡适:《十七年的回顾》,《新生活:胡适散文》,浙江文艺出版社 2015 年版,第 151 页。

② 胡道静:《报坛逸话》,世界书局 1946 年版,第 86 页。

办使用文言、意在“开通官智”的《中华报》。

《京话日报》创刊于1904年8月16日。在当时的北京，报纸的影响极为薄弱，几乎没有一份报纸销量超过2000份。彭翼仲将这种情况归结为两个原因：“第一是各报的文理太深，字眼儿浅的人看不了。第二是卖的价钱太大，度日艰难的人买不起。”[①]《京话日报》“通篇概用京话，以浅显之笔，述朴实之理，纪紧要之事”，因其雅俗共赏、妇稚咸宜，最初一天销量1000份，一年后增至7000份，最后销行达10000余份。整个中国北方，“东及奉、黑，西及陕、甘，凡言维新爱国者莫不响应传播。而都下商家百姓于《京话日报》则尤人手一纸，家有其书，虽妇孺无不知有彭先生”[②]。天津《大公报》主持人英敛之也对该报赞誉有加：“北京报界之享大名者，要推《京话日报》为第一。”[③]

《京话日报》头版为“演说”，二版编“要紧新闻”（多是国家社会的大事和北京民众切身的新闻）和“本京新闻”，三版刊登“各省新闻”和“各国新闻”，有时也刊载小说或来函。当时各大报都极为重视的宫门抄和上谕被压缩后放到四版，四版下半部还逐日刊登“儿童解字”或“歌唱”。这种编法得到下层读者的认同。截至1910年，北京刊行的10余种白话报在篇幅、格式或编排上，全都模仿《京话日报》，“不敢稍有更张”。内容上，与《中国白话报》多刊登政治理论与科学知识不同，《京话日报》创办之始也尝试介绍一些“新知”，如《造脚踏车》（第8号）、《坐火车须知》（第11号）、《说冰雹的缘故》（第15号）等文章，但这些内容很快就从《京话日报》上消失了，取而代之的是与国家、民族存亡相关的“时事”，如鼓吹多办新学堂、号召女子放足、宣传男女平等。这样的内容无疑更能得到普通民众的理解和共鸣，也为编读往来的互动提供了对话的基础。因此，“担夫走卒居然有坐阶石读报者”。由于取得了下层民众的赞赏和支持，《京话日报》将启蒙形式延伸到报纸之外。《京话日报》在北京城设置了20余家阅报处和讲报处。每一处都有不少读者自愿捐贴报纸，供众人阅览，或自愿充当义务讲报人，为识字不多的读者讲解报纸。

《京话日报》反帝爱国立场鲜明。南昌教案中，江西南昌县知县江召棠被当地天主教教士刺伤反被诬自刎，该报在第一版刊出江氏遗体颈部以上遇害部位血肉模糊的特写照片，并附文字说明：“江西南昌县知县江令召棠，

---

① 彭望苏：《北京报界先声：20世纪之初的彭翼仲与〈京话日报〉》，商务印书馆2013年版，第118页。

② 梁漱溟：《桂林梁先生遗书》，《梁漱溟全集》，山东人民出版社1989年版，第578页。

③ 转引自叶再生：《中国近代现代出版通史》第1卷，华文出版社2002年版，第704页。

被天主教请吃酒谋杀，凶手便是劝人为善的教士。教士既下毒手，又肆毒口，捏造情形，说是自刎。本馆再四辨白，今特把江大令受伤的照相，做成铜板，印入报内，请大家看看，有这样自刎的没有!”《京话日报》曾经围绕那王府活埋侍妾的事件“访了二十多次，还有人进府细察”，连续一个月集中报道和揭露，那王府恼羞成怒，不断施加压力，但该报终不为所动，坚持“凡衙门八旗的弊病，明说暗说毫不容情”，“应该争论的，刀放在脖子上还是要说”[①]。1906 年 9 月，《中华报》又刊出以《保皇党之结果》为标题的独家新闻，报道了保皇党人被秘密杀害的消息。彭翼仲在《维持人道而种祸》一文中回忆：

> 藤堂[②]携妇归日本。未一月，又发现保皇党被捕一案。京、津各报，无敢言者……来稿不虚，遂决然宣布。盖当时已奉“预备立宪”之明诏，乃复有此暧昧杀人之事。立宪希望，岂非虚语？宁牺牲报馆之营业，以杜绝其将来。维持人道，即所以维持政体也。此事之招忌，较救护藤堂为尤甚。盖《中华》、《京话》两报，前清慈禧后无日不读。报纸所宣布，必与原奏抵触，相形之下，不便实多。当道忍无可忍，又不能指明其事，积怨既深，遂有灭此朝食之举。于是，小题大作，由巡警部专折奏参，谓：“《中华报》妄论朝政，捏造谣言，附合匪党，肆为论说，请将《中华报》、《京话日报》封禁，主笔杭慎修、彭诒孙递籍禁锢。”[③]

彭翼仲最终被判流放新疆 10 年。1907 年春天他离京之时，“市民去送者数千人，赠送程仪者无数”。1913 年 4 月，彭翼仲回京，特意选择 8 月 7 日这一创办《京话日报》的日子复刊该报。彭翼仲在复刊之日留影纪念，配以这样的题词：“人活报活，社会欢迎，拈髭自忖，敢负生平。——民国二年七月六日自志。”报纸仅仅出了 22 天，又遭当局查封。同年 11 月 1 日再度复刊。1916 年他因不肯附和袁世凯称帝，报纸第三次被封。直到袁世凯倒台后，《京话日报》才得以稳定出刊。1921 年冬，彭翼仲病逝。此后，梁漱溟接手，维持出刊至 1923 年。

---

① 丁宋和主编：《辛亥革命时期期刊介绍·第五集》，人民出版社 1987 年版，第 63 页。

② 藤堂，中国台湾人，本名任文毅，因娶日本妻子藤堂梅子，在日本入赘即得日本姓氏，故名藤堂调梅。此人外貌有几分类似孙中山，因此到京时被当局误捕。据 1906 年 12 月 12 日《台湾日日新闻》报道，藤堂“入京话日报社，常往来官绅家，作政治及改革谈，当路者误认为孙逸仙，遽派巡捕二十余名，包围新闻社，捕之到案。及查知任文毅确在日本国籍，始放免之。由是该报悉力攻击之，故至于是也”。

③ 彭翼仲：《维持人道而利祸》，姜纬堂等编：《维新志士爱国报人彭翼仲》，大连出版社 1996 年版，第 130 页。

三、《民报》与《新民丛报》的论争

在甲午战争后相继登场的改良派和革命派，都抱有强烈的爱国热情，真诚地想为中国寻一条出路。双方一度谋求合作，但由于在社会变革的目标和方式上存在根本分歧，最终走向对立，且矛盾不断深化、不断尖锐，甚至势同水火。在革命派看来，“为本党革命宣传之梗者，保皇派乃胜于朝廷，非以言论战胜保皇，则宣传无由得力也”①。改良派也认为，“今者我党与政府死战，犹是第二义，与革党死战，乃是第一义。有彼则无我，有我则无彼”②。正是在这样的对立情绪下，一场以《民报》和《新民丛报》为阵地的论争轰轰烈烈地开始了，与其说是一次媒介事件，不如说是一场思想领域里的大碰撞。

这场论争以《民报》对改良派的攻击为契机，以梁启超在《新民丛报》上发表的《开明专制论》和《申论种族革命与政治革命之得失》两篇系统的长文为序幕，《民报》第 3 号公布了《〈民报〉与〈新民丛报〉辩驳之纲领》后，自《民报》第 4 号开始这场大战正式打响。《〈民报〉与〈新民丛报〉辩驳之纲领》共分 12 条，归结起来主要是以下几个方面。

第一，关于民族问题的论战——要不要以暴力推翻清王朝。

20 世纪初，中国新式知识分子在寻求中国的出路时，把目光投向域外，对欧洲社会的行为制度和模式——民族国家产生了极大的认同。当时，先进的中国知识分子对于民族主义的理解是：“合一群，同道德，同法律，同风俗，同文学美术，而组织一完全无缺之国家是也。”③1903 年的《浙江潮》发表《民族主义论》，说得更直接：“合同种异异种，以建一民族的国家，是曰民族主义。”“一民族一国家”的民族理论在思想界的传播，大大激活了中国传统的“夷夏之辩”的民族观念。

汪精卫在《民报》第 1 号上发表文章《民族的国民》，阐述了革命党人的排满思想：“满洲入寇中国二百余年，与我民族界限分明，未少淆也。”孙中山在阐述民族主义时说：“民族革命的原故，是不甘心满洲人灭我们的国，主我们的权。定要扑灭他的政府，光复我们民族的国家。”④《民报》列举了大量事

① 邹鲁：《中国国民党史稿》第 2 册，中华书局 1960 年版，第 486 页

② 梁启超：《与夫子大人书》，丁文江、赵丰田编：《梁启超年谱长编》，上海人民出版社 1983 年版，第 373 页。

③ 邓实：《民族主义》，《政艺通报》1902 年 6 月第 7 期。

④ 金冲及、胡绳武：《辛亥革命史稿》第 2 卷，上海辞书出版社 2011 年版，第 470 页。

实揭露清政府所实行的民族歧视和压迫政策。《民报》还从民族矛盾立论，指出在一个多民族国家中，如果“惟一民族优胜独占势力，而他族悉处于劣败之地位”，是断然无法“以自由博爱平等之精神施之政治”的，因此满汉不可并立，“非种族革命必不能立宪法”[①]。当然，革命派后来也有意澄清，指出其革命的矛头是满洲权贵而非所有满族人民。孙中山说：“兄弟们曾听见人说，民族革命是要尽灭满洲民族，这话大错。”“我们并不是恨满洲人，而恨害汉人的满洲人。”[②]尤其是辛亥革命后，“排满建国”的思路渐渐被“五族共和”取代，“中华民族意识”上升为孙中山民族主义的核心价值。

在民族问题上，改良派持“大民族主义”的观念，提出了另一种建国方案。梁启超在《中国历史上民族之研究》中指出：“甲时代所谓夷狄者，乙时代已全部或一部编入诸夏之范围。而同时复有新接触之夷狄发现，如是递续编入，递续接触，而今日硕大无朋之中华民族，遂得以成立。”[③]他认为，“诸夏”与“夷狄”之间并不存在不可突破的壁垒，正是民族间不断的融合造就了今日中华的繁盛。他强调国家理性至上，认为中国境内各民族必须统合起来——“合汉、合满、合蒙、合回、合苗、合藏，组成一个民族，提全球三分之一人类，以高掌远跖于五大陆之上”[④]。梁启超认为满族早就是中国的民族，清朝取代明朝，不过是政治的更迭，不是亡国，他要革命派“多从政治上立论，而少从种族上立论”[⑤]。

至于革命是否引起暴乱和瓜分，梁启超在《新民丛报》1906 年 7 月第 82 号上发表文章《暴动与外国干涉》，其中写道：

> 革命事业，其与秩序性质，最难相容，虽以素有秩序之民行之，其骚扰混杂犹常在意计之外，若以素无秩序之民行之，其危险宁更可思议耶？
>
> ……顾所最危险者，则当新破坏而未能建设之时，中央旧政府既倒，而新共和政府不能成立，或暂成立而旋起冲突，中央纷如乱麻，而各省新经兵燹之后，人民生计憔悴，加以乱机已动，人人以好乱为第二之

---

① 精卫：《驳〈新民丛报〉最近之非革命论》，《民报》1906 年 5 月第 4 号。

② 孙中山：《三民主义与中国前途》，《孙中山选集》上卷，人民出版社 1956 年版，第 74 页。

③ 贾菁菁编选：《梁启超演讲集》，天津古籍出版社 2005 年版，第 95 页

④ 梁启超：《政治学大家伯伦知理之学说》，《梁启超评历史人物 · 西方卷》，华中科技大学出版社 2018 年版，第 100 页。

⑤ 饮冰：《杂答某报》，《新民丛报》1906 年 8 月第 84 号。

天性，自然的暴动陆续起，而政府所有有限之军队不能遍镇压此无垠之广土，于是秩序一破，不可回复，而外国之干涉乃起。

梁启超担心民气如火，一旦暴动起来，各地难免没有闹教案、杀西人一类举动，列强就会以之为借口，假定乱之名，行瓜分之实。

《民报》宣称革命事业以建设为目的，破坏只是它的手段。革命派承认革命难免杀人流血，但同时质问："不革命则杀人流血之祸可以免乎？"在满人统治下，人民每年死于刑者、死于兵者、死于弃民不顾者必在数百万以上，其他死于租税捐输、脂膏伤竭等原因者更不可胜计。革命是救国救民的"至仁之事"，"使吾侪以报国之故，杀身流血，而后人继起，得借手以光复东国，则含笑以入九原，当亦无怍"①。革命派也反对革命可能带来瓜分的说法，其理由是当时列强在华势力之间已达到某种平衡，其对华政策已由瓜分转向"保全"。因此只要在革命过程中严格地遵守国际法，从事有"秩序之革命"，而毫不参以排外之性质，就不会"自取干涉"。再退一步讲，纵令引起干涉，亦不足惧，革命派发出豪言："外侮愈烈，众心愈坚，男儿死耳，不为不义屈。干涉之论，吾人闻之而壮气、不因之而丧胆也。"②

第二，关于民权问题的论战——要不要建立民主共和政体。

1899年，遭受维新失败重创的梁启超，看到了武装勤王与革命排满之间的共同之处，同时也感到非共和无以救国，与孙中山多次会晤，思想日趋革命，谋求两党合作。他甚至提出"必取数千年横暴混浊之政体，破坏而齑粉之"，因此有"新思想界之陈涉"之称。

然而，梁启超最终重回改良阵营，因为他认识到"数百年卵翼于专制政体之人民"，"既缺乏自治之习惯"，"又不识团体之公益"，"惟知持个人主义以各营其私"。他有过一个比喻："如盲鱼生长黑壑，出诸海而犹不能视；妇人缠足十载，解其缚而犹不能行。"③意思是说，即便在中国建立先进的政治体制，当时的民众也没有能力行民主之实，必须"陶冶锻炼吾国民二十年、三十年乃至五十年后"，再与之谈华盛顿之事，因而"自由云，立宪云，共和云，如冬之葛，如夏之裘，美非不美，其如与我不适何"④。梁启超由此提出的政治路径是先开明专制，再君主立宪，最后实现民主共和。"专制者"能"以专

① 精卫：《驳革命可以生内乱说》，《民报》1906年11月第9号。

② 精卫：《驳革命可以召瓜分说》，《民报》1906年7月第6号。

③ 梁启超：《爱国论》，《梁启超全集》第2卷，北京出版社1999年版，第275页。

④ 梁启超：《新大陆游记》，李华兴、吴嘉勋编：《梁启超选集》，上海人民出版社1984年版，第333页。

制之客体的利益为标准”，即是开明专制。在中国的现实政治环境中，梁启超认为，“必赖有一二人威德巍巍，超越侪类，众皆服从，而国础始立。即至今日，文明极进，犹未有改。若使举国无智无愚无贤无不肖，皆以同等之地位决议立国，无有是处”①。

梁启超对民众素养的认识不无道理，但“开明专制论”难免有理想化的弊病。且不说到哪里去找这“一二威德巍巍之人”，即便找到了又如何保证其在享有专制权力后仍能以“客体的利益为标准”。因此革命派批评改良派寄希望于清政府和所谓“圣君贤相”，无异于“求鱼于樵，求木于渔”。针对“民智未开，程度不逮”的问题，革命派主张“民智未开，以革命开之”。革命派坚持实行议院政治，推选总统，设置内阁，推翻现有封建政府，建立资产阶级的民主共和国。他们主张变革应“取法乎上”而并非一定要“循序渐进”；自由、平等是人的本性，譬如流水，虽受千年专制而“伏行于地”，“一旦有决之者，则滔滔然出关”；有着几千年历史的中华民族，定有实行民主共和之能力，“军事倥偬中，即可以养成共和国民资格”；且国民政治程度虽低，但与“不辨菽麦”的皇帝和“蝇营狗苟”的大臣相比，“固已优之万万”；政治改革应“专望之国民”，而非期望于政府。

第三，关于民生问题——要不要土地国有、平分地权。

革命派担心因贫富分化导致第二次革命，因而主张“社会革命当与政治革命并行”②。社会革命的主要内容就是平均地权、土地国有。早在《民报》第3号，革命派就阐述了土地国有的主张：

> 原大土地国有之论，以反对私有者而起，言其理由，则土地为生产要素，而非人为造成，同于日光空气，本不当有私有者。至由种种原因而生地主制度，其始犹或有以劳动储蓄得之为资本，以供生产之用者，其继则封殖日盛，地利为所专有，群资本劳动者皆不能不依赖之，而所得为所先取焉。盖劳动者每困于资本家，而资本家之所以能困劳动者者，又以劳动者不能有土地故。且土地价值因时代而异，社会文明则其进率益大。此进率者，非地主毫末之功，而独坐收其利，是又不啻驱社会之人而悉为之仆也。至论其流弊，则可使地主有绝对之强权于社会，

① 梁启超：《政治学大家伯伦知理之学说》，李华兴、吴嘉勋编：《梁启超选集》，上海人民出版社1984年版，第395页。

② 县解(朱执信)：《论社会革命当与政治革命并行》，《民报》1906年6月第5号。

可使为吸收并吞之原因，可使农民废业，可使食艰而仰于外，可使全国困穷，而资本富厚悉归于地主。[①]

革命派设想：废除土地买卖，让国家成为唯一的地主；国家向土地租用者征收地租，然后再用这笔收入经营各项事业，如此一来既可以避免剥削，又可以保证社会财富聚于国家。

梁启超为批评革命派的土地国有主张，写下《驳某报之土地国有论》一文，洋洋数万言，列举了30余条革命派之主义不能成立的理由。后又写下《再驳某报之土地国有论》的长文，陈述单一税收的危害和土地国有的弊病。梁启超认为："中国今日所急当研究者，乃生产问题，而非分配问题。""平均地权"和"土地国有"会打击人民生产的积极性，使人们不去勤劳，不敢致富，社会也失去了发展经济的心理动机。他主张"以奖励资本家为第一义，而以保护劳动者为第二义"，承认私有，奖励私有，把国家现有掌握的公有土地作价卖给私人，大力发展民族资本主义，使中国民族资本主义发展到足以和欧美相抗衡，便可抵制西方列强的经济侵略。

《民报》和《新民丛报》的论战持续了一年半。就持论的初衷而言，都是真诚地在为中国寻找救亡图存的道路；就论点而言，也各有其合理之处。但就当时论战的结果看，则是以改良派主动求和，《民报》大获全胜而告终的。李剑农说《民报》占优势的原因有四：

1.就文字上说：梁启超的笔端固然"常带感情"，对方汪精卫的笔端却也常为感情所充满；梁若拉出什么"西儒"，什么法理学家、政治学家来作护符，汪也可以拉出同样的护符来……

2.就青年的心理说：大概青年是喜欢极端新的，喜欢突破现状，反对保守的。《民报》议论在当时恰与此种心理相合，《新民丛报》到了乙巳以后，则与此相反。

3.就两方的议论思想上说：《民报》固守三民主义，前后颇能一贯；《新民丛报》则以前鼓吹破坏，现在反对破坏，因时代而改观。在梁启超以为"报馆所以指导国民者应操此术"，但读者却认为这是反复无常、前后矛盾，纵有价值，也不知他的真价值到底在前后的那一端，因此便减少了读者的信仰。……

4.就两方所指陈的事象说：梁启超所描写革命共和的恶果，如内部

① 胡汉民：《民报之六大主义》，《民报》1906年4月第3号。

必至自生分裂，彼此争权，乱无已时，未尝不与后来的事实有几分相符，但这些事实在当时是未表现出来的事实，一般人看不见的；而《民报》所描写满清政府的坏象、改革的敷衍、立宪的虚伪、排汉的险恶，都是当时确凿的事实，人人看见的；不惟革命党人以此向政府进攻，就是梁自己也常持此以攻击政府。青年的恒性，大抵是只看见现在的不好，对于将来的不好，一则未必看得定，二则相信将来的不好自有将来的救济的方法，断不肯因为将来的不好，就把现在的不好容忍过去了。[①]

第三节　改良派与革命派的报刊思想

自登上政治舞台以来，以梁启超为代表的改良派和以孙中山为代表的革命派即充分意识到报刊的社会影响力，积极投身报业实践。他们都将报刊作为宣传政治理想和主张的工具，重视报刊“造舆论”的功能，希望借报刊完成“以先觉觉后觉”的社会动员。当然，改良派和革命派对报刊功能及对报刊理想型的设想存在分歧，这一点可在梁启超与孙中山的办报思想中探究一二。

一、梁启超的办报活动

维新变法时期，梁启超协助康有为，在包括《中外纪闻》《强学报》《时务报》等多份报刊中担当灵魂人物，为变法思想的宣传立下汗马功劳。变法失败之后，梁启超逃往日本，开始了 14 年的海外流亡生涯。在日本，梁启超主持《清议报》《新民丛报》的言论，1902 年又创办了《新小说》，以小说作为“新风俗”“新学艺”“新一国之民”的手段。1906 年清廷宣布预备仿行立宪，允许组织政党。梁启超于 1907 年创办《政论》，为组建政党做舆论上的准备。1910 年，他又创办《国风报》，称“本报以忠告政府，指导国民，灌输世界之常识，造成健全之舆论为宗旨”。《国风报》是一份鼓吹并积极推进立宪运动的大型理论刊物，特别强调社会舆论在促成立宪运动中的巨大作用，

1912 年 11 月，梁启超结束了 14 年流亡生涯回国。离国 10 余年，国内情形颇多隔阂，梁启超自觉不宜贸然出任政府官职，决定仍以言论与国人相见。他向袁世凯表示，愿意主持舆论。袁氏欣然同意，拨款 20 万，《庸言》

① 李剑农：《中国近百年政治史》，商务印书馆 2017 年版，第 236～237 页。

杂志于1912年12月1日问世。不同于以往杂志鲜明的风格与激烈的言论，梁启超希望这份杂志不作“振奇之论”，而是要讨论与政治及国民生活最密切相关的问题，平实发言。因他的目的是引导袁世凯走立宪道路，为国家做建设工作，在缓进的原则下求成效，所以这份杂志不说刺激的话，甚至不惜迁就袁世凯，读者读来颇为不满。该杂志出版两年半，至1914年5月终刊。

1914年12月，梁启超辞谢币制局总裁的职务，与袁世凯政府脱离了关系。1915年1月，梁启超应中华书局之约，创刊《大中华》月刊，以言论指导“国民之所以为国民者”。这份杂志初期也是温和立论的调子，以“增进国民人格，养成世界知识，研究事理真相”为目标。这一年，袁世凯玩弄权术，军人干政的真实面目逐渐暴露，称帝野心昭然若揭。梁启超写下《异哉所谓国体问题者》：“忽而满洲立宪，忽而五族共和，忽而临时总统，忽而正式总统，忽而制定约法，忽而修改约法……大抵一制度之颁，行之平均不盈半年……政府威信，扫地尽矣。”袁世凯闻听差人送去20万大洋，希望文章不要发表，被梁严词拒绝。1915年8月29日，该文章在《大中华》月刊发表，各大报纷纷转载。

五四运动后，梁启超退出政坛。他回归书斋，立志通过国学的研究和传播，“在社会上造成一种不逐时流的新人”，“在学术界上造成一种适应新潮的国学”。这一时期，他主要以《改造》为阵地，实践其通过文化改造实现社会改造的理想。《改造》原名《解放与改造》，创刊于1919年，以北京新学会的名义出版，前两卷主要由张东荪、俞颂华担任主编，后两卷由梁启超、蒋百里担任主编。《改造》是梁启超参与创办的最后一份报刊。

二、梁启超的报刊思想

梁启超被称作“言论界之骄子”，他虽非报人，但一生中创办和参与了多份报刊，由此形成了系统而丰富的报刊思想。其报刊思想主要体现在《论报馆有益于国事》《本馆第一百册祝辞并论报馆之责任及本馆之经历》《〈国风报〉叙例》《舆论之母与舆论之仆》《敬告我同业诸君》等多篇文章中。

1.梁启超的舆论观

作为国内第一部舆论学专著的作者，陈力丹对舆论的定义是：“舆论是公众关于现实以及社会中的各种现象、问题所表达的信念、态度、意见和情绪表现的总和，具有相对的一致性、强烈程度和持续性，对社会发展及有关事态的进程产生影响。”[①]若将此作为舆论的权威定义，则梁启超对于舆论的认识在一百年前已与之相似。

第一，梁启超指出舆论的实质是多数人公开表达的真实意见。“夫舆论者何？多数人意见之公表于外者也。是故少数人所表意见，不成为舆论，虽多数人怀抱此意见而不公表之，仍不成为舆论。”[②]“夫舆论者，非能以一二人而成立者也，必赖多人。而多人又非威劫势胁以结集者也，而各凭其良知之所信者而发表之。必多数人诚见其如是，诚欲其如是，然后舆论乃生。”[③]从梁启超的论述可知，“多数人”“公表于外”“诚”是他认为的舆论形成的前提。第二，他认为舆论可分为健全舆论与非健全舆论，而区分二者的标准在于舆论是否有统一性和继续性。他提出舆论应有“五本”，即“常识”“真诚”“直道”“公心”“节制”。“苟缺前三者，则无所恃以为结合意思之具，即稍有所结合，而断不能统一……苟缺后二者，则舆论未始不可以发生也；非惟可以发生，或且一时极盛大焉。然用偏心与恃客气，为道皆不可以持久，故其性质不能继续，不转瞬而灰飞烟灭。”第三，梁启超把舆论分为健全舆论和非健全舆论，这实际上就隐含了另一个命题，即舆论和公益之间不是对应的，即“舆论之所在，未必为公益之所在”。在梁启超看来，世间“豪杰”贵在能看到舆论看不到的公益之所在。因此他们应当先为“舆论之敌”提出与舆论不相容的见解，继而为“舆论之母”，“唤起舆论而指导之”，最后为“舆论之仆”，“听从多数国民之意见”。梁启超称：“敌舆论者，破坏时代之事业也；母舆论者，过渡时代之事业也；仆舆论者，成立时代之事业也。非大勇不能为敌，非大智不能为母，非大仁不能为仆，具此三德，斯为完人。”[④]这样的思想很明显地体现了梁启超的精英意识。

2.报刊的使命论

东渡日本之前，梁启超对报刊功能的认识主要在于“通达”。1896 年，梁启超在《时务报》第一期上发表第一篇论述报馆作用的文章《论报馆有益于国事》，对报刊之“通达”的功能进行了深入的探讨。梁启超认为信息“不通”是中国贫弱之病根所在，中国要想不再受侮，必须“求通”。而“去塞求通，厥道非一，而报馆其导端也”。报馆有如耳目一般，“无耳目，无喉舌，是为废

---

① 陈力丹：《舆论学：舆论导向研究》，中国广播电视出版社 1999 年版，第 5～6 页。

② 梁启超：《读十月初三日上谕感言》，《梁启超全集》第 8 卷，北京出版社 1999 年版，第 2287 页。

③ 梁启超：《〈国风报〉叙例》，《梁启超全集》第 8 卷，北京出版社 1999 年版，第 2211 页。

④ 梁启超：《舆论之母与舆论之仆》，梁启超：《〈李鸿章〉结论》，光明日报出版社 2013 年版，第 209 页。

疾，废疾之人，焉能强身自立”。梁启超具体提出了报刊的做法：“广译五洲近事”“详录各省新政”“博搜交涉要案”“旁载政治学艺要书”。

变法失败后，梁启超东渡日本，又游历美国。在阅读了更多哲学、社会科学的书刊后，他提出报刊要担负“监督政府，向导国民”的社会使命。

报刊之“向导国民”的使命是梁启超引以为重的。创刊《新民丛报》时，他提出“中国所以不振，由于国民公德缺乏，智慧不开”。而要开发民智，则报刊不仅要恪守“报界之客观”，秉笔记录客观事实，更要发扬“报界之主观”——“比近事，察现象，而思所以抽绎之发明之，以利国民”。梁启超认为，能够“导国民以进化之途径者”才是“良报”。梁启超也重视报馆监督政府的功能。他从法理上论述报馆是“代表国民发公意以为公言者”，以监督政府为天职。由于报馆在面对政府和人民时的地位与职责不同，梁启超认为报馆在“监督政府”和“向导国民”时的言辞态度与方式也有不同：“大抵报馆之对政府，当如严父之督子弟，无所假借。其对国民，当如孝子之事两亲，不忘几谏，委曲焉，迁就焉，而务所以喻亲于道，此孝子之事也。”①

3.报刊文体观

梁启超在当时的影响，主要是通过报章文字来实现的。在介绍西方新思想和阐发自己的政治主张时，梁启超逐渐形成了一种独具特色的文风。《时务报》时期，人们称之为“时务文体”；《清议报》《新民丛报》时期，人们称之为“新民体”或“新文体”。游国恩在《中国文学史》中高度评价梁启超的新体散文，称它“对一切传统古文是一次猛烈的冲击，为晚清的文体解放和‘五四’的白话文运动开辟了道路”②。

对新文体的特点，梁启超后来在《清代学术概论》中做过概括，主要有三点。一是“纵笔所至，略不检束”，也就是灵活自由，不拘一格，既不受八股文和桐城派古文清规戒律的约束，又兼收散文、骈文之所长，意至笔随，洒脱奔放。二是“务为平易畅达，时杂以俚语、韵语及外国语法”，也就是浅显流畅，内容、词汇新颖生动。不仅不刻意追求古奥深邃，还大量使用新鲜的俗语和外来语。后世采用的“记者”“党报”“机关报”等新名词也都是梁启超那时率先从日文转译或创造的。三是“笔锋常带感情”，也就是感情充沛，富有鼓动性和感染力。梁启超崇尚以情动人，他不光有许多激情澎湃的作品示人，而且还有一套“情感理论”。他说：“天下最神圣的莫过于情感，一用情感激发

① 梁启超：《敬告我同业诸君》，《新民丛报》1902年10月第17号。

② 游国恩主编：《中国文学史》第4册，人民文学出版社1979年版，第344页。

人，好像磁力吸铁一般，有多大份量的磁，便能吸多大份量的铁，丝毫容不得躲闪。”[①]比如，他在放弃“共和”之路重回改良阵营时曾写道：“呜呼痛哉！吾十年来所醉、所梦、所歌舞、所尸祝之共和，竟绝我耶？吾与君别，吾涕滂沱。吾见吾之亲友者而或将亦与君别，吾涕滂沱。吾见吾之亲友昔为君之亲友而遂颠倒失恋不肯与君别者，吾涕滂沱。”[②]连用三个“吾涕滂沱”，情感强烈，难怪胡适说：“梁先生的文章明白晓畅之中，带着浓挚的热情，使读的人不能不跟着他走，不能不跟着他想。”[③]

4.对于理想报刊的认识

何为理想的报刊？梁启超有他自己的设想。在《本馆第一百册祝辞并论报馆之责任及本馆之经历》一文中，梁启超提出衡量报刊优劣的四条标准，亦即办好报纸要坚持的四条原则，“合此四端，则成一完全尽善之报”。第一条标准是“宗旨定而高”。他指出办报可能出于各种目的，“牟利亦宗旨也，媚权贵亦宗旨也，悦市人亦宗旨也”，但理想之报刊应以“热诚慧眼，注定一最高之宗旨而守之”，那就是“以国民最多数之公益为目的”。第二条标准是“思想新而正”。他认为，报纸不能用“人人所已知者”和“前人所已言者”来敷衍读者，而应“取万国新思想以贡于其同胞”，也就是报纸的宣传思想不可不新。但是在宣传新思想时也要注意“校本国之历史，察国民之原质，审今后之时势”，然后再决定是“全力鼓吹之”还是“摈弃之”，这就是“思想新而正”的内涵。第三条标准是“材料富而当”，报纸应该汇聚“全世界之知识”，但在刊登时必须严格选择，使读者“省无谓之目力，阅一字得一字之益”。第四条标准是“报事速而确”，即报纸要注重时事报道，注重新闻的时效性。

三、孙中山和资产阶级革命报人的新闻思想

辛亥革命时期，以孙中山为代表的资产阶级革命派曾就报纸的性质、任务、作用等问题发表过一些见解和主张。革命派的办报思想受到改良派办报思想的影响，再加上两者同出一源，均来自西方资产阶级的新闻学说，因此，在具体表述中有许多相近之处。但是，革命派是新兴民族资产阶级中最有阶级觉悟、最富斗争精神的一部分。因此，他们的办报思想更倾向于汲取

① 梁启超：《作文教学法》，商务印书馆2018年版，第79页。

② 单世联：《中国现代性与德意志文化》(上)，上海人民出版社2011年版，第125页。

③ 解玺璋：《少年胡适，“受梁先生无穷恩惠”》，《深圳商报》2012年12月18日。

西方资产阶级新闻学说中反封建的民主内涵，更具有资产阶级上升时期的革命性和战斗性。资产阶级革命派的报刊思想，可总结为以下几点。

第一，承认报刊的党派性，主张创办机关报和利用报刊宣传革命的纲领和主义。

把报纸当成政治斗争的工具，并不是孙中山的首创。康有为等改良派早已经认识到了这一点，并自觉地加以运用。以改良派办报经验为基础，革命派对机关报的功能认识更为深刻。革命派公开承认自己的报纸就是党报，公开创办革命团体的机关报，如《民报》和《民立报》，明确要求革命报刊宣传革命的主义、主张。1905年，《民报》发刊词指出："革命报之作，所以使人知革命也。盖革命有秘密之举动，而革命之主义，则无当秘密者。非惟不当秘密而已，直当普遍之于社会，以斟灌其心理而造成舆论。"孙中山认为，报纸理应是"党的喉舌"，党报既是"革命宣传机关"，又是"党务军务之进行机关"。党报的作用，一为大力宣传"党义"，二为积极投入到攻讦、批判政敌的斗争中去。正是由于充分认识到报刊的党派性及报刊与党的事业发展的紧密关系，孙中山认为即使革命结束也不能放松报刊的宣传工作。"当革命时代，报界鼓吹不可少，当建设时代，报界鼓吹更不可少。"[①]但党报的言论须随党的工作重心的转移而转移。"报纸在专制时代，则利用攻击，以政府非人民之政府；报纸在共和时代，则不利攻击，以政府乃人民之政府也。"[②]1914年5月，孙中山对《国民杂志》的宣传宗旨做了重要指示：目前本党宣传方针是倒袁，"至于党义宣传，可暂从缓，因为国贼未除，什么主义都行不通"[③]。

第二，高度重视舆论的作用，认为报刊可以影响舆论、制造舆论。

孙中山自伦敦蒙难之时，即已意识到舆论的力量。以孙中山为代表的革命派多次强调舆论之伟力，"舆论者，造因之无上乘也，一切事业之母也"，"舆论者，必具有转移社会、左右世界之力也"[④]。他坚信是革命舆论的形成为武昌起义及辛亥革命的胜利奠定了坚实的基础："此次民国成立，舆论之势力与军队之势力相辅而行，故曾不数月，遂竟成功。我报界诸公鼓吹宣导

---

① 孙中山：《建设民国之政见——在上海报界公会欢迎会的演说》，孟庆鹏编：《孙中山文集》（下），团结出版社2016年，第437页。

② 孙中山：《对粤报记者之演讲》，《孙中山全集补编》，三民公司1927年版，第41页。

③ 广东省地方史志编纂委员会编：《广东省志·孙中山志》，广东人民出版社2004年版，第72页。

④ 戈公振：《中国报学史》，上海古籍出版社2014年版，第124页。

于前，尤望指引维持于后，俾我国民得所指南。”[①]

孙中山吸收了梁启超报纸代表舆论、制造舆论的观点。在《民报》发刊词中，高度概括报纸是“舆论之母”：“舆论为事实之母，报界诸君又为舆论之母。”这种“以先觉觉后觉”的精英立场与改良派并无二致，但结合孙中山“知难行易”的哲学观，则可以看到他最期待发生的关联在“舆论”与“事实”之间。知难行易，意指认识的过程是艰难的，但当某种观念成为民众普遍的常识后，相应的行动也就自然而然。正如《民报》发刊词中指出的：“一群之中，有少数最良之心理能策其群而进之，使最宜之治法适应于吾群……其理想输灌于人心而化为常识，则其去实行也近。”1919 年 8 月 1 日，他指派胡汉民在沪创办《建设》杂志并亲撰发刊词，阐明其宗旨：“以鼓吹建设之思潮，阐明建设之原理，冀广传吾党建设之主义，成为国民之常识，使人人知建设为今日之需要，使人人知建设为易行之事功。由是万众一心以赴之，而建设一世界最富强最快乐之国家。”[②]

第三，辛亥革命后对党报刚性约束的加强。

1911 年武昌起义爆发后，章太炎提出了“革命军起，革命党消”的主张，使革命派内部出现了思想混乱。孙中山对此坚决反对，主张“舆论归一”，要求革命派的舆论工作步调要一致。他在《中国同盟会意见书》中说：“引舆论为一途，亦吾党进行上不能已之事。”1912 年，他又提出，报界要言论一致，才能使人心一致，以致维护临时政府和新政权的建立。他一再告诫报纸工作者：“望诸君近日认定宗旨，造成健全一致之言论。”用“正确之真理”去同化“不正当之舆论”是党报责无旁贷的任务。[③] 从这一目的出发，孙中山在《中国国民党第一次全国代表大会宣言》中还提出了言论自由思想的阶级性问题，即“凡卖国罔民以效忠于帝国主义及军阀者，无论其为团体或个人，皆不得享有此等自由及权利”，言论自由是有阶级性的。[④] 1924 年 8 月 1 日《广州民国日报》在刊登孙中山民权主义内容的同时，刊出《少谈主义》一文，宣扬胡适的主张。孙中山阅后异常愤怒，当日做出批示，怒斥记者“无常识”。

---

① 《本会录告白》，《开智录》1900 年 12 月 22 日改良第 1 期。

② 广东省地方史志编纂委员会编：《广东省志・孙中山志》，广东人民出版社 2004 年版，第 78 页。

③ 参见向芬：《孙中山的党报思想与舆论宣传工作》，《中国报业》2011 年第 19 期。

④ 参见张磊主编：《孙中山词典》，广东人民出版社 1994 年版，第 140 页。

第四节　新式官报的出版和清末新闻法制

一、清末新式官报的出版

1896年以前，清政府并没有公开编印发行的官报。《京报》虽然以转载官方文件、报道官场消息为主，但并不代表政府，也不能算是官报。直到清末，由清廷各级政府和机构出版、公开发行的政府机关报才姗姗来迟，因其与仅在统治阶层内部流通的邸报不同，故被称为“新式官报”。

1851年，担任江西学政的张芾以《京报》“内容简略，寄递迟延，价贵难得”为由，奏请刊刻官报，但被严斥为“识见错谬，可笑之至”。1896年，经总理各国事务衙门奏准，将维新派所设强学书局改为官书局，除译刻书籍外，还发行与《京报》相仿的《官书局报》和选译外报的《官书局外报》，“只选择有用者原文抄录，不加议论，凡有关时政，臧否人物者，概不登载”。1898年百日维新期间，光绪皇帝准梁启超所奏，将《时务报》改为《时务官报》，但因为汪康年的抵制没有办成。戊戌政变后，慈禧太后下令官报一律停办，《官书局报》和《官书局外报》被迫停刊。

庚子事变后，清政府面临空前的信任危机。民间商业报刊和资产阶级报刊对于清政府的批评，让清政府感到越来越棘手。很多官员很自然地想到办官方报纸，建构官方舆论场，以与民间报刊辩驳。

1902年，直隶总督袁世凯率先在天津创办了《北洋官报》。以《北洋官报》为标志，清末官报进入大发展的时期。随后《山西官报》《安徽官报》等官报纷纷问世。据统计，清末10年清政府各级办理官报不下111种。① 各省官报打破了邸报辐射式的传播线路，以本省为中心向中央及外省发散，构建了纵横交错的官报网络。②

《北洋官报》是清末创办的第一份有影响力的新式官报。除保留邸报之“上谕”“谕旨”“宫门抄”等栏目外，也关注外交、财政、法政、实业、军政、司法、教育、民政、边政等内容，在《政治官报》创刊之前，为事实上的国家官报。

---

① 参见李斯颐：《清末10年官报活动概貌》，中国社会科学院新闻研究所《新闻研究资料》编辑部编辑：《新闻研究资料（总第55辑）》，中国社会科学出版社1991年版，第127页。

② 参见唐海江、丁捷：《重构“上下之通”：清末新式官报与帝国传播体系的变革》，《新闻大学》2021年第4期。

1905年8月23日,袁世凯札饬北洋官报局,要求其"增编白话附登报中,以资应用"。《北洋官报》随后开始出版《北洋官话报》(后更名为《北洋法政官话报》)。新式官报出版白话报刊,是1906年前后清政府预备仿行立宪的政治背景下官方与民间沟通的进一步尝试。

1907年10月26日,中国历史上第一份由中央政府直接出版发行的机关报《政治官报》创刊,它由中央考察政治馆创办,于1911年改称《内阁官报》,成为清政府内阁的正式机关报。该报以公布法律命令为主,并规定一切法令从刊报之日生效。其发行为派销,不零售。

清王朝覆灭后,所有官报全部停刊。

二、清末新闻法制建设

中国封建统治者历来实行言禁,却始终没有一部专门的有关言论、出版方面的法律。封建统治者对于言论和信息传播的限制主要是通过"皇权乃至高无上,不可侵犯"的道德约束,依托各朝各代基本法中"大不敬""谋反""谋大逆"的罪名,辅以一些灵活的诏书、敕书和经皇帝认可后的"臣僚言",发现问题,随时解决。

清政府在颁布专门的新闻法律之前,对于民间出版物和报人的管理主要援用的是《大清律例·刑律》之"盗贼类"中有关"造妖言妖书"的规定。《大清律例》是顺治三年(1646年)以《明律》为蓝本,参考旧制制定的,"妖言妖书"条属于"其恶已极,其罪至大"的"十恶"之一。

该条规定:"凡造谶纬妖书妖言,乃传用惑众者,皆斩。"具体条例有三:"一,凡妄布邪言,书写张贴,煽惑人心,为首者,斩立决。为从者,斩监候。二,凡坊肆市卖一应谣词小说……务搜板书,尽行销毁。有仍行造作刻印者,系官革职,流三千里,市卖者杖一百,徒三年,买看者杖一百。三,各省抄房,在京探听事件,捏造言语,录报各处者,系官革职,军民杖一百,流三千里。"

1898年,康有为正式向皇帝提出了制定专门报律的建议。康有为在折中称:"臣查西国律例中,皆有报律一门。可否由臣将其书译出,凡报单中所载,如何为合例,如何为不合律,酌采外国通行之法,参以中国情形,定为中国报律。缮写进呈御览,审定后,即遵依办理。"①后戊戌政变爆发,这份尚未

① 康有为:《请定中国报律折》,谢遐龄编选:《变法以致升平——康有为文选》,上海远东出版社1997年版,第395页。

完成的“中国报律”胎死腹中。之前百日维新期间光绪帝给报馆的合法地位和“据实昌言”的自由也一并取消了。

1906 年，为了应对日益高涨的资产阶级民族民主革命运动，清政府宣布实行预备仿行立宪。在这一历史背景下，朝野上下要求新闻法制的呼声重新响起，清政府也决定顺应历史潮流，着手进行近代新闻法制建设，有限度地开放报禁、言禁，给人们创办报刊的自由权利。

有关新闻出版的专门法律，最早的是 1906 年 7 月由清政府颁布的《大清印刷物专律》。《大清印刷物专律》分为大纲、印刷人等、记载事件等、毁谤、教唆、时限，6 章 41 款，其主要内容规定：所有关涉一切印刷及新闻记载均须在印刷总局注册；印刷或发卖为业者，须向巡警部缴费注册，巡警部有批准权；印刷物上必须印明印刷人姓名及印刷地址；印刷人将印刷物详细记册以备随时检查，印刷人必须备印刷品两份送所在巡警部门；等等。

《大清印刷物专律》适用于一般印刷出版物，但报刊的管理对清政府来说更具挑战。当时出版的报刊日渐增多，《京话日报》等报刊恰又刊登了一些清政府不愿意看到的言论，于是清政府于 1906 年 10 月 12 日颁布《报章应守规则》与《大清印刷物专律》并行。《报章应守规则》共 9 条，内容主要有：不得诋毁宫廷；不得妄议朝政；不得妨害治安；不得败坏风俗；凡关外交内政之件，如经该管衙门传谕报馆秘密者，该报馆不得揭载；凡关涉词讼之案，于未定案前，报馆不得妄下断语，并不得有庇护犯人之语；不得摘发人之隐私，诽谤人之名誉；记载有错误失实，经本人或有关系人声请更正者，即须速为更正；除已报馆之外，凡欲开设者，皆须来所呈报批准后，再行开设。

1908 年，《大清报律》颁布。它由商部、巡警部参考日本报纸法拟定，经宪政编查馆复议，又经奕劻、载沣、张之洞、袁世凯等人详加修改，于同年3 月 14 日奉旨颁行。《大清报律》共 46 条，收录了之前制定颁行的一些禁载事项，也对言论自由有一些限制。在立宪的呼声下，清政府虽不敢开放言禁，但毕竟要做出立宪的姿态以消除革命的影响。因此，清末的新闻法制建设客观上讲是有进步的。

第一，关于办报和采访自由的规定。

《大清报律》以注册制取代审核制，要求开设报馆发行报纸者于发行 20 日前，将“一、名称；二、体例；三、发行人、编辑人及印刷人之姓名、履历及住址；四、发行所及印刷所之名称及地址”在民政部存案。当然，并非所有人都具有办报资格。《大清报律》规定，发行人、编辑人及印刷人需为年满 20

岁以上之本国人、无精神病者和未经处监禁以上之刑者。这是对办报之人智识及道德水平的基本要求。与此相应，自1905年起，民间报馆开始被允许现场采访大规模的军事演习。1907年，经民政部批准，司法审判庭特为记者设旁听专席。1909年，各省谘议局先后成立，均明文规定记者可以旁听议员辩论。1911年，资政院召开首次会议，20余名记者被允许与会采访。

第二，提供了系统、具体、公开的执法标准。

中国新闻法制经历了由变动不居到相对固定，由言辞模糊到条款相对具体，由无量刑规定到有明确量刑的过程。

中国古代的法律法令，例来言辞模糊笼统。直至清末新闻法规出台之时，仍有"不得诋毁宫廷，不得妄议朝政"的禁令。然而何为诋毁，何为妄议，并无明确说明。值得肯定的是，清末新闻法制建设中，对于某些罪名的内涵和边界有了更清晰的界定。如《大清印刷物件专律》中将"毁谤"分为普通毁谤、讪谤和诬诈三种情形。普通毁谤"是一种谤个人的表揭"，"令人阅而憎其人、恶其人、侮辱其人，甚或其人因此而失官爵、失专业或失其他各种生业"。讪谤"是一种惑世诬民的表揭，令人阅之有怨恨或侮慢，或加暴行于皇帝皇族或政府，或煽动愚民违背典章国制，甚或以非法强词，又或使人人有自危自乱之心，甚或使人彼此相仇，不安生业"。诬诈"是一种陷人的口语"，"或已出版，或借出版相恫吓，或挟以为可以不出版，而向人要求财物等"。

明确量刑，尤其是规定惩罚的上限，是清末新闻法制建设的又一进步。如《大清报律》第二十三条规定，刊载"诋毁宫廷之语；淆乱政体之语；扰害公安之语"者，"该发行人、编辑人、印刷人处六月以上二年以下之监禁，附加二十元以上二百元以下之罚金"。"其记载有出于范围以外者，该编辑人处五元以上五十元以下之罚金。"第二十八条规定，若被判"暂禁发行"，"暂禁发行者，日报以七日为度；其余各报，每月发行四回以上者，以四期为度；三回以下者，以三期为度"。

虽然这些规定未必合理，有些还与《钦定宪法大纲》中对于言论自由的保障有明显的冲突，但毕竟是形成文字、公诸于世，与原来处罚极大随意性、专制性和个人意志性相比，应当说是一个重要而明显的进步。

第三，有对先进的新闻业职业要求的认识。

清末的新闻法规中，已经能够看到对于现代新闻职业素养或职业伦理的要求。如《大清报律》第八条要求"报纸记载失实，经本人或关系人声请更正，或送登辨误书函，应即于次号照登"是对公民更正权的规定；第十五条要求发行人或编辑人"不得受人贿属","亦不得挟嫌诬蔑,损人名誉",是对职业伦理和名誉权的规定;第三十八条要求"凡论说纪事,确系该报创有者,得注明不许转登字样,他报即不得互相抄袭"是对著作权的规定。

当然,由于清廷的"新政"更多是出于缓解阶级矛盾的"装点门面",清末的新闻法制建设并没有让人民的言论出版自由和中国新闻事业的面貌得到实质性的改观。

思考题

1.《时务报》是因何风行一时,又为何走向寂灭?

2.辛亥革命时期,改良派与革命派的办刊宗旨有何异同?

3.梁启超对于报刊功能的认识经历了怎样的变化?

4.如何评价改良派和革命派的舆论观?

5.清末新闻法制建设有何进步性和局限性?

第四章　民初和北洋政府时期的报刊与报业现代化

中华民国临时政府在南京成立后不久，孙中山将大总统之位让予袁世凯，新闻事业的短暂繁荣也因袁世凯的强权统治被迫中断。袁世凯死后的北洋军阀统治时期，各路军阀“你方唱罢我登场”，虽然始终未能为新闻业提供和平、法治和民主的政治空间，但中央政府势力的衰退、地方势力的兴起、政治军事上的混乱与思想上的转型客观上为出版界提供了发展的机会。一方面，在新文化运动和五四运动的背景下，诞生了《新青年》《每周评论》《湘江评论》《天津学生联合会报》等一批以启蒙和救亡为己任的进步报刊；另一方面，商业报刊稳定发展，并开始步入现代化和专业化的进程，具体表现为报业物质基础的现代化、职业报人的出现、组织结构与经营管理的现代化，以及现代新闻理论与观念的萌芽与发展。

第一节　民初新闻业的繁荣与中断

一、民初新闻事业的短暂繁荣

1911 年 10 月 10 日，武昌新军率先发动起义，打响了辛亥革命的第一枪。两个月后，全国 24 个省(或地区)中有 14 个省起而响应并宣告独立，早已朽败的清政府迅速土崩瓦解。1912 年 1 月 1 日，中华民国临时政府在南京成立，孙中山就任临时大总统。

1912 年 3 月 4 日，负责管理新闻界的南京临时政府内务部颁布了《民国

暂行报律》,提出三条管理办法:

(一)新闻杂志已出版及今后出版者,其发行人及编辑人姓名,须向本部呈明注册,或就近地方高级官厅呈明,咨部注册。……否则不准其发行。

(二)流言煽惑,关于共和国体,有破坏弊害者,除停止其出版外,其发行人、编辑人并坐以应得之罪。

(三)调查失实,污毁个人名誉者,被污毁人得要求其更正。要求更正而不履行时,经被污毁人提起诉讼,讯明得酌量科罚。

这三条规定并不严苛,但问题是作为报律应由立法机关经过讨论后颁布,现由内务部这一政府行政部门来拟颁,显然属于越权。1912 年 3 月 6 日,设在上海的"中国报界俱进会"通电反对:"今杀人行劫之律尚未定,而先定报律,是欲袭满清专制之故智,钳制舆论,报界全体万难承认。"①签名的不仅包括《申报》《新闻报》《时报》《时事新报》等商业报刊,还包括《民立报》这样和同盟会有很深渊源的报纸。

孙中山得知此事后,令内务部撤销《民国暂行报律》,表示要按《中华民国临时约法》规定,切实保护言论出版自由。撤销《民国暂行报律》,充分反映了社会上民主自由空气的高涨和新闻界言论出版自由观念的深化。在这样的社会氛围下,赞成共和的立宪党人、旧官僚,甚至袁世凯控制下的北京政府,在民初的一个短时期内,都摆出一副尊奉言论自由、尊重报界的姿态。如由立宪派分子和旧官僚操纵的大汉四川军政府,在《独立协定》中规定:"巡警不得干涉报馆。"四川都督府政务处每次开会,为便于女记者旁听,特意在旁听席上用红布围成一个女记者室。

各地的报刊发展起来,除清廷官报销声匿迹外,清末出版的大部分报刊照旧出版,清末被迫停刊或休刊的报刊有一些也恢复出版,而且还涌现出一大批新的报刊。据统计,民国元年(1912 年),全国报纸陡增至 500 家,总销数达 4200 万份,这两个数字均破历史最高纪录。

和清末相比,民初的新闻界比较突出的变化在于以下几方面。

第一,新建政权的各级机关报取代前清官报大量出版。这一变化始于光复省区,中国历史上第一个资产阶级政权的官办言论机关报是 1911 年 10 月 16 日在武昌创刊的《中华民国公报》,该报由湖北军政府在原湖北官报局

① 方汉奇主编:《中国新闻事业编年史》(上),福建人民出版社 2018 年版,第 320 页。

的基础上创办。这些机关报以发布法令、发表政事为主,是主管当局的喉舌。和清末官报相比,这些报刊大都自称“公报”而非“官报”,带有明显的民主色彩。

第二,鼓吹实业救国、教育救国的经济报刊、教育报刊以及要求女子权利的妇女报刊大量出版。这与资产阶级提倡发展经济、振兴教育和倡导男女平等的思想是紧密联系的。

第三,政党报纸蜂起。议会制、多党制是资本主义民主政治的主要特征。民国成立前后,在建设民主政治的口号下,中国社会刮起了一股结党结社风,短时间内骤然出现了300多个资产阶级、小资产阶级政党、政团,它们竞相利用报刊为自己宣传,促成了政治报刊迅速发展的风潮。五花八门的政党在经过一段时间的分化组合后,基本上形成了国民党、共和党、民主党、统一党四个较大的政党,它们各自拥有一批自己的言论机关。

总之,南京临时政府成立前后,报刊的数量大幅增加,新闻界发生多方面的变化,这些变化既是辛亥革命胜利后资产阶级的新闻自由、政党政治等观念深入人心的结果,也是民初各派政治力量之间复杂而又激烈的斗争的产物。只是这一次所谓“民国初年报业的黄金时代”是短暂的,由于自由主义在政治制度上并未成功,袁世凯的上台结束了这次短暂的繁荣。

二、袁世凯对新闻事业的摧残

袁世凯是清末历史上的强权人物,是继李鸿章之后慈禧太后最为器重的大臣。他青年得志,在天津小站训练出了中国第一支现代化的步兵。武昌起义后,其为各派力量所倚重。1912年3月10日,在逼清帝退位后,袁世凯在北京就任临时大总统。从此,以袁世凯为首的北洋军阀集团“窃取”了辛亥革命的胜利果实,中国进入了长达16年的北洋军阀统治时期。

袁世凯上台之初,由于民主共和思想和言论出版自由理念深入人心,新闻界十分活跃。《中华民国暂行报律》之争,不仅反映了当时新闻界的强烈意愿,还显示了新闻界的强大力量。1912年3月,戴天仇在上海租界创办《民权报》,“日作千言,洋洋洒洒”,“措词激烈,读之令人兴奋”。5月20日,23岁的戴天仇在《民权报》上发表短论《杀》:“熊希龄卖国,杀!唐绍仪愚民,杀!袁世凯专横,杀!章炳麟阿权,杀!”两天后,公共租界以“鼓吹杀人罪”为名提起公诉,时任国务总理的唐绍仪致电上海,说“言论自由,为约法所保护”。袁世凯一度也表现出尊重新闻自由的姿态,在国务院特设新闻记者接待室，每天由国务院秘书长亲自出面接待。正所谓“有冠皇帝大限告终，无冠皇帝炙手可热”，此时的新闻记者面临此前未有的宽容与自由。

1912年底1913年初，国民党在国会参众两院选举中取得了压倒性多数的胜利。1913年3月20日，宋教仁准备北上组阁时在上海火车站遭到暗杀。案情真相被揭露后，举国震惊，以孙中山为首的革命党人发动了“二次革命”。虽然在“二次革命”过程中，国民党系统的报纸做了大量宣传，但是由于彼此力量悬殊，“二次革命”以失败告终，国民党原有的地盘和军队全部丧失，孙中山和黄兴陷入被通缉的境地。袁世凯依仗军事上的胜利，对国民党报刊以及一些异己报刊进行了一次大规模的“扫荡”。各地的国民党报刊均被以“乱党报纸”的罪名查封，《中国日报》就是在这一次浩劫中停刊的。对于报纸的查禁及对于报人的惩治甚至到了非理性的程度。政治上相当保守的《正宗爱国报》，因编辑在时评中说“军人为国家卖命，非为个人卖命，若为个人卖命，可谋生之处甚多，何必从军”，被扣上“迹近通匪，煽惑军心”的罪名而遭查封，该报社长丁宝臣未经审讯即被处死，整个北京新闻界为之震惊。

据统计，在军阀、官僚的摧残下，到1913年底，全国继续出版的报纸只剩下139家，和民国元年(1912年)的500家相比，锐减300多家。北京的上百家报纸只剩20多家，国民党“新闻团分子逃亡者半，遭显戮者半，京中言论界稍带国民党色彩之报纸从此无片影之留”[①]。1913年是阴历癸丑年，当时人们把这一年报纸遭到的浩劫称为“癸丑报灾”。

袁世凯镇压了“二次革命”之后，先是强迫国会将其选为正式大总统，继而取消国会，废除临时约法，独揽内政、外交、军事乃至立法大权。为加强对新闻界控制，袁世凯出版大批政府官报，而且还用公款创办或盘进了一批民办报纸，斥巨资笼络报人。他的御用报纸以北京《亚细亚日报》和上海《神州日报》较有影响。在袁世凯统治期间，直接或间接接受过政府津贴的报纸总数在125家以上。为了收买报纸和报人，袁大慷国家之慨，奉命到上海收买报纸的人，一次就携款30万元。[②] 为了让钳制报界的行为合法化，袁世凯还颁布了许多限制新闻自由的法令。1914年4月2日，袁世凯政府以清除报界“败类杂种”等理由，以比前清报律“稍严”为主旨，制定与颁布了《报纸条例》。《报纸条例》共35条，不仅把《大清报律》对报刊的禁限条款悉数照搬，

① 方汉奇主编：《中国新闻事业通史》第1卷，中国人民大学出版社1992年版，第711页。

② 参见方汉奇主编：《中国新闻事业通史》第1卷，中国人民大学出版社1992年版，第713页。

还从1909年颁布的日本《新闻纸法》等外国报律中搬来了许多新的禁限措施，被称为“世界上报律比较之最恶者”。

1915年，袁世凯称帝的野心逐渐显露。9月8日袁世凯下令：“凡政界军界文电关于议论国体事件应由内务部通告各报馆一概不准登载。”[①]上海《申报》报道：“京中报纸所载，大都请愿代表等千篇一律之文字，其余载反对言论者仅一二家，然亦时被对方攻击。”北京的《天民报》从学理上对支持袁称帝的筹安会加以评论，即被封禁。上海的《民国日报》《民意报》《民信日报》亦因“妨害治安”“造谣煽惑”等罪名被取缔，中国报业一时噤若寒蝉。据统计，1912年4月至1916年6月袁世凯统治时期，全国报纸至少有71家被封，49家遭到传讯，9家被军警捣毁。全国报纸总数始终维持在130～150家，陷入持续4年的新闻事业的低潮。新闻记者中至少2人被杀，60人被捕入狱。在袁世凯的专制淫威下，报纸报人受到的摧残和迫害比清朝末年还要严重。

三、军阀专制统治下新闻业务的变化

1.政论的衰退

中国的民间报刊是在外人来华办报的示范下起步的。外人来华办报，其目的首先在于宣教，其次在于通过报刊宣传改善华人对于洋人的态度，至《万国公报》时期又旨在通过报刊宣传推进中国的政治改革。因此，外人来华办报并没有带来最先进和最纯粹的“新闻纸”，中国人在办报之初也没有关注“新闻”，而是最先看到报刊在宣扬政治观点、鼓动民气、制造舆论方面的强大功效。自王韬“日报立言”，至资产阶级改良派和革命派的政治动员，“言论纸”已成为主导模式。梁启超被称作“言论界之骄子”，章士钊、章太炎皆以言论而获盛名。

“二次革命”后，政论在报纸上所占的篇幅逐渐减少。究其原因：一是袁世凯、段祺瑞等封建军阀禁锢言论，多数报纸唯恐以言论贾祸，因此不发或少发政论；二是民国初年各政党报纸多以言论对付政敌，互相攻击，令人生厌，使政论的声誉大大下降，读者日益减少；三是报纸的政论思想水平低下，枯燥乏味。既要评论，又不敢评论，因此多数的评论流于四平八稳、不痛不痒、八面玲珑，被称作摆样子的“眉毛”文章。[②]

---

① 方汉奇主编：《中国新闻事业编年史》(上)，福建人民出版社2018年版，第404页。

② 参见方汉奇主编：《中国新闻事业通史》第1卷，中国人民大学出版社1992年版，第726页。

2.新闻报道的加强

由于国际国内时局的动荡，社会公众对新闻的需求空前高涨。为迎合这种趋势，报社一般设采访部，聘请本埠访员和外埠通讯员，有实力的报社还会聘请一流记者驻京，像邵飘萍、黄远生、张季鸾，他们的地位堪比报社主笔。这一时期的新闻体裁，以专电和通讯最具特色。

1844年美国科学家莫尔斯发明电磁式电报机，发出了人类历史上第一封电报。电报的出现，让信息的传输摆脱了有形介质的束缚，大大缩短了时空的距离。时效性在新闻业的发展中占据越来越重要的地位。1882年，《申报》刊登了一条驻北京访员从天津电报局拍发的“清廷查办云南按察使渎职案”电讯，这是中国报界使用电报线路拍发的第一条新闻专电。1899年8月6日中国电报总局公布《传递新闻电报减半价章程》以后，新闻电报渐趋多见。至民初，《申报》等报纸往往整版整版地刊载电讯，每天多达三五十条。专电以文字简短、时效性强而广受欢迎。袁世凯死后第二天，上海《民国日报》即刊出“袁世凯一命呜呼”的专电。因价格昂贵，一些财力不足的报纸只能靠编造专电和窃取他报的专电过日子。据胡政之回忆，“那时候的电台，是在主笔的脑子里的，几个人一商量，二号字的专电就来一个”①。至于窃取他报专电，主要靠的是贿买电报局的收发员和截收电报。

这一时期，国外的消息也受到高度重视。1918年，《新闻报》通过私自安装的无线电台接收外国通讯社的新闻，刊登了《巴黎和约》全文，成为当时的独家新闻，轰动一时。《大公报》经理兼总编辑胡政之赴法国参加巴黎和会，为该报发回一批专电、通讯，是采访巴黎和会消息的唯一的中国职业记者。五四运动后，许多青年到欧洲各国留学，并承担起兼职通讯员、特派员的角色，丰富了国内报刊的国际新闻通讯。1920年秋，北京《晨报》和上海《时事新报》合筹经费，向美、英、法、德、俄一次派出7名特派员。瞿秋白、俞颂华、李宗武3人被派往俄国，成为我国采访报道列宁领导的苏维埃俄国实际情况的第一批新闻记者。周恩来在法国期间应《益世报》邀请采写旅欧通信，也为这个时期报纸的国际通讯增添了光彩。在从1921年2月到1922年2月的一年中，周恩来连续在《益世报》上发表56篇通信，深刻反映了当时欧洲的革命形势、旅欧华人的斗争和中国留学生的艰苦生活。②

与各报加强新闻报道的需求相适应，这一时期通讯社事业大为发展。

---

① 方汉奇：《中国近代报刊史》(下)，山西教育出版社2012年版，第652页。

② 参见丁淦林主编：《中国新闻事业史》，武汉大学出版社2000年版，第140～141页。

东京通讯社是邵飘萍 1915 年 7 月在日本留学期间组织的，专门为京、沪报纸提供东京通讯。它首先向国内读者报道了袁世凯政府和日本政府秘密商议中的“二十一条密约”的详细内容，对国内的反袁斗争起到了一定的推动作用。新闻编译社是邵飘萍 1916 年 8 月在北京创办的。它以消息迅捷闻名，每天晚上发稿一次，内容有本社采写的消息和翻译的外电两部分，“每日总有一二特色稿件，颇得各报好评”[①]。据统计，1913～1918 年，新创办的通讯社不下 20 家。如北京的北京通讯社和新闻编译社，上海的国民第一通讯社，武汉的湖北通讯社和武汉通讯社，长沙的湖南通讯社、大中通讯社和中华通讯社等，都是在这一时期创办的。它们的规模都不大，一般只有一两个访员，用复写或者油印方式向有限的几家报刊发稿，大多靠官僚政客和资本家的津贴来维持，也有个别是自由撰稿人独立创办的。[②]

3.民初名记者的出现

民国初年，出现了一些以参与办报为职业并且具有一定社会影响力的名记者，其中作为代表性人物的有黄远生、邵飘萍和林白水。

黄远生(1885～1915 年)，江西九江人，原名为基，字远庸，远生是他的笔名。他 16 岁中秀才，20 岁中举人，21 岁便高中进士，成为清末最后一批进士中最年轻的一个。然而他却无意仕进，1909 年以进士资格东渡日本留学，回来后很快就被任命为邮传部员外郎，又先后任参议厅行走、编译局撰修官等职。辛亥革命后投身新闻界，其新闻生涯自 1912 年主编《少年中国》始，至 1915 年 12 月 27 日生命终结，虽仅有短短 4 年时间，却被戈公振评价为“报界之奇才”，也被认为是“中国第一个真正现代意义上的记者”。

他宣称，新闻“第一义在大胆，第二义在诚实不欺”。他又强调记者当具备“脑筋能想”“腿脚能奔走”“耳能听”“手能写”的“四能”功夫：“调查研究有种种素养，是谓能想；交游肆应，能深知各方面势力之所存，以时访接，是谓能奔走；闻一知十，闻此知彼，由显达隐，由旁得通，是谓能听；刻画叙述，不溢不漏，尊重彼此之人格，力守绅士之态度，是谓能写。”[③]

黄远生擅长写作通讯，被视作“中国现代通讯的奠基人”。他的文章大多是有关国家政治、财政、外交方面的报道，社会新闻较少。由于中过进士，留过洋，又在前清当过官，他对当时的政界非常熟悉，经常周旋于民国总统、

---

① 丁淦林主编：《中国新闻事业史》，武汉大学出版社 2000 年版，第 108 页。

② 参见彭红燕主编：《中国新闻事业史》，武汉大学出版社 2011 年版，第 142 页。

③ 黄远庸：《远生遗著》卷一，商务印书馆 1984 年版，第 132 页。

内阁总理、各部总长和政党要人之间，能采访到一些一般记者采访不到的重大新闻和内幕消息。如民国成立伊始，政局不稳，要员内部关系微妙复杂，外界各种猜测不断。黄远生发表《政界内形记》，梳理了袁世凯、唐绍仪、梁士诒、熊希龄等政要人物间的复杂关系。再如，对袁世凯政府大借款一事，黄远生以其驻京记者的特殊身份，穷追不舍，10 个月内发表了包括《大借款波折详记》《借款内脉之剖析》《借款交涉之七零七落》《最后借款之命运》等 18 篇通讯。黄远生还特别擅长抓准典型，以小见大，《外交部之厨子》一文即是"以小见大"的佳作。这篇通讯选择一个内务部厨子为描写对象，从一个厨子的"神通广大"入笔，嬉笑怒骂间写出了官场的腐败。吴贯因曾说："一寻常人耳，而一经远生之描写，则须眉毕现；一寻常事耳，而一经远生之纪述，则逸趣横生；笔锋所及，愈谐愈妙，写生妙技，余于远生叹观止矣。"[①]

袁世凯筹备称帝期间，在报上公开声称将聘黄远生担任其御用报纸《亚细亚日报》上海版总撰述。黄坚辞不就，并在上海各报刊登《黄远生反对帝制并辞去袁系报纸聘约启事》以示决绝。1915 年他逃离北京去了美国，12 月 27 日，在美国旧金山遭枪击身亡。按其子黄席群的说法，黄远生是被当作"为袁世凯鼓吹帝制的亲信"遭革命党人误杀。他的亲友为他整理出版的《远生遗著》中共收论说、通讯、时评、杂著 223 篇，其中通讯 153 篇，占篇目的三分之二还多。

邵飘萍（1886～1926 年），浙江东阳人，原名镜清，后改为振青，笔名飘萍。他 12 岁考中秀才，19 岁入浙江高等学堂（浙江大学前身）。其间，邵飘萍读到了《民报》《新世纪》《清议报》《新民丛报》等报刊，大开眼界，并开始为上海的《申报》写地方通讯，1911 年接受杭辛斋的邀请担任《汉民日报》主笔。1913 年 3 月 20 日晚，宋教仁在上海火车站遇刺，邵飘萍当即指出"有行凶者，有主使者，更有主使者中之主使者"，矛头直指袁世凯。他仗义执言，毫无顾忌地抨击当局："呜呼！内务部。呜呼！内腐部！""人但知强盗可怕，不知无法无天的官吏比强盗更可怕。"1913 年 8 月 10 日，浙江当局以"扰害治安罪"及"二次革命"嫌疑罪，查封汉民日报馆，逮捕邵飘萍。他后来自述："忽忽三载，日与浙江贪官污吏处于反对之地位，被捕三次，下狱九月。"1914 年邵飘萍流亡日本，组织东京通讯社，为京沪著名报纸提供东京通讯。东京通讯社的新闻报道中，影响最大的是对中日秘密交涉中的"二十一条"

① 吴贯因：《民国初元名记者黄远生》，转引自方晓红：《中国新闻史》，南京师范大学出版社 2004 年版，第 119 页。

的曝光，这一消息有力地推动了国内反日倒袁爱国运动的开展。1915 年 12 月袁世凯称帝，上海新闻界电邀邵飘萍回国。他于当月下旬回国参加反袁护国斗争，为《申报》《时事新报》《时报》执笔。1916 年袁世凯死后，上海申报社社长史量才聘请邵飘萍为驻京特派记者，他成为中国新闻史上第一个享有特派员称号的记者。短短两年间，他为《申报》写了 200 多篇总计 22 万多字的“北京特别通信”。

如果说黄远生长于通讯写作，则邵飘萍广受认可的是他的采访功力。他的好友、著名报人张季鸾就曾称赞邵飘萍：“每遇内政外交之大事，感觉最早，而采访必工。北京大官本恶见记者，飘萍独能使之不得不见，见且不得不谈，旁敲侧击，数语已得要领。”[①]邵飘萍后来将自己的采访经验在《实际应用新闻学》中进行了系统总结。他对于新闻记者在采访前的准备、采访时的着装、访问时如何观察、如何记录、如何调动访谈对象的建议，至今仍非常实用。

1918 年他接连创办了北京新闻编译社和《京报》。在《京报》创刊词中，邵飘萍申明宗旨：“必使政府听命于正当民意之前，即是本报之所为作也。”他在编辑部悬挂了一副自己撰写的文字——“铁肩辣手”，这是他对《京报》精神内涵的要求。在邵飘萍的主持下，《京报》着重于新闻报道和评述政治新闻，常有一些内幕和独家新闻曝出，受到广大读者的欢迎，销数从最初 300 多份一跃上升到 4000 份。1919 年 8 月 22 日，创刊不及一年的《京报》，被安福系主导的北洋政府查封。直到 1920 年秋安福系政府倒台，《京报》才得以复刊。这时，中国革命形势骤紧，派系斗争激烈，新闻界环境在军阀征战的权力缝隙中相对宽松，为邵飘萍在新闻的采写编辑以及报馆的经营管理改革方面提供了空间。《京报》最高发行量为 6000 份，是当时北京地区发行量最大的一家报纸。由于经营管理得当，创刊仅两年邵飘萍就盖起了两层楼的馆舍，这也是当时北京新闻界唯一一所自己建设的办公馆舍。《京报》附设的昭明印刷所，除了承接本报的业务外，还接受其他印刷出版业务，经济效益也不错。

1926 年 4 月 15 日，张宗昌率军入京。邵飘萍因直奉战争中偏向直系军阀冯玉祥的立场而遭到通缉。4 月 24 日傍晚，邵飘萍被捕。4 月 26 日，邵飘萍被奉系军阀枪杀。军法处宣布邵飘萍死刑的判决令如下：“京报社长邵振

① 转引自方汉奇主编：《中国新闻事业通史》第 1 卷，中国人民大学出版社 1992 年版，第 747 页。

青，勾结赤俄，宣传赤化，罪大恶极，实无可赦。着即执行枪决，以照炯戒。”

林白水（1874～1926 年），原名林獬，字少泉，1874 年出生在福建闽侯的一个官吏家中。他的一生极为复杂，既是黄兴的战友、蔡元培的同伴，曾为革命奔走呼号，有过光彩照人的经历，又追随过袁世凯，且与安福系有着难以说清的关系，走过一段曲折的道路。就其一生来看，正如其同乡后辈邓拓 1962 年说：“无论如何，最后盖棺论定，毕竟还是为反抗封建军阀、官僚而遭杀害的。”①

1901 年 6 月，求是书院学生、杭州名士项藻馨创办的《杭州白话报》邀请林白水主持笔政。林白水起草发刊词《论看报的好处》，这是他第一次涉足报刊事业。1902 年 4 月，林白水应蔡元培之邀赴上海组织“中国教育会”，“表面办理教育，暗中鼓吹革命”。随后，他和蔡元培等人一起创办了爱国女校、爱国学社及社刊《学生民界》，“鼓动反清革命，言论尤为激烈”，也曾为《苏报》写过时评。《俄事警闻》（后改名为《警钟日报》）上的白话文也都由他执笔。1903 年 12 月 19 日，林白水独立创办《中国白话报》，并将这份报纸办成了革命派最具影响力的白话报刊。1916 年起，他先后创办了《公言报》《新社会报》《社会日报》，这三份报纸或为皖系军阀资助创办，或接受皖系军阀津贴，或多或少带有皖系军阀机关报的性质。这一时期，林白水以“白水”为笔名，“议论个人长短，或揭人隐事，涉及权贵私德问题，形容备至，不留余地”。1926 年 8 月 5 日，林白水在《社会日报》上登出一篇《官僚之运气》的文章，文章辛辣刻薄，把奉系军阀张宗昌的幕僚潘复骂得体无完肤，就是这篇文章让林白水招致杀身之祸。8 月 7 日凌晨，林白水被下令执行枪决。这一天离邵飘萍被杀相距不过百日。两位著名报人皆因言获罪，又在同一地点遭公开杀害，成为中国新闻史上最悲怆的一幕，后被称为“萍水相逢百日间”（1928 年北京《自立晚报》的新闻标题）。

4.副刊消闲性的恢复

中国报纸从诞生之日起，就有文人的诗词等“附刊”于后，它成为销路的保证，也养成了中国读者读副刊的习惯。辛亥革命时期，资产阶级革命派报纸曾以文艺形式宣传民主革命，改变了副刊的纯消闲性质。但是，辛亥革命后，由于许多革命党人革命意志衰退，再加上袁世凯、北洋军阀对新闻出版事业的压制和摧残，副刊的革命色彩明显减弱，消闲性重新上升为主流，报

① 邓拓：《林白水之死》，《燕山夜话》，北京十月文艺出版社 2010 年版，第 548 页。

刊迅速成了鸳鸯蝴蝶派文学的天下。

鸳鸯蝴蝶派是旧民主主义革命处于低潮时期，在半封建半殖民地社会产生的一种文学流派。它的大本营在上海，作者大多是既接受过封建传统教育又熟悉洋场生活的知识分子，其中不少是南社社员。南社这个曾为旧民主主义革命事业做过鼓吹的进步文学团体，进入民国后，成员大增，从200余人猛增至1188人。其中除少数人仍坚持民主革命的道路，寓政治于文艺，继续以杂文、诗词、小说等形式进行反袁和反对封建军阀的斗争外，相当多的人在专制淫威下，陷于失望和无奈，开始放浪形骸，寄情于风月。他们创作的哀情、艳情小说，骈四俪六，才子佳人，遂被冠以鸳鸯蝴蝶派的形象称谓。[①] 典型的、比较有代表性的鸳鸯蝴蝶派作品是从上海《民权报》副刊上刊载的那些言情小说开始的。《民权报》日出三大张，副刊文字占了一整版。徐枕亚的《玉梨魂》、吴双热的《孽冤镜》《兰娘哀史》等早期的鸳鸯蝴蝶派作品都发表于此。除了《民权报》副刊，《申报》的《自由谈》、《新闻报》的《快活林》、《时报》的《余兴》《小时报》都是刊载鸳鸯蝴蝶派作品的阵地。

除言情小说外，这一时期的报纸副刊和文艺杂志上还发表了不少以社会黑幕、武侠、神怪、侦探、滑稽、宫闱、公案、军事、家庭、历史等为主要题材的小说。这些小说，或写奇闻轶事，或记个人隐私，除少数作品有一定现实意义外，多数亦属庸俗无聊之作，散布了不少因果报应、鬼神迷信和忠孝节义等封建思想。随着副刊的发展，除小说外，戏评、书评、诗评和各类随笔也受到重视，成为副刊的一部分。

第二节　《新青年》与新文化运动

一、改造国民性的新文化运动

辛亥革命最终以失败告终的结果，迫使当时的国人重新思考国家的出路。事实上，这样的思考从鸦片战争时就开始了。从龚自珍的“师夷长技以制夷”，到洋务派的实业救国，再到维新派的变法运动和革命派建立民主共和政体，国人经历了由表及里、由器物层面到政治层面的借鉴与思考。然而，当中华民国这样一个民主共和国建立起来后，不但没能改变我国的落后

① 参见郝庆军：《论鸳鸯蝴蝶派的兴起》，《文学评论》2006年第2期。

局面，反而再度陷入混乱，甚至出现了倒退。这究竟是什么原因？

困惑中的国人发现了这样一个现实：即便摆脱了帝制的束缚，当时老百姓家门前的对联仍是“帝德乾坤大，皇恩雨露深”，这说明民主共和国里生活着的，仍然是封建的国民。即便是作为民主政体最高统治者的袁世凯，头脑中也都是尊孔复辟的思想。辛亥革命后，袁世凯刚登上总统宝座，就大搞尊孔祭天，妄图复辟帝制，在思想文化领域掀起了“尊孔复古”的逆流。1912 年起，全国各地先后成立了“孔教会”“尊孔会”“孔道会”。康有为还要求定孔教为“国教”，宣扬“有孔教乃有中国，散孔教势无中国矣”，又在《请饬全国祀孔仍行跪拜礼》中说：“中国人不拜天，又不拜孔，留此膝何为？”

先进的中国知识分子认识到，要摆脱列强的侵略，走出落后的局面，就必须从思想启蒙着手，将“个人-社会”的结构解放（德先生）以及进化论支持之下的唯科学主义（赛先生）灌输于民心，广泛地开展一次“改造国民性”的思想运动。1915 年 9 月 15 日《青年杂志》在上海创刊，新文化运动开始。它以浩荡磅礴的气势，响亮地吹奏起科学与民主的号角，从而揭开了中国文化史上新的一页。

二、陈独秀与《新青年》的初创

陈独秀（1879～1942 年），原名庆同，字仲甫，安徽怀宁人，中国共产党创始人和早期领导人之一。陈独秀出生在一个秀才之家，6 岁时由祖父陈章旭亲自发蒙。1896 年，陈独秀考中秀才，1901 年 11 月留学日本，进入日本东京高等师范学校读书。陈独秀在这里较为直接和系统地接受了西方的文化，并在拒俄运动后逐渐脱离改良阵营。1904 年春至 1905 年夏，陈独秀在芜湖主办《安徽俗话报》，共出版 32 期，不仅亲自负责编辑和发行的主要工作，还亲自撰写文章达 50 多篇，这些文章集中反映了他思想上坚持民主、反对专制，坚持科学、反对迷信的革命民主主义思想。1905 年秋，陈独秀等人在芜湖集结革命志士，组织秘密革命团体“岳王会”，反清革命宗旨十分明确。辛亥革命成功后，陈独秀任安徽都督府秘书长、安徽高等学堂教务主任。随后，陈独秀追随安徽都督柏文蔚参加了反对袁世凯的“二次革命”。“二次革命”失败后，陈独秀再度赴日本，协助章士钊办《甲寅》杂志，第一次使用笔名“独秀”。

1915 年，中国国内的政治形势持续恶化，袁世凯加快了帝制复辟的步伐，而日本政府为了攫取更多利益，诱导袁世凯同意签订丧权辱国的“二十一条”。陈独秀于1915年6月中旬回国。他感到革命的失败首先是由于没有唤起“多数国民之自觉”,“吾国之维新也,复古也,共和也,帝政也,皆政府党与在野党之所主张抗斗,而国民若观对岸之火,熟视而无所容心”①。他再次萌生办报的念头,并表示“只要十年八年的工夫,这个杂志就可以使全国的思想为之改观”。同年9月15日,《青年杂志》在上海创刊,第2卷起改称《新青年》。在一封写给读者的回信中,陈独秀称出版宗旨为:“改造青年之思想,辅导青年之修养,为本志之天职。批评时政,非其旨也。”②胡适后来回忆当时创办《新青年》的情形时说:“大家办《新青年》的时候,本有一个理想,就是二十年不谈政治,二十年离开政治,而在教育思想文化等非政治的因子上建设政治的基础。”③

在《新青年》的创刊号中,陈独秀发表了题为《敬告青年》的发刊词,提出对于青年人的六点忠告,“以供决择”:自主的而非奴隶的;进步的而非保守的;进取的而非隐退的;世界的而非锁国的;实利的而非虚文的;科学的而非想象的。通过对青年的现代性人格以及人生态度的要求,陈独秀尝试打破三纲五常这样“以己属人”之“奴隶道德”,呼唤个体本位文化的觉醒。陈独秀提出的这六点,是他政治文化思想长期发展的凝聚,也是新文化运动的纲领。

1916年初,袁世凯称帝。在此之前,美国人古德诺发表了《共和与君主论》,杨度发表了《君宪救国论》等文章,散布中国宜于实行君主制、没有君主便要“灭亡”的谬论。《新青年》针对这种情况,发表了陈独秀的《一九一六年》《吾人最后之觉悟》、李大钊的《民彝与政治》《青春》等主要论文,批评君主专制的危害。

《青年杂志》的思想具有进步意义,然而由于《青年杂志》早期刊登的文章当中思想过于新锐,与当时的社会格格不入,所以并不被世人看好,更没有轰动一时。“销售甚少,连赠送交换在内,期印一千份。”陈独秀说:“本志出版半载,持论之与时俗相左,然亦罕受驳论,此本志之不幸,亦社会之不幸。”1916年2月15日,《青年杂志》出满1卷6期后暂告休刊。

在《青年杂志》休刊期间,政局变幻。袁世凯在骂声中离世,黎元洪继任总统,重开国会,恢复《中华民国临时约法》,形势向好。这年9月,《青年杂

① 陈独秀:《独秀文存·论文》(上),首都经济贸易大学出版社2018年版,第28页。

② 《青年杂志》第1卷第1号“通讯”栏。

③ 王树康编:《陈独秀评论选编》,河南人民出版社1982年版,第289页。

志》复刊，称自第2卷起，“欲益加策励，勉副读者诸君属望，因更名为《新青年》”。实际上更名的原因是《青年杂志》与上海基督教青年会刊物在名称上有雷同、混淆之嫌，不得不改。复刊后的《青年杂志》，并没有迎来一个理想中的民主社会。相反，府院之争、派系之争不断。国会重开之际，孔教会头目向国会提出“请定孔教为国教”，康有为也发表给黎元洪、段祺瑞的公开信，提出“以孔子为大教，编入宪法”。作为复辟的理论根源和思想武器的孔教再次抬头，陈独秀自然坚决反对。他坚信只有与儒者三纲之说决裂，才能实现“国民最后之觉悟”。

在新文化运动中，《新青年》主要的宣传贡献有以下三个方面。

第一，批判封建的旧道德，抨击尊孔复辟逆流，提倡民主、自由、平等、博爱的新道德、新思想。易白沙打响了批孔的第一枪，他在《新青年》上发表《孔子平议》，抨击孔子“尊君权，漫无边际，易演独夫专制之弊”，“讲学不许问难，易演成思想专制之弊”，说孔子“为独夫民贼作百世之傀儡”。陈独秀也在《新青年》上发表了一系列政论，如《驳康有为致总理书》《宪法与孔教》《袁世凯复活》《复辟与尊孔》等，一方面批评请立孔教为国教者违背宪法中规定的自由平等精神，另一方面指出“孔教与帝制，有不可离散之因缘”。

第二，提倡科学，反对迷信。《新青年》提倡用科学的观点来看待社会和人生，反对偶像崇拜、迷信盲从、主观武断和一切愚昧行为。《新青年》高举“赛先生”的大旗，申明“我们相信尊重自然科学、实验哲学，破除迷信妄想，是我们现在社会进化的必要条件”[①]。1917年10月，上海成立了以俞复、陆费逵等为代表的灵学会，并于1918年1月出版了刊物《灵学丛志》，赤裸裸地进行迷信宣传，致使社会上设坛扶乩之风和伪科学盛行，遭到《新青年》同人的猛烈抨击。陈独秀发表《有鬼论质疑》《偶像破坏论》，鲁迅、钱玄同、刘半农发表“随感录”，易白沙发表《诸子无鬼论》，陈大齐发表《辟“灵学”》等。《新青年》共有9卷，几乎每一期都发表了宣讲科学知识、传播科学理念的文章。在这些文章中，几乎都贯穿着“与时俱进”的进化论思想，“优胜劣汰”的生存理念，都或明或暗地指向民族必须进取、人民必须觉醒的时代主题。[②]

第三，发起文学革命，提倡新文学反对旧文学，提倡白话文反对文言文。文学革命的倡导者是胡适，早在《新青年》第2卷第5号(1917年元旦出版)上，胡适就发表了他的《文学改良刍议》。该文倡导“八不主义”：“一曰言物。

---

① 《本志宣言》，《新青年》1919年12月1日第7卷第1号。

② 参见田中阳：《论〈新青年〉的科学话语传播》，《求索》2006年第6期。

二曰不模仿古人。三曰须讲求文法。四曰不作无病之呻吟。五曰务去滥调套语。六曰不用典。七曰不对仗。八曰不避俗字俗语。"陈独秀大为赞赏,并写文附和,在第6号上发表《文学革命论》,提出文学革命三大主义:"曰推倒雕琢的、阿谀的贵族文学,建设平易的、抒情的国民文学;曰推倒陈腐的铺张的古典文学,建设新鲜的、立诚的写实文学;曰推倒迂晦的、艰涩的山林文学,建设明了的通俗的社会文学。"至1921年,关于文学革命的文章仅在《新青年》上发表的就有50多篇。后来,胡适还陆续发表了《建设的文学革命论》《历史的文学观念论》,系统阐释自己的文学改良主张。1918年5月,鲁迅在《新青年》上发表了中国现代文学史上第一篇白话小说《狂人日记》,对旧礼教旧道德进行了无情鞭挞,指出隐藏在封建仁义道德后面的全是"吃人"二字。这些文学改革,使全国报纸面貌为之一新。

三、作为同人报刊的《新青年》

1916年底,陈独秀受蔡元培邀请出任北京大学文科学长,《新青年》杂志编辑部因此由上海迁到北京。在北京大学,陈独秀一方面继续以《新青年》为阵地宣传自己的主张,另一方面将钱玄同、傅斯年、俞平伯、周作人、沈尹默、胡适等北京大学教授团结到《新青年》周围。后来,在北京政府教育部任职的鲁迅和刚从日本回国的李大钊也参与到编辑和撰稿工作中,《新青年》和北京大学成为新文化运动的主要阵地。胡适后来分析文学革命成功的因素时指出:陈独秀担任北京大学文科学长后,其文学革命主张乃成了"全国的东西",成了一个"严重的问题"。

《新青年》第4卷第3号登载"编辑部启事":"本志自第四卷一号起,投稿章程,业已取消。所有撰译,悉由编辑部同人,公同担任,不另购稿。"从1918年1月起,《新青年》改变由陈独秀一人主持编务的做法,开始采取集议制度,每出一期,就开一次编辑会,共同商定下期稿件。大约自第5卷起,编辑部开始采取轮流编辑办法。第6卷由陈独秀、钱玄同、高一涵、胡适、李大钊、沈尹默6人轮流编辑。编辑部同人虽共同致力于改造国民,却有不同的学术背景和立场。难能可贵的是陈独秀虽持激进的民主主义的立场,但在学理上较为宽容,能采用"兼容并包"的原则来编发稿件,让杂志呈现"百花齐放"的面貌:周作人偏重对古希腊和日本文化的介绍,胡适宣传杜威的实用主义,李大钊主编时则把刊物编成马克思主义专号。

陈独秀在创办《新青年》时宣称"批评时政,非其旨也",编辑部同人也约定"不谈政治",主张从教育、思想、文化方面破旧立新,建立资产阶级政治的基础。但是,问题的复杂性在于尽管新文化运动的自我意识是文化的而非政治的,但其根本指向是通过国民性的改造改变中国的政局,建设一个民主的国家。即手段是文化的,而方向仍是政治的。编辑部同人仍没有脱离中国近代以来反抗外侮,追求富强的救亡路线。因此,"这种以启蒙为目标,以批判旧传统为特色的新文化运动,在适当条件下遇上批判旧政权的政治运动时,两者极易一拍即合,彼此支援,而造成浩大的声势。五四运动正是这样。启蒙的新文化运动开展不久,就碰上了救亡性的反帝政治运动,二者很快合流在一起了"①。在五四运动的背景下,陈独秀另外办起了谈政治的《每周评论》。然而,对于编辑部同人而言,真正的分歧并不在于谈或者不谈政治,而在于谈什么政治。

四、《新青年》编辑部的分裂

1920 年,在李大钊的引荐下,共产国际的代表与陈独秀建立了联系。5 月,陈独秀在共产国际的帮助下开始积极开展建立中共组织的活动。同月,《新青年》第 7 卷第 6 号编成《劳动节纪念号》,这是《新青年》宣传马克思主义与工人运动相结合的一个里程碑。1920 年七八月间,中共上海发起组正式成立,并决定《新青年》从 9 月 1 日出版的第 8 卷第 1 号起改组为中共上海发起组公开宣传的机关刊物。《新青年》的封面改为中间一幅地球图案,从东西两半球上伸出两只强劲有力的手紧紧相握。沈雁冰说:"这暗示中国人民与十月革命后的苏维埃俄罗斯必须紧紧团结,也暗示全世界无产阶级团结起来的意思。"②从栏目设置上看,增辟"俄罗斯研究"专栏,这一专栏出刊到第 9 卷第 3 号止,共发表文章 36 篇。1919 年 9 月,陈独秀离开北京大学。10 月,《新青年》编辑部决定:"自七卷始,由仲甫一人编辑。"在陈独秀的带领下,《新青年》进入截然不同的发展轨道。

1920 年底,陈独秀应广东省省长陈炯明的邀请担任广东省教育委员会委员长,他写信给编辑部,试图缓和同人间的矛盾,他说:"《新青年》色彩过于鲜明,弟近亦不以为然,陈望道君亦主张稍改内容,以后仍以趋重哲学文

① 李泽厚:《中国现代思想史论》,生活·读书·新知三联书店 2004 年版,第 7 页。

② 《茅盾回忆录(四)》,《新文学史料》1979 年第 4 辑,转引自戴元光:《中国传播思想史·现当代卷》,上海交通大学出版社 2005 年版,第 141 页。

学为是;但如此办法,非北京同人多作文章不可。”[①]胡适复信陈独秀,讽刺说《新青年》“色彩过于鲜明”“事已成之事实”,“北京同人抹淡的功夫决赶不上上海同人染浓的手段之神速”。他提出了两个解决办法:一,听《新青年》流为一种有特别色彩之杂志,而另创一个哲学文学的杂志;二,将《新青年》编辑的事,自 9 卷 1 号移到北京来,发表一个新宣言,声明不谈政治。[②] 陶孟和、王抚五等人还提出了第三个办法:“如实不行则停刊,万不可分裂为两种杂志,致破坏《新青年》精神之团结。”

此时正是《新青年》获得科学社会主义的生机,以崭新的革命风貌出现于舆论界,陈独秀当然不肯交出编辑大权。曾经“以文化树政治之基”而聚集在一起的编辑部同人,终于分道扬镳。《新青年》由宣传新文化运动的启蒙刊物转变为进步的共产主义刊物。

1922 年 7 月,在出版了第 9 卷第 6 号之后,《新青年》停刊。

第三节 五四运动中的进步报刊

一、政治时事类报刊《每周评论》的创办

1918 年下半年,国内外形势急剧变化。政治上,第一次世界大战结束,国际上的巴黎和会以及国内的南北和会都即将召开,中国民众迫切需要了解这些政治变化之于中国权益和国家前途的影响。思想上,俄国十月革命的胜利加速了马克思主义在中国的传播,加强政治宣传和鼓动也成为时代的要求。《新青年》作为一份大型理论月刊,刊期长,理论性强,显然已经不能适应读者对于时事评述的渴求;而部分编辑所坚持的“不谈政治”的宗旨,也使得《新青年》的宣传受到限制。1918 年 12 月,陈独秀和李大钊等人在《新青年》的基础上另外创办起了一份政治时事类报刊——《每周评论》。

《每周评论》是五四时期最有影响的报纸之一。它于 1918 年 12 月 22 日在北京创刊,是一份四开四版的小型政治报,共出版 37 期。前 25 期主编是陈独秀,以“主张公理,反对强权”作为办刊宗旨;第 26 期以后,因为陈独秀在五四运动中被捕,编辑权掌握在胡适手中,《每周评论》由此成为胡适宣扬

---

① 张静庐:《中国现代出版史料》(甲编),中华书局 1954 年版,第 7 页,转引自罗以澄主编:《新闻与传播评论·2011 年卷》,武汉出版社 2011 年版,第 88 页。

② 参见陈寿立编:《中国现代文学运动史料摘编》(上),北京出版社 1985 年版,第 54 页。

实用主义的讲坛。该刊内容丰富，栏目多样，有国外大事论述、国内大事论述、社论、文艺时评、随感录、国内劳动状况、通信、读者言论等栏目。《新青年》"重在阐明学理"，《每周评论》"重在批评事实"。

五四运动爆发后，《每周评论》在时效性上虽不及日报，但精心编排，发挥了评述的优势。从5月11日出版的第21期起，《每周评论》一连5期用全部或大部分篇幅，有时还增出专页，详细报道五四运动的经过和前因后果，发表评论。《每周评论》还承担起总结教训、指导运动的任务。陈独秀指出中国人民要发扬"民族自卫主义"，团结一致，共同对敌。李大钊指出：我们的目的不仅是打倒几个人，而且要推翻这"强盗世界"，建立"民族自决"的社会。为了赢得斗争的胜利，《每周评论》慎重地告诫人们要加强团结，即使革命队伍内部立场观点暂时不一致，也要顾全大局。针对那些以维护法律为借口企图加罪于学生的人，《每周评论》特辟专页对于北京学生运动的舆论，集中批驳谬论，支持爱国学生运动，指出学生运动是"居心光明磊落，可以质诸天地鬼神而无愧"的正义行为。另外，是《每周评论》第一次把这场学生爱国运动称作"五四运动"，这个称谓沿用至今。

1919年6月陈独秀被捕，李大钊也避难南京，胡适出面主持《每周评论》。7月，胡适发表《多研究些问题，少谈些主义》。他指出，当时社会存在着一种空谈外国"主义"的现象，并脱离了社会现实。他主张不要空谈"主义"，要多研究些具体问题。他宣传实验主义的观点，并由此挑起了"问题"与"主义"之争。8月，李大钊在《每周评论》上发表文章《再论问题与主义》予以批驳。他指出："先有一个共同趋向的理想、主义，作他们实验自己生活上满意不满意的尺度(即是一种工具)。那共同感觉生活上不满意的事实，才能一个一个的成了社会问题，才有解决的希望。"他强调，"问题"与"主义"很难分离。随后，胡适又写了几篇文章进行答辩。胡适与李大钊的"问题"与"主义"之争反映出新文化运动内部从思想上产生了根本分歧。从另一个角度而言，这一争论扩大了马克思主义在中国的影响。

1919年8月，《每周评论》在出版至第37期时被北京政府查封。

二、进步学生报刊《湘江评论》与《天津学生联合会报》

在《新青年》和《每周评论》的带动下，创办带有启蒙性质的报刊一时间成了一股热潮。其中最有代表性的是毛泽东创办的《湘江评论》和周恩来创办的《天津学生联合会报》。

1919 年 7 月 14 日，湖南省学联刊物《湘江评论》在长沙创刊，毛泽东为主编和主要撰稿人。《湘江评论》每周一张四开，约 12000 字，“以宣传最新思潮为主旨”，深受读者欢迎。毛泽东为创刊号撰写创刊宣言，并称：“世界什么问题最大？吃饭问题最大。什么力量最强？民众联合的力量最强。”《湘江评论》创刊号寄到北京后，李大钊认为这是全国最有分量、见解最深的刊物。《晨报》也予以介绍，说它“内容完备”“魄力非常充足”。

1919 年 7 月 21 日，《湘江评论》第 2 号出版，刊载署名“泽东”的《民众的大联合》一文，此文在该刊第 3 号、第 4 号继续连载。文章宣传反封建的民主革命思想，指出：民众大联合是改造国家、改造社会的根本方法。文章热情称颂俄国十月革命的胜利，要求工人、农民、学生、教师、警察、车夫等人群联合起来，仿效别国的方法进行改革，强调中华民族有伟大的能力进行改革。文章中也反映了毛泽东对马克思主义和无政府主义的一些看法。《民众的大联合》在当时的进步思想界有相当大的影响。《每周评论》评价《民众的大联合》一文说：“此文眼光很远大，议论也很痛快，确是现今的重要文字。”北京、上海、成都等地一些报刊也转载了这篇文章。

8 月中旬，由于湖南学生联合会领导长沙群众焚烧日货，军阀张敬尧派军警包围了湖南学生联合会，张贴布告，解散学联，查封《湘江评论》，并闯入湘鄂印刷公司，将刚印出的《湘江评论》第 5 号没收。

《湘江评论》是五四时期进步期刊中思想性、进步性最突出的刊物之一。许多进步青年如任弼时、郭亮、萧劲光等就是在该刊物的直接影响下开始觉悟，走上革命道路的。《湘江评论》对当时湖南和全国的革命运动产生了巨大影响。

《天津学生联合会报》于 1919 年 7 月 21 日在天津创刊，为天津学生联合会机关报，周恩来任主编。在《天津学生联合会报》发刊前，为了扩大宣传，7 月12 日的《南开日刊》上发表了周恩来撰写的《〈天津学生联合会报〉发刊旨趣》一文，申明《天津学生联合会报》是天津学联的“舆论机关”，必须同天津学联“一致始终”。在 7 月 21 日创刊号上，周恩来又发表了由他撰写的发刊词《革心！革新!》，再一次强调改造社会、改造思想的办报宗旨。《天津学生联合会报》最初为日报，每日对开一大张，至 9 月 22 日被迫暂时停刊，共出 62 期。10 月 7 日复刊，改为三日刊，每星期二、六发刊一次，每次出版一张半，设有“主张”“时评”“新思潮”“新闻”“国民常识”“函电”“文艺”“翻译”8 个栏目，其中“主张”和“时评”是报纸的重点，主要由周恩来执笔。

该报在五四运动中吹起了反帝反军阀的响亮号角。周恩来撰文号召打倒军阀，并打倒军阀“所请来的外力”，深刻地揭示了封建军阀勾结帝国主义的罪恶行径，号召采取罢工、罢市、罢课、请愿等形式进行斗争。他明确指出，“我们所恃的是群众运动”，并呼吁“全国一致，互作支援”。《天津学生联合会报》和《湘江评论》南北呼应，加强了反帝反军阀的宣传声势。

广大读者称赞《天津学生联合会报》是天津的“新曙光”，评价它是“全国的学生会报冠”。它发行到全国各地，平均每日销数 4000 份，最高时在 10000 份以上。它出版两个多月后，于 1919 年 9 月 22 日被反动当局以“妨害公共安宁秩序”的罪名查封，半个月后复刊，至 1920 年初停刊，共出刊 100 多期。

三、五四时期的进步副刊

五四时期，部分报纸副刊改变了原本消闲的性质，变成与时事紧密结合，宣传新思想、新知识、新文艺，反对封建主义思想文化的重要阵地。在此期间有几份副刊脱颖而出，并称为五四时期“四大副刊”，它们是《晨报》的《晨报副镌》、《民国日报》的《觉悟》、《时事新报》的《学灯》和《京报》的《京报副刊》。

《晨报》的前身是《晨钟报》，是以梁启超、汤化龙为首的进步党（后改为“宪法研究会”，即研究系）的机关报。1918 年 9 月，因披露段祺瑞政府出卖主权向日本借款的消息被查封；12 月，《晨钟报》改组为《晨报》出版。《晨钟报》1916 年 8 月 15 日创刊时，即在第七版刊载小说、诗歌、小品文和学术讲演录等，“虽然格调较高雅，没有流于庸俗黄色的情趣，但仍未摆脱旧式副刊的模式”[①]。1919 年 2 月 7 日，留日归国的李大钊联合报社中的积极力量改革第七版副刊，增加了介绍“新修养、新知识、新思想”的“自由论坛”“译丛”“马克思研究”等反映五四时代潮流的栏目。以此为起点，《晨报》副刊开始向新式副刊转变。

1920 年 7 月，《晨报》第七版由孙伏园主编，自 1920 年 7 月至 1924 年 9 月孙伏园主编时期是《晨报》副刊最辉煌的时期。

1921 年 10 月 12 日《晨报》第七版改出四版单张，第七版扩充以后，由孙伏园去问鲁迅先生，看他于报名有什么意见，鲁迅先生主张用“晨报附刊”四

① 罗贤良：《中国副刊史略》，长江文艺出版社 1993 年版，第 94 页。

个字。于是孙伏园将鲁迅先生的意见告诉了晨报社社长蒲殿俊，并请他题写报名，蒲先生却写成了古气盎然的“晨报副镌”。孙伏园在《三十年前副刊回忆》中说：“以后这个小报的名称，便有了三种写法，一种是鲁迅先生的原文《晨报附刊》，小报的报眉上便如此。一种是照着蒲先生的报头《晨报副镌》。还有一种是在头两种中各取一字作为《晨报副刊》。这第三种中的‘副刊’两字以后便成了同类刊物的通名。”改版后的《晨报副镌》，从内容到形式都有了不同：“第一、附刊是白话的；第二、附刊是加标点的；第三、附刊是学术性的但又比较趣味化，因为那时正是‘五四’运动时代，很希望学术性、民主性的气味浓一点。”①

1924 年 10 月，《晨报》另一编辑刘勉己擅自抽掉鲁迅先生的稿件，孙伏园愤而辞职，并很快出任《京报副刊》主编。《晨报副镌》改由徐志摩主编。1928 年 6 月，《晨报副镌》停刊。

《民国日报》此前有《民国闲话》和《民国小说》两个副刊，自 1919 年 6 月起被副刊《觉悟》取代，由报纸总经理、国民党元老邵力子先生主编，陈望道协助。1920 年 5 月 20 日起改出八开四页单张随报纸附送，后每月汇成一册，单独发行。《觉悟》从创刊起，就以激进的姿态投入新文化运动，战斗性较强，政治色彩较浓，积极介绍马克思主义的经典著作，曾发表李大钊、陈独秀、恽代英、萧楚女、邓中夏、沈泽民、蒋光慈等人的文章，介绍新思潮，宣传新文化。其长期连载马克思主义著作的译文，如列宁的《帝国主义》和《马克思政治学》(即《国家与革命》)，以及恩格斯的《空想和科学社会主义》等。为加强与广大读者的联系，1924 年设了“通讯栏目”，以通讯方式，使读者彼此间可交换意见，讨论五四时代青年男女关心的诸如婚姻、求学、做工等问题，编者设立“参改资料”“社会调查”“平民血泪”“旅东随感”等栏目，选登的文章充满了对美好生活的热烈愿望、对社会灾难和人民不幸的深切同情和愤慨。

《时事新报》副刊《学灯》创刊于 1918 年 3 月 4 日，创刊初期是以评论学校教育和青年修养为主的刊物，其宗旨是“促进教育，灌输文化”，“屏门户之见”，“为社会学子立说之地”。初期由张东荪主编，后继有俞松华、宗白华等。《学灯》在较长时期内在新文化运动中发挥了积极作用。五四运动以后，《学灯》加强了对西方文化和科学的宣传，介绍了形形色色的西方资产阶级学术文化，偏重于教育、文化、科学等方面，引起了读者的浓厚兴趣，特别

① 孙伏园：《鲁迅和当年北京的几个副刊》，《北京日报》1956 年 10 月 17 日。

是在上海的学生中，有较大的影响。鲁迅、郭沫若、田汉、成仿吾、沈雁冰、叶圣陶、陈道望、恽代英等都曾在“新文艺”栏发表作品，郭沫若的《女神》《凤凰涅槃》《天狗》《炉中煤》等诗作均发表于此。

《京报副刊》是《京报》10 多种副刊中的一种，是一份综合性刊物，偏重于文学，大量刊登小说、诗歌、散文、小品、杂文等文章。在当时革命形势日益高涨的情况下，该刊积极支持群众爱国运动，抨击军阀专制政策和帝国主义的侵略行径，同时倡导进步文化，批判“甲寅派”的封建复古思想和“现代评论派”的资产阶级自由主义思想，一大批进步作者为该刊撰稿。[①] 鲁迅的重要杂文如《未有天才之前》《忽然想到》《青年必读书》《我还不能“带住”》和 40 多篇译文都曾发表于此。1926 年 4 月 24 日因《京报》创办者邵飘萍被害而停刊，共出 477 期。

五四时期的“四大副刊”呈现副刊文化的精英化趋向，但是这种精英化趋向的发生范围是很有限的。虽然在新文化运动影响下，全国各地的文化出版界不同程度地出现了副刊改革，还产生了一些新副刊，但是新文化副刊并没有撼动鸳鸯蝴蝶派副刊在报刊市场上的地位。

第四节　北洋政府时期新闻业的现代化

一、北洋政府时期新闻业的历史环境

1916～1928 年，虽然中国处于实际的分裂状态，各路军阀穷兵黩武，但共和思想和体制却在动荡中渐渐被人接受。政治上来讲，分裂的国家，互相牵制、争斗不休的政治军事集团，混杂着不成熟的共和自由体制和自由民主思想，客观上为媒体发展营造了相对自由和宽松的空间。

袁世凯复辟帝制，非但没有带来中央集权的巩固和加强，反而为中国的分裂埋下了祸根。他死后，以黎元洪为总统、段祺瑞为总理的新政府，恢复了《中华民国临时约法》和共和体制，但他们缺乏政治号召力，军事上也没有威慑和镇压其他大小军阀的绝对优势。“各股势力犹如军事领导和地方官员组成的星座，在极度混乱的环境中，首先关心的是其自身如何生存。这是为动乱与内战而设置的舞台。军阀时期开始了。”[②]当时，北洋军阀分裂为皖

① 参见方汉奇主编：《中国新闻事业通史》第 2 卷，中国人民大学出版社 1996 年版，第 79 页。

② 费正清主编：《剑桥中国史(1912～1949)》(上)第 12 册，台北南天书局 1999 年版，第 311 页。

系、直系、奉系三大派系。皖系军阀段祺瑞在日本支持下，控制皖、浙、闽、鲁、陕等省；直系军阀冯国璋在英美的支持下，控制长江中下游的苏、赣、鄂及直隶等省；奉系军阀张作霖以日本为靠山，占踞东北三省。另外，山西的晋系军阀阎锡山，徐州一带张勋的定武军，西南的滇系军阀唐继尧和桂系军阀陆荣廷等，都占据了一省或者几省之地，拥兵自重。各路军阀忙于地盘和利益的争夺，他们“所制造的分裂与混乱，却为思想的多元化和对传统观念的攻击提供了绝好的机会，并为之盛行一时。无论中央政府还是各省军阀，都无法有效地控制大学、期刊、出版业和中国知识界的其他机构”①。这就为新闻业提供了比较“消极的自由环境”。如林语堂所说，“从袁世凯之死到中国国民革命期间，当时中国北京的政府只是名誉上的‘中央政府’，中国新闻事业随着政府力量的微弱以反比速度变得更加强大起来”②。

租界的存在也是报纸的发展不可漠视的因素。凭借着不平等条约，帝国主义列强在中国的领土上划定了合法的居住地，并拥有租借地内行政、司法等的自治权。租界是对中国主权的侵犯，但客观来讲，租界内的言论政策相对宽松，特殊的管理体制又可能留下“权力缝隙”，因此为中国新闻业的发展提供了额外的保护。国人自办报刊开始，就采取托庇洋人的策略，至抗日战争时期，中国的革命报刊正是在租界这片“孤岛”才得以发出自己的声音。

与权力的分散并存的，还有思想上的活跃。北洋政府时期甚至整个20世纪，中国都处于大转折时期，不仅社会结构在变化，思想意识也在转换。许纪霖认为：“自先秦以来，这样的大转折时代并不多见，除了战国和魏晋，就是自19世纪中叶以来蔓延至今，而仍未完成的现代性转型。”③长期以来占据社会统治地位的儒家学说，是中国社会的主流意识形态。它不仅有完整的宇宙观、人生观和社会政治文化，而且背后还有整个宗法家族制度支撑。但自1895年以来，伴随着中国传统社会结构的解体、科举制度的废除、封建制度的崩溃和宗法家族制度的式微，儒家学说渐渐失去社会基础。这一方面使中国面临从未有过的道德和信仰层面的危机，另一方面也为新思想的传播提供了巨大的空间。新文化运动的发起，即创造了一个“百家争鸣”的新格局。

总之，中央政府势力的衰退、地方势力的兴起、政治军事上的混乱与思

---

① 费正清主编：《剑桥中国史(1912～1949)》(上)第12册，台北南天书局1999年版，第395页。

② 林语堂、王海、何洪亮：《中国新闻舆论史》，中国人民大学出版社2008年版，第99页。

③ 许纪霖：《二种危机与三种思潮——20世纪中国的思想史》，《战略与管理》2000年第1期。

想上的自由主义，客观上为出版业提供了发展的空间。中国经济在第一次世界大战后的繁荣和技术上无线电通信、印刷技术等现代技术的发展，也都对新闻业有促进作用。1916～1926 年为中国媒体较为稳定的时期。1916 年报刊数量为 286 种，至 1921 年为 1134 种，其中日报 550 种。到 1924 年，全国华文报刊每日发行共有 628 种，其中北京 125 种、汉口 36 种、济南 25 种。

二、何为报刊现代化

"现代化"是一个复杂的概念，学界对于现代化的理解迄今并无定论。美国学者亨廷顿认为，现代化是一个"包含了人类思想和行为各个领域变化的多方面进程"[①]。俄国学者霍罗斯认为："现代化是个综合性的过程。它囊括社会生活的一切领域：经济、社会、法律、政治和文化。"[②]由于很难以无所不包的定义去界定"现代化"这个过程的复杂性及其各方面的相互关联，学者们更愿意去抽绎出"现代化"的特征，或解构"现代化"的内容。就性质而言，现代化是人的理性对自然和社会环境支配的增长，是社会各层面的理性的增长。[③] 以系统性或整体性的含义理解"现代化"的概念，其意义会分解为这样几个层面：在经济上，现代化意味着市场化、工业化；在政治上，现代化意味着法治化、民主化；在社会生活上，现代化意味着世俗化、城市化；在文化上，现代化意味着功利化、科学化；在哲学上，现代化意味着理性化。[④] 所以，现代化是一副传统社会的"全面溶解剂"，经济学、政治学、社会学、历史学和人类学各个领域的研究都可以用它作为重要的分析手段。

那么，何为新闻业的现代化？如果将"理性"视作现代化的"性质"，则新闻业的现代化则是理性在新闻业中的体现及其以体制化的方式延续，是整个新闻业从非理性的无序状态到理性的有序状态的过程。王润泽提出，取"现代化"的"理想型"之意，现代化体现在物质层面（或器具层面）、制度层面和思想层面。[⑤] 以下就分别从新闻业物质基础的现代化、新闻工作的职业化、媒介经营与管理的现代化、新闻理论和观念的现代化四个层面分别阐述。

---

① 转引自钱乘旦、陈意新：《走向现代国家之路》，四川人民出版社 1987 年版，第 31～33 页。

② 凤歧、李骆摘译：《俄罗斯的现代化：问题与前景》（"圆桌会议"材料），《哲学译丛》1994 年第 2 期。

③ 参见张静：《关于现代化的概念》，《社会学研究》1990 年第 5 期。

④ 参见何中华：《"现代化"概念辨析》，《山东大学学报》（哲学社会科学版）1995 年第 1 期。

⑤ 参见王润泽：《北洋政府时期的新闻业及其现代化（1916～1928）》，中国人民大学出版社 2010 年版，前言第 5 页。

三、新闻业物质基础的现代化

与其他行业一样，新闻业现代化最基本的层面亦表现在器物层面，即技术与物质层面。一般认为，当机械动力印刷机开始在报业印刷中使用时，报业现代化的物质基础已经出现。[①]

在印刷技术的引入和应用中，上海一直走在全国的前列，比较具有代表性的无疑是《新闻报》和《申报》这两份大报。1914 年 7 月 15 日，《新闻报》第一次使用了轮转印刷机——两层巴特式轮转机，这是中国新闻界首次使用这种机器。1916 年，该报发行超过 3 万份，并且购入波特式三层轮转机 1 架、四层高斯式轮转机 2 架。1918 年，《申报》斥资 16.5 万元引进了美国三层轮转印报机 1 台，每小时可印 12 页的报纸 1 万张，大大提高了印报的速度。这台机器装有精确的计数器，能够准确记录印刷报纸的份数，在当时的印刷设备中属于尖端科技。1928 年，《申报》出版 2 万号特刊，提到机器设备的更新：

> 至申报原有之机器，每小时只能印三千份，每份犹四张耳，后以销数日增，非此机所能胜任，盖为灵通消息起见，新闻稿须午夜始竣，而拂晓即须出版，印报之时间仅二三小时而已，故于民国七年向美国订购最新式之印报机，每小时可出三万余份，越年复购一部，又二年，再购两部，十余万份之报纸，则可两小时中完全毕事，惟求迅速起见，现又在美国添购印字机数部，不日即可到达。本报房屋既建筑完美，机器亦添购新式，对于各部之设备，更不得不力求完善，如铜版机、浇字机、打纸版机、浇字铅版机、铅字铜模等等，无一不备，且皆以重价购来也。[②]

印刷技术的进步不仅提升与增加了报刊的印刷品质和数量，而且提高了新闻时效性，进而让报社拥有更强的竞争力。印刷技术的更新还改变了报馆的作息时间，使得截稿时间大大推迟，从此开始有了夜班编辑的岗位。

1916 年前，上海的中文报纸有属于自己的报馆的只有《新闻报》一家。据《新闻报》总经理汪汉溪之子汪仲韦回忆："1908 年购进汉口路基地一方，

---

① 参见王润泽：《现实与理想的图景：民初报人现代报刊意识探析（1916～1928）》，《国际新闻界》2010 年第 1 期。

② 《二万号本报小史》，《申报》1928 年 11 月 19 日 2 万号特刊。

新建四层楼房一幢。1909年从山东路单开间门面迁至新屋办公，全馆职工由数十人增至二百余人。”[①]1918年，位于今汉口路309号的申报馆也建成投入使用。全楼分为五层，共建有100多个房间，底层是报纸印报工厂，有印刷厂、排字房、铸字房、纸版房、铜锌板制造工厂等；二楼为营业厅、编辑室、总经理办公室、稽核室、总主笔室、翻译室、活版室和浇字室等；三楼为总经理办公室、编辑室、会客室、餐厅等，四层、五层为编辑室、图书室、校对室、照相间等。当时，这种规模的报业大楼在亚洲也非常少见。据《二万号本报小史》记载："惟当此屋初建时，世人颇以为异，以区区之报馆何必需如是壮阔之馆屋，殊不知《申报》之建筑此屋，非为壮观瞻而建，实表示办报者之一种决心。”[②]作为上海滩三大报之一的《时报》，报馆最为独特。1920年，狄楚青在福州路小花园建了一座中西合璧的时报大楼。楼的主体是三层的现代建筑，但东南转角处建有七层的中国传统风格的八角形塔楼，飞檐翘角加葫芦顶，别具一格。

这一时期，通信技术进一步发展，电报和国际电报的资费逐渐降低，为新闻的快速传播提供了条件。在新闻本位的理念下，新闻专电发展迅速。到1929年，据国民政府建设委员会无线电管理处统计，申领新闻电报执照的报社已经达到70余家。[③] 电话也开始应用于信息的传输过程，但使用率还不高。20世纪20年代初，身处电信事业发达的上海，报馆拥有电话的也并不多见。“《时报》也仅有两部电话，一部在主笔房，一部在营业部，《申报》、《新闻报》两报要多些，但绝没有同时期日本同行达到的每个记者桌子上有一部电话的程度。”[④]由于长途电话费用昂贵，且不具电报费那样的优惠政策，同时还存在技术上的不成熟，这一时期各种现代通信技术中最重要的新闻传输手段依然是电报。

四、新闻工作的职业化

任何职业都要经历一个由非职业化到职业化的过程。这一过程通常需要经过五个阶段：第一，开始努力成为专职或全日制的职业；第二，建立训练

---

① 汪仲韦：《我与〈新闻报〉的关系》，中国社会科学院新闻研究所《新闻研究资料》编辑室编辑：《新闻研究资料（总第12辑）》，展望出版社1982年版，第128页。

② 《二万号本报小史》，《申报》1928年11月19日2万号特刊。

③ 参见田中初、沈勇：《新闻专电：传播技术与职业技能——以民国早期为视界》，《新闻与传播研究》2019年第5期。

④ 包笑天：《钏影楼回忆录》，香港大华出版社1973年版，第438页。

学校；第三，形成专业协会；第四，赢得法律支持以能自主掌管自己的工作；第五，专业协会公布正式的道德准则。[①] 由此可知，在报人职业化的过程中，专业知识和职业伦理至关重要，对于“专业理念”的服从是新闻业理性化的重要方面。通过职业教育或其他训练造就日益系统化的专业知识，不仅表现为职业者的服务水平和服务质量随着知识的累积而明显提高，而且抬高了职业准入门槛；职业伦理则以共同的价值、语言和认同感来约束其从业共同体，从而使职业从业人员理性认同所从事的工作，并把职业知识内化为自觉服务公众的职业道德。同时，职业社团和职业法规在塑造职业个性、保护职业利益方面发挥着至关重要的作用。

新闻工作职业化的表现，可以从以下几点来分析。

1.职业报人的出现

所谓职业报人，是指现代职业空间中选择以办报为业的人。职业报人有别于早期的报人因科举不第而被迫离开传统体制另谋生计，寄身外报的“秉笔华士”，也不同于将报刊作为政治宣传手段因而身份在政治家与报人间“流动”的政论家。对于职业报人而言，职业不仅是他们谋生的手段，还是他们毕生追求的理想，是他们职业志趣与社会价值的实现。近代中国职业报人的出现，以民国初年黄远生为标志性开端，邵飘萍、张季鸾、胡政之、史量才、成舍我、汪汉溪等也都是职业报人的代表。

这一时期的很多报人已经表现出明确的从业动机和强烈的职业情感，对职业的认知也逐渐清晰。邵飘萍和黄远生都是主动放弃“为官”这一受传统社会推崇的显达之途选择记者职业的。1922 年谈到《京报》办报理念时，邵飘萍说：“盖《京报》创刊之志趣，非有政治之目的，唯以愚个人既乐从事于新闻之业，欲以《京报》供改良我国新闻之试验。”至于写作《新闻学总论》的缘起，邵飘萍也称自己“百无一嗜，惟对新闻事业乃有非常趣味，愿终生以之”[②]。张竹平评价史量才“爱报之心甚于生命”，“只知有报，不知其他”。成舍我自创办世界报系开始，经历多次报馆被封，本人也险些遭军阀毒手，却始终坚持办报理想，一生中参与或主持创办了“近 20 家新闻媒体，包括报纸、期刊、通讯社和广播电台，其中直接创办的达 12 家”[③]。在与汪精卫对峙时，他胜利的信心在于“我可以做一辈子新闻记者，汪先生绝不能做一辈子

① 参见黄旦：《传者图像：新闻专业主义的建构与消解》，复旦大学出版社 2005 年版，第 6 页。

② 华德韩：《邵飘萍传》，杭州出版社 1998 年版，第 168 页。

③ 方汉奇：《新闻史上的奇情壮彩》，华文出版社 2000 年版，第 232 页。

行政院长"[①]。1926 年,《大公报》提出的"不党、不卖、不私、不盲"的四不方针,既是办报方针的确定,也是报社同人对职业精神的服膺。

这一时期报人的职业化还表现为分工的细化。1920 年,上海报纸开始有专任外勤记者,《时事新报》首先派人采访公廨的公开法庭,打破老枪访员[②]包办新闻的传统。1921 年,远东运动会在上海举行,各报都自行采访,此后各大私营报馆纷纷成立外勤采访科。这一时期,仅就编辑部而言已有较为明确的分工。编辑部的总编辑或总主笔,"其职务在平日似甚简单,惟有时定大计,决大疑,其无形之责任则滋重也",常兼写社评;然后是编辑长,也叫理事编辑,为编辑部最繁忙的职务,指挥馆员、考核访员,"能估计一日所需之材料,而善为调节"。编辑长之下又有要闻编辑,"取舍关于全国或国际间之新闻";地方编辑,"取舍关于一省一县或一地方之新闻";特派员,"如上海报馆必有专员驻京,或专事专电,或专事通信";驻国内或国外的特别通讯员;驻外埠的专职或兼职访员、翻译、校对和译电人。[③]

当然,需要指出的是,职业报人职业操守和专业精神的发扬,以及报道新闻、撰写评论的职业行为的实现,需要民主、法治的政治空间作为保障。北洋军阀统治时期,虽无一统的强权,却难免军阀"人治"的随意性,因此发生了像邵飘萍、林白水被杀这样的极端事件,报馆被封、报人被捕的事情也时有发生。

2.新闻教育的发展

这里所说的新闻教育,并非报馆里的学徒式教育,而是高等学校设立专门的新闻教育机构。学界一般把 1918 年 10 月成立的北京大学新闻学研究会作为新闻教育的发端。进入 20 世纪 20 年代后,新闻教育有了较大发展,据现有资料统计,至 1927 年,全国大学开设相关课程、专业和系科,总计约 12 家。一些有留洋经历的人,如徐宝璜、邵飘萍、汪英宾、赵敏恒等,一方面投身报业,形成相当的社会影响力;另一方面投身教育,将自身的实践总结为理论。

徐宝璜,字伯轩,江西九江人,自幼读书就有"学界神童"的美誉。他

---

① 成舍我:《报学杂著》,台北"中央文物供应社"1956 年版,第 131～132 页。

② 根据胡仲持对上海新闻业的记述,老枪访员指的是为各报公用的"公雇访员"(普通访员)。这些访员大都资格很老,具有烟癖,报界中人因此称之为"老枪访员"。他们大都文理不甚亨通,其新闻多在茶会上从包探的口里听来。

③ 参见戈公振:《中国报学史》,中国传媒大学出版社 2016 年版,第 200 页。

在美国密歇根大学留学 4 年，学习经济学和新闻学。1916 年回国后在《晨报》任职，蔡元培将其聘请到北京大学任文科教授。1918 年，徐宝璜开设了北京大学第一门新闻学课程“新闻学大意”，作为政治系高年级的选修课。

1918 年 10 月 14 日，由蔡元培发起组织、徐宝璜帮助筹建的第一个新闻学术团体——北京大学新闻学研究会宣布成立。它“以研究新闻学理，增长新闻经验，以谋新闻事业之发展为宗旨”。蔡元培在成立大会上发表演说，指出“凡事先有术而后有学”，“外国之新闻学，起于新闻发展之后”。中国的报纸，“全持经验，如旧官僚之办事然。苟不济之以学理，则进步殆亦有限。此吾人所以是出新闻学之意也”①。研究会的两位导师是徐宝璜和邵飘萍。1919 年 2 月，蔡元培当选为会长，徐宝璜当选为副会长。

当年在我国新闻界享有盛誉的汪英宾教授，现在已很少有人知道。他是安徽婺源（现属江西）人，1920 年毕业于上海圣约翰大学政治系，后进申报馆工作。1922 年，在史量才的支持下，汪英宾赴美国，先后就读于密苏里大学新闻学院和哥伦比亚大学新闻学院，获硕士学位。1924 年 10 月回国，重返申报馆工作，成为报馆重要骨干，职业从事新闻教学。1925～1929 年，他先后任上海南方大学报学系主任、光华大学和沪江大学报学系教授，1931 年复任沪江大学商学新闻科主任。所授课程有报学原理、广告学等。1932～1935 年，他担任《时事新报》总经理，此后直至整个抗日战争时期转至政府交通运输部门工作。1947 年重返新闻界，任上海《大公报》设计委员。1950 年任圣约翰大学新闻系教授，1952 年院系调整后调入复旦大学新闻系新闻史教研组，1971 年病逝。

1920～1927 年，我国高等院校新闻系科先后有十几所。这些高校的新闻系科，集中于政治中心北京、商业中心上海两地，这两地同时又是全国的文化中心。中国最早的新闻学系（报学系）于 1920 年创设于上海圣约翰大学。1923 年北京平民大学报学系创办，成为北京最早的新闻学系。1924 年创办的燕京大学新闻系，则是北京也是全国最有影响的新闻系。1924 年，北京民国大学设立报学系。1925 年上海南方大学也设立了报学系。同年，国民大学成立，设有报学系。1926 年，沪江大学、大夏大学、光华大学都增设报学系。复旦大学在国文部“新闻学讲座”基础上于 1926 年在中国文学科下

---

① 徐培汀：《中国早期的新闻教育》，中国社会科学院新闻研究所《新闻研究资料》编辑室编辑：《新闻研究资料（总第 9 辑）》，新华出版社 1981 年版，第 135 页。

设新闻学组，1929年正式成立新闻系。共产党领导的上海大学，也开设了新闻学的课程。整个20世纪20年代，中国除了北京、上海以外，办有新闻系科的只有厦门大学（于1922年增设新闻学部），但其设立不久即于1926年初停办。

3.新闻团体的出现

中国最早的报业同业组织可追溯至1906年7月1日成立的天津报馆俱乐部。不过，1909年成立的上海日报公会，因其会章相对完善，组织更为健全，长期以来被视为中国最早的新闻团体。这是一个以《申报》《时报》《新闻报》《神州日报》等报纸的业主和经理为成员的团体，以"互联情谊、共谋进行"为宗旨。公会设立了一个记者俱乐部和一个只对该会成员报馆的记者开放的图书室。公会的会章规定公会的成员报馆间可以共享新闻资源，但不可以转载来自非成员报纸的新闻和函电。

1919年4月，中华民国全国报界联合会在上海成立。全国有83家报馆参加，推举上海《民国日报》创办人叶楚伧为主席，制定会章。该会代表中国新闻界对国内国际问题积极表达态度与立场，显示了中国新闻界的进步。如1920年5月在广州召开第二次代表大会，通过了包括《表扬报界先烈案》《力争青岛案》《劝告勿登有恶影响于社会之广告与新闻案》《拒登日商广告案》《组织国际通信社案》等10多项重要决议，表达了中国报业的进取精神。1921年5月，该会于北京举行第三次代表大会，部分会员报馆分成两派，各自开会，互相攻讦，广大会员无所适从，该会遂停止活动。

1921年，上海新闻记者联欢会成立，该会的领导有戈公振、张静卢、严独鹤等。根据组织宗旨，经理、总编辑和主笔曾被排除在外，后来1922年修订了这一宗旨，允许总编辑和主笔加入，但是仍然排除经理在外。这一规定使得上海新闻记者联欢会真正成为一个新闻记者的职业团体。"联络感情"是上海新闻记者联欢会的原定宗旨，戈公振曾在1921年12月的一次聚餐会上指出："敝国新闻界尚在幼稚时代，同人等每思共同研究，是以本会之组织，以交换智识，联络感情为宗旨。"①1924年，章程更是明文规定："本会以研究新闻学识，增进德智体群四育为宗旨。"新闻记者联欢会每月聚餐一次，各会员轮流做东，平摊费用，另有常会。支持同业，同样是上海新闻记者联欢会的重要举措。1926年，邵飘萍、林白水相继被害，上海新闻记者联欢会奋起

① 《新闻记者欢迎格拉斯》，《民国日报》1921年12月25日，转引自赵建国：《报刊史的底色》，暨南大学出版社2020年版，第106页。

反抗：(1)对邵、林家属，致极沉痛之悼词；(2)对于滥用职权者加以相当之警告；(3)通知同业定期召开追悼会；(4)自由捐赙金。[①] 9月9日，上海新闻记者联欢会召集会议，致函社会各界，公开表明立场："北京《京报》主笔邵飘萍、《社会日报》主笔林白水被奉军逮捕，不经法庭审讯即行枪决。本会根据舆论，严重抗议，表示始终拥护约法上所赋予人民言论及身体自由，凡不经法律手续滥施威权者，本会誓必反对。"[②]后来到1927年，更名为"上海新闻记者联合会"，类似活动才停止。当然，戈公振也曾坦言：本会宗旨，顾名思义，似无须再事赘陈。然而，"联欢"二字尚有不足包括者。盖同人创设本会之初意，实含有下列四端：(1)研究学术，以增进个人之能力；(2)固结团体，促进新闻事业本身之改良；(3)交换意见，期唤起一起之舆论；(4)注意社交，与各国新闻记者携手。[③]

五、媒介经营与管理的现代化

北洋政府时期，媒介经营与管理的现代化表现在诸多方面。

现代报馆的收入来源主要是广告和发行。报馆的广告和发行收入是报纸职业水准和言论独立的重要保障。北洋政府时期，商业经营的报刊逐渐探索出广告和发行的经营策略。以《申报》为例，《申报》自诞生之初就重视广告和发行。史量才掌管《申报》后，任命张竹平担任《申报》经理，对《申报》的广告和发行做了很多改革。在广告方面，报社的广告部门设立"广告推广科"，分为外勤组和设计组。外勤组负责招揽广告，设计组负责按照客户的要求，撰写广告文案和设计图案。报社根据版面的不同，推出不同的定价广告，包括长行广告、短行广告、封面广告、后幅广告、中缝广告、紧要广告等。到1915年，报纸广告面积已经超过了新闻的面积。1918年，《申报》还在每版沿边上下另辟狭长的位置，刊登特别广告。广告形式多种多样，报馆的广告收入得以大幅度提高。在发行方面，报馆设立发行推广科。为了提高发行效率，张竹平请朋友出面成立了一家递送公司，雇人以递送公司的名义每天清晨送报上门，大大提高了新闻的时效性。另外，各地分别设立分管和分销处，大力推广外埠报纸的发行工作。发行推广科根据列车时刻设计邮递路线，发往外地的报纸先印刷，尽早捆

① 参见《记者会秋季大会》，《民国日报》1926年8月23日。
② 《记者会抗议惨杀邵林》，《民国日报》1926年9月10日。
③ 参见赵建国：《报刊史的底色：近代中国新闻界与社会》，暨南大学出版社2020年版，第110页。

齐送上车，这样上海邻近的城市就可以读到当天的《申报》。外埠的订户不断增加，在销量接近15万份时，外地订户差不多占了一半。《新闻报》也将经营视为“养命之源”，专门设立负责推销报纸的“推广科”、负责分类和编辑广告的“准备科”。《新闻报》号称“柜台报”，即每有店铺柜台销售之处，就有卖《新闻报》的。报纸广告版面比例很大，广告与新闻保持六四的对比，也就是广告占六成，新闻占四成，再加上经营有方，无论是它的封面巨幅广告还是报尾的分类广告，都受到人们的欢迎。因此，《新闻报》也被称为“广告报”。

就公司的组织形式而言，民国初期的报馆组织大多采取公司制，部分报馆还以股份有限公司的方式经营。1906年《新闻报》由无限公司改组为有限公司；1927年《时事新报》由政治机关报改组为商业报纸，同时改组为公司。1889年，《申报》由个人经营改组为股份有限公司，至1907年公司将《申报》股权售给华人后又改为华股公司。1909年5月31日，史量才与席子佩签订了收购《申报》的合同，成立了新的公司。

就组织结构而言，报馆的组织结构更加复杂和完整，从图4-1、图4-2和图4-3中可以看到1893～1925年《新闻报》组织结构的变化。1925年《新闻报》的组织结构基本可以反映出当时报馆的普遍状况。报馆一般有三个重要部门，即编辑部、营业部和印刷部。编辑部负责新闻的采写、社论的撰写以及排版与编辑工作；营业部主要负责广告与发行等与经营相关的业务；印刷部承担报纸和其他印刷物的排字与印刷。

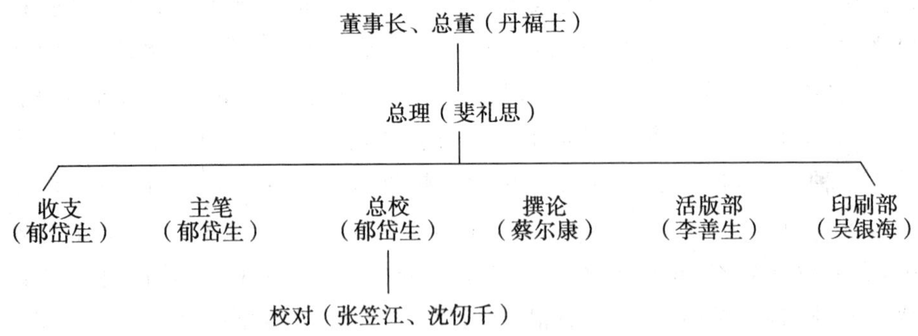

图4-1　1893年《新闻报》组织结构

资料来源：姚福申：《解放前〈新闻报〉经营策略研究》，《新闻大学》1994年第1期。

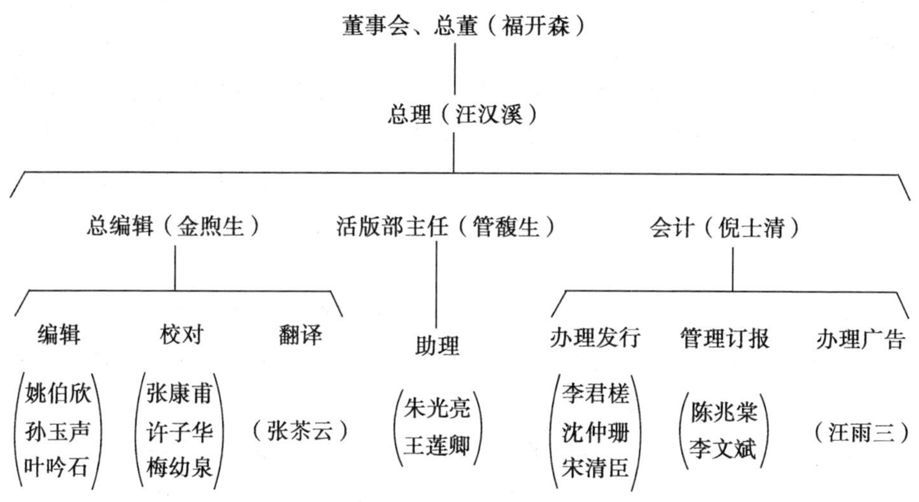

图 4-2　1907 年前后《新闻报》组织结构

资料来源：姚福申：《解放前〈新闻报〉经营策略研究》，《新闻大学》1994 年第 1 期。

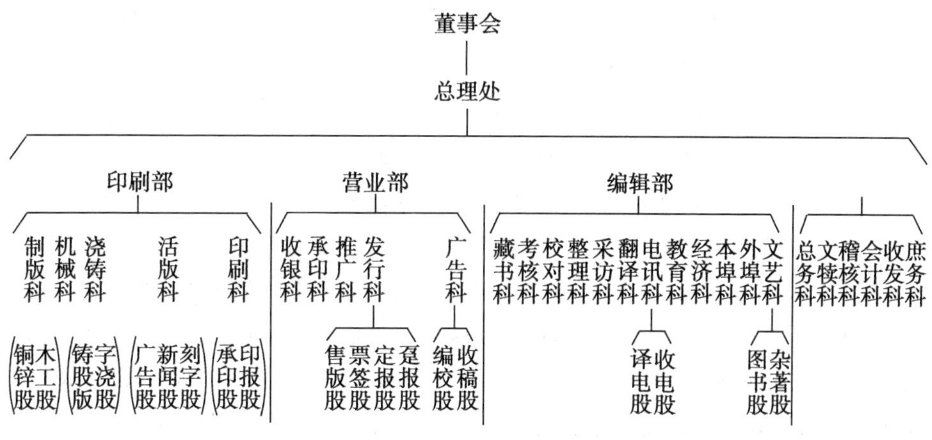

图 4-3　1925 年《新闻报》组织结构

资料来源：姚福申：《解放前〈新闻报〉经营策略研究》，《新闻大学》1994 年第 1 期。

六、新闻理论和观念的现代化

从王韬写出第一篇国人的新闻学论文《论日报渐行于中土》，到 1918 年新闻学科的创立，这段时间被视为中国新闻学的启蒙阶段。洋务、变法、革命,开启了中国新闻学的启蒙,但这个起点决定了新闻学尚不可能被看作“学”,而只被看作服务于政治的“新工具”。政治开启了新闻学在中国的启蒙,但又成为新闻学进一步发展的阻碍。这一矛盾是由新文化运动解决的。五四前后强烈的个体自由意识,打破了古老中国的文政合一、学术大一统和一元化,开启了兼容并蓄的学术多元化局面。中国的新闻学在这种大环境中得以创立并成为一门独立的学科,并发展出现代化的新闻理论与观念。[①]

五四运动后,关于民主与自由的讨论,为新闻学的发展奠定了思想基础。在谈到对言论思想自由的认识时,陈独秀说:“言论思想自由,是文明进化的第一重要条件。”[②]李大钊也认为:“思想自由与言论自由,都是为保障人生达于光明与真实的境界而设的。”[③]他们主张,除了诽谤、泄密的明条法律外,不得以任何理由制定限制言论思想自由的法律。在谈到对于自由政治的认识时,李大钊多次对民主主义在中国的庸俗化理解进行辩正。许多刚刚接受民主观念的人,常常将自由政治简单地看作“少数服从多数”,李大钊则指出,多数政治与“自由政治不同”[④],“‘自由政治’的神髓,不在以多数强制少数,而在使一问题发生时,人人得以自由公平的态度,为充分的讨论,详确的商榷,求一个公同的认可”[⑤]。

具体到新闻与报刊的思想上,新闻理论与观念的进步性表现为对报刊独立性、新闻的真实性和客观性以及以新闻为本的认识。

随着知识分子自由思想的不断深化,体制外的生存已从一种被动无奈的接受变为一种主动的追求。1926 年,《大公报》提出不党、不卖、不私、不盲的“四不”方针,这是报刊独立性的经典宣言。成舍我在创办《立报》时也说,“绝不招本份官股,绝不请一文津贴”,报纸要“说大家要说的话,决无任何背景,及为金钱势力所左右”。傅斯年公然宣称:“我们是要奋斗的,惟其如此,应永远在野,盖一入政府,无法奋斗也。”[⑥]为保证言论不被金钱势力左右,近代报人集团出版报纸常通过私人出资、同人集资或招股集资的方式,在办报

① 参见陈力丹:《五四时期的中国新闻学》,《新闻战线》1989 年第 6 期。

② 陈独秀:《独秀文存·随感录》,首都经济贸易大学出版社 2018 年版,第 30 页。

③ 李大钊:《危险思想与言论自由》,《每周评论》1919 年 6 月 1 日第 24 号。

④ 李大钊:《强力与自由政治》,《李大钊全集》,河北教育出版社 1999 年版,第 25 页。

⑤ 李大钊:《平民主义》,《李大钊文集》下卷,人民出版社 1984 年版,第 594 页。

⑥ 陈云阁:《重庆世界日报记实》,中国社会科学院新闻研究所《新闻研究资料》编辑室编辑:《新闻研究资料(总第 9 辑)》,新华出版社 1981 年版,第 78 页。

时特别强调不依附于任何党派，亦不接受任何方面的金钱馈赠。

对于客观性的认识也在这一时期出现。徐宝璜称："必须开放，毫无成见，所述者仅为事实，仅为使其意义明了之所有事实，以供阅者之判断，多作事之标准。切不可因一己之私见，将事实颠倒附会或为之增减，致失事之真相。尤不可显然夹入好恶赞斥之词，以表其意见。"[①]邵飘萍也明确说："新闻记者所处第三者之地位，不但见于政治，即凡一切团体之行动，彼亦不肯贸然加入焉……记者于可能的范围，避免加入任何名义之团体，以始终立乎于真理与事实之上之第三者高垒焉……新闻记者既须时时保守客观的态度。"[②]1914年，黄远生接替梁启超任《庸言》编辑人。在《本报之新生命》一文中，他系统地阐发了对新闻真实、客观、全面、公正的理解，"吾曹此后将力变其主观的态度而为客观"。

这一时期新闻学科建设的伟大功绩还在于新闻学回归学科建设自身。如果用一句话来表达五四新闻学的特点，那么邵飘萍所讲的"以新闻为本位"是最为恰当的。说新闻学应当以新闻为本位，就像说文学以文学为本位、哲学以哲学为本位一样，似乎是同义反复。但是，对一向与"国事"交织在一起的新闻来说，摆脱政治的旋涡，成为独立的研究对象，不能不说是新闻学的一次革命。徐宝璜1919年出版了第一部新闻学著作——《新闻学》，列"新闻纸之职务"六项，第一项便是"供给新闻"。他说："以真正之新闻，供给社会，乃新闻纸之重要职务。"邵飘萍在当时《京报》上评价称："无此书，人且不知新闻为学，新闻要学。"邵飘萍写作了《实际应用新闻学》一书，他认为"构成报纸之最要原料厥惟新闻"。戈公振于1923年出版了第一部新闻史学著作《中国报学史》。在书中他给报纸下的定义是："报纸者，报告新闻、揭载评论，定期为公众而刊行者也。""报告新闻"被视为报纸的首要功能。这些"以新闻为本位"的认识强化了对新闻的重视。

当然，这些新闻专业主义的观念尚且刚刚起步，一些报人即便有了对于报刊独立性和新闻客观性的认识，也仍然会接受津贴，或者言论过于恣意。邵飘萍、林白水都存在这样的问题。

---

① 徐宝璜：《新闻学》，时代文艺出版社2009年版，第46页。

② 邵飘萍：《新闻学总论》，北京京报馆1925年版，第116页。

思考题

1.《新青年》在几个重要时期的发展变化有什么表现?
2.黄远生的新闻通讯有哪些特点?
3.这一时期报刊的现代化表现在哪些方面?

第五章　南京国民政府时期的新闻控制与商业报刊的发展

1927 年 4 月，南京国民政府成立。1928 年二次北伐完成后，中国结束了北洋政府时期军阀混战割据的局面，进入了一个相对统一的时期。国民党迅速建立和发展起以《中央日报》、中央社、中央广播电台为核心的官方新闻传播体系。为了对全国新闻界做有效之统制，南京国民政府制定了一系列新闻法规，试图控制国内舆论。然而，南京国民政府虽然是一个一党专政的专制独裁政权，但其专制能力在其统治的大部分时间相对较弱，因此客观上形成了国民党党报、共产党党报、商业报刊并存的多元媒介群落。在南京国民政府统治的前十年，商业报刊在北洋政府时期企业化经营的基础上继续发展，几个著名的报业集团和报业托拉斯在这一时期相继出现。九一八事变之后，《申报》《立报》《大公报》等民营报刊在民族危亡之际，掀起抗日救亡运动宣传的高潮，表现出比较明确的政治立场，受到广大读者的欢迎。日军全面侵华后，民营报刊和其他中国媒体一样，遭受了巨大的损失。抗战胜利后，民营报刊开始复苏，一些民营报刊乘机扩张，向报团方向发展。但是随着解放战争的推进，南京国民政府对新闻界的统制越来越严酷，民营报刊发展的空间越来越狭窄，一些进步报刊因坚持发声而被迫停刊。

第一节　国民党新闻宣传体系的布局与消亡

南京国民政府成立之后，便建立和发展了以中央通讯社为中心的庞大的新闻通讯事业网，以《中央日报》《扫荡报》为中心的党政军报纸网和以中央广播电台为中心的广播网，构成了从中央到地方的庞大的官方新闻事业网络。全民族抗战爆发前,《中央日报》、中央社、中央广播电台开始尝试极其有限的企业化改革,并在一定程度上刺激了媒体的发展。全民族抗战的爆发打断了其企业化进程,其经营的独立性不进反退。但全民族抗战同样也为国民党新闻系统的扩张提供了契机。抗日战争时期,其新闻事业体系发展得更为庞大。抗战胜利后和解放战争时期,国民党党媒快速扩张,尤其报业体系发展迅速,建立了包括中央直辖党报、军队党报、地方党报、各类"民间党报"的党报阵营。全面内战爆发后,国民党在军事上节节失利,国民党的新闻事业也土崩瓦解。

一、国民党新闻事业的初步建立

癸丑报灾后,国民党报刊作为"乱党报纸"被查封,一度极为消落。因为没有宣传部门的领导,宣传活动基本是各自为战,数量少,寿命短,影响力甚微。

1924 年,国民党一大召开,确定了"联俄、联共、扶助农工"的三大政策,开启了国共第一次合作,国民党实行改组,共产党人可以以个人身份加入国民党,国共合作之后,国民党实际上成为由工人、农民、小资产阶级和民族资产阶级组成的统一战线的民主联盟。毛泽东担任国民党中央宣传部代理部长,一批共产党员参与了国民党报刊和通讯社的工作。在中国共产党的帮助下,国民党系统的报刊在全国范围内迅速发展起来。尤其是一些由共产党员主持的、以国民党名义出版的报刊,在人民群众中产生了广泛的影响。

1925 年 12 月 5 日,《政治周报》创刊于广州,国民党中央宣传部主持出版。毛泽东主持筹办并担任首任主编,第 5～14 期先后由共产党人沈雁冰、张秋人编辑。1926 年 5 月出版的第 14 期是目前所见的最后一期,前后发行半年左右,每期销量约 4 万份。

《政治周报》创刊的时候,正是国民党右派刚刚在北京西山召开会议的时候,在会议上,他们宣布开除李大钊、毛泽东等共产党员的国民党党籍,公开进行反共、反统一战线的活动。[①] 与此同时,"全世界帝国主义、全国大小

---

① 1925 年 11 月 23 日,国民党右派在北京西山碧云寺召开所谓的国民党一届四中全会。会议宣布停止广州国民党中央的职权,取消国民党政治委员会,宣布"取消共产党员在国民党中之党籍","开除国民党中央执行委员中的共产党员"等。随后,其在上海成立"国民党中央党部",同广州的国民党中央相对抗。1926 年国民党二大通过了弹劾西山会议派的决议。1927 年蒋介石叛变革命后,西山会议派与蒋介石集团合流。

军阀、各地买办阶级土豪劣绅，安福系、研究系、联治派、国家主义派等一切反动政派”，也对广东革命势力及革命形势进行造谣污蔑。正是在这样的政治环境中，《政治周报》创刊。毛泽东在《政治周报》发刊词中开篇明义指出："为什么出版《政治周报》？为了革命。""向反革命派宣传反攻，以打破反革命派宣传"，便是《政治周报》的责任。毛泽东还进一步指出，"我们反攻敌人的方法，并不多用辩论，只是忠实地报告我们革命工作的事实。……《政治周报》的体裁，十分之九是实际事实之叙述，只有十分之一是对于反革命派宣传的辩论"[①]。该报展开了反对帝国主义、军阀、国民党右派和其他反动派的宣传斗争，促进了国共合作统一战线和国民革命运动的发展，有力地宣传了新民主主义革命思想，团结和动员了广大群众，在推进国民革命中发挥了重要作用。

《楚光日报》和《汉口民国日报》都是由共产党员主持、以国民党名义出版的。《楚光日报》于 1926 年 3 月在汉口创刊，日出 4 开一张，创办人董必武，主编先后为宛希俨、高语罕、沈雁冰。报馆工作人员仅四五人，都是共产党员。这家报纸是国民党湖北省党委机关报，实际上是中国共产党领导下武汉地区出版最早的革命报纸。

《汉口民国日报》创刊于 1926 年 11 月 25 日，每天出版三大张，该报名义上是国民党湖北省党部机关报，后兼作武汉国民政府、国民党中央党部言论机关，实际上是中国共产党领导下的以国共合作统一战线的公开面貌出现的大型日报，也是中国共产党开展革命统一战线工作的重要舆论工具。报社经理是董必武，宛希俨、高语罕、沈雁冰等人先后担任总编辑。在内容上，该报宣传国共合作，报道北伐战争的胜利消息，支持工农群众运动，揭露帝国主义与新旧军阀的罪恶行为。1927 年 7 月 15 日，以汪精卫为首的武汉国民党中央实行"分共"政策，汉口民国日报社被迫改组，董必武辞去经理职务，共产党人被迫撤出报馆，报纸性质也随之改变。

另外，国民党中央农民部主持创办了《中国农民》和《农民运动》两个刊物。《中国农民》，1926 年 1 月在广州创刊，月刊，毛泽东、李大钊、彭湃、林伯渠、阮啸仙等曾为其撰稿。主要刊载探讨中国革命中农民问题的理论文章、各地农民运动的报告和经验介绍等，曾先后发表毛泽东《中国农民中各阶级的分析及其对于革命的态度》《中国社会各阶级的分析》，以及彭湃的《海丰

① 毛泽东：《〈政治周报〉发刊理由（一九二五年十二月五日）》，中共中央文献研究室、中央档案馆编：《建党以来重要文献选编（一九二一～一九四九）》第 2 册，中央文献出版社 2011 年版，第 617 页。

农民运动报告》等，终刊日期不详。《农民运动》是一份通俗刊物，1926 年 8 月1 日在广州创刊，周刊。最初由中国共产党人和国民党左派共同编辑。主要刊载有关农民运动的政论文章和国民党中央农民部、各省农民协会的宣传材料，曾广泛报道湖南、湖北、江西、广东、广西、山东、河南等省农民运动的情况和经验。现今知道的最后一期是 1927 年 6 月出版的第 29 期。

二、国民党的新闻宣传体系

1.中央党报:《中央日报》

国民党中央的机关报是《中央日报》，1926 年在广州筹办，1927 年 3 月 22 日在汉口创刊，是在国共合作的背景下由国民党中央宣传部主办的，社长由国民党中央宣传部部长顾孟余兼任，陈启修（陈豹隐）任总编辑。在共产党人和国民党左派的影响下，该报早期宣传国民革命，四一二反革命政变后还发表过反对蒋介石和南京政权的文章，表现出明显的进步倾向。但是，七一五反革命政变后，其立场发生了变化，拥蒋反共。9 月 15 日，《中央日报》停刊。

1928 年 2 月 1 日，《中央日报》在上海复刊，社址在望平街，机器设备来自刚刚倒闭的《商报》，由国民党中央拨款 5 万元购买。社长由国民革命军东路军前敌总指挥部政治部主任潘宜之兼任，总编辑为彭学沛，总经理为陈君朴，报头由孙中山墨宝集字而成，日出三大张 12 版。2 月 10 日，该报发表何应钦撰写的发刊词《本报的责任》，宣布“本报为代表本党之言论机关，一切言论，自以本党之主义政策为依归”。在创刊后的一段时期内，它忠实地充当了南京国民政府和南京国民党中央的喉舌。但是，由于国民党内部始终存在派系纷争，《中央日报》的言论也表现出与国民党中央特别是与蒋介石之间的分歧。

为了能够更有力地控制《中央日报》，1928 年 6 月国民党中央宣传部起草了《设置党报条例草案》《指导党报条例》《补助党报条例》三个文件，对党报的宣传方针、人事管理、经费来源、组织纪律等各个方面做出明确的规定。其中包括“凡中央及各级宣传部直辖之日报杂志，其主管人员及总编辑由中央或所属之党部委派之”，从而牢牢地控制了党报的人事权。文件还规定，各党报的宣传纲要应随时接受中央及各党部的指导，从而牢牢地控制了言论权。1928 年 10 月，国民党中央常委兼中央宣传部部长叶楚伧提议，将《中央日报》由上海迁往南京出版。

南京《中央日报》于1929年2月21日发行，序号接上海版《中央日报》，三大张12版，版面安排依上海旧例。叶楚伧兼任社长，严慎予任总编辑。社址位于珍珠桥46号的一幢二层楼房内，经理部及印刷排字房在楼下，编辑部在楼上，所有编辑校对人员均集中在一大间屋内，办公条件非常简陋。印刷机使用的是早已被其他民营新闻机构淘汰的老式平板印刷机，印刷效率和质量不高。其发行量极低，广告多为行政类布告，经营十分惨淡。

1932年3月，蒋介石委任《时事新报》总编辑程沧波担任中央日报社社长，这就改变了过去由国民党中央宣传部部长担任报社社长而实际无暇管理报社业务的情况。程沧波上任后，对《中央日报》进行改革，开始了《中央日报》“现代化”的进程。第一，在领导体制方面，程沧波一改原来社长不问社务的惯例，实行社长负责制，将《中央日报》的硬件建设、组织人事、具体业务、广告发行、会计出纳等各个方面的管理都纳入自己的职责范围。“社长之下分设经理、编辑两部，各设主任一人分理各该部事务，由社长呈请中央宣传委员会任用，经理部设置职员若干人，掌握营业、广告、印刷、发行、文书、庶务等事宜；编辑部视事务繁简设置职员若干人，掌理编辑、撰述、译电、采访、通讯、校对等事宜。”[①]党报虽然仍处在中央宣传委员会“管理监督”之下，但已经由国民党中央宣传部直接控制转变为国民党中央间接控制。第二，在编辑方针上，程沧波上任后，向编辑部全体人员提出“人人做外勤，人人要采访”的要求，加强采访的力量。他还通过有偿征集新闻线索，增设采访记者、设立外地访员，扩大南京和其他大城市的新闻采集网，提高了新闻时效性，国内时政类新闻、南京市内社会新闻、地方通讯大多能当日见报。第三，在言论方针上，由公开标榜“党的喉舌”转变为既当“党的喉舌”又当“人民的喉舌”。1932年5月8日，程沧波发表社论《敬告读者》，提出要将“人民利益”和“党之利益”统一起来，虽然在国民党党报那里，这根本不可能实现，但是着实让人耳目一新，具有很强的诱惑性。第四，重视经营管理，报馆确定各种会计制度，特别是加强对广告发行单据的管理，重新修订各地分销处的简章和广告刊例。1932年7月，《中央日报》的报头下面开始打出“邮局特许挂号立券照总包标准优惠递送之报纸”“定报价目”“广告刊例”等字样，表明了对经营管理的重视。[②] 同时，争取到国民党中央17万元的财政拨款，在南京市中心新街口购置地皮，建成新的报社大楼，楼高四层，在南京各

① 蔡铭泽：《中国国民党党报历史研究（1927～1949）》，团结出版社1998年版，第98页。

② 参见蔡铭泽：《中国国民党党报历史研究（1927～1949）》，团结出版社1998年版，第115页。

报社中首屈一指。程沧波还效仿当时上海、北京的民营大报，购入新式轮转印刷机，大大提高了印报效率和质量。

在程沧波的主持下，《中央日报》发展成为名副其实的中央第一大报，版面数量、版次和内容也相对稳定：日出两大张，每张四版，第一张第一版为广告，第二版为社论及国内要闻，第三版上半部分为国内要闻、下半部分为国际新闻；第二张第一版为广告，第二版为地方新闻，第三版为本京新闻，第四版上半部分为副刊、下半部分为广告。[①] 广告推销上改变了等客上门的惯例，派员直接到商店、工厂接洽，而且经常做广告比较，改进广告设计。发行上打破报贩操纵的局面，公布了精细的《本报外埠分销处简章》。到 1935 年，《中央日报》每日三大张，日发行量从 8000 份增至 3 万份，初步具备了在多元化报业结构的环境下参与市场竞争的实力。从 1929 年 2 月 1 日在南京发行起，至 1937 年 12 月 13 日因全民族抗战爆发西迁停刊，《中央日报》在南京出版了 3404 号，历时近 9 年，这是该报的"南京时期"。[②]

南京沦陷后，《中央日报》西迁，人员和器材分两路向西撤退。一路抵达长沙，并于 1938 年元旦出版长沙《中央日报》，编号紧接南京版之后，为 3405 号，日出一大张四大版，由张明炜等主持。另一路向四川撤退，同年 9 月1 日至重庆，创设重庆版，长沙版遂成分版。武汉沦陷后，在汉口出版的原国民党党报《武汉日报》有一路迁往贵阳，改成贵阳《中央日报》，并在芷江设分社。

至 1944 年底，国民党中央宣传部直辖党报共 18 种，《中央日报》在重庆、贵阳、芷江、成都、昆明、西京、南郑等地都设有分社，已形成一个初具规模的报团系统，影响遍及全国。

1945 年抗战胜利后，《中央日报》由重庆迁回南京出版，得到进一步发展。至 1947 年，以南京《中央日报》及其各地分版为代表的国民党中央直辖党报系统已经有报纸 23 家，总发行量在 45 万份以上，占全国报纸总发行量的 20%，其中《中央日报》平均日销 7 万份。

2.数量庞大的地方党报

第一次国内革命战争时期，国民党人在南方创办了一批地方党报。1927 年国民党发动四一二反革命政变后，这些党报大部分被查封，只有少数十几家经过改造被保留下来。南京国民政府成立以后，国民党的各级党部

① 参见王大丽：《1932 年国民党党营新闻机构的"现代化"改革研究》，《新闻大学》2020 年第 2 期。

② 参见刘家林：《中国新闻史》，武汉大学出版社 2012 年版，第 531 页。

迅速行动,在华南、华东交通便利的省、市、县,创办了一批地方党报。从1930年到1935年前后,社会环境较为稳定,中央通讯社和中央广播电台为国民党党报系统的发展提供了固定的消息来源,国民党的地方党报系统进一步发展,地方党报在中西部和东南部的偏远县城进一步普及。至1935年,国民党建立了一个遍布全国的地方党报体系,至全民族抗战爆发前夕,地方党报已经发展到590多家,占国民党报纸总数的98%,但分布极为不平衡,东部省份密集,越往西数量越少。

全民族抗战爆发后,国民党地方党报的重心从东部经济发达的沿海地区迁往西部大后方。抗战期间,其地方党报得到了巩固和发展。据国民党中央宣传部1944年的统计,国民党统治区有地方党报412种,除省市级党报16家外,其余均为县级党报或“简报”,其数量超过全民族抗战爆发前。

抗战胜利后,国民党地方党报有过一段短暂的大发展时期。除省级党报外,各县级党部主办的党报数量甚多。这些党报名称不一,发行量极小,但是数量庞大,成为国民党政府重要的宣传工具。

3.国民党的军队报纸

国民党军队报刊的创办可以追溯到1925年初广州国民政府创办的《中国军人》和《军人日报》等。军队报刊的读者对象主要是部队官兵,内容以政治动员和军事新闻为主,由于战争的需要,军队报刊成为国民党党营新闻事业的一个重要组成部分。

《扫荡报》原名《扫荡三日刊》,1931年在江西南昌创刊。创刊之初意在宣传反共,同时做一些政治思想工作,安定军心,鼓舞士气。1932年6月23日,《扫荡三日刊》改名为《扫荡日报》出版,公开标榜“攘外必先安内”“抗日必先剿共”,鼓吹“一个领袖”“一个主义”“一个政府”,遵循蒋介石的意志,1933年1月“奉令停刊,整顿业务”。1935年5月1日,改名《扫荡报》,迁至汉口出版,并进行了一系列改革,言论倾向由“反共”转向“反日”。全民族抗战爆发后,该报除了坚守武汉这一宣传阵地外,还派出人员深入内地开拓新阵地,于1938年10月1日出版重庆版,1938年12月15日出版桂林版,后又出版昆明等地的分版,1944年,黄少谷任总社社长,成立有限公司,成为一份企业化的大报,规模仅次于《中央日报》。1945年11月,该报改名为《和平日报》,创刊南京版,恢复汉口版,次年发行上海版。1946年,随国民政府还都,将总社迁至南京。[①]

《阵中日报》系统是在全民族抗战爆发后发展起来的,最初由国民党中央军委会主办,分为北战线版和南战线版两个版,在全国被划分为 10 个战区后增至10 个分版,由各战区司令部主办,以所辖战区军民为读者对象,除了军中发行外,兼向社会发行。报纸名称也不强求统一,如第三战区的军报称为《前线日报》。

《扫荡简报》是一种流动性的小型战地军报,由各集团军或军主办,先后约出版了 50 种。这类报纸均为油印,编辑部也往往只有几个工作人员,带上一部油印机和一架收报收音机,随军进退。这些军报在抗日战争期间对敌人的罪恶行径进行了大量的揭露,对主战场的抗战进行了积极的宣传,在鼓舞士气、唤起民众觉悟方面发挥了积极的作用。

4.国民党的通讯事业

中央社,全称是"中央通讯社",1924 年 4 月创办于广州。1926 年,国民革命军开始北伐,中央社派出随军记者报道北伐的军事消息,颇有影响。1927 年 5 月迁往南京,由国民党中央宣传部主管,全社只有 20 多名工作人员,规模很小。1932 年萧同兹担任中央社社长之后,中央社的规模迅速扩大。曾任上海《申报》驻南京记者的沈九香曾这样描述当时中央社的情形:"由于(中央社)当时的人手不多和设备的不够,发出去的电讯,因时间迟缓,很少为上海各报所采用……这种情形在我的印象里似乎延续很久,后来萧同兹先生接任中央社,扩大人事,增加设备,业务蒸蒸日上。"萧同兹在接任社长之初向蒋介石提出三项要求:第一,中央社必须机构独立,以便其成为一个社会事业;第二,中央社要自设无线电台,要建立全国大都市通讯网,以便使中央社的电讯不受交通部有线电报的影响,增加消息的灵活性;第三,中央社在不违背国法和党纪的原则下,要有全权处理新闻的自由。[②]

紧接着,萧同兹开始大肆扩张,一方面采用当时先进的无线电通信设备,使中央社总社能够迅速收集国内外各地新闻并且快速传给各个分社;另一方面招揽人才,拓展国内的采访与编辑业务,创立英文编辑部。经过一系列改革,中央社的业务能力不断加强,规模不断壮大,各地报纸纷纷采用该社的新闻,中央社开始一家独大。另外,中央社先后与英国路透社、美国美

---

① 参见戴丰:《扫荡报小史》,李瞻主编:《中国新闻史》,台湾学生书局 1979 年版,第 422 页。

② 参见冯志翔:《萧同兹传》,台北传记文学出版社 1975 年版,第 156 页。

联社、法国哈瓦斯社、苏联塔斯社订立交换新闻的协议，从而控制了新闻来源的渠道，也提高了中国获取的国际新闻以及对外报道的新闻稿件质量。1935年，中央社开始播发英文稿件，正式向外发布中国信息。1937年全民族抗战爆发前，中央社“直接对全国250家报社发稿，每天发出中文电讯8000至12000字，基本上垄断了国内的新闻通讯事业”①。

全民族抗战爆发后，中央社由南京迁往汉口，又由汉口迁往重庆，报道中国军民的抗战消息。抗战期间，中央社两次被日军猛烈轰炸，但是整个战争期间，中央社没有停止供稿。他们还派遣“随军组”深入前线进行报道，自带电台，将最新战况及时发报给总社，这是中国抗战中唯一能有此作为的记者队伍，当时的很多报纸均采用中央社的消息。抗战胜利后，中央社迁回南京，规模不断扩充。

就在中央社快速发展的过程中，国民党党报系统也迎来了黄金时期，这并不是巧合，因为通讯社业务的发展是报纸发展的基础，中央社为国民党的各级党报提供了稳定的消息来源，这也体现出中央社为国民党党报系统的发展做出的巨大贡献。

5.国民党的广播事业

中央广播电台，简称“中央台”，是国民党在《中央日报》、中央社之后创办的第三个中央宣传机构。1924年，陈果夫在上海听到当时开洛公司创办的广播电台播放商业行情时，萌发要办广播电台进行政治宣传的念头。1928年3月，购得开洛公司订购的功率为500瓦的广播发射机全套设备，5月即开始筹备各项工作。7月，国民党第二届中央执行委员会第155次常务会议对建台计划予以追认通过，台名定为“中国国民党中央执行委员会无线广播电台”，一般称为“中央广播电台”，呼号暂定为XKM。1928年8月1日，开始正式播音。最初每天播音2个小时，后不断增加，播出的新闻稿件均由中央社提供。但是，中央台电波辐射区域太小，经过陈果夫、叶楚伧等人的筹划，中央台购进了德国制造的75千瓦发射机，发射台迁往南京西郊江东门北的新台址。1932年11月，中央台新台正式开播，呼号XGOA，成为当时东亚地区发射功率最强的广播电台。此后，中央台全面革新节目编排，每天播音时间增加到超过11小时，新闻节目的时长大为延长，时效性大为增强。《中央广播电台播音节目逐月统计表》显示，1932年11月以后新闻节

① 刘家林:《中国新闻史》，武汉大学出版社2012年版，第528页。

目的实际播报时长呈稳定增加趋势，1932年11月为69次，共65.77小时；1933年1月为111次70.63小时，6月为180次89.28小时，11月为164次94.35小时。[①]

管理机构方面，1932年国民党专门成立了中央广播无线电台管理处，直属于国民党中央执行委员会。1936年1月，中央广播无线电台管理处改组为中央广播事业管理处。1936年3月，增设中央广播事业指导委员会，陈果夫任主任委员。中央广播事业管理处除了直接管辖中央广播电台外，还直接管理着福州、河北、西安、南京、长沙、上海的地方电台。

另外，国民党当局还积极发展地方电台。直属交通部的北平、成都、上海三台，遍布两广、江西、山西、山东等地由各级党部和地方政府管辖的地方台，根据紧急宣传需要增设的临时台，都成为中央台有力的辅助系统。

1937年6月，“国统区共有电台78座，总发射功率近123千瓦。其中，党、政、军台仅有23座，但是发射功率却占到了94.6%，占广播信号覆盖范围的绝对优势”[②]。国民党基本垄断了全国广播新闻业，广播成为国民党操控舆论的重要宣传工具。

1937年全民族抗战爆发后，中央广播电台撤出南京，75千瓦的大机器分别拆运至汉口或者自行破坏。后又西迁重庆，1938年3月开始在重庆播音。据统计，至1938年底，国民党官办广播电台仅剩六七处，总发射功率不到11千瓦。

抗战进入相持阶段后，国民党的广播事业逐步恢复并有所发展。1939年2月6日，中央广播电台建成中央短波电台对国外正式播音，1940年1月定名为国际广播电台。1940年底，中央广播电台新建广播大楼，大楼内建有地下防空设施，使该台在日本侵略者对重庆的狂轰滥炸中仍能坚持播音。为了适应战时广播宣传的需要，国民党当局还注重发展西南、西北地区的广播事业，在昆明、贵阳、西昌、兰州等地开办新台。其中昆明广播电台发射功率最大，有50千瓦，于1940年8月开播。自1940年起，国民党当局还开始创办战地流动广播电台，1943年建立军中播音总队，并在各战区设立分队，直接对前线部队播音，还兼办对日军广播。

---

① 参见王大丽：《1932年国民党党营新闻机构的“现代化”改革研究》，《新闻大学》2020年第2期。

② 刘继忠：《国民党新闻事业研究(1927～1937)》，光明日报出版社2019年版，第229页。

三、国民党新闻事业在大陆的消亡

1.国民党新闻事业在抗战胜利后的短暂膨胀

抗战胜利后，国民党的新闻事业经历了从快速膨胀到瓦解消亡的过程。

日本宣布投降当月，国民党当局即发出通令，要求“各地敌伪新闻、广播、出版、电影等文化事业之接收工作，应由派往各地政府机关统一接收”；命令宣传部对南京、上海、北京、天津、武汉等重要地区，“分别派特派员随同各该地区行政长官前往”协助办理。[①] 1945 年 9 月 27 日，行政院颁布《管理收复区报纸通讯社电影杂志广播事业暂行办法》的训令，规定对战时敌伪机关或附逆的私人经营的报纸、通讯社等新闻产业一律查封，“但其中原属未附逆之私人及非敌国人民财产而由敌伪占用者，经查明确实，并经中央核准后得予发还”[②]。但该办法缺少对“附逆媒体”的基本界定，导致在实际操作过程中汉奸帽子乱扣，各接收单位更是为经济利益任意处置“附逆”资产，甚至对那些战时被敌伪侵占的个人资产也不放过，人们对此怨声载道。

在南京，1945 年 9 月 5 日，国民党重庆《中央日报》总编辑陈训悆利用接收汪伪《中央日报》《申报》，以及兴中印刷所等单位的机器设备，数日内即在战前的南京社址上重建中央日报馆，并于 9 月 10 日正式复刊。接着，国民党军报《扫荡报》11 月 12 日改名为《和平日报》出版，出版该报南京版；国民党军统特务报人龚德柏利用接收南京两家日伪印刷厂的资财复刊《救国日报》。在北平，国民党派员接收日伪的《华北新报》，利用其设备复刊《华北日报》。在上海，中央日报社社长冯有真在接收日伪《新中国报》旧址后，改出上海《中央日报》；上海《民国日报》在胡朴安主持下接收日伪《中华日报》厂房设备后复刊；1946 年出版的上海《和平日报》，其设备则是接收自日伪的《大陆新报》；外交部控制的《自由论坛报》则是在国民党当局接收了英文《上海泰晤士报》后，将原来的《自由西报》迁到上海泰晤士报馆址，并更名出报；《正言报》在国民党上海市副市长吴少澍接收日伪《平报》后复刊。另外，还有 CC 系的《中美日报》《新夜报》、孔祥熙系的《大晚报》《时事新报》等相继复刊。根据内政部统计，到 1946 年，全国报纸已登记的有 984 家，其中西南大后方省份的报纸增加，收复区的报纸有所减少，减少的多是民营报纸，官方

① 参见马光仁主编：《上海新闻史（1850～1949）》，复旦大学出版社 2014 年版，第 990 页。

② 南京市地方志编纂委员会编：《南京报业志》，学林出版社 2001 年版，第 25 页。

报纸反因接收而大幅增加。[①]

广播电台方面，早在1943年中央广播电台就制订了接收复员计划。1945年8月日本投降后，国民党中央广播事业管理处拟定《广播复员紧急措施办法》，派员到各地接收。9月，根据行政院公布的《管理收复区报纸通讯社杂志电影广播事业暂行办法》，"敌伪机关或私人经营之报纸、通讯社、杂志及电影制片、广播事业一律查封，其财产由宣传部会同当地政府接收管理"[②]，原沦陷区的报馆、电台、通讯社等新闻机构全部被国民党当局接管。随后，国民党政府行政院收复区全国性事业接收委员会拟定了《广播事业接收三原则》，规定"凡广播电台原系国营或敌伪设立者，由中央广播事业管理处接管运用；凡广播电台原系省(市)经营者，由各省(市)政府接管运用；凡广播电台原系民营者，暂由中央广播事业管理处会同原主接收"[③]，根据广播电台的不同性质，对其接收政策也制定了不同的接收方案。国民党中央广播事业管理处于8月下旬开始陆续派员分赴各地接收日伪广播电台，至1946年5月基本完成接收。1946年5月5日，中央台由重庆迁回南京继续播音。据1947年9月统计，国统区共有广播电台101座，其中国民党中央广播事业管理处所辖的有41座，发射功率400多千瓦；其余为各省市公营、私营广播电台，发射功率20多千瓦。[④]

通讯社方面，抗战胜利后中央社比党报更早抵达收复区进行接收复建，到1945年底，中央社已接收上海、南京、北平、天津等15家敌伪通讯社的业务。同时，在此基础上更行扩张，在国内设立杭州、青岛等新的分社或办事处；在国外新增旧金山、东京等分社，扩大对外宣传。1946年4月，中央社由重庆迁回南京，并大肆扩张。1948年，中央社已发展成为由南京总社直辖国内分社、通讯员办事处共52个单位，国外分支机构共25个单位，海内外员工共2653人，垄断全国560余家报社的新闻稿。[⑤] 中央社由此发展成为全国最大的通讯社，其实力与规模远超战前与战时。

至此，国民党借助接收的日伪传媒资源，扩大了党营新闻事业网络，加

---

① 参见孙士庆：《战后舆论与国民党在大陆失败的研究(1945～1949)》，上海大学文学院博士学位论文，2017年，第18页。

② 关梅：《报人与专家》，南京师范大学出版社2018年，第65页。

③ 赵玉明：《中国广播电视通史》，中国传媒大学出版社2006年版，第94页。

④ 参见许焕隆：《中国现代新闻史简编》，河南人民出版社1988年版，第395页。

⑤ 参见孙士庆：《战后舆论与国民党在大陆失败的研究(1945～1949)》，上海大学文学院博士学位论文，2017年，第23页。

强了对全国的新闻统制，国民党的新闻事业在大陆发展至全盛时期。

2.国民党新闻事业的消亡

随着国民党军队在战场上的节节败退，国民党的新闻事业也迅速瓦解。

1946年6月，全面内战爆发。国民党当局的巨额军费支出刺激了财政赤字的骤升，金价上涨，美元高昂，法币大幅度贬值。再加上行政院对购纸外汇严加审批，白报纸严重供不应求，纸张订购受到限制，纸商囤积存货，纸价暴涨，该年全国购纸费用高达3000万美元，将近抗战前的10倍。① 各地国民党报刊不得不缩减篇幅，加价裁员，有的被迫停刊。

在宣传报道上，国民党新闻系统颂扬法西斯统治，鼓吹反革命内战，颠倒黑白，混淆是非，为达到宣传目的不惜造谣、说谎，严重背离了新闻宣传的基本原则，最终失去了民众的信任。1947年8月张灵甫率领的整编74师被解放军歼灭，《和平日报》却谎报他们是“最后不屈，即在阵地相率自戕”。国民党军队在战场上节节败退，国民党的新闻报道却是一片“胜利”之声。邱清泉、李弥兵团被歼，杜聿明被俘，中央社的电讯却报道：“杜聿明将军率邱、李两兵团在宿永地区歼灭共军十七万人。刻以任务达成，已主动脱离青龙集战场，转进有利地区，续予匪打击。”甚至在人民解放军向长江挺进时，国民党报刊还在重复“共军节节败退，国军乘胜追击”的谎言。

随着人民解放战争的节节胜利，国民党的新闻事业出现大滑坡，许多新闻机构拆迁设备、遣散人员，为出逃做准备。《中央日报》1948年开始筹办台北版，1949年3月12日台北版《中央日报》正式出版。1949年4月24日，《中央日报》在大陆出了最后一期。1949年2月，中央社总社仓皇迁往广州，10月迁往重庆，11月由重庆迁往成都，12月再由成都迁往台北，全社员工从1948年的2653人锐减至163人。中央广播电台也在南京解放前夕运走了一批设备，迁往台湾。

另外，迁往台湾的还有《扫荡报》、厦门《中央日报》、军事新闻通讯社、中兴新闻通讯社等国民党系统的新闻机构和具有国民党背景或在政治上顽固支持国民党的新闻机构，另有部分国民党的新闻机构迁往香港。除此之外，国民党各类新闻机构均被人民解放军军事管制委员会接收，成为建设人民新闻事业的物质基础。国民党在大陆的新闻事业彻底瓦解。

① 参见李时新：《1945～1949上海报业的生存困境及其影响》，《新闻春秋》2015年第1期。

第二节 民族资本主义的繁荣与民营新闻事业的“黄金时期”

一、伴随民族资本主义起步的民营新闻事业

近代中国的资本主义是在外来资本主义经济的影响下产生并日益发展起来的。19世纪六七十年代，中国民族资本主义工业在广州、上海、天津等一些通商口岸产生。“最初的中国民族资本主义经济是由一些官僚、地主、商人和手工业主对近代企业进行私人投资而出现的一种新的经济形式。”[①]产生于半殖民地半封建社会的民族资本主义，一方面要受到清政府的监督和控制，交纳重税，另一方面要和强大的外资企业竞争，受到本国封建势力和外国资本主义势力的双重束缚，处于两难的境地。

甲午战争以后，清政府为扩大税源，解决财政危机，放宽了对民间设厂的限制，倡导私营资本主义的发展。民营报刊正是在这样一个背景出现较大发展。“20世纪前十年，据《东方杂志》《大公报》历年调查，民办民营报刊数量多，在整个报业中的比例占主导地位，如《大公报》1905年的统计，正在出版的中文报刊152种中，商、官、外资分别为98、11、43种，民族商业性报纸占三分之二。”[②]当时，民营报刊规模小，实力弱，与同一时期中国民族资本主义工业发展的水平规模相当。

辛亥革命给了封建制度以致命的一击，扫清了民族工业发展的一些障碍。南京临时政府鼓励兴办实业的律令和“实业救国”的呼声，激发了民族资产阶级投资工业的热情。再加上一战期间欧美帝国主义国家忙于战争，暂时放松了对中国的经济侵略，帝国主义各国对华输出的商品骤减，同时它们对中国的原料和部分商品的需求量增加，这就为民族资本主义的发展留出了空间。据统计，“1912年至1919年八年间，建成厂矿有600多家，新增资产达1.3亿元，一年相当于过去全部投资的总额”[③]。一战以后，战争的需要被建设的需要取代，民族资本主义进一步发展。资本主义工商业的发展，为民营报业的发展提供了先进的技术设备、雄厚的资金基础、丰厚的广告收

① 于微：《中国近现史上民族资本主义经济的发展历程及特点研究》，《青年与社会》2013年第3期。

② 陈昌凤：《中国新闻传播史：传媒社会学的视角》，清华大学出版社2009年版，第173页。

③ 邓爱英：《民族资本主义在近现代中国的兴衰》，《山西政报》2004年第13期。

入和广阔的读者市场，报业成为可以获得利润的产业，报业市场规模不断扩大。1921年全国定期报刊共1137种，其中日报550种，到了1926年，日报增为628种，以民营商业报居多。[①] 民族资产阶级一方面借办报获取利润，另一方面也将报刊作为表达自己的政治观点、提升社会影响力的阵地。比如史量才在主持《申报》十多年后，成为在政治界、金融界、文化界举足轻重的人物。

这一时期，固然有一些民营大报在资本主义企业化的改革中大获成功，一批有影响力的民营报刊开始崛起，但多数报纸的经济力量仍然非常薄弱。一些民营报刊虽努力进行商业经营，但经济并不完全自立，仍然接受官僚、军阀、大资本家的津贴。当时上海的《时事新报》就反思过此种无奈："无论受何方面金钱之补助，自然要受该方面势力之支配，最少亦受牵制。吾侪确认现在之中国，势力即罪恶，受何方面势力之支配或牵制，即与罪恶为邻。"[②]

1927年南京国民政府的成立，结束了十多年军阀混战的局面。国家实现了形式上的统一，政治、经济和社会获得了相对稳定的发展，文化事业一度呈现繁荣景象。直到1937年全民族抗战爆发，这十年是中国民族资本主义发展的"黄金时期"。民族资本主义达到了鼎盛时期，由此也推动了民营新闻事业的繁荣。民营报刊的资本力量、设备、技术、广告收入都有所提升，报业联合、兼并等现象出现，报业托拉斯初具雏形，通讯社和电台亦有所发展。不过，20世纪30年代南京国民政府确立了一党专政的军事独裁统治之后，官僚资本在资金、技术、设备、原材料供应上都具有极大的优势，在国民经济的许多部门占据垄断地位。"国民政府通过发行公债、统制经济，积敛财富，逐渐形成了以四大家族为核心的官僚垄断资本。20世纪二三十年代上海机器工业资本总额中，1925年民族资本占18.1％，官僚资本已经占81.9％，到1930年民族资本下降到14.2％，而官僚资本则上升到85.8％。"[③]在官僚资本的压迫下，民族资本主义的发展速度放缓。

伴随着国民党独裁统治的巩固，国民党中央和国民政府先后颁布了一系列法令法规全面加强舆论控制。民营报业则在长期争取言论出版自由的过程中摸索出一套行之有效的生存策略，包括在办报方针上提出"超阶级"

---

① 参见陈昌凤：《中国新闻传播史：传媒社会学的视角》，清华大学出版社2009年版，第174页。

② 梁启超：《〈时事新报〉五千号纪念辞》，《梁启超全集》第6册，北京出版社1999年版，第3368页。

③ 张立勤：《1927～1937年民营报业经营研究——以〈申报〉〈新闻报〉为考察中心》，复旦大学新闻学院博士学位论文，2012年，第32页。

“超党派”的口号，力求不介入或少介入政治纷争；在报道策略上尽量多客观报道，少评论或不评论；对待政治敏感问题谨小慎微，为避免招惹不必要的麻烦，对于一些政治话题往往含糊其辞，态度模棱两可。1931 年后，民营报刊的舆论导向发生了巨大转变，抗日救亡成为民营报刊的宣传中心，一些民营报刊表现出比较明确的政治立场和进步倾向，获得了巨大的社会影响力。总体来说，直到全民族抗战爆发前夕民营报业发展基本呈现稳定、昌盛的景象。据 1936 年的相关统计，全国有主要报刊 1763 家，民营报刊的数量占其中的三分之一。

二、上海地区民营报刊的发展和变化

1.上海地区民营报刊的基本情况

在上海，民营报刊表现出较强的商业化属性。自 19 世纪 60 年代以来，上海就是中国的商业报刊中心，在民国时期一直保持着这种地位。[①] 五四运动后，上海的商业报纸迎来了它的第一个发展高潮。其主要表现在以下几个方面。

第一，无论是报刊的数量还是发行量都大为增加，《新闻报》1920 年发行 5 万余份，1924 年超过 10 万份。《申报》1922 年发行 5 万份，1925 年超过 10 万份。第二，报社的经济实力日益壮大，逐渐形成了现代化的商业经营模式，《申报》总经理史量才和《新闻报》总经理汪汉溪都致力于报业的市场化经营，并且卓有成效。第三，对社会大众的影响力增强。以《申报》《新闻报》为代表的商业报纸经济独立、售价低廉，适合普通民众阅读。读者群中不仅有官绅商学，而且还有普通的市民，读者群范围不断扩大。

这一时期，《申报》发展成为全国规模最大的时事政治综合性日报，《新闻报》成为全国规模最大的经济日报。《时报》《时事新报》经过五四时期的改革，也发展成为上海首屈一指的商业大报。中国第一个报业托拉斯“四社”的雏形也在上海出现，它是张竹平依托《时事新报》《大晚报》《大陆报》，以及申时电讯社建立的一个联合办事处。[②] 1921 年创刊的《商报》，由陈屺怀、陈布雷、潘公展、沈仲华等组成强大的编辑阵容，以陈布雷为主笔，每天发表署名“畏垒”的文章，深受知识界和青年学生的喜爱。该报首创“商业金融”专栏，广刊行市、汇兑信息，深受商界欢迎。面向市民阶层的小报的大量

① 参见王润泽：《中国新闻媒介史》，北京大学出版社 2011 年版，第 213 页。

② 参见方汉奇、李矗主编：《中国新闻学之最》，新华出版社 2005 年版，第 239 页。

出现，亦成为当时繁荣的上海报业市场的一道景观。

2.《申报》：史量才接手后经营的鼎盛时期

报社托庇洋人，历来是清廷的心腹之患。1908 年，当局在上海推行报律时，要《申报》《新闻报》等馆辞退外国人的股份，未经辞尽的要呈明注册，新办报纸不应再招外股。此时的《申报》已是股份制，股权为英商所有。英商有感于政局动荡，报纸经营较前大为不易，因此得到董事会的同意，将股权以 7.5 万元的价格出售给席子佩。1909 年 5 月，外人经营达 37 年之久的《申报》产权终于归国人所有。

1912 年 9 月，席子佩再度将《申报》转手，张謇、应德闳、赵凤昌、陈景韩、史量才等五人以 12 万元的价格购进《申报》，由史量才任总经理，陈景韩任总编辑。张謇、应德宏、赵凤昌都是当时政治舞台上颇有影响的人物。接办《申报》，实际上是张、应、赵三人出资，史、陈二人出力。1915 年冬，正当史量才苦心经营《申报》的时候，《申报》的前股东、当时仍留任《申报》经理的席子佩突然向公共租界会审公廨提起控告，称 1912 年转让的只是申报馆产权，“申报”两字商标并未卖给史量才，因此其不得以“申报”名称出版报纸，加之《申报》确实未能按期支付收购的费用，《申报》败诉，被迫分期赔偿 24.5 万两白银。这时，张謇等人因政治失意无意办报，要求退出股份。史量才一人筹借资金渡过难关，《申报》由此进入史量才时期。

史量才是一位在报刊的企业化经营方面颇有成效的新闻人。他在主持《申报》之后，除改革发行与广告业务，不惜成本地增加硬件投入外，还积极开展多种经营，努力将申报馆打造成现代化的企业集团。美查经营《申报》之时，就曾经营多种其他业务，开办点石斋石印书局、图书集成铅印书局、遂昌火柴厂、江苏药水厂等企业。史量才同样尝试在诸多领域进行投资，五洲大药房和中南银行是他比较重要的投资。这些成功的投资，给他带来了巨额的利润。

1929 年初，史量才以 70 万元巨款从美国人福开森手里买下《新闻报》65％的股权。消息传出后，《新闻报》华籍股东、经理汪伯奇愤愤不平，报馆同人展开了一场“收回股权”的宣传攻势。国民党上海市党部为便于实行新闻控制，也乘机进行干预。史量才不得不做出妥协，承诺出让 15％股权、董事长的名号，不干涉《新闻报》的行政、言论，《新闻报》原有人马、制度照旧不动，报业托拉斯之梦刚刚起步即告失败。股权风波之所以如此收场，最根本的原因是史量才的办报宗旨与国民党当局新闻控制的政策相违背，当局绝对不希望看到他同时掌握有重要社会影响力的《申报》和《新闻报》。

史量才重视时政文化和教育，创办了很多专刊和增刊。《申报星期增刊》，1919 年 8 月 31 日创刊，主要报道和评析国际重大新闻；《常识增刊》，1920 年 6 月 1 日创刊，主要刊登介绍日常生活知识的文章；《汽车增刊》，1921 年 11 月 27 日创刊，介绍汽车的工作原理、各种型号汽车的优缺点，以及刊登汽车广告等；《本埠增刊》，1924 年 2 月 8 日创刊，介绍上海本地各种社会活动和商业、服务业广告。另外，报社还根据需要增加了能够满足特定受众需求的专栏，报纸的篇幅、版面逐渐增加，内容更加丰富，大大增强了报社的社会影响力。1922 年，《申报》出版《最近之五十年》（包括世界之变迁、中国之得失、《申报》之经过三部分），内容包括文学、艺术、科学、政治等，总结了中国、世界和《申报》的历史，为后世保存了较为完整的史料，具有很高的研究价值。1932 年，《申报》创刊 60 年时又相继出版了《中国分省地图》《申报年鉴》《申报月刊》。另外，《申报》还创办了图书馆、补习学校、新闻函授学校、《申报》服务部等一系列文化服务事业。这些文化事业的发展扩大了《申报》的社会影响，《申报》因此成为当时上海的舆论中心和文化中心。

史量才姓史，又主张“以史自役”，故而章太炎在《史量才墓志铭》中将其办报方针总结为“史家办报”。“史家办报”有丰富的含义，包括记者要像史家那样忠于事实，不虚美、不隐恶，完全客观地记录和描述事实；记者要像史家那样为忠于事实而不畏强权，秉笔直书；记者应有史家的才识，能够“以研究发扬之责”，“留范后人”。由于坚持“史家办报”的方针，史量才特别追求报纸和报人的独立地位。史量才在 1921 年欢迎美国新闻家、万国报界联合会新闻调查委员会委员长格拉士莅临申报社时的致辞中说：“孟子所谓‘贫贱不能移，富贵不能淫，威武不能屈’，与顷者格拉士君所谓‘报馆应有独立之精神’一语，敝馆宗旨似亦隐相符合。且鄙人誓守此志，办报一年，即实行此志一年也。”[①]他不止一次表示他办报“纯以社会服务为职志，不挟任何主义，亦无任何政治背景”。1928 年 11 月 19 日，《申报》举行发行 2 万号大庆，史量才在庆祝会上发表充满激情的长篇讲话：“五十六年不为暂，二万号不为少，宜有以纪念之也。吾思想既无赫赫之功，又非惊人之举，念之何为哉？意者申报服务于社会，其继续不断之工作，劳而且久，久而能敬其事，公而念之乎？抑申报舟也，同人舟之执役也。风雨艰难，昏晨与共。幸无倾覆之

① 童兵、林涵：《20 世纪中国新闻学与传播学·理论新闻学卷》，复旦大学出版社 2001 年版，第 90 页。

虞，免罹灭顶之祸，念其私乎？……”[①]1931年9月1日，《申报六十周年纪念宣言》中又明确表示：“以积极之行动，努力于本报之改进，努力于应负之责任，不徘徊、不推诿、不畏缩，尽我绵薄，期有以自效，是为本报同人深自体念后最大之决心！”[②]

经过十几年的企业化经营，20世纪30年代初《申报》进入发展的鼎盛时期。《申报》发行量从史量才接办时的7000份上升到155900份。1934年，《申报》年营业额达到200万元，广告收入约150万元，占75%。《申报》发展成为拥有《申报》《时事新报》《庸报》《新闻报》四份报纸以及若干种刊物的“报团”。

3.《新闻报》：与《申报》并驾齐驱

这一时期，《新闻报》的发展也是引人瞩目的。美国人福开森买下《新闻报》后，聘请汪汉溪为总理、金煦生为总编辑，《新闻报》开始在上海报业市场崭露头角。汪汉溪主持《新闻报》后，以“经济自立”为宗旨，以“无党无偏，力崇正谊；不为威胁，不为利诱”为办报原则，经过20多年的苦心经营，到20世纪20年代，《新闻报》在上海报业市场上成为和《申报》不分伯仲的大报。

《新闻报》从1893年12月开始出版画报单页，用随报附送石印画报的办法争取读者，开了我国日报定期附送画页的先例。在版面编排上，《新闻报》以《申报》为竞争对手，在《申报》有所改进时，《新闻报》紧紧跟随。《申报》于1911年开设了《自由谈》副刊，《新闻报》亦开辟副刊栏目，1914年严独鹤任副刊主编，把名字改为《快活林》。当时，《快活林》集合了一批小说高手，尤其是张恨水的小说《啼笑因缘》连载后，报纸销量猛增。同时，《新闻报》在经济新闻方面独辟蹊径，1921年开辟“经济新闻”专栏，1922年增设“经济新闻”专版，在整版篇目内，又开设“金融市场”“汇兑市场”“证券市场”“上海商情”等子栏目。

在报业设备的购买力度上，《新闻报》并不亚于《申报》。1914年，《新闻报》率先进口了两层轮转印报机，结束了平版印报的历史，每小时可以印报7000多份，是中国第一家使用轮转印刷机的民营报刊。1916年，又购买了波特式三层轮转机一架、四层轮转机两架，大大提高了印刷的速度。《新闻报》为提升信息采集效率不断创新。1922年，《新闻报》在报馆内设置了两个

① 史量才：《申报发行二万号纪念》，转引自庞荣棣：《史量才：现代报业巨子》，上海教育出版社1999年版，第153页。

② 《本报六十周年纪念年宣言》，《申报》1931年9月1日。

无线电收报台，专门抄收外国通讯社的电讯，立即翻译，抢先刊发。1929 年，该报又着手饲养信鸽，专门用来传递新闻稿。到 1933 年，已经有信鸽 80 余只。在报道一·二八事变时，信鸽成为重要的信息传送工具。①

1924 年，汪汉溪积劳成疾病逝，时年 51 岁。他自被聘为《新闻报》的经理后，“二十余年，未尝稍懈”，为报社的发展殚精竭虑，是我国近现代新闻史上一位杰出的报业企业家。汪汉溪去世后，其子汪伯奇继任总经理，次子汪仲韦为协理。1928 年，因福开森无意继续经营《新闻报》，于 1929 年 1 月 1 日将所持《新闻报》的大部分股权出让给由华人组建的新的新闻报有限公司。《新闻报》继续发展，1935 年销量达 18 万余份，是该报的历史最高水平，创下新中国成立前民营大报发行的最高纪录。②

4.《时报》：“大报小报化”的转型

《时报》在狄楚青的主持下，曾经与《申报》《新闻报》三足鼎立。但辛亥革命后，《时报》开始走下坡路，一些编辑人员相继离开报馆，以撰写时评而闻名的主笔陈景韩被史量才挖去办《申报》，《时报》销数逐年下降，经济上亏空越来越大。再加上狄楚青政治失意，生活上丧子丧妻，又年老多病，因此将《时报》出售给黄伯惠。

此时的上海，娱乐文化大行其道，小报发展迅速，风头正劲。黄伯惠接手《时报》后，积极革新，向小报学习，开始淡化报纸的政治色彩，以消遣娱乐为主旨，《时报》成为“大报小报化”的代表。曾有人这样评价《时报》：好登社会新闻及奇特消息，被称为“小开化”。③ 小开者，富二代也，指那些有祖产庇佑的公子，对琴棋书画和花边新闻都有兴趣，也略懂一二。“小开化”是一个非常形象的比喻，黄伯惠自己就是一个小开，办出的报纸也就具有了小开的特点。小开化的《时报》关心社会新闻、花边风月多过于时政和商业新闻，用《时报》记者顾执中的话说，就是“那时的上海的大报如《申报》、《新闻报》，和地位稍次的《时事新报》等，也都注意和不遗余力地提倡社会新闻……可是他们也不轻视政治新闻，这就是跟《时报》，基本上绝不相同的”④。

黄伯惠接手《时报》后进行改革，主要表现在以下几点。

---

① 刘家林：《中国新闻史》，武汉大学出版社 2012 年版，第 469 页。

② 参见徐铸成：《报海旧闻》，上海人民出版社 1981 年版，第 39 页。

③ 参见邵绿：《都市化进程中〈时报〉的转型(1921～1939)》，复旦大学新闻学院博士学位论文，2013 年，第 46 页。

④ 顾执中：《战斗中的新闻记者》，新华出版社 1985 年版，第 58～59 页。

第一，在新闻内容方面，拓展报道的题材，重视社会新闻、体育新闻、图片新闻。从 1926 年开始，《时报》社会新闻明显增多，1928 年以后，社会新闻在《时报》通常占据一个半版面，内容多集中于暴力、煽情、婚恋、传奇等，更具有刺激性。在体育新闻方面，《时报》对 1921 年的远东运动会进行了详细报道，体育报道开始受到重视。1926 年以后，《时报》开始设立固定的专栏或者专版报道体育新闻，内容也更加丰富。除了对重大赛事如 1933 年的南京全运会、1934 年的第十届远东运动会、1935 年的上海全运会等进行专题报道外，还将体育报道日常化，“体育作为一种生活新潮和时髦的生活方式，被介绍给社会”[①]。体育运动中出现的政要、体育明星、观众的生活，与运动相关的各种日常消费，体育比赛中的环境、比赛条件、赛场上的趣闻轶事都成为被报道的对象，报道更加立体化，更重视细节和冲突，可读性更强。《时报》的另一特色是图片新闻。黄伯惠接手《时报》后购置了多架照相机，记者出门采访均可领用，同时发给软片 1 盒(12 张)，规定采用 2 张可抵消1 盒。时报馆还有专门的摄影部和制版部，冲晒照片极为方便。该报的摄影部与业余摄影家联系紧密，其摄影记者郎静山发起成立了摄影团体“华社”，研讨摄影艺术，为报界和商界服务。这些举措使《时报》的图片新闻成为其一大优势。

第二，在形式上，重视新闻标题和版式设计。《时报》在新闻标题上尤其考究，一条新闻不再只有一个标题，而是分主标题、副标题、每节的标题等，标题变得越来越长，让读者从标题就能获得最有效的内容。另外，《时报》还常常在标题中使用大号红色字体、惊叹号等来吸引读者的眼球。在版式设计上，《时报》特别重视分栏符的运用，用直线、虚线、波浪线甚至小圆圈的组合将段落和栏目分开，便于读者阅读。

从时间上来看，以上改革与 1927 年夏《时报》花费 10 多万巨资从德国购置了一套四色高速彩色轮转印报机、制版机的时间相一致。设备技术的提高使《时报》的印刷质量居当时国内各报之冠。1929 年，黄伯惠印刷了题名为《〈时报〉敢请国人阅看之理由》的宣传小册子，其中一条理由即为改良印刷，使老者不致费力，青年不致伤目，并以“老年人不戴眼镜，可读《时报》”作为推销广告，这段文字充分展现了《时报》版面之清晰，印刷之精良。[②] 同年 6 月，《时报》副刊《新光》开始套印为彩色版，新闻标题改为红字印刷，发

① 许敏：《上海通史·第 10 卷：民国文化》，上海人民出版社 1999 版，第 370 页。

② 参见袁义勤：《黄伯惠与〈时报〉》，《新闻大学》1995 年第 2 期。

售时作为招牌版折叠在最外层,吸引读者购买。1932年6月27日,《时报》发行1万号纪念时,用机器套印了一幅三色的威尼斯图,连同黑色文字,共为四色,成为我国第一张多彩套印的报纸。

《时报》也非常重视广告的经营。在刊登广告时,《时报》非常注重图片的运用,生动的广告语加上具有强烈视觉冲击力的广告图片,使人耳目一新。登上头版的广告尤其以百货公司、香烟和书局广告具有代表性,色彩丰富的广告,看起来很像今天杂志或报纸的彩页,吸人眼球。另外,《时报》也会为广告刊登提供重要的版面和很大的篇幅。在编排上,注重广告刊登的连续性,同一广告在不同刊期所占版面基本固定,甚至刊登在版面的具体位置也是固定的,方便读者浏览,也赢得了商家的青睐。

全民族抗战爆发后,《时报》为了生存,曾屈辱地接受了日伪方面的新闻检查,所幸的是这段不光彩的时期很短。上海沦陷后,鉴于敌伪有侵占《时报》的迹象,黄伯惠断然向租界当局宣告关闭报馆,于1939年适时将其停刊,终使《时报》没有落入日伪之手。

5.报团的雏形:张竹平和短暂的“四社”

张竹平于1914年前后进入《申报》担任经理一职,任职期间展现出在报业经营方面的才干,深受史量才的信任和器重。1924年,他利用《申报》经理的身份,将《申报》和《时事新报》收到的专电集中起来,利用业余时间编译摘要,然后拍发给外地的报社。随着影响力越来越大,张竹平把这部分业务独立出来,增加资本投入,聘请专职人员,扩大业务范围,并且定名为“申时电讯社”。一·二八事变为申时电讯社的发展提供了契机。电讯社派出多名军事记者亲赴前线采访,及时将前线军情编发给各地报社,由此声名大振。

在张竹平的经营之下,申时电讯社的业务快速扩展。编发的新闻除了过去传统编译的新闻外,还聘请本埠访员、旅行记者、特约通讯员等,编发本埠和外埠的新闻与通讯。为了适应各地报社的办报条件,张竹平在提供新闻照片时,会将新闻照片分别制成铜版、锌版、铅版或者纸版。

据统计,截至1934年,国内外正式订约要求电讯稿供给的报社已达180家。1934年2月,申时电讯社改组为股份有限公司,张竹平担任经理。除刊发《申时电讯稿》外,申时电讯社还每日出版《申时经济情报》,每季度出版《报学季刊》,成为当时全国规模最大的民营通讯社。

《时事新报》是一份历史悠久的报纸,前身是《时事报》和《舆论日报》,1908年两报合并为《舆论时事报》,1911年5月改为《时事新报》,是研究系的机关报。该报与梁启超关系密切,积极宣传立宪。袁世凯称帝野心暴露后,该报持论公正,拥护共和,遂被袁世凯下令取消邮局挂号,不准销往外埠。1918 年初,该报创办《学灯》副刊,接受新思潮,在学界极受欢迎,是五四时期"四大副刊"之一。1928 年,张竹平联合《申报》协理汪英宾等人合资 5 万元,购进了《时事新报》。张竹平担任总经理,汪英宾任经理兼总编辑,陈布雷为主笔。张竹平一面主持《申报》的业务,一面又自立门户,自然引起了史量才的不满。1930 年,他离开《申报》,开始开创自己独立的事业。经过张竹平的努力经营,1931 年《时事新报》发行量 5 万份,《大公报》发行量 3.5 万份,《时事新报》的发行量超过了《大公报》,居于全国第三名。

英文《大陆报》是 1911 年由孙中山委托美国人密勒等人创办的。1931 年张竹平购入后,特别强调"国家多事之秋,人人必读国人自办之英文《大陆报》"。这份报纸敢于揭露日本帝国主义的侵略野心,对中国的报道也客观详尽,受到读者的欢迎,每日发行量为 7000 份,读者中中国人占三分之一,三分之二为在华外侨。为了招徕学校的读者,该报还规定学校证明了学生身份即可以享受优待办法。

1931 年秋,张竹平又通过集资的方式开始筹办《大晚报》,他个人仅占 26%的股权。在筹备期间,一·二八事变爆发,市民急需战争的消息,了解战争的进程。因此,《大晚报》仓促上马。1932 年 2 月 12 日,《大晚报》非正式出版,报头下标有"国难特刊"四个大字,曾虚白形象地称《大晚报》为"受国难压迫,先天不足而生的孩子,形体未具、组织未全,不能称为正式的报纸,故标曰国难特刊"[①]。《大晚报》作为晚报,并不只是改编日报的内容,而是报道了很多的独家新闻。记者每天赴前线采访,报道最新战况,绘制战事形势图,分析战事进展,展望战争前景。另外,该报还辟有介绍军事知识的专栏,深受读者欢迎,日销量一度上升到近 8 万份,创下上海晚报发行量之最。

1932 年 5 月 2 日,《大晚报》正式出版,由四开一张改为对开一大张。此时,一·二八事变在英、美、德、意的调停下已基本结束。停战后的《大晚报》,发行量仍能保持四五万份的优势。《大晚报》最初资金为 5 万元,由于业务的扩张,1934 年资金增至 10 万元。其篇幅也逐步扩大到两大张,有时还出两张半。

---

① 姚福申:《"四社"——旧中国报业集团化经营的一次尝试》,《新闻大学》1997 年第 4 期。

《大晚报》创刊后不久，张竹平便将由他参股并担任总经理的“三报一社”联合经营，在大陆报馆三楼设立了一个“时事新报、大陆报、大晚报、申时电讯社四社联合办事处”，人称“四社”。《时事新报》《大陆报》《大晚报》三报是股份有限公司，申时电讯社是张竹平独资经营。1934 年“四社”改组为股份有限公司，改组后业务又有发展。

“四社”联合经营的优势是显著的。第一，在新闻信息方面互通有无，为四家单位提供了丰富的稿源。《时事新报》《大陆报》《大晚报》每天将各大城市的专电、本市的新闻供给申时电讯社，申时电讯社的稿件也优先供给这三家报纸。第二，以“四社”名义成立了一个规模较大的资料室，资料四家共享，经费由四家分担，为“四社”的新闻业务服务。第三，印刷设备、生产物资、办公场所互相支持，多有合作。比如，《时事新报》代印《大晚报》，《大陆报》制版车间为《时事新报》《大晚报》制铜版、锌版。第四，以“四社”名义成立“四社出版社”，附设在《时事新报》内，出版了《报学季刊》《时事年鉴》《十年》等出版物，这些都扩大了“四社”在新闻界的影响。

“四社”成立后，在当时的新闻界产生很大的影响，被时人称为“报业托拉斯”。报业联合体的形式在中国新闻史上第一次出现，这也是上海的商业媒体相对繁盛景象的表现和结果，张竹平由此成为蜚声海内的“报业大王”。但严格来讲，“四社”只是一个松散的报业联合体，还不能算是严格意义上的现代化报业集团，因为“四社”的联合，仅仅是在业务上的联合，并不是资本的联合：张竹平独资经营的只有申时电讯社，其他三报都是股份有限公司，都各有自己的董事会，张竹平在此三报拥有的股份都不超过三分之一。因此，它只是一个松散的报业联合体，仅仅是报团的雏形。

不过即使这种刚刚萌芽的现代化的经营模式也很快遭到国民党的破坏。先是《时事新报》发表违禁的文章被勒令停止邮寄，随后孔祥熙委派亲信李毓万向张竹平施加压力，强行收买“四社”股权。张竹平被迫以法币 20 万元的代价，让出了“四社”的全部股权。1935 年，“四社”被孔祥熙劫夺，1937 年11 月上海沦陷前夕停止运营。中国第一个报团从此完全解体。

6.面向市民的报纸：小报的异军突起

面向市民的小报出现并掀起热潮，是这一时期民营报业发展的重要表现之一。20 世纪 20 年代，上海工商业迅速发展，商品经济活跃，文人聚集，市民阶层形成，对知识性、娱乐性新闻的需求增加，这就为小报的发展提供了适宜的土壤。再加上自辛亥革命以来，“战祸频仍，众厌战久矣……对政治问题的不感兴趣，这是我国人普遍的特性，多数读者皆因读大报而不能厌其欲望，遂不得不求别种有时间性的读物来补充其不足，小报适能应此需要，于是光怪陆离的小刊物，应时崛起，风行社会了”①。20 世纪 20 年代以后，小报异军突起，从 1926 年到 1931 年共出版了 700 多种，约占小报历史上出版总数的 70%。②

与过去的文艺小报不同，这批小报既报道新闻、发表言论，又刊登言情、侦探、武侠、奇闻轶事、街谈巷议等大报不载或者不详载的内容，属于综合性报纸；其笔触尖锐、滑稽讽刺，比普通的日报更加生动活泼。其中，最具有代表性的是上海的“四大金刚”——《晶报》《金刚钻》《福尔摩斯》《罗宾汉》。

《晶报》是《神州日报》的附刊，随《神州日报》免费附送。由于“每逢附有《晶报》的日子，销数便大增，没有《晶报》的日子，销数便大减”③，子报实力超过母报，《晶报》于 1919 年 3 月 3 日开始独立发行。它的诞生和发展带动了上海小报的繁荣和兴盛。可以说《晶报》的创刊是上海小报发展史上的一个里程碑，以《晶报》创刊为标志，上海小报的发展进入鼎盛期。《晶报》内容包括新闻、文艺、知识、娱乐。读者主体多为中下层市民，如大中学生、普通职员、店员等。但《晶报》的影响力并不限于此，它也得到一些政府要员、文人的喜爱。《晶报》的创办代表着一种新型的小报——三日刊的出现。此后，综合性三日刊小报成为上海报界一种重要的形式。

《金刚钻》，1923 年 10 月 18 日创刊。该报创刊缘起是几位遭《晶报》漫骂的文人，欲借新报对抗《晶报》，发刊词中直接指责《晶报》是“以阴贼狠毒之手段，戕伐同类”，“同人乃组斯刊，一方谋文艺之进步，一方遏妖氛之嚣张”④。该报创办之初只为泄愤，无实际的主持人与长期目标，编辑出版是由 10 名主办人轮流负责，由施济群主持。后因发行量日盛，逐渐形成特色。其内容：一是倾向文艺，刊登长篇小说连载；二是刊登名人随笔、掌故、轶闻，都为读者所称道。1932 年 8 月 1 日起改为日刊，面貌为之一新，在小报界居第二位。1937 年 8 月因上海战事爆发而停刊。

《罗宾汉》，1926 年 12 月 8 日创刊，被小报界公认为“戏报鼻祖”。历任主编有朱瘦竹、周世勋等。初期《罗宾汉》的内容主要包括电影、戏曲、游艺

① 中坚：《时代产物的小报》，《金刚钻》1927 年 10 月 20 日。

② 参见方汉奇、李矗主编：《中国新闻学之最》，新华出版社 2005 年版，第 222 页。

③ 包天笑：《训影楼回忆录》，香港大华出版社 1971 年版，第 446～447 页。

④ 《发刊词》，《金刚钻》1923 年 10 月 18 日。

三类。1928年，周世勋离去，朱瘦竹聘詹禹门、汤笔花协理报务，《罗宾汉》转为专业的戏剧报。该报先后出版过梅兰芳、荀慧生、程砚秋、尚小云、谭富英、马连良、盖叫天、周信芳等南北巨伶的特刊、专版，刊发戏曲名流的戏照。每期有关戏曲界的掌故、趣闻、轶事、动态和花边新闻连续不断，受到了广大戏迷的欢迎。1934年春，《罗宾汉》改为日刊，全民族抗战期间时出时停，至1949年7月9日停刊，历时23年，是中国新闻史上出版时间最长的小报。

《福尔摩斯》，1926年7月3日创刊，由吴微雨、胡雄飞、姚吉光、汤笔花四人合办。以英国大侦探为报名，表明该报的主旨是刺探社会黑幕。该报专登大报不敢刊登的幕后新闻，树敌很多，不断被起诉。该报借机宣传，每逢讼案，就详细地登载讼案的过程、审判的经过和结果。经此宣传，《福尔摩斯》声名大振。该报还有署名"华生"的短文，内容都是从警察局打听来的黑帮新闻，颇受市民欢迎，销量达2万多份。1931年9月1日，《福尔摩斯》改为日刊，20世纪30年代又兼办《福报》和《克雷斯》，同时经营华生书店。1937年"八一三"抗战时，《福尔摩斯》在连续出了五天的"非常号外"报道上海战事近况后停刊。

"四大金刚"的相继出版，在上海小报界引起震动。一时之间，效仿者纷起。《大金刚报》《大罗宾汉》《大晶报》《小晶报》《红罗宾汉》《红福尔摩斯》等小报层出不穷，不下20多种，还有仿效《福尔摩斯》以外国人名、地名命名的小报，如《罗克》《罗克笑报》《范朋克》《查禄》《鲁宾逊》《华盛顿》《克雷斯》《好莱坞》《却而斯登》《宾司波尔》等，在报摊上走马灯似地更换，着实热闹了一阵。[①]

三、京津地区民营新闻事业的发展和变化

1.京津地区民营新闻事业的基本情况

与上海的民营报刊表现出来的商业特色不同，京津地区的其他报刊体现出较多"文人论政"的底色。比如作为北方第一大报的《大公报》，虽然也按照商业经营的思路刊登广告，但张季鸾同样声明："中国报原则上是文人论政的机关，不是实业机关。""文人论政"是中国报人独有的办报特色，是中国职业报人新闻专业主义的诉求与中国传统知识分子经世致用、文章报国的情怀的结合。为了对政治进行"公开的陈述和公开的批评"，很多报纸会

---

① 参见祝均宙：《上海小报的历史沿革》，《新闻与传播研究》1988年第2期。

选择“同人办报”的方式。“同人报”即“由编辑部成员合作经营并共同主持编辑业务的报刊。主办者自愿结合，以他们的共同主张为所办报刊的宗旨”①。报社同人共同出资，共同编辑，不以营利为目的。《时务报》《新青年》都属于同人报刊。1922年5月，胡适和努力会的同人在北京创办《努力》周报，为如何达成一个宪政的政府建言献策，其办刊的初衷用胡适自己的话说，就是“尽一个合格的知识分子对社会应尽的责任”。胡适后来参与的《新月》杂志，以及1932年创办的《独立评论》都是同人报刊的典型。

在北洋军阀的直接统治之下，北京的商业一直不太发达，民营报刊也一直没有成为新闻业的主流。北京地区的民营报刊一是数量少，少有报纸能够做到经济独立，大部分报刊依然是军阀或者党派资助的；二是即使只有少部分是民营的，也通常带有强烈的政治色彩。在北京地区，只有“《京报》体现出比较强的商业性报纸的特点”②。倒是天津地区，民营报刊的发展要比华北其他地区包括北京都要更快一些，成为华北地区民营报刊的中心。究其原因，主要在于以下几点：在地理位置上，天津毗邻北京，北京的消息可以很快传到天津，时政性新闻的时效性更强；在政治环境上，天津的报道环境要比北京宽松一些，天津租界也给予报社一些庇护，因此有一些不方便报道的消息往往可以在天津先报道出来；在商业环境上，天津地处渤海之滨，又是大运河的重要枢纽，在漕运、盐业的带动下，商贸经济繁荣。第二次鸦片战争结束后，天津成为北方最重要的通商口岸。英、法等列强在天津设立租界，开设洋行，因而天津的工商业也较为发达，广告收入得到保证。随着《大公报》的崛起，《商报》和《庸报》及众多市民小报一起加入天津报业市场，天津报业市场进入繁荣发展的时期。

2.“三驾马车”接办新记《大公报》

在旧中国，《大公报》具有崇高的声望，在各个历史时期都发挥过重大影响。1919年巴黎和会期间，中国唯一派驻巴黎的记者是《大公报》的胡政之。第二次世界大战时期，唯一长驻欧洲的中国战地记者是《大公报》的萧乾。第一个派记者（曹谷冰）到苏联采访、报道中苏建交后苏联情况的，是《大公报》。第一个派记者（范长江）深入西北地区公开客观地反映红军长征现实的，也是《大公报》。

---

① 中国大百科全书总编辑委员会《新闻出版》编辑委员会、中国大百科全书出版社编辑部编：《中国大百科全书·新闻出版》，中国大百科全书出版社1990年版，第317页。

② 王润泽：《中国新闻媒介史》，北京大学出版社2011年版，第218页。

1958年，周恩来总理和时任大公报社社长的费彝民谈起《大公报》的历史贡献时，肯定了三点：第一，它是爱国的；第二，它是坚持抗日的；第三，它为中国的新闻界培养了众多的杰出的人才。这一评价，是十分中肯的。[①]

《大公报》创刊于1902年，创办人是英敛之。1912年，英敛之因不满袁世凯窃取政权，办报兴味索然。他趁改版之机隐退，于1916年9月将这份报纸卖给安福系军阀王郅隆。王郅隆主持《大公报》期间，报纸成了安福系的机关报，这是《大公报》短暂的政党报刊时期。直皖战争中，皖系军阀战败，王郅隆被列为“安福十凶”遭到通缉，逃亡日本。王郅隆远在日本无力经营，《大公报》惨淡度日，发行量一度跌到每天只印十几份。1923年，王郅隆在日本关东大地震中死去，1924年安福系垮台，1925年11月27日《大公报》宣布停刊。

1926年，《大公报》迎来了它的一个转折点。这一年，吴鼎昌、胡政之、张季鸾以新记公司名义续办《大公报》，人称新记《大公报》，从此《大公报》翻开了新的一页。三人在办刊之初确立了五条原则。

第一，资金。资金由吴鼎昌一人筹借，不向任何方面募款。吴鼎昌早有心愿：拿5万元开一个报馆，准备赔光完事，不拉政治关系，不收外股。[②] 他认为经济上的独立是报纸长久发展的基础。第二，待遇。三人专心办报，三年内不得担任有俸给的公职。吴鼎昌自己有资产，不在报馆支薪水，胡、张每人每月领取薪水300元。第三，企业性质。《大公报》是股份公司，胡、张以劳力入股，年终可获得一定数量的股票。第四，职务分工。吴为社长，胡为经理兼副总编辑，张是总编辑兼副经理。第五，言论。三人共组社评委员会研究时事问题，如有不同意见，服从多数；若三人各不相同，由张季鸾决定。[③]

胡政之说，这五条“简直就是我们创业时的宪法，一直被我们供奉着”。自此，吴鼎昌、胡政之、张季鸾鼎力合作，这“三驾马车”将《大公报》带向了近代报业文人论政的巅峰。

1926年9月1日，新记《大公报》续刊出版的第一天，将“本社同人志趣”总结为“四不方针”，即“不党、不卖、不私、不盲”。“第一不党。党非可鄙之辞。各国皆有党，亦皆有党报。不党云者，特声明本社对于中国各党阀派系，一切无联带关系已耳。”“第二不卖。欲言论独立，贵经济自存。故吾人声明不以言论作交易。”“第三不私。本社同人，除愿忠于报纸固有之职务

① 参见方汉奇等：《〈大公报〉百年史》，中国人民大学出版社2004年版，第4～7页。

② 参见蔡晓滨：《中国报人》，新星出版社2010年版，第75页。

③ 参见王润泽：《张季鸾与〈大公报〉》，中华书局2008年版，第40页。

外，并无私图。易言之，对于报纸并无私用，愿向全国开放，使为公众喉舌。”“第四不盲。不盲者，非自诩其明，乃自勉之词。夫随声附和，是谓盲从；一知半解，是为盲信；感情所动，不事详求，是谓盲动；评诋激烈，昧于事实，是谓盲争。吾人诚不明，而不愿自陷于盲。”“四不方针”秉承独立的和公共的立场，可视作中国近代报刊新闻职业精神的宣言。

《大公报》复刊之时，正值北伐军兵分三路向武汉逼近。天津当时正在北洋军阀统治的地区，但是它一创刊就报道北伐的战况，发表评论。最初《大公报》在言论方面持比较审慎的态度，其言论主要是对战争本身进行反对，呼吁双方停火。但是，随着北伐的进展和政局的变化，《大公报》对待北伐军和国民政府的态度也发生了变化。1927 年，北伐军攻占武昌，广州国民政府迁往武汉。胡政之南游汉、沪，考察了北伐军和北迁的国民政府，相继发表了一组题为《南行视察记》的通讯，言论发生了很大的变化，开始旗帜鲜明地痛斥旧军阀，赞扬孙中山。

在经营方面，《大公报》在复刊之初，经济相当困难，发行量比较少，广告自然也少，复刊后的最初三四个月，每月累赔之数不下三四千元。但“半年以后，即见好转。甫过一年，收入(支)相抵”[①]。

吴鼎昌、胡政之、张季鸾率先垂范，齐心协力，新记《大公报》发展非常迅速。从 1928 年起，报纸扩充版面；1928 年 9 月，报纸已经具有三大张 12 个版面，发行量达到 1.3 万份。1929 年元旦，报纸采用了进口的轮转印刷机。报社营业部扩大了营业的范围，对外承印各种印件，后来成立出版部，出版书籍。1931 年，报纸销量达到 5 万份，广告收入每月过万元。[②] 这年 5 月，《大公报》迎来了创刊以来的空前盛典——1 万号大庆，胡适为其撰文，说《大公报》之成为“中国最好的报纸”，“不过是因为他在这几年之中做到了两项最低限度的报纸职务：第一是登载确实的消息，第二是发表负责任的评论”[③]。

抗日战争中，为了保证继续发出声音，《大公报》不断向南方、向大后方迁移，在上海、重庆、桂林、香港多地办报。1941 年，美国密苏里大学新闻学院将最优异贡献奖授予《大公报》，颁奖词说：

> 在中国遭遇国内外严重局势之长时期中，《大公报》对于国内新闻

---

① 刘家林：《中国新闻史》，武汉大学出版社 2012 年版，第 495 页。

② 参见方汉奇等：《〈大公报〉百年史》，中国人民大学出版社 2004 年版，第 180 页。

③ 胡适：《后生可畏》，《底气》，当代世界出版社 2013 年版，第 148 页。

> 与国际新闻之报道，始终充实而精粹，其勇敢而锋利之社评影响于国内舆论者至巨。该报自1902年创办以来，始终能坚守自由进步之政策；在长期作报期间，始终能坚执其积极性新闻之传统；虽曾遇经济上之困难，机会上之不便以及外来之威胁，仍能增其威望。该报之机器及内部人员，曾不顾重大之困难，自津迁沪抵汉以至渝港两地，实具有异常之勇气机智与魅力。该报能在防空洞继续出版，在长期中虽曾停刊数日，实具有非常之精神与决心，且能不顾敌机不断之轰炸，保持其中国报纸中最受敬重最富启迪意义及编辑最为精粹之特出地位。《大公报》自创办以来之奋斗史，已在中国新闻史上放一异彩，迄无可以颉颃者。①

面对荣誉，张季鸾发表了《本社同人的声明》："中国报原则是文人论政的机关，不是实业机关。这一点可以说中国落后，但也可以说是特长。民国以来中国报也有商业化的趋向，但程度还很浅。以本报为例，假若本报尚有渺小的价值，就在于虽按着商业经营，而仍能保持文人论政的本来面目。"

3.成舍我与"世界报"系

成舍我，原名希箕，1898年出生于南京。他20岁时在蔡元培的帮助之下考入北京大学国文系，后来又由李大钊介绍到北京《益世报》当了编辑，半工半读。就在这个时期，他开始使用"舍我"这个笔名为报纸写社评，在读者中颇有影响。1924年，他用自己仅存的200元大洋创办《世界晚报》，拥有了一份属于自己的报纸。他那时候最大的愿望，"第一是要说自己想说的话；第二是要说社会大众想说的话"②。

《世界晚报》初创时，可谓简陋不堪，捉襟见肘。为了节俭，报馆就设在北平手帕胡同35号成舍我自己家。报社没有印刷设备，报纸由私人印刷局代印。人事也很简单，一共三个半人。成舍我任社长，吴范寰任经理，龚德柏任总编辑，张恨水则只在晚报兼职副刊编辑。龚德柏曾留学日本，他常能从各国使馆参赞那里获得"独家新闻"。张恨水是鸳鸯蝴蝶派的代表作家，他的成名作《春明外史》在副刊《夜光》上连载五年，作家和刊物都因此声名大噪。

1924年，直奉战起，吴佩孚从河南调张福来任前线总司令。成舍我得知

---

① 方汉奇等：《〈大公报〉百年史》，中国人民大学出版社2004年版，第276页。

② 中国人民大学港澳台新闻研究所编：《报海生涯——成舍我百年诞辰纪念文集》，新华出版社1998年版，第72页。

消息后，安排报社发头条新闻，题目定为“前敌总指挥张福来今早出发”。没想到报社犯下大错，把“张福来”印成“张祸来”。龚德柏自知不妙，避祸东交民巷，报纸停刊。谁料政局混乱、风云变幻，冯玉祥趁吴佩孚与张作霖开战之际控制北京，《世界晚报》非但没错反倒有功。报纸复刊，发行量从3000份激增至上万份。

随着《世界晚报》的不断发展，在争得了财政总长贺得霖的财政援助后，成舍我购置印刷设备，选定新社址，于1925年2月10日创办了对开四版的《世界日报》。《世界日报》的副刊《明珠》也是由张恨水主编。《明珠》用了七年之久连载他的小说《金粉世家》，吸引了大量读者，风靡京城。1925年10月，成舍我把日报中的画报版面独立出来，成立《世界画报》。这样一来，其形成了日报、晚报、画报系列，是北京历史上唯一同时出三份报纸的报社。

四、南京地区新闻事业的发展和变化

江浙地区民族资本主义发展迅速，再加上南京国民政府成立之后政治中心由北平移至南京，因此江浙一带的新闻事业得以发展。据统计，1935年全国1000家报纸，江浙地区就占了414家。① 但是，南京地区是国民党的政治中心，政治控制更为严格，国民党的新闻媒体和上海地区的民营报刊也在挤占南京的报业市场，南京地区的民营报刊只能在夹缝中求生存。

《民生报》是一份小型报，也是“国民政府统治下创办最早的一份民营报”②。1926年8月7日，就在林白水被杀的第二天，成舍我也被张宗昌逮捕，所幸经多方求情得以保释。为了避免祸端，成舍我离开政治环境恶劣的北京到南京寻求发展。1927年4月，他在南京创办了《民生报》，经理周邦式，总编辑张友鸾，4开小报，初出1张，后增至2张8版，最多时出到4张16版。该报坚持“小报大办”“精选精编”的方针，“重视言论、竞争消息、广用图片”，很受欢迎，1年后发行量就达1.5万份，最多时达3万份。《民生报》和《世界日报》南北呼应，共同发展。

在办《世界日报》时，成舍我常对编辑和记者们说：“只要保证真实，对社会没有危害，什么新闻都可以刊登。如果出了什么事，你们不负责任，打官司、坐牢，归我去。”③据张友鸾回忆，他是实践了这个诺言的。

---

① 参见陈昌凤：《中国新闻传播史：传媒社会学的视角》，清华大学出版社2009年版，第198页。

② 刘家林：《中国新闻史》，武汉大学出版社2012年版，第487页。

③ 转引自张友鸾等：《世界日报兴衰史》，重庆出版社1982年版，第3页。

1934年5月,有位记者采访到一条新闻:行政院盖大楼,建筑商贿买"政务处长"彭学沛,给他修了一座私人住宅小洋房,以致在主体建筑上偷工减料,而且屡次追加预算,超过原来计划一倍以上。我曾听说彭和成是亲戚,有些踌躇,拿着稿子去问他,他却说:"既然确有其事,为什么不刊登!"新闻一经发表,彭就向法院控告成"妨害名誉"。当时有程沧波、端木恺、萧同兹、俞新武等人,从中调停,要他登一个更正启事,彭愿撤回诉讼。他因事实俱在,为了报社信誉,坚决拒绝。后来法院提起公诉,他出庭答辩,侃侃而谈,滔滔不绝,把法官驳得哑口无言。[①]

法庭最终判成舍我短期监禁,但缓期执行。成舍我不依不饶,写万言答辩书刊登在报上,请求社会公评。彭学沛无法还手,延请行政院长汪精卫,硬说《民生报》的一则新闻"泄露军情",封门抓人。成舍我被关押40天才被营救出狱。当时《民生报》是可以复刊的,但成舍我说:"只要汪精卫一天在南京,《民生报》就一天不复刊。"有人劝成舍我:"一个新闻记者,要和一个行政院长碰,结果,无疑是要头破血流的。"成舍我回答道:"我的看法,全不如此,惟其不怕头破血流才配做新闻记者。而且我十分相信这场反贪污的正义斗争,最后胜利,必属于我。我可以做一辈子新闻记者,汪先生绝不能做一辈子行政院长。"[②]虽然最后的结局是"《民生报》永久停刊",成舍我"不许再在南京用其他名义办报","不得以本名或其他笔名发表批评政府的文字",但成舍我的这些话,至今掷地有声。

《新民报》是南京地区影响力最大的私营报纸,也是中国现代分社和分版数量最多的报纸,1929年9月9日在南京创刊,4开1张。发起人为中央通讯社编辑陈铭德、余唯一、刘正华、吴竹似,陈铭德任社长,吴竹似、刘正华任编辑。初创时在南京洪武街几间简陋的平房中办公,员工十五六人,发行仅2000多份,其中相当部分是赠阅的,每月广告收入不足200元,日子十分艰难。报纸的资金来源于地方实力派刘湘,除此之外,还接受国民党中宣部的津贴。尽管报纸自称"代民众以立言,超乎党争范围之外",但是经济上并不独立,曾发表过不少有利于刘湘的反共言论,为国民党"围剿"红军出谋划策,因此早期被视作国民党的"准党报"。

1929年冬,张友鸾任《新民报》总编辑,确定报纸以广大青年为主要读者

① 张友鸾等:《世界日报兴衰史》,重庆出版社1982年版,第3页。

② 成舍我:《报学杂著》,台北"中央文物供应社"1956年版,第131～132页。

对象，并制定了具体的编辑方针。不久后，陈铭德又聘金满城为副刊主编，副刊名为“葫芦”，意在问执政当局：葫芦里卖的什么药？1931年，自办明明印刷所，报纸扩为对开一张，印刷质量也得到提升。20世纪30年代初《新民报》言论方面非常谨慎，九一八事变之后，《新民报》立场发生了转变，发表社论《请向日宣战》，旗帜鲜明地支持各界青年、学生的抗日要求，1936年春，发行量增加到1.6万份左右，广告收入达总营业额的50%以上。1937年6月20日，该报改组为南京新民报社股份有限公司，肖同兹任董事长，陈铭德为总经理，邓季惺为经理，总编辑为赵纯继。

五、广播的兴起与通讯社的发展

1.中国早期的广播事业

1920年，美国KDKA电台正式开始播音，是世界上公认的最早的广播电台。与世界广播事业同步兴起，中国的广播事业也很快诞生了。

1923年1月23日，美国记者奥斯邦联合一位颇有资产的旅日华侨以华人的资本、外人的名义在上海外滩大来洋行屋顶架设了一座功率50瓦，波长200米的电台，名叫“大陆报-中国无线电公司广播电台”，也被称作“奥斯邦电台”，呼号是XRO，这是全国最早的无线广播电台。这座电台的开播时间距离1920年KDKA广播电台在美国匹兹堡开始播音仅两年有余，在一定程度上体现出上海吸纳西方先进科技的速度之快。电台开设之初，设备非常简陋，每天只在晚上8点15分到9点15分播音1个小时。同时，该台与上海英文报《大陆报》合作，每晚节目预先登在《大陆报》上，请《大陆报》为其宣传，而《大陆报》的新闻也通过电台广播。1月26日，该台发表了孙中山的《和平统一宣言》，孙中山由此深刻预见到无线电广播对于宣传革命的重要意义。由于电台设备简陋，再加上无线电设备销售不景气，收入很少，奥斯邦电台仅仅维持了两个月就关闭了。

奥斯邦电台之后，美商新孚洋行、开洛公司等也相继在上海设立了广播电台。美商新孚洋行开办的电台属于实验性质，不定期播送节目，主要用于展示该公司销售的收音机。1924年5月，美国开洛公司开办的开洛电台开始播音，呼号是KRC，规模比前两个台都大。该公司发射机装设在福开森路(今武康路)一草坪上，播音室设在江西路62号开洛公司，后来又在大陆报馆、申报馆、市政厅等处设立了好几个分站播音室，使用专用电线与福开森路的发射机联络，每天播音达4个小时。开洛电台的节目呈现多元文化特征：既有大晚报馆、大陆报馆的英语播报新闻，也有申报馆的上海土语报告沪市行情以及神户电器公司的日语报告新闻；既有西方音乐，也有中国音乐、日本音乐，还有戏曲和美国教堂讲道、赞美歌，播出气象报告时则中英文并举。[1] 1924 年 8 月，北京政府交通部颁布了中国广播史上第一部广播法规——《装用广播无线电接收机暂行规则》，承认了民间使用收音机的合法性。[2] 开洛公司主要经营电话和收音机在内的无线电产品，可以在广播中宣传自己的产品，促进产品的销售，收到了良好的经济效益。开洛电台直到 1929 年 10 月才停止播音，是早期外商在上海开办的广播电台中规模最大、时间最长、影响较大的一家。

上海早期的无线电广播大多由外商经营，多是无线电公司或者经销无线电产品的公司为了推销本公司生产或经营的无线电器材而设立。后来，一些商人逐渐看到电台在广告经营方面的盈利空间，纷纷投资电台追逐利润。据统计，1925 年各国商人在中国建立的广播电台共 58 座，其中美国 18 座，日本、英国各 15 座。[3]

在国人自办的广播事业中，国营电台要早于民营电台。1926 年，在奉系军阀的支持下，中国早期无线电工程专家刘翰主持创建了哈尔滨广播无线电台，这是中国人建立的第一座广播电台，10 月 1 日正式开播，呼号为 XOH。该台每天广播两个小时，节目内容有音乐、新闻、演艺、物价报告等。1928 年 1 月 1 日，呼号改为 COHB，用汉语、俄语、日语三种语言广播，功率增加到 1000 瓦。1931 年九一八事变时，该台积极宣传抗日。1932 年2 月 5 日，哈尔滨沦陷，该台被日寇侵占而停播。

国人自建的第一家私营商业电台诞生于上海。1927 年 3 月 18 日，上海一家专门销售收音机的商店“新新公司”为了销售自己制造的矿石收音机，在公司屋顶上架设了电台，发射功率 50 瓦，波长 370 米，呼号为 XGX，主要内容是中国音乐、戏曲、商业行情、时事新闻等。这家电台虽然简陋，但由中国人自行设计、装配、安装、施工，由中国人独立经营，是国人自办私营电台的开端。

这一时期的无线电广播设备比较简陋，发射功率小，播出时间短，电台

---

① 参见艾红红：《美商开洛电台的跨文化生存之道》，刘昶、哈艳秋主编：《新闻传播学前沿》，中国传媒大学出版社 2019 年版，第 86 页。

② 参见赵玉明、王福顺主编：《中外广播电视百科全书》，中国广播电视出版社 1995 年版，第 195 页。

③ 参见王润泽：《中国新闻媒介史》，北京大学出版社 2011 年版，第 250 页。

主要是靠售卖无线电接收设备盈利,中国广播事业还处于初期阶段。

南京国民政府成立后,于1928年12月和1929年8月先后颁布《广播无线电台条例》和《电信条例》,允许私人经营电台。20世纪20年代末30年代初,我国出现了一批民营广播电台,其中半数以上集中在上海,天津、北平、杭州、无锡、苏州等工商业发达的大中城市也都开设了民营电台。1929年12月,亚美无线电公司创办的亚美广播电台开播,重视传播科学知识,尤其是无线电常识,以此来促进本公司无线电器材的经营。为了迎合受众,获得广告,很多商业电台不惜降低节目质量,播出的娱乐节目低级庸俗,对社会风气产生了不良影响。1934年11月,民营台的行业组织上海市民营无线电播音业同业公会成立,该会成立后在维护会员台的正当权益、配合国民政府有关部门整顿民营台、进行抗日宣传、审查播音稿方面做了一些工作。

2.中国新闻通讯事业的发展

从目前掌握的史料来看,国人自办最早的通讯社应该是1904年骆侠挺在广州创办的中兴通讯社。此后国人相继创办的通讯社有远东通讯社、展民通讯社、湖北通讯社等。其中,远东通讯社影响力最大,也最有特色,它是中国人在海外创办的最早的通讯社,向欧洲各国提供通讯,同时也将欧洲重要的消息供给国内的各大报社。通过远东通讯社,中国国内的真实情况得以向外传播,对协助中国政府处理外交事宜、争取国际舆论支持起到了积极的作用。

通讯社事业的快速发展是在中华民国成立之后,从1912年到1918年的五六年间,新创办的通讯社不下20家,其中以邵飘萍主办的东京通讯社和新闻编译社两家通讯社影响力最大。

五四运动后,通讯社又有了大发展,到1926年,全国共有通讯社155家,北京最多,武汉次之。但绝大多数通讯社规模比较小,影响也不大。民营通讯社中比较重要的有国闻通讯社和申时电讯社。

国闻通讯社,大革命时期规模最大的民营通讯社。1921年9月在上海成立,胡政之参与筹办并且担任主编,孙中山和浙江军阀卢永祥资助,实际上是反对直系军阀的联合势力的宣传机构。该社主要通过邮寄的方式向各地报社发稿,后陆续在北京、汉口、天津等地设立分社。国闻通讯社所发的消息,以详确报道事实为宗旨,不加议论。国外消息和各国报纸上的重要消息,随时译述,供报界采用。

1924年,胡政之创办《国闻周报》作为通讯社的附属刊物,记载每周国内外大事，并且加以评论，胡政之、张季鸾、陈布雷、叶楚伧、潘公展都是执笔者。1926年新记公司成立后，国闻通讯社及《国闻周报》实际上成为《大公报》的附属机构，胡政之将国闻通讯社总部迁到天津，继续发稿，成为北方通讯社的巨擘。

1936年，日本侵略者在华北步步进逼，局势紧张，国闻通讯社随《大公报》南迁上海。淞沪会战以后，《大公报》迁往汉口，国闻通讯社停办。

外国通讯社在中国有相当大的影响，尤其一战之前，路透社在中国国际新闻的发布上，处于垄断地位，对我国通讯社事业影响最大。后来，1914年日本人宗方小太郎在上海创办了东方通讯社，除了上海的总部之外，还在北京、广州、汉口、沈阳设立了4家分社。1920年，该社经过改组，成为日本外务省在中国的官方通讯社，总社在东京，上海成为其分社。1923年宗方小太郎去世后，由波多博接任社长。1922年，美联社开始在中国开展业务，并且在上海设立中国总社，又在上海、北京、天津、汉口、南京、香港等地设立分社，中国很多中外文报纸采用其消息。德国通讯社海通社1921年在北京建立分社，1928年在上海建立分社，向各大城市的报纸发稿。法国的哈瓦斯社也于1931年在上海建立了分社。

这些外国通讯社的基本任务是为本国政府对华政策服务，客观上也起到了沟通中外新闻信息的作用。

第三节　抗日救亡运动中民营报刊的转变

一、民营报刊掀起抗日救亡的宣传高潮

九一八事变之前，日本侵略者屡次在中国国土挑起事端，已经引起了中国新闻界的关注和抗议。1931年6月和7月，日本侵略者制造枪击中国农民的“万宝山事件”和屠杀华侨的“朝鲜排华事件”后，邹韬奋立刻在《生活》周刊发表多篇文章，指出这是“日本积极侵略中国的一部分表现”，“不可仅视为一时一地的事情”，希望全国人民能够“众志成城，可寒贼胆，民族惨祸，必可获免”。《申报》也谴责了日本的侵略行为，指出中村事件中“日人之故作超出事实以上之鼓吹与煽惑，完全以对我东北积极侵略为背景”[①]。

---

① 丁淦林：《从“九一八”到“七七”期间抗日救亡运动中的报刊》，《新闻大学》1985年第10期。

九一八事变之后，民族危机日益严重。自九一八事变至七七事变之间这5年零9个月，新闻界发生了明显的变化。一方面，一大批抗日救亡报刊涌现。以北平、上海为中心，涌现出的抗日救亡报刊不下千余种，仅上海一地，九一八事变之后至1937年全民族抗战爆发，先后有100多种抗日救亡报刊问世。[①] 另一方面，一部分民营报刊在内忧外患的国情面前，转变拥蒋的立场，表现出抗日和革命的进步性。

九一八事变后，《世界晚报》《世界日报》以整版篇幅报道日本的侵略罪行，《世界日报》发表《国难至矣，速起御侮！日军昨陷沈阳！》，《益世报》发表多篇社论文章，进行广泛的社会动员，并相继聘请爱国学者罗隆基、钱瑞升等任主笔，发表社论《可以战矣》《再论对日方针》等呼吁中国人民奋起抵抗日本侵略。邹韬奋在《生活》周刊上写道："本周要闻是全国一致伤心悲痛的国难，记者执笔忍痛记述，盖不自知是血是泪。"[②]他随即改变《生活》周刊"职业教育"的定位，一方面呼吁抗日救亡，另一方面揭露国民党的腐败和不抵抗政策。《大公报》一方面宣传抗日救亡，坚决主张明耻教战，谴责"上层误国"；另一方面接受国民政府"缓抗"的意见，主张"镇静应付"，寄希望于国际联盟干预和美苏表态，与蒋介石"攘外必先安内"的不抵抗政策保持一致，引起读者不满。报馆曾经因此被投掷炸弹，张季鸾也收到过装有炸弹的邮包。

九一八事变激起了中国人民抗日救亡宣传的高潮，1932年的一·二八事变则把这个高潮推向了顶峰。上海和全国的新闻界全力支持十九路军奋勇抵抗日军侵略，除出版特刊、增刊、画报进行宣传鼓动，还做了大量的实际工作，其中邹韬奋和《生活》周刊、史量才和《申报》的转变表现得尤为突出。

由于实行"攘外必先安内"的政策，国民党当局极力压制国内的抗日宣传，对亲共的言论尤其敏感。新闻界人士遭迫害的事件层出不穷，爱国新闻工作者的生命安全经常处于危险之中：1933年邹韬奋被迫流亡海外，《生活》周刊被迫停刊；1934年史量才被刺杀；1935年《新生》周刊主编杜重远被判一年零两个月徒刑。

1935年一二·九运动爆发，抗日救亡运动随之出现了新的高潮。站在斗争前列的是学生报刊，如北平学联的《学联日报》、清华大学的《觉民报》等。燕京大学的《燕大周刊》在1935年12月初发表了埃德加·斯诺的长篇通讯《毛泽东访问记》，使学生第一次了解到中国共产党及其领袖的情况。

---

① 参见蒋含平、谢鼎新编著：《简明中外新闻事业史》，合肥工业大学出版社2004年版，第171页。

② 复旦大学新闻系研究室编：《邹韬奋年谱》，复旦大学出版社1982年版，第38页。

各地救亡团体也出版了一批报刊，如《救亡情报》《华北呼声》《东北知识》《北平妇女》等。邹韬奋创办的《大众生活》积极报道支持一二·九运动，创下了发行量20万份的全国最高纪录；成舍我主办的《立报》以“对外争取国家独立，驱除敌寇；对内督促政治民主，严惩贪污”①为言论方针，以宣传抗日救国、提倡政治民主、反映群众呼声，重大新闻简明扼要无一遗漏，受到广大读者的欢迎，创刊不到半年，发行量超过了10万份；《申报》在史量才遇害后言论趋于保守，但是一二·九运动爆发后的第四天，发表了题为《学生运动之复兴》的时评，赞同学生运动。有些国民党的地方报纸也同情支持学生运动。《大公报》从1935年起发表范长江的旅行通讯，主张积极抗日。

二、《立报》和成舍我的“小型报”思想

1935年9月20日，成舍我筹集资本10万元，以“报人自己办报”为号召，在上海正式创办了《立报》，并开创了上海报业一种新的报刊形式，即“小型报”。成舍我在南京办《民生报》时，即已明确“小报大办”的思路，在运营《立报》的过程中，他的“小型报”思想逐渐成熟。

“小型报”并非报业术语中常见的词，与之相近的另一个词是“小报”。所以，对“小型报”这一概念的理解，不妨从“小报”入手。小报是相对大报而言。古今中外，小报与大报的区别，第一在版面规格。四开的是小报，对开的是大报。第二，在多年的报业实践中，版面规格已经与报纸风格相联系。大报往往定位高端，严肃权威，关注重大新闻，注重分析评论，有较强的社会影响力；小报则往往定位低端，以社会新闻、娱乐新闻、体育新闻吸引公众眼球。简言之，小报的功能是娱乐大众，而大报则体现社会良心。将小报的规格与大报的风格相结合，即为成舍我“小型报”思想之核心。

1935年的上海滩，聚集了大批报纸与报人。市场的高端为《申报》和《新闻报》把持，在上海这样工商业发达的大都市，创办一份对开大报所需的启动及周转资金、房屋、设备、人力等成本甚大，“没有百万以上资本，恐怕是不容易和他们斗争的”。而在市场的低端，则是《晶报》《金刚钻》《福尔摩斯》《罗宾汉》“四大金刚”主导的小报市场，这些报纸被成舍我比作“蚊子报”：“不竞争新闻，不重视言论，它只以乱造无稽谣言，揭发个人隐私，为其首要

① 中国人民大学港澳台新闻研究所编：《报海生涯——成舍我百年诞辰纪念文集》，新华出版社1998年版，第84页。

任务，正如夏夜之蚊，到处嗡嗡，扰人清梦，惹人厌恶。”[1]因此，成舍我在上游和下游的市场缝隙中，为《立报》明确了市场定位。

这种中游市场的定位，并非成舍我的创见。事实上，早在1896年，英国诺斯克利夫勋爵创办《每日邮报》时，就是靠着完全相同的定位获得了成功。《每日邮报》的销量突破百万，这对于游历欧洲的成舍我是一个极大的刺激。

成舍我自己给“小型报”的界定是：原则上要将一切材料，去其糟粕，存其精华。换一句话说，即小型报乃大报的缩影，它的每一篇文章、每一条新闻，最好都不过500字。举凡一般大报所刊载冗长而又沉闷，特别像若干要人又长又丑不知所云的演说，是绝对不容许载小型报内全文照登，小型报重视言论，竞争消息，广用图片。

具体来讲，《立报》兼具大报与小报的基因，其小报风格表现为以下几点：第一，四开四版的小报版式。这种版式方便阅读，因此有人说《立报》是立着看的。第二，价格低廉。《立报》声称“除国家币制，及社会经济，有根本变动外，永远保持‘一元钱看三个月’廉价报纸的最低价格”，一年的报价仅为三块四。“只要少吸一支烟，你准看得起；略识几百字，你准看得懂。”第三，精编新闻，篇幅短小。成舍我要求“凡当日国内外大事大众所需要阅读者无不刊载”，甚至可读资料要比大报还多，然而《立报》的版面篇幅只有《申报》的1/16，那就只能在短小精悍、言简意赅上做文章。《立报》上几乎没有超过1000字的文章，一般新闻也就200字左右。第四，具有小报的版式特征，表现为大字标题、留白较多、线条清晰、多用图片。

按照小报经营的思路，上述种种做法无非为了实现一种大众化的诉求，让报纸为更多一般智识水平的人接受，然后以发行量换取广告收入。成舍我希望实现“日销百万”的目标，但他同时声称报纸销量不达到10万份，拒绝刊登广告。之所以有钱不赚，是因为《立报》在经济追求外还有着更高远的立意，此即成舍我主张的“小报大办”之“大”处所在。

在《立报》创刊号上，成舍我发表了《我们的宣言》，称中国近百年间内忧外患纷至沓来，甚至遇到了空前国难，而最大多数国民仍若漠然无动于心，其主要原因就是国人不能读报。因此，要“开创一种新风气，使全国国民，对于报纸，皆能读、爱读、必读，使他们觉到读报，和吃饭一样的需要、看戏一样的有趣，然后，国家的观念，才能打入最大多数国民的心中，国家的根基才能

[1] 成舍我：《报学杂著》，台北“中央文物供应社”1956年版，第119～120页。

树立坚固。立报所以揭举大众化的旗帜，其意义在此，其自认为最重大的使命，也在此”[①]。《立报》致力于办成一个大众讲坛和大众学校，以实现“立己，立人，立国”之目的，这才是《立报》之“立”的真正内涵。

表现在内容上，它不像小报，只是报人“谈谈风月，出出风头”的地方，而是注目时艰，对于一二·九运动、西安事变、七君子事件等重要历史事件，都积极地参与其中。在七君子事件中，《立报》第一个刊出“今晨七人被捕”的消息，接着全文刊载《沈钧儒等答辩状》，发表了对于庭审实况的通讯，还连续刊出李公朴子女写的《爸爸快回来吧》、邹韬奋夫人沈粹缜女士写的《含着眼泪的话》等，让这个严肃的政治事件与普罗大众的情感有了联系，让一个原本离老百姓很遥远的事件，成为他们可以讨论的话题。借此事件，《立报》又发表评论《怎么沟通政治和法律》，将法治的观念灌输于人心，从而实现社会启蒙的夙愿。

《立报》以小报的形式特征和增进公众福祉的高远立意在创刊的第一年即获得 10 万份的销量，第二年销量达到 20 万份，成为“有日报以来发行量最高者”。遗憾的是，1937 年全民族抗战爆发后这份蒸蒸日上的报纸戛然而止。抗日战争时期，成舍我的新闻事业被迫中断，直到 1945 年 11 月 20 日《世界日报》《世界晚报》在北平原地复刊。

三、《申报》改革与史量才遇害

抗日救亡运动中，史量才领导下的《申报》经历了由宣扬独立到宣传抗日、由拥蒋到反蒋的转变，表现出进步的立场，受到读者的欢迎，也因此招致祸端。

军阀混战的背景下，史量才宣称：“至于军阀问题，我想国有国格。报有报格，人有人格，我史量才办报历来主张言论独立，岂能受军阀反动分子操纵？”史量才追求独立的办报立场，固然出于其办报的理想和报人的操守，亦与其商人本质有关，或者说是一种无奈的选择。1913 年后，中国资产阶级追求秩序与利润的本能，促使其采取保守主义的立场，退而求其次，暂时从政治上退隐。《申报》身处上海滩言论中心，为不开罪政治势力，刊登了大量的政治广告，让各种立场登台亮相，自己却以“局外人”自居。《申报》上有一篇时评说道：“局外人的眼光，不可挟以成见，挟以成见，即有所偏；不可以加以

① 成舍我：《我们的宣言》，《立报》1935 年 9 月 20 日。

推测，加以推测，即不得其实；局外人之眼光不能率及本事以外之事，率及本事以外之事，则必周折而无所归。故局外人之眼光，在势只能及于表面，而其事亦只能就事表面以论事也。”[①]然而就事论事，必不会深刻，不会尖锐，不会宏大。徐铸成曾批评这一时期的《申报》：“国家大事很少触及，专谈小问题，而且文笔曲折，兜圈子，耍笔头，不伤脾胃，不关痛痒，有人比之为《太上感应篇》。”[②]

1927年，国民革命军北伐节节胜利，北洋军阀遭受沉重打击，国民党从此登上政治舞台的中心。虽然在国民党发动四一二反革命政变之后，《申报》报道了蒋介石血腥屠杀工人，逼迫工人纠察队缴械，但总体来讲《申报》此时仍持拥护国民政府的立场。与张季鸾“国家中心论”的考虑相似，史量才也认为在当时的中国只有南京国民政府才能为中国的现代化提供既有自由又有秩序的社会局面。同时，出于资产阶级对自由与秩序同等程度的强烈需求，史量才从商业思维出发也更愿意选择交易费用相对较低的政治体制，希望降低政体剧烈变动引发社会大动乱，造成交易费用增加乃至交易停滞的风险。

九一八事变之后，日军的入侵和蒋介石“攘外必先安内”的政策使得表面上统一而相对稳定的局面受到重创。一方面，军事上的打击让中国再次面对亡国的风险，“抗日”是爱国者们的鲜明立场；另一方面，日本人采取军事进攻和经济侵略相结合的手段，大量倾销日货，使得国货市场大大缩小，民族工商业处于生死存亡的紧要关头。此时，无论是作为报人，还是作为商人，史量选择了站在“不抵抗的”蒋介石的对立面。

1931年9月20日，《申报》以87条专电和多篇时评集中报道了九一八事变，不但指出日军的侵略实质，而且提出“应为维护国家维护民族而作自卫之背城战”[③]的主张。《申报》强调，外敌入侵时，全体国人应一致对外，团结抗日。这种团结，既指国民政府团结广大人民群众，又要求处于纷争中的宁、粤政府消弭分歧，“对内绝不容再有争执”，“惟一致对外乃能挽救危亡”。尤其引起社会震动的是《申报》发表了宋庆龄义正词严的宣言，声称“国民党已不再是一个政治力量”。发表这个宣言的起因是蒋介石下野前秘密杀害了国民党左派领袖邓演达，宋庆龄愤怒地指出，“当作一个政治力量来说，国

---

① 《局外人之眼光》，《申报》1927年4月13日。

② 徐铸成：《报海旧闻》，生活·读书·新知三联书店2010年版，第11页。

③ 《国人乎速猛醒奋起》，《申报》1931年9月20日。

民党已经不复存在了"，"国民党以反共为名来掩饰它对革命的背叛"，"惟有以工农政策为基础的党才能为社会主义打下基础，才能粉碎军阀的势力并摆脱帝国主义的枷锁"[①]。在当时的政治环境中，公开表明这样的主张是非常危险的，上海各报都不敢刊登。史量才以当时轮值上海日报公会会长的身份召集各报质问道：孙夫人是国母，为什么我们的报纸没有她发表言论的阵地？12月20日，《申报》和上海各日报几乎都在显著位置刊登了这一宣言。加上《申报》就蒋介石下野发表的"欢送"时评，蒋介石对史量才的恼怒和不满可想而知。

1932年7月，蒋介石对中国工农红军发动第四次"围剿"。《申报》发表陶行知的系列时评——三论"剿匪"与"造匪"："今日举国之匪，皆黑暗之政治所造成……所剿之匪，何莫非我劳苦之同胞，何莫非饥寒交迫求生不得之良民。"[②]《申报》认为，"今日之所谓'匪'者，与其谓由于共党政治主张之煽惑，毋宁谓为由于政治之压迫与生计之驱使"[③]。"政治黑暗如此，蚩蚩之氓，如沦地狱，是正即所谓官逼民变。官逼民变，民安得不变？既逼民变，复从而围剿之，事之可悲，孰逾于此。"[④]史量才公然与蒋介石的"剿共"政策"唱反调"，于是坊间流传着很多关于蒋介石和史量才正面交锋的版本。其中一个版本是徐铸成的回忆："我曾听说，蒋对《申报》和史不满，已非一日。当时也在上海地方协会挂名的杜月笙曾拉史到南京见蒋，企图调和他们的'矛盾'，谈话并不融洽，蒋最后说：'把我搞火了，我手下有一百万兵！'史冷然回答说：'我手下也有一百万读者。'听说，不久就发生了沪杭公路这一血案。"[⑤]1934年11月14日，史量才一家结束在杭州秋水山庄的度假，乘坐小汽车返回上海。在沪杭公路上，他们遭遇由戴笠派出的特务的伏击，史量才被射中头部身亡。史量才被杀，也意味着《申报》辉煌的结束。史量才去世后，报馆产业由其子史泳赓继承。

四、邹韬奋的报刊活动

邹韬奋一生出版"六刊"[《生活》、《大众生活》、《生活星期刊》、《抗战》、

① 《宋庆龄选集》上卷，人民出版社1992年版，第83～86页。

② 《"剿匪"与"造匪"》，《申报》1932年6月30日。

③ 《三论"剿匪"与"造匪"》，《申报》1932年7月4日。

④ 《再论"剿匪"与"造匪"》，《申报》1932年7月2日。

⑤ 徐铸成：《民国记事：徐铸成回忆录》，广西人民出版社2015年版，第249页。

《全民抗战》、《大众生活》(香港版)]和"一报"(《生活日报》),经历两次流亡、一次入狱,虽历经坎坷,却始终为民族解放而呼号。"六刊一报"都是他自筹资金创办,并无任何来自党派的经费支持,是具有进步立场的民营报刊的典范。

邹韬奋,原名恩润,1895年11月5日出生于福建永安。因父亲希望他做工程师,1912年,他进入南洋公学学习。但邹韬奋认为他"实在不配做工程师"。他读到大学机电科二年级时成绩一直很好,但终因对算学、物理一类的科目"缺乏浓厚的兴趣和特殊的机敏",未能遂父心愿。1919年9月,邹韬奋破格考入上海圣约翰大学文科三年级学习,学习西洋文学,辅修教育学,开始了他人生之路的一大转折。

1921年7月,邹韬奋在上海圣约翰大学毕业,获得文学学士学位。为了谋生,他最初是在上海厚生纱布交易所担任英文秘书,后又在上海职业教育机关兼职,做些写作、翻译之类的事情。1922年,邹韬奋担任中华职业教育社编辑部主任,主编《教育与职业》月刊。1926年10月,邹韬奋接任《生活》周刊主编,进入新闻出版界。《生活》周刊是1925年中华职业教育社创办的一份刊物,由于宗旨不明,内容狭窄,编排呆板,几乎没有订户,报贩也不愿销售。邹韬奋接手《生活》时,人手有限,来稿又少,常常一期的文章都由邹韬奋包办。他取了心水、因公、灵觉、秋月、落霞、清风、惭虚、太平、孤峰、笑世等20个笔名,每个笔名对应不同风格的文章。"韬奋"第一次使用是在《生活》周刊"小言论"上,以后严肃的社论就用"韬奋"来写。他曾对好友说:"韬是韬光养晦的韬,奋是奋斗的奋。一面要韬光养晦,一面要奋斗。"①

邹韬奋明定第2卷《生活》的"旨趣"为:"期以生动的文字,有价值有兴味的材料,建议改进生活途径的方法,同时注意提醒关于人生修养及安慰之种种要点,俾人人得到丰富而愉快的生活,由此养成健全的社会。"②因此,邹韬奋接手后,把"有趣味、有价值"作为刊物的标语,注重短小精悍的评论,开辟"读者信箱",反映形形色色的问题,如求学、恋爱、婚姻、家庭、职业、修养等。《生活》对于读者委托的事情一概义务地去办。海外侨胞和内地同胞时常寄钱来委托他们买书报、鞋子、衣料,他们也觉"义不容辞"。1930年,《生活》周刊设立书报代办部。1932年7月,书报代办部正式发展成为生活书店,即今天鼎鼎大名的"读书·生活·新知三联书店"的前身。

在邹韬奋主持的7年里,《生活》周刊从一个不起眼的小刊物,一跃发展

① 复旦大学新闻系研究室编:《邹韬奋年谱》,复旦大学出版社1982年版,第31页。

② 邹韬奋:《我们的立场》,《韬奋全集》卷三,上海人民出版社1995年版,第256页。

成为“风行海内外，深入穷乡僻壤的有广大影响的刊物”，发行量最高时达到15.5万份，创造了当时期刊发行的新纪录。

“九一八”事变，是邹韬奋思想开始转变的起点。他说：“自‘九一八’国难发生以来，我竭尽我的心力，随同全国同胞共赴国难；一面尽量运用我的笔杆，为国难尽一部分宣传和研讨的责任，一面也尽量运用我的微力，参加救国运动。”①从此，《生活》周刊以抗日救亡为中心内容，逐渐成为新闻评述性质的周报。他积极支持各地的爱国运动，并以实际行动为十九路军等爱国志士筹集资金，奔走呼喊，对国民党当局的妥协退让政策及其卖国行径进行猛烈抨击。邹韬奋的批评让国民党当局极为不满，故而国民党当局开始向他施加压力。1932年1月中旬，国民党政府派胡宗南找邹韬奋谈话，试图使他和《生活》周刊改变立场。邹韬奋表示，“站在中国人民大众的立场上，对于暴日的武力侵略，除了抵抗之外，不能再有第二个主张”②。胡宗南要求邹韬奋拥护国民政府，邹韬奋回答道：“只拥护抗日政府。不论从哪一天起，只要政府公开抗日，我们便一定拥护，在政府没有公开抗日之前，我们便没有办法拥护。这是民意，违反了这种民意，《生活》周刊便站不住，对于政府也没有什么帮助。”③1932年7月，国民政府以“言论反动，毁谤党国”为名，下令禁止《生活》周刊在全国邮寄，但邹韬奋采用各种办法突破国民政府的禁令，发行量反而增加了很多。

1933年初，邹韬奋加入宋庆龄、蔡元培等人发起组织的中国民权保障同盟，被选为执委，投入到争取言论、出版、结社、集会等人权自由的民主运动中。邹韬奋的爱国民主言行引起了国民党当局的仇视，对邹韬奋及《生活》周刊的迫害接踵而至。1933年6月18日，著名爱国民主人士、中国民权保障同盟领导人杨杏佛被国民党特务暗杀，邹韬奋也名列黑名单，不得不于7月流亡国外。12月，国民政府以“言论反动、思想过激、毁谤党国”的罪名，将《生活》查封。

流亡海外期间，邹韬奋先后考察了意大利、瑞士、法国、英国、德国、苏联和美国。带着“世界的大势怎样”“中华民族的出路怎样”的问题，他对上层社会和平民百姓的生活进行了深入考察，搜集了大量宝贵材料。经过反复

---

① 邹韬奋：《社会的信用》，《韬奋全集》卷七，上海人民出版社1995年版，第207页。

② 中共上海市委党史资料征集委员会等编：《上海革命文化大事记(1919～1937)》，上海书店出版社1995年版，第324页。

③ 复旦大学新闻系研究室编：《邹韬奋年谱》，复旦大学出版社1982年版，第42～43页。

学习、思考及研究，邹韬奋终于对上述两大问题有了比较明确的认识，后汇集成《萍踪忆语》和《萍踪寄语》两部著作。

他在《萍踪寄语》中指出：现在的世界，除苏联外，“很显然的现象是生产力的进步已和生产工具私有的社会制度不相容”，要彻底解决这种“不相容”的问题，“只有根本改造束缚这生产力的社会组织，代以为大众福利尽量利用进步生产力的社会组织……要办到这一层，生产工具必须社会化，为必须为社会所公有”[①]。他认为，中华民族的出路是民族解放的斗争。但是，这一斗争绝不可能依靠帝国主义及其代理人，“只有在社会主义的无产阶级政党的共产党领导之下，才能获致。而且也必定朝着社会主义的方向走去”[②]。经过漂流海外两年的实地考察和参观学习，邹韬奋的思想有了很大的进步和提高，他在资本主义和社会主义的比较中，逐步确立了马克思主义的世界观。

1935 年 5 月，邹韬奋在海外听闻国内发生了《新生》事件。《新生》周刊是邹韬奋的朋友、工商界名人杜重远在《生活》周刊被封后创办的，实际上主持编辑工作的是艾寒松。该刊无论在内容上还是在形式上，都和《生活》一脉相承。邹韬奋曾说：“这好像我手上撑着的火炬被迫放下，同时即有一位好友不畏环境的艰苦而抢前一步，重新把这火炬撑着，继续在黑暗中燃着向前迈进。”

1935 年 5 月 4 日，《新生》周刊第 2 卷第 15 期刊载易水（艾寒松）所作《闲话皇帝》一文。该文泛论古今中外的君主制度，在谈及日本天皇时写道：“日本的天皇，是一个生物学家，对于做皇帝，因为世袭的关系，他不得不做……其实早作不得主……日本的军部、资产阶级，是日本的真正统治者……”这篇文章发表后，日本驻沪总领事以“侮辱天皇，妨害邦交”为名，向国民党政府提出所谓抗议，要求国民党政府查处。国民党政府立即训令上海市政府向日本领事馆赔礼道歉，撤换上海市公安局局长，取消图书杂志审查委员会，查封《新生》周刊，并对杜重远提起公诉。7 月 9 日，江苏高等法院判决杜重远有期徒刑一年零两个月。《新生》事件后国民党当局继续坚持和强化文化专制主义，统制一切新闻和舆论政策，这也成为国民党政府逐渐丧失民心的一个重要原因。

邹韬奋得知杜重远入狱的消息后毅然决定回国。1935 年 8 月，邹韬奋回到上海，1935 年 11 月 16 日创刊《大众生活》。其创刊词中明确提出以“力

---

① 邹韬奋：《萍踪寄语・三集》，生活・读书・新知三联书店 2018 年版，第 6 页。

② 韬奋纪念馆编：《邹韬奋研究》第 7 辑，生活・读书・新知三联书店 2019 年版，第 173 页。

求民族解放的实现，封建残余的铲除，个人主义的克服”①为三大目标。《大众生活》销售量达到20万份，创造出当时杂志发行的最高纪录。1936年5月31日，全国各界救国联合会成立，邹韬奋被选为执委。《大众生活》实际上成为全国各界救国联合会的会刊，有力地推动了全国救亡运动的发展，为民族解放事业的实现做出了重大贡献。1936年2月29日，《大众生活》出至第16期，被国民党政府查封。邹韬奋决定暂避锋芒，遂前往香港。

邹韬奋一生最大的愿望，就是创办一份人民的报纸。为了能够公开发表抗战救国主张，传播各地信息，1936年6月7日他在香港创办了自己的第一份也是唯一一份报纸《生活日报》。在发刊词中，邹韬奋明确指出，“本报的两大目的是努力促进民族解放，积极推广大众文化”，力求“从民众的立场，反映全国民众在现阶段内最迫切的要求”②。他还在香港创办了《生活日报星期增刊》，即后来《生活星期刊》的前身。在香港期间，毛泽东特地委派潘汉年与报社保持经常的接触。《生活日报》发行不到两月，订户遍及全国与东南亚一带，日销两万份，开创了香港报纸发行量的最高纪录，有力地推动了西南的爱国救亡运动。但鉴于香港地处一隅，运输不便，再加上邹韬奋也有意扩大报社的资本，邹韬奋决定将报纸迁到上海续办。然而，因国民党政府的种种干涉，《生活日报》未能在上海复刊。邹韬奋只能复刊并扩充《生活日报星期增刊》，更名为《生活星期刊》，1936年8月23日在上海出版。

1936年11月23日，邹韬奋和全国各界救国联合会的领导人沈钧儒、李公朴、沙千里、史良、章乃器、王造时同时被捕，史称“七君子事件”。在狱中，他坚持读书和写作，写出了30余万字的书稿。

1937年7月31日，国民党释放“七君子”。此时全民族抗战已经爆发，出狱后的邹韬奋于8月19日在上海创办《抗战》三日刊，同时出版《抗战画报》。11月12日，上海沦陷，《抗战》三日刊在上海坚持出版至第29号，并宣布从第30号开始迁往汉口出版。1938年7月7日，该刊与柳湜主编的《全民》月刊合并，更名为《全民抗战》三日刊。这些刊物因战争而生，均以宣传抗战救国、争取民主权利为中心内容。《全民抗战》销售量突破30万份，居全国刊物发行量之冠，有力地推动了爱国民主运动的发展。1938年10月，因局势紧张，印刷、邮寄条件十分困难，《全民抗战》由汉口迁往重庆出版。

---

① 邹韬奋：《我们的灯塔》，《韬奋全集》卷六，上海人民出版社1995年版，第492页。

② 邹韬奋：《〈生活日报〉创刊词》，《韬奋全集》卷六，上海人民出版社1995年版，第673页。

邹韬奋的进步言论及其巨大的社会影响力让蒋介石和国民党当局大为不满。从1939年4月起,国民党当局陆续关停生活书店分店,其所出图书,一律禁止或没收,甚至连经过审查及在内政部注册的,也无一例外;诱逼生活书店和国民党创办的正中书局、独立出版社合并,但遭到邹韬奋的坚拒。到1941年2月,除重庆分店外,生活书店在国统区内的50余家分店全部被国民党当局查封,职工或被逮捕或被遣散。1941年2月皖南事变发生后,《全民抗战》也被查封。

1941年3月5日,经《华商报》创办者廖承志安排,邹韬奋从桂林来到香港。1941年5月17日,邹韬奋在香港复刊《大众生活》。《大众生活》坚持宣传抗日救亡、团结御侮,受到海内外读者的热烈欢迎,销量很快达到10万份。其社论基本都出自邹韬奋之手,短小精悍,通俗易懂。

1941年12月25日,香港沦陷,邹韬奋无法驻足香港。在中国共产党的帮助下,邹韬奋前往东江、苏北抗日根据地。他悉心考察了抗日根据地的状况,并和当地群众、部队一起生产、劳动。亲身的感受和体会,使他感慨万千,倍受鼓舞。不幸的是,邹韬奋因耳癌被迫回上海就医。患病期间,他依然赶写了《患难余生记》一书和《对国事的呼吁》一文。弥留之际,邹韬奋口授遗嘱,郑重提出加入中国共产党的申请。

1944年7月24日,邹韬奋在上海逝世。毛泽东题词:"热爱人民,真诚地为人民服务,鞠躬尽瘁,死而后已,这就是邹韬奋先生的精神,这就是他之所以感动人的地方。"朱德在挽联中热切地称他为"爱国志士,民主先锋"。

作为中国现代新闻出版事业的先驱,邹韬奋利用手中的笔杆子,启迪民众,针砭时弊,顺应时代潮流,推动民主进程,促进民族解放。他始终坚持把读者利益放在首位,倾听、吸收读者意见,认真做好读者工作,热心为读者服务。国难当头,他坚持抗日民族统一战线和民主原则,坚持民族解放和大众解放的目标,不断探求真理,最终找到了走向革命、走向马克思主义的人生道路。为了纪念邹韬奋,鼓励广大新闻工作者继承和发扬邹韬奋同志执着追求真理的精神,学习邹韬奋同志全心全意为读者服务的崇高品德和思想作风,中国记者协会和中国韬奋基金会于1993年设立韬奋新闻奖。2005年,根据中央关于《全国性文艺新闻出版评奖管理办法》的精神,范长江新闻奖和韬奋新闻奖合并为长江韬奋奖,是经中国共产党中央委员会批准常设的全国优秀新闻工作者最高奖。

五、范长江与外国记者的西北采访活动

1.范长江及其西北采访活动

范长江(1909～1970 年),原名希天,四川内江人。1927 年初,报考黄埔军校未果的范长江进入中法大学重庆分校学习。中法大学重庆分校是共产党员吴玉章创办的一所宣传马列主义、培养革命干部的学校,范长江在这里逐渐接受反帝反军阀的思想。后来,范长江进入贺龙领导的国民革命军第二十军学生营,参加了南昌起义。南昌起义后,范长江随部队转战途中遭国民党反动军队的围攻,与部队失去联系,辗转到了南京。

1928 年,范长江考入中央政治学校,这是一所国民政府培养行政干部的大学。范长江选学乡村行政系,打算"将来在穷乡僻野中建立一个理想的世界"。在这里,范长江加入了国民党,但九一八事变改变了范长江的梦想。由于不满国民党的不抵抗政策,他换掉学校的制服,秘密离开了南京。在留给学校当局的信中,范长江公开阐明了自己的观点:"合理的教育应当是启发青年的思想,使他们能对宇宙和人生的法则有正确的把握,然后配合着各时代的环境,培养他们服务于人类、国家的能力。"[①]在离开学校的同时,范长江宣布脱离国民党。

1932 年范长江进入北京大学哲学系学习。1933 年下半年,他开始为《晨报》《世界日报》以及天津《益世报》供稿,内容多为文化教育方面的。有学者研究,在 1933 年作为《大公报》特派记者去西北采访之前,范长江从未有过做记者的志愿。他之所以投身报界,不过是出于"以挽救国运为体,以个人职业选择为用"的考虑。当他决定去各个地方考察时,他意识到"这个职业关系社会太大,不是一个普通吃饭的事情",所以他跑去向当时"在北方鼎鼎大名的某前辈"请教,这个前辈就是胡政之。[②] 范长江在《怎样学做新闻记者》中谈到了这次请教:"我那时浑身发热,高兴得了不得,好像到名山访道,如今已得了'一字真传',今后一生将受用不尽。我本着那个'诚'字,一直干了三年。"

1935 年 5 月,为了深入了解即将成为抗战大后方的西北地区的历史和

---

① 范东升:《当他还不是一个名记者的时候——介绍我的父亲范长江同志的早期新闻活动》,《新闻记者》1984 年第 4 期。

② 参见樊亚平、丁冬女:《从职业无意识到职业认同——范长江职业认知与职业精神的发育与建构》,《兰州大学学报》(社会科学版)2017 年第 1 期。

现状，范长江随四川工商团从天津出发，经过烟台、青岛、上海、杭州等地，后溯江而上，直达重庆，于6月中旬抵成都，历时一个半月。沿途他为《大公报》写了一批旅行通讯，这段经历为范长江的西北之行做了准备。

1935年7月，范长江从成都出发，以《大公报》“旅行记者”的名义开始了他著名的西北之行。此行至1936年夏结束，历时10个月，行程6000余公里，真实地记录了西北地区人民生活的困苦、民族的压迫、宗教的纠纷、军阀的纷争和日益深重的日本帝国主义的侵略危机。9月4日，他写下此行的第一篇通讯《岷山南北“剿匪”军事之现势》；9月18日，又完成长篇通讯《成兰纪行》，其中部分文字记述了红四方面军突破嘉陵江后占领中坝、平武及围攻江油县城等情况。虽然受制于采访条件以及当时范长江世界观和思想认识上的局限，某些报道尚存在失实之处，但范长江对中共的军队不称“匪”，而直称“红军”，对国民党的“剿匪”二字打引号，以表示他对国民党“剿匪”政策的反对。这就同当时那些“剿匪”报道区别开来，在基本方面体现了其“停止内战，团结抗日”的进步立场。①

范长江的“旅行通讯”陆续发表于《大公报》后，在全国引起了强烈的反响，《大公报》的发行量陡增。不久，当这些通讯汇编为《中国的西北角》一书出版后，社会上出现了读者抢购潮，“未及一月，初版数千部已售罄，而续购者仍极踊跃，特赶印再版数千部，出书未及，复又售罄，而来函订购者尚多，当赶印三版，出售未及登广告，又经售罄，此书销行之广，为空前所未有”②。

1936年8～12月，范长江赴内蒙古、绥远等地采访，又写出了《忆西蒙》《百灵庙战后行》等著名通讯。1936年12月西安事变发生后，范长江决心不惜一切代价到西安去，一探中国政治之究竟。

1937年2月2日傍晚，范长江抵达西安。2月4日，范长江见到周恩来；6日，由博古、罗瑞卿陪同乘车至延安；9日，范长江到达延安，并且受到毛泽东的邀请，在他居住的窑洞彻夜长谈。此时，范长江已是《大公报》的正式记者，是国民党统治区新闻从业人员中第一个访问延安的记者。毛泽东向他介绍了10年内战的经过，解释了中国革命的性质、任务、两个阶段以及关于中共抗日民族统一战线的方针。这次谈话，使范长江茅塞顿开，解决了他多年没有解决的一些关系中国革命的重大问题，对他世界观的转变起了重要作用。范长江兴奋不已，本想长期留在延安，一面学习，一面继续收集材料，

---

① 参见蓝鸿文：《范长江三次写红军长征》，《军事记者》2009年第1期。

② 《中国的西北角》第四版广告，《大公报》1937年1月1日。

写几部大书，宣传中国共产党的主张和红军的事迹。为了服从当时形势和斗争的需要，尽快把中国共产党的抗日民族统一战线的主张和政策宣传出去，他接受毛泽东的建议，第二天即离开延安。2月16日，《大公报》发表了范长江撰写的时评《动荡中之西北大局》，这篇文章不仅报道了西安事变的真相，而且清楚地传达了中国共产党抗日民族统一战线的政策和主张，冲破了国民党的新闻封锁，在国统区引起了巨大震动。随后，他又连续在上海《大公报》上发表了《西北近影》《陕北之行》等长篇通讯，这些文章后来辑为《塞上行》一书出版。

全民族抗战爆发后，范长江采写了大量战地通讯。1938年，他组织创办了中国青年记者学会和国际新闻社，同年脱离大公报社。1939年5月，由周恩来作为介绍人，范长江秘密加入中国共产党。1941年，他与邹韬奋一起在香港创办《华商报》。1942年，范长江进入苏北解放区，走上新闻工作的领导岗位。1946年5月，赴南京担任中共代表团发言人。国共谈判破裂后，他撤回延安，担任延安新华社总社领导工作。

新中国成立后，范长江历任新华社副社长、上海解放日报社社长、中央人民政府新闻总署副署长、人民日报社社长、国家科委副主任等职。

2.斯诺和《西行漫记》

从20世纪20年代开始，一批同情中国革命的外国新闻工作者陆续来到中国，写下他们眼中中国的抗日革命斗争。其中，第一个进入陕甘宁苏区进行采访的外国记者是埃德加·帕克斯·斯诺。

埃德加·帕克斯·斯诺(Edgar Parks Snow，1905～1972年)，美国新闻记者，1905年7月19日出生于密苏里州堪萨斯城。1926～1927年在密苏里大学新闻学院学习，兼任《堪萨斯星报》校内通讯员。1928年，斯诺远渡重洋来到上海，在美国人鲍威尔创办的上海英文报纸《密勒氏评论报》担任助理编辑、代理主编等职，同时他还是美国《芝加哥论坛报》驻远东记者。他曾经乘坐火车沿着中国当时的主要铁路(沪杭、沪宁、津浦、京沈、京绥等线)旅行采访，撰写介绍铁路沿线城镇见闻的文章。1930～1933年，斯诺在中国东南沿海、西南地区以及东北地区和日本、越南、缅甸、印度等国采写旅行通讯及撰写评论。1933年3月，斯诺和妻子海伦·福斯特来到北平，不久他开始为美国《星期六晚邮报》撰稿。9月，斯诺的第一部著作《远东前线》在美国出版，书中揭露了当时日本帝国主义侵略中国的真相，对于九一八事变、一·二八事变、制造伪满洲国傀儡政权和国民党政府与日本帝国主义签订《塘沽协定》等都有较详细的报道。1933～1935 年，他开始在北平燕京大学新闻系担任讲师，讲授“新闻特写”“旅游通讯”等课程，同时兼任美国《纽约太阳报》和英国《每日先驱报》特约记者。1935 年一二・九运动爆发时，斯诺积极参与学生的爱国运动，并拍摄了大量的珍贵照片和纪录影片，报道了运动的详细情况。

1936 年 6 月中旬，斯诺经过中共地下党的联系和介绍到达西安，7 月初进入陕北革命根据地。从 7 月到 10 月，斯诺在陕北革命根据地进行了广泛的采访，见到了毛泽东、周恩来等中共领导人，又到甘肃、宁夏红军前线部队访问彭德怀等军队领导人。毛泽东同他谈了十几个晚上，主要谈论他的革命经历和长征的主要情况。斯诺还拍摄了许多照片，其中最著名的莫过于毛泽东头戴缀有五角红星的八角帽的照片。1936 年 10 月 25 日，斯诺回到北平，同年 11 月 14 日、21 日，上海的《密勒氏评论报》首先发表了他采写的长篇通讯《与共产党领袖毛泽东的会见》和毛泽东的照片。1937 年 1 月和 2 月，上海的英文报纸《大美晚报》、北平的英文刊物《民主》杂志先后发表了斯诺的陕北报道，美国《生活》杂志发表了他拍摄的 70 余幅照片。在这些报道的基础上，斯诺又用英文撰写了 30 万字的《红星照耀中国》一书。1937 年 10 月，这本书首先由英国伦敦格兰茨公司出版，两个月内再版 4 次，发行十几万册。1938 年 1 月，美国兰登书屋又出版了该书。同年 2 月，胡愈之自筹经费，在上海“孤岛”以“复社”名义翻译出版了《红星照耀中国》，为了避免检查和发行中的麻烦，中文版改名为《西行漫记》。斯诺对陕北革命根据地的报道，突破了国民党政府整整 10 年对革命根据地的严密新闻封锁，最早向世界详细介绍了中国共产党和红军的革命斗争以及中国共产党领导人的真实情况，广泛流传，影响巨大。

1939 年 9 月下旬，斯诺以“中国工业合作促进会”国际委员会代表和记者的身份，第二次到陕北延安参观访问，毛泽东再次与他进行了深入的交谈。1941 年，皖南事变发生，斯诺从香港向美国报刊发稿，报道了事变的真相。为此，国民政府取消了他的记者特权，斯诺被迫离开中国回国。第二次世界大战期间，斯诺担任美国《星期六晚邮报》记者，在许多国家和地区采访报道。

新中国成立后，由于美国政府对华采取敌视政策，斯诺受到麦卡锡主义的打击，处境艰难，1959 年移居瑞士。1960 年，他终于以美国作家的身份取得签证，访问了中国，在中国待了接近 5 个月(1960 年6 月28 日～11 月 15

日)，后写成了《大河彼岸》一书，记录了他眼中新中国翻天覆地的社会巨变。此后，他又于1964年、1970年两次访问中国，每次访问都搜集大量资料，撰写文章，出版书籍，热情介绍新中国的建设成就。

1972年2月15日，斯诺在瑞士日内瓦病逝。毛泽东在16日的唁电中高度评价了他："斯诺先生是中国人民的朋友。他一生为增进中美两国人民之间的相互了解和友谊进行了不懈的努力，做出了重要的贡献。他将永远活在中国人民心中。"根据斯诺的遗愿，他的一部分骨灰安葬于北京大学的未名湖畔。

斯诺一生出版了11本书，其中大部分都和中国有关，包括《远东前线》(1933年)、《活的中国》(1936年)、《西行漫记》(1937年)、《为亚洲而战》(1941年)、《人民在我们一边》(1944年)、《苏维埃力量的格局》(1945年)、《斯大林需要和平》(1947年)、《红色中国杂记》(1957年)、《复始之旅》(1959年)、《今日红色中国》(1962年)、《漫长的革命》(1972年)，部分专著收入《斯诺文集》。

第四节　抗日战争时期民营报刊的辗转与抗争

一、抗战初期上海、武汉等地的新闻事业

全民族抗战爆发后，上海作为国统区新闻事业的中心，立刻成为全国抗日宣传的中心，一大批抗日救亡报刊在上海纷纷问世。这一时期比较重要的报刊，除之前提到的邹韬奋创办的《抗战》三日刊外还有《救亡日报》。

《救亡日报》于1937年8月24日在上海创刊，日出4开4版铅印报纸一张，郭沫若任社长，夏衍、樊仲云任总编辑，经费由国共两党共同提供。该报名义上是由上海市文化界救亡协会主办，是国共两党合作创办的具有统一战线性质的抗日报纸，但实际上是中国共产党领导下的文化界统一战线主办的报纸。1938年，周恩来在给《救亡日报》办报方针的指示中就提出了统一战线的原则："这张报纸是以郭沫若为社长的上海文化界救亡协会的机关报，这一点就规定了你们的办报方针。办成《中央日报》一样，人家不要看；办成《新华日报》一样，有的人就不敢看了。总的方针是宣传抗日、团结、进步，但要办出独特的风格来，办出一份左、中、右三方面的人都要看，都喜欢

看的报纸。”[①]讲人民大众想讲而国民党政府不肯讲的话，讲《新华日报》不便讲的话，成为《救亡日报》独特的风格。《救亡日报》在宣传上始终坚持以中国共产党提倡的抗日民族统一战线和全民族抗战的思想为指导方针，对新闻报道缩编、精编，大量发表专稿、特写、报告文学和戏剧小品、散文、诗歌等活泼生动的文艺作品，并将其编排在重要位置。这种将“报纸杂志化”的做法，赢得了广大读者的喜爱。其发行量从创刊时的1000份迅速增加到3500份。

1937年10月，上海《上海报》《小日报》《大晶报》《金刚钻》等10家消闲性小报联合出版了《战时日报》。《文学》《文季》《中流》《译文》4家杂志联合出版了《呐喊》，后改名为《烽火》，由茅盾、巴金主编。《世界知识》等4家杂志联合出版了《战时联合旬刊》，金仲华等任主编。国难教育社创办了《战时教育》，上海市职业界救亡协会创办了《救亡周刊》。国难当头，《申报》《新闻报》《大公报》《立报》等民营大报也积极宣传抗日救亡。

上海沦陷后，上海的抗日报刊被迫南迁，颠沛流离中屡遭停刊的命运。《救亡日报》于1937年11月21日在上海出版最后一期后宣告停刊。1938年1月迁至广州复刊，10月21日因日军占领广州再度停刊。1939年1月10日，《救亡日报》又迁至桂林再度复刊，至皖南事变后被国民党当局查封。

1937年11月，上海、南京相继沦陷，国民政府迁往武汉，武汉成为名副其实的全国抗日宣传中心。除原有的《武汉日报》《武汉时报》等地方报纸和1934年5月从南昌迁到汉口出版的《扫荡报》外，《大公报》《申报》都出版汉口版，邹韬奋主编的《抗战》三日刊也迁往汉口，后与《全民》月刊合并，改名为《全民抗战》三日刊。中国共产党的公开机关报《群众》周刊和《新华日报》分别于1937年12月、1938年1月在汉口创刊。

1938年3月，在周恩来的指导下，范长江在汉口组织发起中国青年记者学会。中国青年记者学会是全民族抗战时期以及解放战争初期著名的全国性新闻记者组织，是在中国青年记者协会的基础上办起来的。中国青年记者协会成立于1937年11月8日，在中国共产党的影响和领导下，由范长江、夏衍等人发起，当时正值上海沦陷，该协会还未来得及开展活动就迁到了武汉，1938年1月1日成立武汉分会。同年3月15日，该协会在汉口开会，决

① 方汉奇主编:《中国新闻事业编年史》(上)，福建人民出版社2018年版，第704页。

定改名为“中国青年记者学会”，中国青年记者学会还在广州、香港、桂林、成都、重庆、延安、兰州等地设立分会，会员发展到1000多人。中国共产党通过其中的共产党员，广泛开展统一战线工作，在团结广大进步新闻工作者，争取民主、争取新闻自由、开展抗战宣传方面做了大量的工作。中国青年记者学会还组织进步新闻记者研究和学习新闻业务，1938年4月1日在汉口创办了《新闻记者》月刊，迁至重庆后又继续出版近3年。不少分会也创办刊物和新闻学校，举办新闻记者训练班、新闻学讲座。1938年9月，在周恩来的指导下，范长江以中国青年记者学会骨干为基础，在汉口成立了合作性质的通讯社——国际通讯社。

二、战时西南地区的民营新闻事业

1.抗战时期重庆的民营新闻事业

1938年武汉失守后，国民党中央党部及军政机关纷纷西迁至重庆，重庆成为国民政府战时“陪都”，各大报也随之迁往重庆出版。重庆成为抗日宣传的中心，新闻事业在此地一时繁荣。

《新民报》是全民族抗战爆发以来第一家内迁的报纸。1938年1月15日，重庆版《新民报》出版发行。在发刊词中，重庆版《新民报》宣称：“本报以南京旧姿态，出重庆地方版，相信抗战既无前方后方之分，救亡安有中央地方之别。战局虽促，但我们必须坚定胜利之信念。社会虽不免间有摩擦，但吾人则认定民族统一战线实高于一切。其原则，在能以抗日反帝反封建反汉奸为出发点，而以民主化集中一切革命力量，方能消除内部之矛盾，坚强抗战之实力。”创刊后，重庆版《新民报》坚持抗战、和平、民主，反对内战、独裁、分裂，彰显了崇高的民族精神和报人气节。

陈铭德抓住文化界人士会集重庆的有利时机，广交朋友，网罗人才，著名的“三张一赵”即张恨水、张慧剑、张友鸾和赵超构均为《新民报》所用。他们有很高的新闻业务能力，或写评论，或写杂文，或写小说连载，拥有大量读者。陈铭德、邓季惺还和中共领导人周恩来等加强了联系，不时邀请周恩来到家做客，请周恩来分析当前形势，言论更加进步，为《新民报》“中间偏左”方针的提出做了思想上的准备。为了应对国民党的新闻检查，尽量不得罪国民党，《新民报》还提出“遇礁即避”。“中间偏左，遇礁即避”的办报方针体现了当时民营报刊在夹缝中求生存的艰难。

1941年11月起，《新民报》增出晚刊。其发刊词中说：“早报消息虽多，但转眼便成往史，且目前陪都并无任何晚报之发行，本报今以晚报补此缺陷，自为事实上所必要。惟晚报消息来源，比较缺乏，本刊自当尽力，以求充实。”[①]日报与晚报结合，两者相辅相成，互为补充。重庆版《新民报》尤其重视副刊的精益求精，阐扬“同时并着重于副刊之趣味化，借使首都人士每日工作疲劳之余，得以焕发精神”，受到广大读者的欢迎。1945 年 11 月 14 日，《新民报晚刊》副刊《西方夜谭》首次发表了毛泽东的词作《沁园春·雪》，轰动了山城。世人从而知道毛泽东不仅是伟大的政治家、军事家，而且也是卓越的文学家和伟大诗人。两天以后，重庆《大公报》也转载了这首词。

1938 年 10 月武汉失守后，国民党中央党部和军政机关纷纷迁往重庆。上海、天津、北平、南京、武汉等地的报刊大批迁往重庆。全民族抗战爆发前，在重庆出版的报纸有《新蜀报》《西南日报》《商务日报》《国民公报》等。全民族抗战爆发后，南京的《新民报》、上海的《时事新报》率先迁往重庆。武汉失守后，《新华日报》、《群众》周刊、《全民抗战》等一批进步报刊迁往重庆。天津的《大公报》《益世报》，以及北平的《世界日报》等先后在重庆复刊。战时在重庆出版的报纸最盛时达到二十多种，重庆一时成为国统区新闻事业的中心。

2.抗战时期桂林的民营新闻事业

除重庆外，桂林在 1938 年 10 月至 1944 年 9 月大撤退以前也是西南大后方进步新闻事业的一个中心，被称为抗战时期的“文化城”。桂林是当时广西省省会，也是国民党桂系军阀统治的中心。抗战时期，大敌当前，李宗仁、白崇禧、黄旭初等桂系领导人政治态度大有转变，赞成中国共产党倡导的抗日民族统一战线，和中国共产党合作，拥蒋抗日，并将部队开到前方作战。1938 年底 1939 年初，随着前方战场的失利，武汉、长沙、衡阳、广州等地相继沦陷敌手之后，一些新闻机构以及许多新闻工作者、进步文化人士，从外省陆续转移到桂林，出版报刊，开办书店、出版社、印刷厂，同时广西当局重视文化建设，表现出一定的民主性，有力地促进了抗战文化事业的发展。这一时期，桂林的报纸、杂志、图书出版呈现空前繁荣的景象。据统计，在桂林出版的日报有《救亡日报》、《新华日报》(桂林版)、《大公报》(桂林版)、《力报》、《广西日报》、《扫荡报》等，晚报有《广西晚报》《桂林晚报》《自由晚报》《大公晚报》等，还有《民众报》《小春秋》《辛报》等小报和《国民公论》等期刊。

---

① 新民晚报史编纂委员会主编：《飞入寻常百姓家：新民报-新民晚报七十年史》，文汇出版社 2004 年版，第 67 页。

另外，还有国际新闻社、战时新闻社、中央通讯社桂林分社、西南新闻社等数家新闻通讯社，都积极抗战，显示了战时的特色。1944 年 9 月，日军逼近桂林，各种报纸、杂志纷纷停刊或者外迁。

《救亡日报》1939 年 1 月 1 日由广州迁往桂林复刊，日出四开，四版一小张，社长郭沫若，总编辑夏衍，先后参加编辑工作的有廖沫沙、孙师毅等。在夏衍的主持下，该报广泛听取各方面的意见，并实行“每日评报”的制度，从版面编排到新闻内容、文风等都有很大改进，发行量从开始的 2000 份增至 1 万多份。《救亡日报》于皖南事变发生后被迫停刊，总共在桂林出版两年多时间，对有效团结各阶层人士发挥了重要的作用。

《大公报》(桂林版)于 1941 年 3 月 15 日创刊，馆址设在市东郊星子岩，日出对开一张，由重庆《大公报》总管理处领导，主要是总经理胡政之总揽一切。在报馆内部，王文彬是发行人兼副经理，蒋荫恩任编辑主任。太平洋战争爆发后，由于香港沦陷，香港《大公报》停刊，香港《大公报》人员撤到桂林，由香港《大公报》总编辑徐铸成任《大公报》(桂林版)总编辑，金诚夫任经理，杨刚任副刊《文艺》主编，采编力量大大加强。1942 年 4 月 1 日，《大公晚报》发刊，四开一张，由杨力樵负责。当时，日报办晚报、大报办小报，是一个惯例。《大公报》(桂林版)在政治言论上保持独立思考，一般不转载渝版社论。另外，在《大公报》的长篇通讯中，以彭子冈的“重庆航讯”最受人们重视，是《大公报》(桂林版)的特色。1944 年桂林大撤退时，《大公晚报》于6 月 27 日停刊，《大公报》(桂林版)于 9 月 12 日停刊。

《力报》是一家“中间偏左”的民营报纸，1940 年 3 月 10 日创刊。张稚琴任总经理，总编辑先后由欧阳敏讷、冯英子等担任。主笔邵荃麟、新闻编辑张先畴，副刊《新垦地》编辑聂绀弩、葛琴皆是共产党员。邵荃麟主持笔政期间每周负责写两篇到三篇社论，对国民党消极抗战的揭露和抨击尖锐而深刻，深受读者欢迎。

《国民公论》于 1938 年 9 月 11 日在武汉创刊，该刊由救国会同人以救国会名义创办，但编辑人员多数是以救国会名义活动的中共秘密党员。1939 年 1 月 1 日迁至桂林出版，是抗日战争时期进步的综合性时事政治刊物。该刊各期均以较大篇幅刊登有关国内外政治、军事、经济局势述评和通讯报道。此外，在文艺评论和文化创作、诗、杂文、随笔以及对鲁迅著作的评价方面，也占有较大的比例。尤其在及时刊登中共领导人讲话方面影响较大，起到了及时宣传中国共产党在抗战中的方针政策的作用。1941 年 2 月出至第

5卷49期被国民政府勒令停刊。

在桂林，以民间的身份发出中国共产党的声音的还有国际新闻社。武汉失陷后，国际新闻社迁到长沙，并于1938年10月20日正式设立总社。同年11月12日，又从长沙迁至桂林。11月21日，香港、桂林两社合并，桂林国际新闻社作为总社，主要向国统区各省报刊发稿；香港国际新闻社作为分社，向海外华侨报刊发稿。国际新闻社由桂林八路军办事处主任李克农直接领导，范长江任社长，刘尊祺、孟秋江等担任副社长，黄药眠担任总编辑。作为一家新闻通讯社，其主要任务是发新闻通讯和专论。新闻通讯包括战地通讯、地方通讯、文艺通讯等，专论主要有国际评论、战局评论等。1939年初至1940年夏是国际新闻社的全盛时期，发稿单位多达150多个。国际新闻社是中国共产党在国统区除《新华日报》外的重要新闻宣传机关。1941年1月皖南事变后，国民党当局勒令国际新闻社停止活动。但香港分社仍继续活动，收集全国各地通讯员（大部分是中国青年记者学会会员）发来的通讯，分发给海外华侨报刊。

3.抗战时期昆明的民营新闻事业

全民族抗战爆发前夕，云南的几家民办报纸都因经费拮据而相继停刊，只剩下国民党省党部主办的《云南民国日报》和云南省政府主办的《云南日报》。抗日战争中，云南成了西南大后方，国内一些著名大学尤其北大、清华、南开三校入昆，组建“西南联大”，为当时的昆明增添了浓厚的文化气息。国内大批学者以及著名教授、专家和文化界知名人士云集昆明，极大地活跃了云南的文化生活。内地的许多大报也都纷纷迁来昆明出版，本地也新增了不少报刊，从1937年7月到1945年8月抗战胜利，云南先后出现的各种报刊达68种之多，存在时间较长、影响较大的有10家。这是云南新闻事业史上从未有过的现象。①

《益世报》由天津迁至昆明，并于1938年12月复刊，1939年1月又发行《益世晚报》。罗隆基曾任《益世报》主笔，主持社论，梁实秋曾担任文学主笔。许多来昆人士积极投稿，文章涉及教育、宗教与文化、国际政治、青年、图书、医药卫生、边疆等多个门类。

《正义报》1943年10月10日开办，是云南地方势力陆子安、林南园创办的商业报，以工商界和知识分子为主要对象。《正义报》有自己的印刷厂，自

① 参见王作舟:《抗战时期的云南新闻事业》,《思想战线》1996年第2期。

办发行，其组织、设备最为齐全。先后有中共地下党员龙显寰、羊醉秋、吴传启等人加入该报。他们组织进步知识分子撰写要求民主，反对独裁，反对限制言论自由的社论、专论，让《正义报》在一定程度上具有了进步倾向。

《观察报》创刊于 1944 年 12 月，由龙云长子龙绳武支持创办，龙云的亲信李耀廷任社长，主持实际工作，周钢鸣任总编辑。由田汉组织人员撰稿，费孝通、冯至、孙毓棠、卞之琳等教授和西南联大的文学青年都为它写过稿。报纸借助龙云的实力与威望，在采访报道、资金赞助方面都拥有得天独厚的条件。报纸每天出版四开四版，发行量达 8000 份。

昆明出版的有影响的报刊还有著名历史学家吴晗任总编辑的《文化周报》，地方人士方树梅主办的《新民画报》，以宣传抗日救亡、提高民族文化为宗旨的《西南周刊》，主要报道国际反法西斯斗争及华侨参战事迹的《中南报》，龙云夫人顾映秋主办的《真报》，等等。

三、香港、澳门与海外的抗日报刊及其宣传活动

从 1937 年 7 月全民族抗战爆发到 1941 年 12 月太平洋战争爆发，香港、澳门由于特殊的政治、地理环境，一度成为民营报刊进行抗日宣传的重要阵地。随着平津、沪宁、武汉等地失守，一些进步的文化界人士南下香港，或创办新报，或将报纸迁至香港。

1938 年 4 月 1 日，上海《立报》迁至香港复刊。萨空了担任发行人、总编辑和经理。《立报》以“报纸大众化”为信条，积极反映各界民众抗日救亡的呼声，宣传进步思想，同时刊登宣传中国共产党和陕北根据地的文章，着重宣传民主抗日。1938 年 9 月，萨空了、沈雁冰（茅盾）等先后离去，政治倾向渐趋保守。1941 年，《立报》停刊。

1938 年 8 月 13 日，《大公报》创办香港版，11 月增出《大公晚报》。在全民族抗战时期，该报由胡政之直接领导。该报的《文艺》副刊，在女作家杨刚的主持下，成为鼓吹抗战、进步、民主的阵地。

《华商报》创刊于 1941 年 4 月 8 日，是一份由中国共产党领导的具有抗日民族统一战线性质的报纸，日出对开一张。报名系用孙中山的遗墨拼成。这是一份晚刊日报，每天下午 5 点出版。该报编辑、记者人才济济，范长江任主持日常工作的副总经理，胡仲持任主编，廖沫沙任编辑主任，夏衍主持社论及文艺版，后来由张友渔主持社论版，茅盾、乔冠华、金仲华、胡绳等都参加编辑工作。从创刊号开始，连载邹韬奋的长篇报告《抗战以来》，数月后

结集成书出版，广销香港和东南亚各地。1941 年 12 月太平洋战争爆发后，报纸停刊。抗战胜利后，1946 年 1 月复刊，1949 年 10 月 15 日终刊，前后共出版了 4 年零 5 个月。

1938 年 8 月 1 日，著名华侨商人胡文虎在香港创办了《星岛日报》，其宗旨为："不偏不倚、不屈不挠、不阿谀奉承，致力于社会服务和福利工作。"聘请金仲华担任总编辑，杨潮（羊枣）为军事评论员，积极宣传抗日，笔锋犀利，文笔活泼，赢得广大读者的喜爱，成为香港地区宣传团结抗战的进步新闻阵地。1941 年 12 月 15 日，该报因香港沦陷而被迫停刊。

1937 年冬，国际新闻社迁至香港，由恽逸群负责。国际新闻社以香港为基地向海外数十家华侨办的中文报纸发稿。同时，面向国外发行《远东通讯》（英文），面向华侨发行《祖国通讯》《国新通讯》，面向国内发行《国新新闻通讯》等刊物，受到广大读者的欢迎。①

在澳门，全民族抗战爆发后，澳门工商界和上层人士发起组织各界救灾会。仅半个月，由当时的《朝阳日报》《大众报》两报发起的"澳门四界救灾会"成立。《商报》《华侨晚报》《大众晚报》《世界日报》《市民日报》等在艰难情况下继续坚持，起到了支持抗战的作用。②

在海外各地，绝大多数华人华侨主办的华文报刊，无不积极宣传抗日救国，积极报道抗日军民英勇顽强的抗日事迹，并且发动侨胞捐款捐物支援抗战。

1940 年底，中共党员胡愈之受中共中央指派，以无党派人士和著名报人的身份远赴新加坡开辟海外抗日宣传阵地。12 月 1 日，他应聘担任新加坡爱国侨领陈嘉庚创办的《南洋商报》编辑主任。上任伊始，胡愈之即推行报纸改革计划，增加抗战宣传方面的内容，加强报纸的评论工作，阐述中共抗日民族统一战线政策，大力宣传团结一致抗日救国。在从 1941 年 1 月接手《南洋商报》至 1942 年 2 月新加坡沦陷前的一年多时间里，他在《南洋商报》上所写的评论文章不下 400 篇，使报纸成为"民众喉舌，舆论前驱"，日销量由原先的 2 万份陡增至 5 万份，成为当时东南亚地区最畅销的报纸。该报于 1942 年 2 月日军攻陷新加坡后被迫停刊。③

另外，创办于缅甸的《中共新报》《侨商报》《曼德勒指南》、创办于仰光的

① 参见潘琦：《抗战时期在香港及海外的中共报刊》，《党史博览》2019 年第 1 期。

② 参见陈树荣：《澳门印刷出版业史略》，《中国出版史研究》2016 年第 4 期。

③ 参见潘琦：《抗战时期在香港及海外的中共报刊》，《党史博览》2019 年第 1 期。

《新知周刊》、创办于菲律宾马尼拉的《华侨导报》、创办于法国的《救国报》《全民月刊》、创办于美国的《美洲华侨日报》都积极宣传抗战，在广大华侨中产生了积极的影响。

四、上海“孤岛”民营报刊的抗争

1937 年 11 月 12 日，国民党军队撤离淞沪，上海沦陷，日军占领上海华界地区。至 1941 年 12 月 8 日太平洋战争爆发之前，上海四周均为日军侵占，但租界地区因受到英美法等国管辖而得以自保，成了“孤岛”。因此，上海“孤岛”是指从 1937 年 11 月 12 日至 1941 年 12 月 8 日的上海公共租界和法租界地区。这段时期，中国共产党和爱国人士主办的进步报刊积极宣传抗日救亡，捍卫抗战必胜的信仰，成为“孤岛”报业中发展的主流，在特殊的环境下发挥了重要的宣传作用。

民营报刊中较有影响力的是《文汇报》。该报 1938 年 1 月 25 日创刊，由严宝礼等几位爱国人士集资创办。由于以外商名义出版的中文报纸可以不接受日伪的新闻检查，因而 1938 年前后出现了大办“洋旗报”的高潮。为了避免日寇的新闻检查，《文汇报》聘请英国人克明担任董事长兼发行人、总主笔，以英商名义出版，实际上主持工作的是经理严宝礼，徐铸成后被聘为总编辑。创刊当天，《文汇报》发表《为本报创刊告读者》，明确指出：“本报本着言论自由的最高原则，绝不受任何方面有形与无形的控制。”创刊当天，报纸头版头条新闻以特大标题报道津浦线上发生激烈战斗，日军于山东济宁被我军两路包围的消息。第一版还在显著地位刊登原山东省政府主席韩复榘因违令擅自退却而被枪毙的新闻。这大大打击了侵略者的气焰，鼓舞了“孤岛”人民的爱国热情。《文汇报》自诞生之初即表现出鲜明的抗日姿态。

《文汇报》坚持抗日立场，一方面积极宣传抗战，及时报道中国军民英勇抗战的事迹，拥护中国共产党抗日民族统一战线的政策，呼吁国共合作，共同抗日，一致对敌；另一方面义正词严地鞭挞汉奸丑类，揭露伪上海大道市政府的罪行。1938 年 5 月，《文汇报》的发行量突破 5 万大关，发行量甚至超过上海滩大报《新闻报》。《文汇报》的社会影响力让它成为各方势力打击或拉拢的对象。日伪政府几次威胁恐吓，国民党也三番两次要求入股。为避免编辑部控制权落入他人之手，编辑部同人宁为玉碎，不为瓦全，他们收购了三分之一以上的股权，向英国驻沪总领事馆提出不再出版的要求。1939 年 5 月 18 日《文汇报》停刊，只出版了 17 个月，“它也真像经天的彗星一样，曾有声有色，闪亮在孤岛上空，而霎时就熄灭了！”①

《申报》和《新闻报》是上海的老牌大报。1937年12月15日，《申报》因不接受日军检查而主动停刊。1938年，《申报》相继创办汉口版和香港版，但都时间不长即告终刊。1938年10月10日，《申报》假托美商名义在上海租界内恢复出版。《新闻报》在上海沦陷后一度屈节接受日伪的新闻检查，不再刊登中国人民抗日救国的任何报道，由此失去读者，发行量一落千丈。1938年9月1日，《新闻报》请回原主持者美国人福开森出任监督，以美商“太平洋公司”名义在租界出版，重回宣传抗日的阵营。借租界的保护，《申报》《新闻报》积极宣传抗日，揭露日寇侵略暴行，斥责汉奸的叛逆行径，遭到日伪的仇视和迫害。日伪多次向报社投掷炸弹、手榴弹，记者、编辑遭到暗杀或绑架。1941年，太平洋战争爆发，日军开进上海公共租界，《申报》再次停刊。后在日军威胁下，《申报》复刊，完全为日军报道部所控制。12月6日，日本海军派汉奸陈彬龢以“军管会”的名义接管《申报》，并任命陈为社长。1941年，日本海军接管《新闻报》。未及一年，日本陆军又强行接管该报。《新闻报》二次遭劫，报馆财产也被日本军方控制，沦为日本侵略中国的舆论工具。

上海“孤岛”时期爱国进步报刊的出版环境是极其艰难、险恶的。日伪对租界内的抗日爱国报刊恨之入骨。一方面，他们通过同上海租界当局交涉设法予以取缔；另一方面，他们采取威胁恫吓、投弹破坏、武装袭击、暗杀绑架等恐怖手段，疯狂迫害、摧残抗日报刊和报人。有学者曾对“孤岛”第一年第一季度（1938年1～3月）洋旗报馆遭受的恐怖活动，有一个不完全统计：

> 1月16日下午6:30，华美晚报社发行课首先被掷手榴弹；2月10日下午2:25，《华美晚报》发行人密尔士（H.P.Mills）办公室被掷手榴弹。
>
> 同日下午6:30，《文汇报》社福州路发行课被掷手榴弹，职员陈桐轩殉职。
>
> 2月13日，密尔士在寓所汇中饭店收到恐吓信。
>
> 2月24日下午6:18，《华美晚报》第三次被投掷手榴弹。
>
> 同日，英文《大美晚报》编辑袁伦仁家中被掷手榴弹。

---

① 徐铸成：《旧闻杂忆》，生活·读书·新知三联书店2009年版，第260页。

同日,《华美晚报》负责人朱作同在寓所门口收到内贮死人手臂的纸盒。

3月1日下午3:00,《文汇报》收到一小木箱蜜桔和一只已腐烂的死人手,并附一封匿名信称:"此乃抗日者之手腕,送与阁下,希望阁下更改笔调,免尝同样的滋味。"

…………[①]

1940年7月1日,汪伪在《中华日报》等汉奸报纸上公布的一份83人的通缉"黑名单"中,43人为报界人士。爱国报人针锋相对,同日伪展开了艰苦卓绝的斗争,表现出不屈不挠的斗争精神和崇高的民族气节,他们用自己的鲜血和生命,在中国新闻史上写下了悲壮的一页。《文汇报》在1938年创刊后,就不遗余力地抨击日伪的丑行。2月8日发表社论《告若干上海人》,对上海地区几名意欲投敌的工商界要人提出严正警告,要他们悬崖勒马,不要当遗臭万年的汉奸。12日,报馆在收到日伪寄来的匿名恐吓信后发表社论《写在本报遭暴徒袭击之后》,针锋相对,予以反击,痛斥日伪的卑劣行径。3月28日,以梁鸿志为首的伪组织——"维新政府"粉墨登场。29日,《文汇报》发表社论《无题》,将日伪政府比作僵尸。文章开头即说道:"在这化日光天之下,科学昌明之时,实在不应再来讲那些怪诞不经的故事,但这几天耳闻目睹的,尽是些鬼魅昼行之事,长日多暇,姑妄言之。"[②]又经过独具匠心的编辑,把南京傀儡政府登场的消息——《南京一幕喜剧》排在社论的旁边,把已被抛弃的伪满大臣郑孝胥的死讯——《老牌汉奸,郑孝胥死》,加框"镶"在中间,暗示一切为虎作伥者的必然下场。此种编排达到了以无题胜有题的效果。

《大美晚报》编辑朱惺公将副刊《夜光》办成了一个宣传抗日爱国的阵地。1939年6月,朱惺公收到"将被国法宣判死刑"的恐吓信,他针锋相对地在报纸上发表公开信《将被'国法'宣判'死刑'者的自供》,宣称"今贵'部'将宣判余之'死刑'矣,此诚余之宠幸也!然而余之'反汪'意旨,则纵有斧钺鼎镬之加,亦不足动摇余心"[③]。8月30日,朱惺公在街头被日伪暴徒枪杀。

---

① 陈镐汶:《泥菩萨岂是护法神——"孤岛"新闻史的一个侧面》,转引自周武主编:《二战中的上海》,上海远东出版社2015年版,第211页。

② 徐铸成:《徐铸成新闻评论选》,武汉大学出版社1985年版,第20页。

③ 马光仁:《上海新闻界的抗日宣传》,《上海党史研究》1995年第Sl期。

第五节　解放战争时期民营新闻事业的恢复与萎缩

解放战争时期，中华民族与日本帝国主义侵略者的矛盾基本解决，阶级矛盾又成为中国国内的主要矛盾，这主要体现在国共两党的军事对立和政治对立，新闻战线的形势也随着政治形势的急剧变化而相应发生了很大的变化。

一、“拒检运动”与新闻界争取新闻自由的斗争

抗战时期，国民政府先后发布了《国民精神总动员纲领及实施办法》《关于防制异党活动办法》《图书原稿审查办法》，借战时的国家安全为由公然压制言论自由。1939年，国民党当局正式成立战时新闻检查局，并且连续发布了《战时新闻检查办法》《战时新闻违检惩罚办法》等一系列新闻法规，1940年开始，国民党当局又连续颁布《杂志送审须知》《图书送审须知》《新闻记者法》等，加强对新闻出版行业的控制。1945年9月，在《管理收复区报纸通讯社杂志电影广播事业暂行办法》中，又进一步规定：“收复区出版之报纸及通讯社稿，在地方尚未完全平定以前，应由当地政府施行检查；各地新闻检查工作，应受宣传部之指导，并由宣传部派员协助地方政府办理。”①

国民政府在抗日战争结束后仍以战时的新闻管制钳制言论自由，这引起了新闻界和文化工作者的强烈不满。拒检运动就是在这样的背景下爆发的。

1945年7月，为打破国共和谈僵局，蒋介石假惺惺地同意黄炎培与褚辅成、冷僪、左舜生、傅斯年、章伯钧六人组成国民参政员访问团赴延安，以促成国共双方恢复和谈和国内团结。黄炎培等人此行与中共领导人深入会谈，对延安的生产、经济、文化、教育及边区政府的工作作风、民众生活等方面做了深入细致的视察访问。7月5日，访问团返回重庆，黄炎培奋笔疾书，完成了书稿《延安归来》。全书共三部分，一是“延安归来答客问”，分十个小节细致介绍出访延安的动机、目的、过程，与中共领导人的会谈内容，对国共和谈前途的看法，共产党人的政治主张以及工作作风、精神面貌等；二是“延安五日记”，用细腻的笔触、写实的手法，详尽叙述在延安的所见、所闻、所

① 刘哲民:《近现代出版新闻法规汇编》，学林出版社1992年版，第509页。

谈、所感,向国统区人民介绍了一个真实的延安;三是收录了访问延安前后创作的七首诗歌。

当时,国民党有《图书杂志审查办法》《新闻检查标准》等诸多条令,书刊出版前必须审查,稍有所谓的“违禁”内容,不是被扣押就是被删减得面目全非。因此,《延安归来》的出版面临很大的阻碍。为了避免这些情况,国讯书店决定不送检而自行出版。8 月 7 日,《延安归来》出版。这是国统区第一本不送检而出版的书,拒检运动由此开始。

《延安归来》出版后,进步人士张志让、杨卫玉、傅彬然三人又起草了重庆杂志界宣布“拒检”的联合声明,在征得《宪政》月刊、《国讯》杂志、《中华论坛》、《民主世界》、《再生》、《民宪》半月刊、《民主与科学》、《中学生》、《新中华》、《东方杂志》、《文汇周报》、《中苏文化》、《现代妇女》、《战时教育》、《国论》、《学生杂志》等 16 家杂志社的签名后,于 8 月 17 日正式发表,并宣布自 9 月 1 日起这 16 家杂志社将不再送检。这一决定同时正式函告国民党中宣部、宪政实施协进会和国民参政会。与此同时,《宪政》月刊、《国讯》杂志、《中华论坛》、《民主世界》、《再生》、《民宪》半月刊、《东方杂志》、《新中华》、《中学生》、《文汇周报》10 家杂志社还决定出版《联合增刊》,既不向国民党政府登记,稿件也不送检。9 月 15 日,《联合增刊》出版,内容以倡导民主和团结为核心。

重庆 16 家杂志社拒检声明的发表,立刻得到整个文化界的支持和响应。由生活书店、新知书店、读书出版社、国讯书店等 19 家出版社联合组成的新出版业联合总处宣布坚决支持重庆杂志界的拒检声明,8 月 27 日,重庆杂志界联谊会集会,在拒检声明上签字的杂志社增至 33 家。

中国共产党坚决支持国统区出版界发起的这场争取新闻自由的斗争。9 月 1 日,《新华日报》发表社评《为笔的解放而斗争》,抨击国民党当局实施的原稿检查制度,号召新闻文化界为争取新闻出版和言论自由而斗争。9 月 18 日,中国共产党领导的机关刊物《群众》杂志也宣布自即日起不再送检,并且发表社论赞扬拒检运动是“一个意义重大的民主运动”。

9 月后,由重庆出版界发起的拒检运动扩展到成都、昆明等地,并且由出版界扩展到新闻界。在成都,《新中国日报》、《成都快报》、《华西晚报》、川康通讯社、自强通讯社等 16 家新闻出版机构集会,宣布即日起自负言论报道之责,不再送交任何机关检查,以实际行动响应重庆出版界的拒检运动,同时发表《致重庆杂志界联谊会公开信》予以声援。10 日,成都加入拒检运动的新闻出版机构增至22家。17日,成都27家新闻出版机构集会,决定成立成都文化新闻界联谊会,同时发表宣言,提出争取"发表的自由"等7项具体主张,并且出版一份联合刊物《言论自由》。在昆明,《民主周刊》、《大路》杂志、北门出版社、进修出版社等11家新闻出版单位集会,宣布支持重庆、成都两地的拒检斗争,成立昆明杂志界出版界联谊会。22日,11家新闻出版单位联合致函云南图书杂志审查处,宣布即日起所有的文稿不再送审,同时致函昆明市印刷业同业公会,一切付排稿件概由各单位自行负责,无须再受各方面的限制,以免影响出版时间。与此同时,桂林、西安等地的新闻出版界也纷纷举行集会,成立联谊会,集体投入拒检斗争。

拒检运动的兴起和发展,使国民党当局陷入被动。当时,国共两党正在重庆举行政治谈判,国民党当局表面上还要摆出一副支持和平民主的姿态;在国际社会,各国也在战后纷纷取消了新闻检查制度,无形中对国民党当局造成了一种国际压力。为了缓和国内外矛盾,国民党中宣部于9月12日宣布:"自10月1日起废止战时新闻检查制度,但收复区在军事行动尚未完成以前除外。"9月22日,国民党中央第10次常会通过了废止新闻出版检查制度的决定与办法,至此为期两个月的拒检运动终于获得了巨大的胜利。

拒检运动以后,国统区新闻界要求新闻自由的斗争并没有止步。10月1日,国民党当局废止新闻出版检查的第一天,重庆《新华日报》发表《言论自由初步收获》的社论指出:"检查制度的废止,是言论自由的开始,但还不是言论自由的真正实现……首先,检查制度……大后方是废止了,收复区却还在继续……其次,报纸杂志的创刊须经登记核准,这一制度还没有废止……再其次,这是很重要很迫切的,邮检制度还没有废止。"社论号召国统区进步新闻出版界为争取更多的民主自由继续斗争。

正在进行"和谈"的国民党当局被迫对新闻界的要求做出了姿态。1945年10月10日,国共双方签订《国共双方会谈纪要》,其中关于人民自由的问题规定:"一致认为政府应保证人民享受一切民主国家人民在平时应享受身体、信仰、言论、出版、集会、结社之自由,现行法令当依此原则,分别予以废止或修正。"1946年1月10日,重庆政协会议召开,会议通过了《和平建国纲领》,更进一步明确规定废止战时实施的新闻出版检查办法,修正《出版法》,扶助报刊、通讯社的发展。

但是,这些规定只是一纸空文。国民党当局继续暗中镇压进步的新闻出版界、剥夺人民的新闻言论自由。随着战争的推进,国民党当局对新闻界的专制统治更加严酷，民营新闻事业发展的空间越来越狭窄。

二、抗战结束后民营商业性报刊的恢复

抗战胜利后，被迫迁徙的报刊纷纷回到原地，一些民营报刊利用战后短暂的和平民主的政治环境，继续发展扩张。《大公报》在战后将总社迁回上海，同时恢复天津版、香港版，继续发行重庆版，四个分版同时发行，并且在台湾发行上海《大公报》航空版。1945 年 10 月 10 日，《新民报》南京版日刊复刊，1946 年元旦，南京版晚刊发行；1946 年 4 月 4 日，《新民报》北平社成立，发行日刊；1946 年 5 月 1 日，《新民报》上海社成立，发行晚刊。上海版出版后，加上一直在经营的重庆、成都两社四版，《新民报》在全国已拥有五个社，八张日、晚刊，号称“五社八版”。成舍我也在战后恢复了上海《立报》、北平《世界日报》和《世界晚报》的出版，《世界日报》重庆版继续出版，但因为多种原因，南京《民生报》并没有恢复出版。《文汇报》是上海“孤岛”时期著名的抗日报纸，1945 年 9 月 6 日正式复刊，其复刊词声明该报为无党派的纯商业性报纸，以言论自由为最高原则。但是，该报在政治上倾向于国民党，常常站在国民党的立场上发表言论，脱离了广大人民群众。后来，由于中共党员以及进步人士参与编辑工作，报纸的政治倾向转向进步。

对于战前影响力强大的《申报》《新闻报》，国民党当局早就想占为己有。战后，国民党抓住战时附逆的把柄，专门下达了《管理〈申报〉〈新闻报〉办法》和《〈申报〉〈新闻报〉报务管理委员会组织规程》等文件，同意两报继续使用原名称恢复出版，但是要求两报组建报务管理委员会，由国民党要员担任主任，对其进行“党化”管理。《申报》《新闻报》的报务管理委员会主任分别由潘公展、肖同兹担任。除了在组织管理方面进行管理，为了更好地控制这两家报纸，1946 年 3 月，国民党又通过收购原股加入官股的方法控制了绝大多数的股权；另外，还改选董事会，内定董事会名单，从而又利用经济手段加强了对这两家报纸的控制。通过这些措施，国民党实际已经接管了两报及其附属产业，彻底控制了《申报》《新闻报》，使其成为国民党重要的宣传喉舌。“此类报纸虽然并非正式党报，但或因主持人是国民党重要干部，或则原为商营，战时被敌伪劫持，胜利后由国民党投资改组取得经营权。故其言论立场，与政府较为接近，而其在社会的影响力，尚较正式党报为大。”[①]

---

① 曾虚白:《中国新闻史》下册，台湾政治大学新闻研究所 1966 年版，第 460～461 页。

1945年秋到1946年春之间，民主政治的空气弥漫全国。民主统一、和平建国成为广大人民群众和中间党派的一致愿望；民主政治运动在战后得到了进一步的发展，中间党派和无党派人士积极活动，促成国共和平谈判和全国政治协商会议召开。在这种情境下，自由主义知识分子的言说获得了前所未有的广阔空间。于是，一批推动民主政治建设、为自由知识分子提供干政参政渠道的自由主义时政周刊如《客观》《新路》《观察》《时与文》《世纪评论》《新路》《大学评论》应运而生，成为这一时期“书生办报”的生力军。他们立言论事，阐述自己对国事的看法，希望国家能在和平的局面中走上健康的民主道路，唱响了“办报干政”的“歧路短歌”。[①] 从中国自由主义知识分子的办报传统来说，这些报刊也可以看作《大公报》之后“文人论政”在特殊环境下的一种延续和演变。其中在知识分子中影响力比较大的是《观察》周刊。该刊创刊于1946年9月，其前身是1945年11月在重庆创办的《客观》周刊，由储安平担任社长及主编，主要撰稿人有张东荪、潘光旦、钱端升、傅雷、吴晗等人，他们都是具有资产阶级自由主义思想的知识分子。《观察》周刊创刊时就宣称，该刊“大体上代表着一般自由思想分子”，“背后另无组织”，无党无派，是一个“发表政论”而不从事政治活动的刊物，对国内各党派不偏不袒，主张“民主”“自由”“进步”“理性”。该刊从西方自由主义理念出发，发表过许多不满国民党统治的言论。其对当时反对蒋、美的学生运动采取同情态度，推崇西方的民主、自由和资本主义制度。该刊在国统区发行量一般每期为5万份，最高发行量达到10万份。

三、新闻统制的强化与民营新闻事业的衰落

解放战争时期，国民党对进步新闻事业的管制和十年内战时期、抗日战争时期有所不同。如果说过去国民党对新闻事业管制的主要手段是制定一系列法律法规，进入解放战争以后，则变成了以特务和暴力手段为主，以法律手段为辅。

首先是对报刊和报人的控制。比如对报人进行经济收买，或者是直接安插特务，从内部进行破坏活动，或者是强行收购，使之变成国民党所控制的媒体。对于不听话的报人和记者，盯梢、逮捕、暗杀、绑架等赤裸裸的暴力

---

① 参见李统兴：《歧路短歌——战后中国自由主义时政周刊研究（1945～1949）》，华中科技大学新闻与信息传播学院博士学位论文，2009年。

行径是国民党统制新闻出版界惯用的手段。[①] 特别是1947年后，国民党当局动用大批宪兵、特务，捣毁报馆，暗杀报人，新闻界一片白色恐怖。中国民主同盟机关报《民主报》，多次遭到国民党特务的袭击和威胁。1947年2月，混进《民主报》的国民党特务借口工资问题，捣毁报馆全部印刷设备，打伤排字工人，1947年3月该报被勒令停刊。

其次，出台各种法律，为钳制新闻宣传事业提供"合法性"依据。1946年5月，国民政府制定《维持社会秩序临时办法》，并以此为借口，对进步刊物进行摧残。1946年8月，全国就有263家言论机关被无理查封。1946年全面内战爆发后，特别是1947年内战发展到最后激战阶段后，国民党当局借口非常时期，颁布了一大批非常法规，将人民的言论出版自由权利剥夺殆尽，将新闻统制制度强化到令人恐怖的程度。[②] 从1947年5月开始，国民党当局先后颁布、修正《戒严法》《动员戡乱完成宪政实施纲要》《剿匪总动员宣传计划纲要》《戡乱时期危害国家紧急治罪条例》《军事新闻采访发布实施暂行办法》《惩治叛乱条例》《特种营业管制方法》等条例，这些条例中均有对新闻出版的规定和限制，或严禁出版发行未经审查的新闻、书籍；或控制报纸版面，限制报纸的出版与登记；或实行邮电检查，凡认为与审查标准相抵触的书报刊，一律在邮局秘密查扣没收。除此之外，国民党当局还制定了《广播无线电台设置规则》等文件，对广播电台进行控制与审查。

以《大公报》《文汇报》《新民报》为代表的民营报刊宣扬自己为"无党派""超阶级"的报纸，以言论自由为最高原则，对待新闻事件，声称客观中立。然而在国民党严酷的新闻统制制度下，这类报纸最终都没能逃脱被国民党查封的命运。

1947年5月25日，《新民报》因"破坏社会秩序，意图颠覆政府"被查封。同一天被查封的还有《文汇报》和《联合日报晚刊》。对《文汇报》的停刊，国民党淞沪警备司令部的理由是："查该报连续登载妨害军事之消息，及意图颠覆政府破坏公共秩序之言论与新闻。本市为戒严地区，应予取缔。依照戒严法规定，着令该报于明日起停刊，毋得违误。"[③]同时，《新民报》的其他分社也遭到国民党当局的干涉和迫害，不少记者被捕。《新民报》被查封后，《大公报》发表题为《由新民报停刊谈出版法》的社评，指出国民党当局的做

① 参见胡芬：《大陆时期国民党新闻统制研究》，长江大学文学院硕士学位论文，2013年，第27页。

② 参见方汉奇主编：《中国新闻传播史》，中国人民大学出版社2014年版，第224页。

③ 储安平：《储安平文集》（下），东方出版中心1998年版，第136页。

法实则是"袁政府时代的产物"。1948 年 11 月,《大公报》香港版发表王芸生撰写的时评《和平无望》,对国民党昏聩无能的统治进行了猛烈的抨击。国民党当局遂派行政院长阎锡山电令西南长官公署行政长官查封重庆《大公报》。1949 年 9 月 17 日,重庆当局派彭革陈为发行人兼社长,唐际清为总编辑,强行占据《大公报》馆址,非法出版重庆《大公报》和《大公晚报》。

《观察》周刊是知识分子群体中一份有很大影响力的刊物,它对国民党统治的批评是极为尖锐的。在《评蒲立特的偏私的、不健康的访华报告》中,它说:"若从历史的眼光看,这个前后统治了中国二十年的政府,实实在在耽误了中国的国运,它阻碍了中国的进步。而其一切过失之中,本文作者认为现政权最大最不能宽恕的罪恶,就是由于它的缺德的统治,大大的促成了中国人民道德的堕落。在这个政府的作风和统治之下,一切不守法的、不道德的、没有良心人格的人,都比一般奉公守法的人,容易生活下去。"在《一场烂污》中,其评价国民党:"七十天是一场小烂污,二十年是一场大烂污!烂污烂污,二十年来拆足了烂污!"1948 年 12 月 24 日,国民党政府下令:"查《观察》周刊,言论态度,一贯反对政府,同情共匪,曾经本部予以警告处分在案。乃查该刊竟变本加厉,继续攻击政府,讥评国事,为匪宣传,扰乱人心,实已违反动员勘乱政策,应按照总动员法第二十二条及出版法第二十三条之规定,予以永久停刊处分。相应电请查照办理,饬缴原领登记证送部注销。"①

这场新闻统制的灾难遍及全国。重庆的《民主星期刊》、桂林的《民主星期刊》、成都的《民众时报》等都因遭到国民党当局的迫害而停刊。1947 年 4 月 22 日,重庆《世界日报》报道:各地国民党当局以"登记未准"或"尚未办竣登记手续"为理由而查禁的报刊,至少有 100 种以上。1947 年 6 月 1 日,国民党当局还出动大批军警宪特,在重庆等重要城市对新闻界进行大逮捕。在这一天之内,仅重庆一地的被捕人员就达 30 多人,其中《国民公报》4 人、《商务日报》6 人、《新民报》8 人、《大公报》8 人、《世界日报》4 人。《新民报》一家报社的被捕人员为 21 人,除了重庆分社 8 人外,还有成都分社 3 人、南京分社 9 人、上海分社 1 人。②

另外,国民党当局还通过经济手段对民营报刊进行摧残。由于国内纸张生产受限,新闻纸主要依赖进口,战后国内面临新闻纸纸荒,国民党当局制定《新闻纸杂志及书籍用纸节约办法》《白报纸配给标准》等条例,通过纸

① 转引自谢泳:《储安平与〈观察〉》,中国社会出版社 2005 年版,第 42 页。

② 参见方汉奇主编:《中国新闻传播史》,中国人民大学出版社 2002 年版,第 305 页。

张配给和汇率调整，获得对白报纸的配给权。依照当时的配给政策，进口白报纸三分之二归国民党党报，其余三分之一归民营报刊，致使白报纸在黑市的价格远远高于报纸盈利，争夺白报纸战骤起。像北平《世界日报》复刊后，也因此营收状况并不理想，仅能勉强维持。[①]

思考题

1.《大公报》经历了哪几个发展阶段？“四不”方针的具体含义是什么？

2.成舍我的办报生涯是怎样的？如何理解他的“小型报”的思想？

3.九一八事变前后史量才和《申报》发生了怎样的变化？

4.邹韬奋一生创办了哪些报刊？其报刊活动的进步性体现在什么地方？

5.范长江对中国的新闻事业有哪些贡献？其新闻经历是怎样的？

---

① 参见唐海江：《中国新闻职业化的战后际遇：以成舍我的经历为中心（1945～1949）》，《新闻与传播评论》2017年第1期。

第六章　新中国成立前中国共产党的新闻事业

20世纪20年代，伴随着中共党组织的建立，党的新闻事业随之诞生。中国共产党自成立之初就重视报刊宣传，在党报思想的指引下，党报的宣传内容和办刊方针始终与革命的形势与任务相联系，其生存与发展境遇也与党的政治命运息息相关。以《共产党》月刊、《向导》周刊等为代表的中国共产党早期的新闻事业就诞生于上海等大城市。四一二反革命政变后，除少数报刊，如《布尔塞维克》等在国统区秘密出版外，党的新闻事业随着革命根据地的建立迁至经济文化较为落后的农村地区。经历十年内战、抗日战争、解放战争的严峻考验，中国共产党的新闻宣传工作者克服了物资、技术、人才等各方面的困难，建立起报刊、电台、通讯社三位一体的新闻事业，并总结出“全党办报、群众办报”的实践经验，在党的事业的宣传和动员方面做出了卓越的贡献。20世纪40年代末，党的新闻事业伴随着人民军队军事上的胜利重新向城市拓展，中共中央和各省市机关报都有组织地创办和发展起来，为新中国新闻宣传体系的建立奠定了基础。

第一节　中国共产党报刊体系的初步建立

一、中共中央机关报的创办

1920年中国共产党上海发起组成立后，先后改组《新青年》，并特意选择“十月革命”的纪念日——11月7日创办了《共产党》月刊，希望“跟着俄国共产党”，“走十月革命的道路，建设社会主义和共产主义”。该刊为16开本，在全国秘密发行，李达任主编，陈独秀、李达、施存统、沈雁冰等为主要撰稿人。

1921年，党的一大通过了《中国共产党的第一个决议》，其明确规定："杂志、日刊、书籍和小册子须由中央执行委员会或临时中央执行委员会经办。""任何中央地方的出版物均不能刊载违背党的方针、政策和决定的文章。"1922年，党的第二次全国代表大会又通过《中国共产党加入第三国际决议案》，宣布完全承认列宁制定的《加入共产国际的条件》，其中包括完全承认有关报刊宣传的条件，如"不管整个党目前是合法的或是不合法的，一切定期的和不定期的报刊、一切出版机构都应当完全服从党中央委员会；出版机构不得滥用自主权，实行不完全符合党的要求的政策"。因此，早在中国共产党建立初期，便已确立了其后贯彻数十年的党报思想：党报须在组织上服从党的领导，政治上与党中央保持一致。在这样的党报思想指导下，中国共产党党报开始创办并不断发展壮大。

1922年8月，中共中央在杭州西湖会议上决定创办一份全国性的政治机关报。这是因为此时《共产党》月刊和《新青年》月刊已先后停刊，这两家刊物的停办，使党在理论宣传上的力量大为削弱。与此同时，《劳动界》《劳动音》《劳动周刊》等党创办的工人刊物也由于各种原因纷纷停刊，党在工人运动方面的宣传大受影响。按照中共最初的设计，准备"在北京办一《远东日报》，专是宣传国民革命"。但共产主义代表马林表示反对，据蔡和森回忆，其理由为："第一，本党能力不足；第二，恐不久被封闭；第三，以为当时党不应该办这样大的机关报，只应办一周刊。"[①]中共中央接受了马林的意见，决定创办一份小型周报，作为中共中央机关报。1922年9月13日，《向导》在上海创刊，蔡和森任主编。他于1925年6月因病离职后由时任中共中央宣传部主任彭述之兼任。1927年4月，《向导》编辑部随中共中央宣传部从上海迁到汉口，《向导》改由瞿秋白主编，共出版201期。

作为党报，《向导》周刊的办刊宗旨与党在二大时提出的革命目标高度吻合。《中国共产党第二次全国代表大会宣言》指出，党在民主主义革命阶段的主要纲领是：消除内乱，打倒军阀，建设国内和平；推翻国际帝国主义的压迫，达到中华民族完全独立；统一中国为真正的民主共和国。"和平""独立""统一"也很自然地成为《向导》周刊的关键词。在《向导》的创刊号上，陈独秀撰写《本报宣言》，申明："谨以统一、和平、自由、独立四个标语呼号于国

① 蔡和森：《中国共产党的发展(提纲)》，李忠杰、段东升主编：《中国共产党第一次全国代表大会档案文献选编》，中共党史出版社2015年版，第63页。

民之前!”《向导》创刊后,发行量最高达到 10 万份,喜欢它的读者称其为“黑暗中国社会的一盏明灯”。

继《向导》之后,1923 年 6 月 15 日中共中央在广州复刊了《新青年》。复刊后的《新青年》为季刊,由瞿秋白任主编,成为中共中央的纯理论刊物。出版 4 期后本改为月刊,但实际上并不能按期出版,成为不定期刊物,1926 年 7 月停刊。

据统计,该刊第 1 期至第 4 期共有译文 24 篇,占第 1 期至第 4 期总共 53 篇文章的二分之一弱,其中列宁著作 6 篇,斯大林、托洛茨基著作各 1 篇,共产国际决议和会议纪要 4 篇,赤色职工国际决议 1 篇。[①] 这 13 篇除列宁的《俄罗斯革命之五年》外,内容都直接或间接与中国革命有关。之所以这么集中翻译苏联领导人的著作和共产国际的决议,一方面是因为中共二大通过了中共加入共产国际的决议,作为共产国际的一个支部必须执行共产国际的决议;另一方面是因为当时中共处于幼年期,需要列宁等苏联领导人和共产国际在理论上和战略、策略上的帮助。

与之同时,党中央还创办了《前锋》月刊,主编为瞿秋白。1923 年 7 月 1 日在上海创刊,为了避免引起当局注意,假托在广州出版。该刊原定是月刊,实际也未能按期出版。该刊以刊登论述中国及世界经济、政治诸问题的长篇专论为主,重视调查研究,采用很多统计数字,具有非常鲜明的理论色彩。另外,该刊还辟有专栏“寸铁”,是瞿秋白等中共早期领导人发表时评的重要阵地。他们抨击帝国主义、封建军阀,号召国民革命,维护国家统一和民族独立,有效地宣传了党的政治主张。

这一时期,中国共产党已经开始强调无产阶级党报的政治性和战斗性,将党的出版物作为党的言论机关和宣传工具。1922 年中共二大通过的《中国共产党加入第三国际决议案》明确规定:“日常的宣传和鼓动必须具有真正的共产主义性质。党掌握的各种机关报刊,都必须由确实忠于无产阶级革命事业的可靠的共产党人来主持。”[②]1923 年颁布的《教育宣传委员会组织法》对 8 种出版品进行了定性,如《新青年》季刊为“学理的马克思主义的研究宣传机关”,《向导》周刊为“国内外时事的批评宣传机关”,《中国青年》

---

① 参见张静如:《关于〈新青年〉季刊》,《党史研究与教学》2011 年第 5 期。

② 孙武霞、许俊基编:《共产国际与中国革命资料选辑(1919～1924)》,人民出版社 1985 年版,第 182～183 页。

周刊为“一般青年运动的机关”等。[①] 此时中国共产党“创办机关报”的理念已初具雏形。[②]

二、中国社会主义青年团的刊物

中国共产党成立之前，各地共产主义小组在准备建党的同时，也开始筹建社会主义青年团。上海、北京、广州、长沙等地先后建立了团组织，最早的中国社会主义青年团的刊物就是由地方团组织创办的。

《先驱》，1922 年 1 月 15 日创刊，从创刊号至第 3 期，由北京的地方团组织编辑出版，刘仁静和邓中夏任主编。由于北洋政府的查禁，从第 4 期起，该刊迁到上海，改由中国社会主义青年团临时中央局编辑出版，施存统任主编。1922 年 4 月 1 日，《先驱》第 5 期发表《今后中国的青年应当怎样的运动》一文，认为此前的青年运动存在忽略政治、误听零碎解决、迷信绝对自由等三大问题。为解决问题，今后青年运动的第一步是“组织”，“由种种的小组织起来进而为地方的、全国的大组织”，在组织过程中“把共产主义尽力地去宣传，以求主义的普遍”。这一愿景已较为清楚地阐明了《先驱》作为事实上的团中央机关报的定位和功用。1922 年 5 月，中国社会主义青年团第一次全国代表大会在广州召开，正式成立中国社会主义青年团。团的章程明确由团中央执行委员会出版机关报，《先驱》成为团中央的第一个机关报。该刊着重介绍国际共产主义运动和青年运动的状况，宣传马列主义理论和中国共产党的主张，评述中国青年思想，批评各种错误思想，报道团的活动和刊载团的文件等。《先驱》出至第 25 期停刊，是首批团刊中出版时间最长的一份刊物。

1923 年 8 月，中国社会主义青年团第二次全国代表大会决定创办《中国青年》作为团中央机关刊物。10 月 20 日，《中国青年》周刊在上海创刊，恽代英、林育南任主编，邓中夏、刘仁静也深度参与《中国青年》运作，为其大量写稿。这四人组成《中国青年》初创时的基本班底。[③] 1925 年 5 月以后，肖楚女与恽代英一起主编，被全国青年誉为最受欢迎的青年导师之一。该刊发行

---

① 参见中国社会科学院新闻研究所编：《中国共产党新闻工作文件汇编》(上)，新华出版社 1980 年版，第 7 页。

② 参见郑保卫、王青：《论中国共产党新闻思想百年发展历史进程》，《社会科学战线》2021 年第 6 期。

③ 参见瞿骏：《助产“主义时代”：〈中国青年〉的定位、推广与阅读(1923～1927)》，《中共党史研究》2020 年第 6 期。

量通常在 1.2 万份，最多时 3 万份，在当时属于很高的发行量。它的宣传内容主要是以下几个方面：一是帮助青年正确对待工作、学习、生活，引导青年走上革命道路。《中国青年》创刊后，发表了许多关于恋爱、婚姻、家庭等问题的文章和通信，引导学生正确对待现实生活中的许多具体问题，树立革命的人生观。二是评述时事政治，帮助青年正确认识国内外形势，提高觉悟。《中国青年》专门设有“时事述评”和“我们的时代”等栏目，对国内外大事进行分析，帮助青年正确认识国情与革命。三是宣传马列主义理论，同各种错误的反动的思想做斗争。

这份刊物从青年的生活、思想实际出发，运用生动活泼的形式和平易流畅的语言，对青年进行科学的引导、宣传和教育，成为青年“忠实的友谊的刊物”，在青年学生中具有强大的影响力、号召力和感染力。

四一二反革命政变后，《中国青年》被迫停刊。1927 年 11 月 7 日，《无产青年》作为共青团的机关刊物秘密发行。从两本刊物的关系看，《无产青年》在《中国青年》停刊后发行，虽然名称改变了，但是延续了作为团中央的机关刊物的角色，性质没有变。1928 年 10 月 22 日，又改名为《列宁青年》，在上海秘密出版，直至 1932 年 5 月被迫停刊。

三、工人报刊的发展

这一时期工人报刊的发展经历了两个阶段。

第一个阶段是 1921 年至 1923 年。中国共产党成立后，就把领导工人运动作为中心工作，工人报刊也随之迅速发展起来。从 1921 年下半年到 1923 年初，为了更好地加强对工人的宣传鼓动工作和对罢工的领导工作，党在北京、上海、广州、武汉、长沙、济南等地陆续创办了一批工人报刊，其中最著名的是上海的《劳动周刊》和北京的《工人周刊》。

1921 年 8 月 11 日，中国共产党领导工人运动的总机关——中国劳动组合书记部在上海成立，《劳动周刊》就是这一组织的机关刊物，也是党领导下的第一份全国性的工人报纸。这份报纸于 1921 年 8 月 20 日创刊，四开小型报，铅印。《劳动周刊》一创刊就宣布“我们的周刊不是营业的性质，是专门本着中国劳动组合书记部的宗旨，为劳动者说话，并鼓吹劳动组合主义”，希望中国工人“都来维护这唯一的言论机关，扩大解放全人类的声浪，促进解放全人类的事业实现”。以此为指导，《劳动周刊》一方面报道工人阶级极度穷困的现实生活，另一方面宣传和指导工人运动，特别集中反映了陇海铁路工人大罢工和汉口人力车夫大罢工的斗争情况。《共产党》月刊因此称赞道："办得异常完善，大可以增进劳动者的知识，这是教育训练劳工们一个最好的机关报。"该刊设有"通讯""评论""社会调查""工会消息""世界要闻""随感录""小说""诗歌""笑话"等栏目，所刊文章大多简明扼要，通俗易懂，适合劳动者阅读。1922 年 6 月 9 日，该刊被上海公共租界工部局以"登载过激言论""鼓吹劳动革命"的罪名勒令停刊。主要编辑李启汉被捕，被"判监三个月，驱逐出境"。① 在艰苦的环境中，《劳动周刊》坚持出版了 41 期，持续近一年时间，在推动工人运动、激发工人斗志等方面发挥了重要作用。

《工人周刊》1921 年 7 月创刊于北京，四开小型报，后改为八开，最初是由北京共产主义小组以"工人周刊社"名义刊行，1922 年夏成为中国劳动组合书记部的机关报，1924 年全国铁路总工会成立后，改为中华全国铁路总工会的机关报，编辑、发行地点也迁到全国铁路总工会的所在地郑州。1926 年迁至天津出版。报纸辟有"调查""评论""特载""工人谈话""工人之声""劳动新潮""工人常识"等栏目，报道各地工人受压迫的遭遇，刊登对工人劳动、生活状况的调查，特别着重报道工人反抗压迫、要求改善经济状况的罢工斗争。该报对 1921 年陇海路工人罢工、1922 年 1 月香港海员大罢工、1923 年京汉铁路二七大罢工都进行了长期的报道，并对工人运动进行实际的指导。报纸初为每个星期天出版一次，四开一张，后改八开单张，主要在北方铁路工人中发行。首期试刊印刷 1500 份，一般发行量为 2000～6000 份。② 因受到军阀政府的迫害，《工人周刊》多次停刊，终刊时间不详。从 1921 年到 1926 年，其持续 5 年多时间，累计出版总数在 150 期以上，被誉为"北方劳动界的一颗明星"。

此外，中国劳动组合书记部各个地方分部也都创办刊物，如山东的《山东劳动周刊》、湖南的《长沙劳动周刊》、湖北的《劳动周刊》、香港的《香港劳动周刊》等。加之罢工斗争高潮中各地工会创办的刊物，如陇海铁路总工会创办的《陇海路大罢工》、京汉铁路总工会创办的《京汉铁路日刊》、唐山工会创办的《唐山潮声》等，因此从 1921 年到 1923 年，形成了工人报刊的第一个高潮。这些报刊一方面向工人群众通俗地宣传马列主义，反映工人群众的生活和工会的组织活动，号召工人阶级团结起来，反对帝国主义，反对封建

① 参见孙桐桐、赵云泽：《指导工人运动的〈劳动周刊〉》，《新闻界》2016 年第 5 期。

② 参见刘小铃、孙萍：《为全国铁路工人谋利益的〈工人周刊〉》，《新闻界》2017 年第 5 期。

军阀；另一方面对工人运动进行实际的指导，与实际结合更加紧密，体现了报刊在实际工作中重要的组织领导作用。

1923年二七惨案之后，全国工人运动转入低潮，工人报刊多数被迫停刊或者被查封，只有少数报刊如《工人周刊》还坚持出版。

工人报刊的第二个阶段是1924年下半年至1927年。经过一年左右的沉寂，随着国共合作的实现、五卅运动的爆发和北伐战争的开始，工农群众运动在全国蓬勃开展，工人报刊迎来了一个新的高潮。

1924年春，工人报刊开始复兴。一批工人报刊陆续创刊，其中最重要的是《中国工人》。《中国工人》在1924年10月创刊于上海，后成为中华全国总工会的机关报。主要撰稿人有邓中夏、刘少奇、瞿秋白、李立三、任弼时、赵世炎、林伟民等。该报以指导工人运动的复兴为首要任务，以国内工人运动报道为核心，兼顾国际工运报道，宣传鼓动工人进行罢工斗争，是中国共产党在第一次国内革命战争时期领导工人运动的重要舆论阵地。1929年5月15日停刊，共出13期。

五卅运动后，一批指导工人运动的报刊创刊，如《上海总工会日刊》《山东周刊》《工人之路》等。产业工人也纷纷创办刊物，京汉铁路总工会创办《工人日报》，上海印刷总工会创办《印刷工人》，中国海员工会创办《中国海员》，广州机工联合会创办《机工会会刊》。其中影响最大的是省港大罢工运动中出版的《工人之路特号》。《工人之路》创刊于1925年6月24日，是大革命时期中国共产党领导出版时间最长的一份工人报刊。《工人之路》最初定位为中华全国总工会的机关刊物，五卅运动爆发后，中共审时度势，为组织更大规模的罢工活动声援上海，特于1925年6月13日组织成立省港罢工委员会。6月24日起，《工人之路》更名为《工人之路特号》，改为省港罢工委员会的机关报，是八开本小型日报，每日出版。中华全国总工会宣传部部长、省港罢工运动的领导人邓中夏任主编，“发行份数由创刊初期每天三千份，逐增到一万份，几乎每四五个罢工工人就有一份”①。省港大罢工坚持了16个月，成为世界工人运动史上时间最长的大罢工之一，《工人之路特号》在宣传、动员、组织等方面发挥了关键作用。

北伐战争开始后，各省市纷纷成立地方工会，各地工会的报刊随之诞生。湖北全省总工会创办《工人导报》《工人画报》，上海总工会创办《平民

① 黄流沙、苏乾：《大革命时期的〈工人之路〉日报》，《新闻业务》1962年第5期。

报》《上海总工会五日刊》等。这一时期,“工人报刊形成了一个从中华全国总工会到省市总工会再到各地工会的工人报刊系统,它们和各产业工会的工人报刊一起,形成了1920年以来工人报刊发展的最高峰”①。

1927年,蒋介石在上海发动四一二反革命政变,汪精卫在武汉发动了七一五反革命政变,轰轰烈烈的大革命失败。原本红红火火的工人报刊受到严重摧残,工人报刊繁荣发展的局面遭到严重破坏。

四、五卅运动和《热血日报》

1925年5月15日,上海日本纱厂资本家枪杀工人顾正红,打伤工人十余人,激起工人、学生和广大民众的极端愤怒。5月30日上午,上海工人、学生2000多人,分组在公共租界各马路散发传单,进行讲演,揭露帝国主义枪杀顾正红、抓捕学生的罪行,反对上海工部局提出的有损中国主权和危害民族资产阶级利益的“四提案”。租界当局大肆拘捕爱国学生,并向游行的群众开枪射击,当场打死十余人,打伤数十人,制造了举国震惊的五卅惨案。当晚,中共中央召开紧急会议,决定由瞿秋白、蔡和森、李立三、刘少奇等组成行动委员会,具体领导这次斗争,组织全上海民众罢工、罢市、罢课,抗议帝国主义的暴行。6月1日,“三罢”运动开始,为了及时报道运动形势和指导群众斗争,中共中央决定创办《热血日报》。

6月4日,《热血日报》创刊,这是中国共产党创办的第一份日报。《热血日报》创刊于五卅运动的背景下,弥补了《向导》作为周刊在时效性上的不足。中共中央决定任命瞿秋白为主编,并从中央宣传部、上海《民国日报》抽调郑超麟、沈泽民、何味辛组成编辑委员会,切实指导五卅运动。据郑超麟回忆,之所以定名“热血”,是因为同时期还有一份名为《公理日报》的报纸,编辑人之一为沈雁冰。瞿秋白说:“这个世界有什么公理呢?解决问题的,只有热血!”②

在五卅运动中,《热血日报》一方面报道和评述五卅运动中斗争的态势,另一方面为反帝爱国运动指明方向,发行仅10天,“销数即达三万,投稿通信与亲来接洽者,日以百计”③。可惜《热血日报》仅维持了24期,因为承印该报的印刷厂老板被巡捕房发现,工厂被封,报纸不得不停刊。

① 蒋含平、谢鼎新编著:《简明中外新闻事业史》,合肥工业大学出版社2004年版,第123页。

② 转引自范用编:《郑超麟回忆录》(上),东方出版社2004年版,第225页。

③ 《热血日报》启事,《热血日报》1925年6月16日第12期。

五卅运动得到了全国各界的声援。大量的学生报刊涌现，上海学生联合会机关报出版了《血潮日刊》《英文周报》，同济大学出版了《五卅血》，复旦大学出版了《华血报》。上海工商界出版了大量提倡国货为主要内容的报刊，如《国货周刊》《国货日报》《国货评论报》《爱国报》《中华国货旬刊》等。天津《益世报》从1925年6月1日开始对五卅惨案进行题为“沪英捕枪杀案”的连续报道，持续了25天，真实记录了事件的真相和各地群众援助的情况。

但是，在这场伟大的反帝斗争中，上海租界的《申报》《新闻报》《民国日报》《商报》《时事新报》《时报》等大报，在运动开始时却态度暧昧，隐忍不发。这与这些报刊处在租界，经济、政治上受到约束有一定关系，但是从根本上说，是中国民族资产阶级软弱性的表现。

《申报》《新闻报》甚至还刊登了帝国主义的宣传品《诚言》，引起了声势浩大的抵制《诚言》、不看《诚言》的运动。

所谓《诚言》，实际是上海公共租界工部局出版处炮制的一份类似传单和小报形式的印刷物。它于1925年6月30日发行，不固定篇幅，不具出版机关，出过3期。第1期标题是《英外长张伯伦演说》，第2期是《沙面一役中国学生先放枪》，第3期是《苏联对于中国的野心》。两个月内，共散发和张贴110万份。《诚言》的内容是为帝国主义辩护，颠倒是非，恶意攻击中国人民的爱国行动。但是，《申报》和《新闻报》接受当局的政治广告，7月11日在广告栏内全文刊登《诚言》第1期。这激起了上海新闻界和广大市民的公愤。革命报刊《血潮日刊》《中国青年》《工商学生联合会日报》等载文痛斥《申报》《新闻报》两报行为。几百名群众涌到《申报》进行抗议，一致要求《申报》《新闻报》必须答应5个条件：第一，刊登辟《诚言》的广告；第二，刊登辟《诚言》的评论；第三，刊登启事向全国道歉；第四，刊登辟《诚言》传单10万份；第五，捐助工人10万元。①

经过思考和反省，《申报》和史量才意识到报刊面对政治斗争不可能明哲保身、置身事外，要么选择和人民群众的立场一致，要么选择屈服于帝国主义的压力。7月17日，《申报》刊登《辟〈诚言〉》全文，18日刊登了向全国读者道歉的启事，散发《〈诚言〉是英国人的谣言》传单20万份。

五、中国共产党早期报刊的主要特点

中国共产党自创建时期起就始终重视新闻宣传工作，创办报刊是中国

① 参见戈公振：《中国报学史》，中国传媒大学出版社2016年版，第181页。

共产党的革命事业的重要组成部分。在20世纪20年代以来的传媒格局中,中国共产党的报刊独树一帜。

第一,中国共产党的报刊是在共产国际的帮助下,借鉴俄国布尔什维克党和列宁的办报经验创办的。中国共产党成立初期,共产国际从组织到宣传都给予了多方面的支持和帮助。当时,共产国际曾专门派维经斯基和马林等人来指导和帮助中国共产党从组织上建党和开展宣传工作,这使得中国共产党人有机会直接学习和借鉴世界无产阶级的办报经验和办报传统。列宁的新闻思想成为中国共产党的新闻工作的重要指针,中国共产党的许多有关新闻宣传工作的文件是学习和阐释列宁的办报经验和办报思想的。1922年7月中国共产党第二次代表大会通过的决议案中关于"宣传"部分的有关规定,同1920年7月列宁为共产国际第二次代表大会起草的《加入共产国际的条件》中的一些内容相一致。[①] 另外,也有一些中国共产党人在苏联学习和工作,把在苏联学到的经验运用到了指导办报的实践中。1920年10月至1923年1月,瞿秋白以北京《晨报》和上海《时事新报》特派员身份赴俄访问,写下十几万字的旅俄通讯,将十月革命之后俄国的情况介绍到国内,与此同时,他还学习俄国办报经验,为后来办《向导》《前锋》《热血日报》《红色中华》等奠定了基础。

第二,旗帜鲜明的党性原则,以宣传马列主义和党的纲领、路线、方针、政策,指导革命斗争为基本任务。五四运动爆发前后,李大钊等人在《新青年》和《每周评论》上发表了《庶民的胜利》《布尔什维主义的胜利》《再论问题与主义》等文章,系统介绍了马克思主义学说,为中国共产党的诞生做了思想上的准备。《向导》《前锋》《热血日报》等都坚持传播马克思主义新思想,宣传党的纲领和章程,剖析世界革命和中国革命形势,指导中国工人运动。马克思主义由此得到广泛传播,得到社会各界的认同。坚持党性原则,最根本的就是要坚持党对新闻舆论工作的领导。蔡和森主编《向导》,瞿秋白主编《新青年》季刊、《前锋》和《热血日报》等,毛泽东、周恩来、邓中夏、恽代英等中共早期领导人纷纷投身于无产阶级政党报刊的活动和实践,创办了一批无产阶级革命报刊。

第三,重视报刊的宣传鼓动作用,以最广大的工人、农民、群众为读者对象,扩大影响的范围。《中国共产党宣言》(1920年11月)强调:"共产党的任

① 参见郑保卫:《中国共产党新闻思想形成和发展的背景与条件》,《新闻传播研究》2005年第3期。

务是要组织和集中这阶级斗争的势力，使那攻打资本主义的势力日增雄厚。这一定要向工人、农人、兵士、水手和学生宣传，才成功的。”[①]配合工人运动、农民运动的开展，党的早期报刊在实践中探索并承担起革命的“宣传员”“鼓动员”“组织者”的职责。1927 年八七会议后，党中央发布了《中共中央通告第四号——关于宣传鼓动工作》，要求每个省委要筹备一种鼓动性的机关报，省委以下的各级党委也应尽己所能筹备这种鼓动性的机关报。[②] 从中共一大召开前到大革命时期，中国共产党创办的报刊数量很多，难以尽数。由于斗争环境严酷，党的早期报刊有很多创办时间不长，但随着各级各类报刊的持续创办，党报的类型日趋多样，形成了从中央到地方层级办报的网络体系，宣传渠道不断拓宽。

第四，在文风上，党的报刊坚持使用五四时期倡导的通俗浅显的文风。党报党刊的宣传对象有很多都是文化程度较低的工人和农民，他们缺乏基本的阅读能力和理解能力。因此，党的报刊将平常百姓的语言作为写作的工具，对工人、农民来说通俗易懂，有利于向其传播马克思主义的新思想，也为中国共产党进一步深入群众、发动群众，增进与群众的感情提供了有力武器。比如，《劳动界》的发刊词阐明“工人在世界上是最苦的”，“而我们中国的工人比外国的工人还要苦”，“就因为外国工人略微晓得他们应该晓得的事情，我们中国工人不晓得他们应该晓得的事情”，办报是为“教我们中国工人晓得他们应该晓得的事情”[③]。这些文字浅显通畅，受到广大工农群众的普遍欢迎。

第二节　十年内战时期中国共产党的新闻事业

一、革命根据地党的新闻事业的建立

1.中央革命根据地的新闻事业

大革命失败后，中国共产党将工作重点从城市转入农村，创建了工农红

① 中共中央宣传部办公厅、中央档案馆编研部编：《中国共产党宣传工作文献选编》，学习出版社 1996 年版，第 197 页。

② 参见中国社会科学院新闻研究所编：《中国共产党新闻工作文件汇编》（上），新华出版社 1980 年版，第 36 页。

③ 姚涵、孔丹霞：《中国共产党思想传播的渠道：早期党的报刊创办及影响》，《毛泽东邓小平理论研究》2020 年第 12 期。

军，建立了革命根据地。中国共产党历来重视新闻宣传工作，在这一时期，即使条件极其困难，中央和地方都建立了报刊网络，也建立了通讯社。据统计，从 1931 年底到 1934 年 10 月中央红军开始长征这段时间，中央革命根据地出版的报刊约 160 种。

1929 年 12 月 28 日至 29 日，在毛泽东的主持下，在福建上杭县古田村召开了中国共产党红军第四军第九次代表大会，这就是著名的古田会议。古田会议产生的决议全文近两万字，内容极其丰富，共分八个部分，用大量篇幅全面系统地阐述了红军宣传工作问题。决议要求"各红军部队的政治部，带动地方苏维埃政府的文化部开始创办很有特色和教育意义的《时事简报》"①。《时事简报》的主要对象是士兵和群众，刊登的内容是"国际国内政治消息、游击地区群众斗争情形、红军工作情形。每星期至少出一张，一概用大张纸写，不用油印，每次尽量多写几张。政治简报的编印，应注意下列各项：要快、内容要丰富一点、字稍大点要清楚点"②。这种简报出版后，立刻引起红军战士和广大群众的极大兴趣。

1931 年 3 月 12 日，毛泽东以中央革命军事委员会总政治部的名义亲自写了通令——《普遍地举办〈时事简报〉》，并下发军队各级政治部和地方苏维埃政府。毛泽东在通令中深刻系统地阐述了普遍办《时事简报》的意义、作用。通令指出："《时事简报》是苏维埃区域中提高群众斗争情绪、打破群众保守观念的重要武器，在新争取的区域对于推动群众斗争更有伟大的作用。因此，本部决定要红军和当地政府普遍地举办起来。"此外，毛泽东还就《时事简报》的内容和编写方法做了详细的说明，其中提出，《时事简报》"不做文章，只登消息"，次序由近及远，数量分配为"国内国际消息要少，只占十分之三，本军、本地、近地消息要多，要占十分之七"③。

在创建井冈山革命根据地和中央革命根据地初期，由于条件的限制，红军初期的宣传工作主要采用标语、传单、布告、壁报、简报等形式，红军正规报刊的创办和发展直至 1929 年古田会议召开后才开始。所以，古田会议的召开不仅是在党和人民军队建设史上具有划时代的里程碑意义，而且为后来中央苏区党的报刊出版事业奠定了基础，在中国共产党新闻史上留下了光辉的一页。

---

① 傅柒生等编著：《红色记忆：中央苏区报刊图史》，解放军出版社 2011 年版，第 100 页。

② 倪延年主编：《民国新闻史研究（2015）》，南京师范大学出版社 2015 年版，第 378 页。

③ 柯华主编：《中央苏区宣传工作史料选编》，中国发展出版社 2018 年版，第 507～510 页。

1930年底至1931年9月，红一方面军连续粉碎了国民党军队的三次“围剿”，使赣西南和闽西革命根据地连成一片。1931年11月7日，中华苏维埃第一次全国代表大会在瑞金召开，中华苏维埃共和国临时中央政府成立，并宣告了以瑞金为中心的中央革命根据地的形成。就在这一天，红色中华通讯社诞生。

红色中华通讯社是在缴获国民党的无线电设备，并收编了敌方的报务员的基础上建成的。红色中华通讯社的业务是收听外电、外报，然后编辑《无线电材料》，每日油印出版，供中央领导同志参阅，这项工作在长征期间也没有中止。此外，红色中华通讯社坚持对外播发新闻，呼号为“中华苏维埃无线电广播”(CSR)。

1931年12月11日，中华苏维埃共和国临时中央政府出版了自己的机关报——《红色中华》。它是中国共产党在革命根据地创办的第一份中央政府机关报。《红色中华》宣传苏区政府的建设，揭露日本帝国主义侵华罪行，宣传中共中央抗日民族统一战线主张，另外还根据苏区人民文化水平低的特点，刊载大量宣传画，发行量最高达到4万份。1934年10月，由于党的“左”倾错误，中央红军被迫长征。在红军主力离开中央苏区后，由于政治环境恶化，《红色中华》的发行量锐减到几千份，刊期也不断延长。1935年2月，在实施分散打游击的战争策略后，《红色中华》停刊。

1935年，中央红军经过一年多的艰苦跋涉，与陕北红军会师。11月25日，《红色中华》在陕北瓦窑堡复刊，红色中华通讯社也恢复工作，此时正值日本帝国主义势力步步紧逼，而蒋介石的抗日立场并不坚决。因此，这一时期，“一报一社”除了宣传和巩固苏区政权外，还大力宣传中国共产党的抗日主张，“逼蒋抗日”。根据中共中央的决定，《红色中华》于1937年改名为《新中华报》，红色中华通讯社改名为新华通讯社，仍是社、报一家。1939年初，中央决定新华通讯社与《新中华报》分开，成立单独的组织机构，从而结束了报、社一家的历史。

《红星报》是中国工农红军军事委员会的机关报，也是中央革命根据地最重要的军报，1931年12月11日在瑞金创刊。1933年5月后，邓小平任主编，1935年1月遵义会议后，陆定一接任主编。该报一般为4开4版，初为5日刊，实为不定期出版，每期发行约17000份，还出过“号外”，也曾经出过32开本的小册子。1933年，出版《红星副刊》。红军长征后，随军出版，手刻钢版蜡纸油印出版，1935年8月停刊。《红星报》发刊词称，要做“红军生活的大镜子,红军的大无线电台,红军政治工作的指导员和党的工作的指导员”。《红星报》最大的特点是语言通俗活泼,无论是新闻和通讯,还是社论和理论性文章,都具有短、新、快的特点。一般的新闻只有百十来字,通讯大多是二三百字,社论一般不超过 2000 字。其报道的消息都是红军作战中比较重大的、新进发生的事情。在当时只有几匹马,主要靠人步行传递消息和报纸的情况下,《红星报》尽最大努力,把最新的信息及时、迅速地传递给红军指战员和人民群众。该报内容非常丰富,除了社论、要闻、专电、前线通讯、国际时事等一般栏目外,还设有 10 多个固定的专栏。“党的生活”“列宁室”侧重于政治思想工作和理论建设,“军事知识”“军事测验”侧重于军事知识,“卫生常识”侧重于战时护理和防病治病,还有“俱乐部”等类似于副刊性质的专栏。为了方便战士理解、活跃版面、增强吸引力,《红星报》的评论和理论文章经常配一些绘图和插画。《红星报》的编辑人员始终就三五个人,但是它的通讯员队伍却是广大的。通讯员队伍中,有党和中央的领导同志,比如毛泽东、朱德、彭德怀、罗荣桓等都为《红星报》写过社论和文章。基层连队的战士也是《红星报》的通讯员,他们一边同敌人在战场上浴血奋战,一边为报纸写稿,怎样打就怎样写,写的就是自己和身边的战友,写出来的消息生动真实。在红军长征中,《红星报》是党中央、中革军委的唯一报纸,是迄今为止发现的当时唯一以公开文字记录红军长征的原始资料,对于研究红军长征史具有无可替代的独特作用。

《青年实话》是中国共产主义青年团苏区中央局机关报,1931 年 7 月 1 日创刊,1934 年 9 月 30 日停刊。中国共产主义青年团苏区中央局宣传部部长陆定一、魏廷群先后担任《青年实话》主编。《青年实话》创刊伊始就提出“要成为苏区团的工作和群众工作的领导者,成为团在青年群众中扩大政治影响的有力的工具,成为青年群众的组织者”[①]的办刊宗旨。其内容和步调大体与《红色中华》一致,不同的是它具有鲜明的青年特色。在短短的3 年时间内,《青年实话》成为苏区重要的红色报刊,发行量高达近 3 万份,受到苏区军民读者特别是青年读者的欢迎。

2.其他革命根据地的报刊和红军报刊

经过 5 年多的艰苦斗争,到 1933 年下半年,工农红军先后在 14 个省的边界地区开辟了 10 多个革命根据地。这些根据地都建立了人民政权,出版

① 作霖:《建立团报的领导作用——〈青年实话〉发刊词》,《青年实话》1931 年 7 月 1 日。

了当地党政机关和群众团体的报刊，如湘赣根据地的《湘赣红旗》、闽浙赣根据地的《工农报》、湘鄂西根据地的《红旗日报》和《工农日报》、鄂豫皖根据地的《列宁报》和《鄂豫皖苏维埃报》、川陕根据地的《共产党》和《苏维埃》、琼崖根据地的《琼崖红旗》等，这就从中央到地方初步形成了党报系统。

《红军日报》是 1930 年 7 月 29 日创刊的报纸，8 月 4 日随红军撤出长沙而停刊，仅出 6 期，是红军报刊中第一张也是唯一一张铅印对开大型日报。1930 年 7 月 27 日，彭德怀率领红三军团攻占长沙后，接收了国民党当局长沙国民日报社的房屋、印厂、纸张等全部设备和物资，继而以红三军团总政治部的名义出版《红军日报》。该报面向工农兵大众，设有国内、国际、本省、地方、本埠等 5 个新闻专栏，以及“红军特讯”“专电”等专栏，每期刊有一篇署名的评论。第一版曾刊载共产党十大政纲、土地政纲及红军告工农兵和各界群众书；第二版刊登社论、专电和国内新闻；第三版为国际新闻、本省新闻、地方新闻、红军特讯和本埠新闻；第四版是广告和文艺，设有“血光”文艺专栏；第 6 期第 5 版扩充出版“红军”副镌专页。该报出版时间虽短，但是言论富有鼓动性，副刊独具特色，在当时产生了不小的影响。当时长沙的《大公报》曾对此评价：“红军戎马倥偬，尤知注重报纸宣传，不稍疏懈，吾人对之，宁无愧色乎。”①

中国共产党在革命根据地的新闻事业，是在中国共产党领导的人民政权下创建的党和人民的新闻事业，是一种全新的新闻事业，是中国共产党首次建立的自己的新闻体系，继承和发扬了列宁的党报思想，并且开创了一条“城市—农村—城市”的革命新闻事业发展的新道路。

二、国统区党的报刊活动

1.国统区党的报刊的斗争

1927 年 4 月 12 日，蒋介石发动反革命政变，第一次国内革命战争时期创办的《向导》等革命报刊几乎全部被迫停刊。8 月 12 日，中共中央发出通告，要求各级党组织努力恢复和加强党的宣传鼓动工作，由于形势和任务的变化，重建的报刊一般不用大革命时期的名称。1927 年 10 月 22 日，中共中央临时政治局常委召开会议，决定在上海创办新的综合性的中央机关刊物，定名为《布尔塞维克》。中共中央指定瞿秋白、罗亦农、邓中夏、王若飞、郑超

---

① 湖南省地方志编纂委员会编：《湖南省志》第 20 卷《新闻出版志·报业》，湖南出版社 1993 年版，第 137 页。

麟组成 5 人编辑委员会，瞿秋白任主任，后又增加蔡和森、张太雷、毛泽东、周恩来等 21 人任编委。中央决议对该刊的定位是："《布尔塞维克》报当为建立中国无产阶级的革命的思想之机关，当为反对资产阶级思想及一切反动妥协思想之战斗机关。《布尔塞维克》报并且要是中国革命新道路的指针——反对帝国主义军阀豪绅资产阶级的革命斗争的领导者，他应当做工农群众革命行动的前锋。"①

该刊初期是 16 开本周刊，实际上并不能按期出版。后改出半月刊、32 开本月刊，至 1932 年 7 月出版第 5 卷第 1 期后停刊，共出版 52 期，刊载文章 453 篇，累计 255 万余字。《布尔塞维克》以评述国内政治经济问题、国内外形势为主要内容，文章涉及工人运动、农民暴动、中国革命问题、马列主义理论问题等。此外，还辟有"读者之声""地方通讯""寸铁"等栏目。第 11 期起，特别开辟"我们的死者"专栏以示悼念，先后报道了陈延年、赵世炎、张太雷、向警予等百余名烈士的战斗生平和英勇殉难的事迹，对他们表示了深切的悼念，赞扬他们的革命精神，宣告要踏着他们的血路前进。② "在 1927 年 10 月 24 日到 1928 年 7 月 10 日期间的 23 期里，《布尔塞维克》登载的悼文就多达 15 篇，几乎每期都要宣告一位同志生命的消逝。"③

《红旗日报》于 1930 年 8 月 15 日创刊，前身是《红旗》三日刊和《上海报》，李求实主编。初为中共中央机关报，从第 162 期(1931 年 2 月 14 日)起改为中共中央和中共江苏省委机关报。《红旗日报》在其发刊词《我们的任务》中宣布："本报出版的任务，不仅是要刊登每日的全国的政治事变，传达各地的革命活动，并且要根据着马克思列宁主义的原则，发布中国共产党对革命斗争中各个问题的观点与主张。在现在的阶级社会里，报纸是一种阶级斗争的工具。"④第一次明确指出报纸是阶级斗争的工具，申明党报应根据马克思列宁主义原则，进行阶级斗争，办出工农群众自己的报纸，揭示了党报的阶级性质，进一步深化了党的新闻思想。

---

① 《中央通告第十一号——关于出版中央机关报〈布尔塞维克〉的决议(一九二七年十月二十二日)》，中共中央文献研究室、中央档案馆编：《建党以来重要文献选编(一九二一～一九四九)》第 4 册，中央文献出版社 2011 年版，第 563 页。

② 参见蓝鸿文、许焕隆：《瞿秋白评传》，人民日报出版社 2000 年版，第 60 页。

③ 陈龙：《承上启下：〈布尔塞维克〉在中国共产党发展史上的重要作用与意义》，《新闻春秋》2019 年第 4 期。

④ 《〈红旗日报〉发刊词——我们的任务(1930 年 8 月 15 日)》，复旦大学新闻系新闻史教研室编：《中国新闻史文集》，上海人民出版社 1987 年版，第 167 页。

1930年9月30日，该报第44期发表的《〈红旗日报〉宣言》指出："我们揭起了中国苏维埃的旗帜，号召了全国反帝国主义及反军阀战争的革命运动，宣布了中国共产党在现在革命中之一切政纲与主张，发布了中国广大群众在目前时局中的斗争要求与战略，更鼓励了全中国之广大工农劳苦群众的阶级斗争。"在这一指导思想下，该报报道国内重要政治事件和各种革命活动，宣传中国共产党对时局的主张，在白色恐怖中高举反帝反封建的革命旗帜。在"左"倾错误的影响下，该报不再秘密出版和发行，完全暴露在国民党当局面前，公开售卖报纸造成很多发行人员被捕。出版20多天，国民党便衣搜查队就先后抓捕发行员四五十人，印刷所遭到4次破坏，印好的报纸被全部没收，连订户家里也遭到搜查，甚至行人手上被发现有一份《红旗日报》也会被逮捕。在国民党当局迫害下，到1931年2月，该报只能日出极小一张，印1000多份。1931年3月被迫停刊，改成《红旗周报》秘密发行，后又改为半月刊和不定期刊，1934年3月终刊。

除了以上影响较大的报刊外，中国共产党在国统区还出版了《无产青年》《中国工人》《湖北红旗》《长江》等刊物。

这批党报的出现，宣传了中国共产党的主张，批判了党内外的错误思想，对于帮助国统区的人民群众认清国民党的真实面目、看清中国革命的前途有重要意义。革命者英勇斗争，在白色恐怖下出版报刊，积累了不少有益的经验。但是由于国民党反动派的残酷镇压，再加上党内"左"倾错误路线的严重影响，到1932年后，党在国统区的工作机关几乎全部被破坏，其中也包括党在国统区的地下报刊，党的舆论阵地几乎丧失殆尽，一些党的优秀新闻工作者献出了宝贵的生命。1933年初，党的临时中央机关不得不从上海转移到江西瑞金。

2.伪装秘密出版：国统区的出版策略

1927年大革命失败后，国民党将进步书刊视为违禁品，在全国范围内推行文化"围剿"政策。为了坚持出版，这一时期的进步书刊多采取伪装出版的策略，即为出版物设计一个完全不相干的封面。

唐弢在《书刊的伪装》一文中回忆说，《布尔塞维克》是采用伪装名目最多的一个。1929年1月，《布尔塞维克》以《少女怀春》为名出版。所谓"春"，自然是光明未来的象征，是当时一批进步青年男女的共同向往，但不知情者难免以为是本通俗刊物。在这一名称的掩护下，党的刊物瞒过了国民党当局的检查官，得以平安发行。接下来的几期，《布尔塞维克》又仿照国民党机关刊物名称,以《中央半月刊》名义出版。到第2卷第7期,刊物由16开本缩为32开本,假借商务印书馆的《小学高级用新时代国语教科书》之名发行。

由于一个名称不宜长期使用,刊物主办者便根据情况,随时改名。倘若文章中牵涉到历史问题,便用《中国古史考》;涉及经济问题,便用《经济月刊》,或干脆用《金贵银贱之研究》。此外,刊物还用过《中国文化史》《虹》这类听起来像是单行本的名称,以及标明立场的《平民》等。其他如《快乐之神》《实业周报》《观音得道》《苏东坡走马看花》《春花秋月》等都是当时革命报刊的伪名。

> 一九二九年四月十九日,国民党中央宣传部发布了一个"查毁共党假名刊物"的密令,可是遇见鲁迅先生提到过的《大义党迷录》之类的名目,到底还是摸不清底细。就在同年,我记不清是哪一个刊物了,曾经用过《脑膜炎预防法》书名,暗寓可以医治思想、清醒头脑的意思。有一次,有人拿着一本到上海邮局寄发,恰巧被国民党上海市党部派驻邮局的"检查老爷"看到了,当事人心里正在发急,不料这位"老爷"刚一伸手,看到书名,竟像烫着了火一样,立即缩回去,撅起嘴巴扭着鼻子走掉了。①

除了以伪装书名保证发行外,地下报刊的印刷经常分成几处,以免被一网打尽。印刷地点也不断转移,有时还到吴淞口外的长江民船上印刷以求提高机动性。这些报刊在各地建立群众代派处,形成系统的秘密发行网,依靠群众来推销报纸。《红旗日报》几乎在上海的每一个工厂、每一个有赤色工会的地方都建立了代派处;铁路工人、海员、邮务工人也帮助发行《红旗日报》。

与此同时,党也会公开出版一些"灰色刊物",这种刊物不刊载党的文件,不暴露它同党的组织关系,而以既非共产党也非国民党的第三种立场说话,只是用事实证明国民党的统治与北洋军阀相同,使读者站到共产党方面来,或者起码严守中立。如果无法公开出版一种报纸,设法控制一部分版面也是有效的宣传手段。《申报》的"自由谈"、《中华日报》的"动向"、《晨报》的"每日电影",以及《大晚报》《时事新报》等报的电影批评版块都是由共产党员主编的,表现出进步的立场。这种策略被称作"孙行者钻进铁扇公主肚里去"。

---

① 唐弢:《书刊的伪装》,《晦庵书话》,生活·读书·新知三联书店1980年版,第114～115页。

由于党报工作者的顽强斗争，中国共产党终于占领了一批宣传阵地，保住了共产主义的宣传旗帜，发出了自己的声音。

三、左翼文化工作者的新闻活动和鲁迅的报刊活动

20 世纪 30 年代初期，共产党人和思想文化界的进步人士在国统区联合开展了革命文化运动，这个运动的中心在上海，主要的阵地是报刊，最早的倡导者是创造社、太阳社和鲁迅支持的社团和刊物。

创造社是我国现代文学史上的一个著名的新文学团体，曾经出版过《创造季刊》《创造周报》《洪水》《创造月刊》等，宣传新文学的建设。1928 年，创造社在上海创办了《文化批判》，这是一份综合性的理论月刊，内容主要是社会科学论文和文学作品，倡导无产阶级革命文学。由于国民党的迫害，第 5 期改名为《文化》，不久停刊。后来，创造社又创办了《思想》《新思潮》等刊物。

太阳社也是一个新的文学社团，其创办的《太阳月刊》与《文化批判》一起，是当时宣传革命文学的一个重要阵地。太阳社是第二次国内革命战争时期倡导无产阶级文学的又一个文学社团，发起人为蒋光慈、钱杏邨（阿英）、孟超等，主要成员大都是第一次国内革命战争失败后从实际斗争中转移到上海从事文化活动的中国共产党党员，有林伯修（杜国庠）、夏衍、洪灵菲、楼适夷、殷夫、任钧等。1928 年 1 月，他们在上海创办了《太阳月刊》，阐述革命文学的重要理论。

以蒋介石为首的国民党，在对革命根据地和工农红军进行军事“围剿”的同时，又在城市中对革命的进步文化运动进行文化“围剿”。鲁迅率领左翼文化战线，在党的领导下，在粉碎文化“围剿”中发挥了重要作用。1930 年 3 月 2 日，以鲁迅为首的中国左翼作家联盟（简称“左联”）在上海成立。“左联”成立后，由鲁迅主持，先后创办了《萌芽》《拓荒者》《巴尔底山》《前哨》《十字街头》等机关刊物。

另外，“左联”还支持出版了一些外围的报刊，比如《文艺新闻》。《文艺新闻》，1931 年 3 月 16 日由袁殊在上海创立，是一份以新闻报道和评论为主的四开报纸，“内容五花八门，引人入胜，以中立公正有闻必录的面貌出现，却为‘左联’做了大量的宣传工作”[①]。它以读者来信的方式，最早报道了“左

① 唐金海等编：《茅盾专集》第 1 卷（上），福建人民出版社 1983 年 5 月版，第 673 页。

联”五烈士遇难的消息。在《文艺新闻》的倡议下，1931 年中国新闻学研究会成立。1932 年，中国新闻学研究会在《文艺新闻》上出版了一个“集纳”专页。在此基础上，又于 3 月 20 日在上海成立了中国左翼新闻记者联盟（简称“记联”）。中国新闻学研究会不少成员参与其中，成为其基本成员。“记联”成立后，努力通过各种方式，团结进步的新闻界人士，开展革命宣传活动，与国民党的新闻统制政策及其御用报纸做斗争，在上海法租界创办了国际新闻社，向国内外报刊供稿。1934 年，“记联”曾经出版小型报《华报》，开展宣传活动，但当时刊行的时间很短。后来又出版《集纳批判》，该刊是我国最早的有意识地运用马克思主义的立场、观点、方法指导新闻学研究的刊物，强调新闻事业的阶级性，探讨建立无产阶级新闻学的理论体系和代表大众利益的新闻事业，但是该刊仅出了 4 期被迫停刊。1935 年，“记联”成立了公开的通讯社组织“中华新闻社”，公开发稿。1936 年 5 月，为适应建立抗日民族统一战线，“记联”自行解散。

鲁迅在粉碎文化“围剿”中发挥了极其重要的作用。鲁迅是在 1927 年 10 月 3 日从广州到达上海的，直至逝世，他始终都在上海率领左翼文化大军，以报刊为主要阵地，同国民党的文化“围剿”进行了艰苦卓绝的斗争。他主编和支持了多种刊物。其中有公开出版的大型刊物，如《奔流》《太白》等，还有秘密的或者半公开出版的，如《前哨》《十字街头》等，鲁迅先后参加了 18 种报刊的编辑工作。[①] 他不仅自己写文章，还担任具体的编辑、校对工作，甚至为刊物设计封面、安排目录、题写刊名，为刊物写“补白”的稿件。他大力支持黎烈文主编的《申报》副刊《自由谈》的革新，支持聂绀弩主编的《中华日报》的副刊《动向》，发表了大量“匕首”“投枪”式的杂文，成为传世名篇，也因此确立了杂文在中国报刊上的重要地位。这些杂文题材多样，有声讨帝国主义侵略的，有谴责国民党黑暗统治的，有针砭时弊、启发思想的，“嬉笑怒骂，皆成文章”。在写作风格上，鲁迅的杂文将政论性和形象性完美结合，体现出强大的战斗力和艺术感染力，尤其在国民党文化专制的社会环境中，鲁迅的“曲笔”更体现出深刻的哲理，形成了一种新型的战斗文风。

第三节　抗日战争时期中国共产党的新闻事业

全民族抗日战争爆发后，中国共产党建立了以延安为中心的敌后抗日

① 参见方汉奇：《报史与报人》，新华出版社 1991 年版，第 311 页。

民主根据地，新闻事业的类型更加完善。这一时期，红色中华通讯社改名为新华通讯社，工作人员和分社组织都有所增加。一个以新华社延安总社为中心的通讯网络建成，延安新华广播电台建成并开播，大型日报《解放日报》创刊，党的新闻事业得到了进一步发展。随着国共再度合作，《新华日报》在国统区合法发行，取得了多方面的成绩。中国共产党的新闻理论随着党的新闻事业的发展也逐渐系统化，1942 年整风运动正式拉开帷幕，中国共产党的新闻事业进行了重要的改革，初步建立起中国无产阶级的新闻理论。

一、国统区的党报活动

从 1937 年 2 月开始，国共两党展开了为期七个月的艰苦谈判，谈判的最终结果是蒋介石发表讲话，承认共产党的合法地位，同时认可中共提出的“停止一切内战，保证言论、集会、结社之自由”的主张，承认中共在国统区出版党报的合法权益。12 月 11 日中国共产党首先在武汉出版了《群众》周刊，署名编辑兼发行人是潘梓年，实际负责人是许涤新，后为乔冠华。毛泽东曾赞誉它发挥了一个方面军的作用，周恩来先后为《群众》周刊撰发 36 篇文章。

《群众》周刊创办一个月后，《新华日报》创刊。

《新华日报》是中国共产党在国统区出版的第一张全国性的大型日报，由周恩来亲自领导创办，国民党官员于右任题写报头，1938 年 1 月 11 日在武汉汉口正式出版。

《新华日报馆章程》规定：董事会是报馆最高权力机关，下设一室三部，即经理室、编辑部、营业部、印刷部。在室部以下分别设立编辑、采访、校对、发行、广告、排字、材料、印刷等课(科)。在发行课下设日报股、周刊股、丛书股等。此时的《新华日报》虽然设备简陋，人员紧张，但这个章程却给人一种印象：《新华日报》是与《大公报》《扫荡报》等武汉地区出版的大报同等规模的，与共产党的政治地位是相符的。《新华日报馆章程》对办报的宗旨规定十分明确：“本报以报道新闻、发扬文化、巩固抗日民族统一战线为宗旨。”

10 月 25 日，武汉失守后，报社迁至重庆继续出版。1939 年 5 月 3 日、4 日，日军出动 72 架飞机，对重庆市区进行了大规模的轰炸。并且大量使用燃烧弹。重庆市中心大火两日，商业街道被烧成废墟，3991 人死亡，2323 人受伤，损毁建筑物 4889 栋，约 20 万人无家可归。在这次重庆有史以来最为残酷、野蛮的大轰炸中，各家报馆都遭到了不同程度的损坏，或门市起火，或人员伤亡,或印刷车间被炸,或纸张被焚毁。鉴于各报一时不能且难以继续单独出版报纸的情况,为了保证战时信息畅通,国民党中央宣传部"奉最高当局手谕",召集国民党中央机关报《中央日报》、国民党军方机关报《扫荡报》,以及《新华日报》《大公报》《时事新报》《西南日报》《新民报》《国民公报》《新蜀报》《商务日报》等重庆的10家报社负责人开会,下令各报暂行停刊,商讨共同出版一份联合报事宜。

当时,《新华日报》一方面因损失较小,仍能独立出版发行,另一方面认为国民党此举恐将扼杀《新华日报》。经过商定,《新华日报》在6日致函中央日报社社长程沧波和《时事新报》总编辑崔唯吾等人,申明:"关于联合版事,敝报尚待与中宣部交涉,所有关于联合出版事宜,敝报一概恕不参加。"因此,尽管《中央日报》等9家报社在5月6日出版了重庆各报联合版,但《新华日报》仍单独出版,只是由原来的对开一大张改为四开小张。同一天,国民党中宣部复函《新华日报》,认为《新华日报》"本日仍照旧单独出版,有违前令",要求"7日起不得再行刊行",否则"当严予处分也"。

中共中央南方局及《新华日报》接到通知后,立即召开由潘梓年、吴克坚等报社负责人参加的会议。大家在充分分析当时的实际情况后认为:重庆各报出联合版虽是国民党中宣部出面组织,但征得了各家报馆的同意,假如唯独《新华日报》不参加,势必影响同业关系,这对开展统一战线工作不利;联合版是各报社人员轮流担任编辑,一家编一天,《新华日报》不参加就等于放弃了权利,失去了扩大影响的机会。[①] 在得到国民党中央宣传部部长叶楚伧"出联合版只是临时措施,绝对没有让《新华日报》就此停刊"的表态后,《新华日报》加入。

为加强合作,减少矛盾,联合委员会商定了编辑方针:"不写社论,只发中央社发布的消息,不刊各报自行采写的新闻,10家报社分组轮流任值班编辑,报纸清样出来后由大家看。"[②]这样,《新华日报》《中央日报》《大公报》等在重庆的10家报社从7日开始出版联合版,各报编辑轮流值班。联合版的日发行量平均在3万份左右,最多时达到5万份,深受读者欢迎。

5月17日,中共中央书记处致电中共中央南方局,指出参与联合版对中共的政治宣传有很大影响,要求南方局"公开向国民党说明《新华日报》是代表共产党的言论机关,与其他报纸不同,坚持《新华日报》单独出版的权利",

① 参见蔡斐:《重庆近代新闻传播史稿(1897～1949)》,重庆出版社2017年版,第215页。

② 周惠斌:《重庆十报〈联合版〉出版纪实》,《中华读书报》2010年10月27日。

尽快与国民党当局交涉，做到继续单独出版发行；在各方，特别是中共方面的强烈要求下，各报的重建工作又确已就绪，因联合版于8月12日刊载了重庆各报联合委员会的启事："查本会刊行之联合版自5月6日发刊以来，已阅三月。兹以各会员报疏建工作大体就绪，本版发行至8月12日止，自8月13日起仍由各报分别出版，诸希亮察。"

重庆各报联合版的出版发行，使当时中国最为重要的，拥有不同背景、主张、性质的10家报社暂时走到了一起，它是战时中国特殊历史背景下各党派、各报社求大同、存小异的结果，是战时中国新闻界在国家民族最高利益下捐弃成见、团结一致、共同对敌的体现。正如它在发刊词中所说的那样："敌人这几天对重庆轰炸的罪行，处处表示他们的愚蠢，他们用这种手段压迫我们，只有促成中国各阶层社会的有组织的抵抗和反攻，重庆新闻界的联合组织，就是一个显例。"

抗日战争期间，国民党当局颁布了一系列新闻管制的法令，如《新闻检查标准》《修正抗战期间图书杂志审查标准》《战时新闻检查办法》等。事实上，出于战争时期保护军事机密及保障政治稳定的需要，二战时期西方国家普遍实行战时新闻管制。但此时国民党当局的新闻检查，基于消极抗日、积极反共的考虑，对《新华日报》实施了不合理的限制。据统计，仅1940年12月至1941年5月半年里，国民党当局对原稿检查的结果是"免登"264次，"删登"156次，平均每天有两篇半稿件被查禁。1942年上半年，《新华日报》被"函促注意"25次，"忠告"16次，"警告"23次，"严重警告"7次。

针对这种反动检查，《新华日报》开展了有理有利有节的斗争。

一方面，《新华日报》坚持自己出版的合法性和合理性，称《新华日报》的出版，"不独为出版法及一般法令所允许，而实因两党团结抗战为政治所保障"；另一方面，《新华日报》将遵检、拒检、暴检相结合，既最大限度保证报纸的正常出版，又在重大的原则问题上保证党的宣传。

遵检目的是避免给国民党当局留下封报的把柄，但又同时尽可能利用国民党当局的疏漏。比如《新华日报》利用空袭的时候去送检，这时的新闻检察官早就"躲警报"去了，报社便以送检过为由把稿件发表。再如1939年9月16日，重庆各界"前线抗敌将士慰问团"途经延安，毛泽东接见随团的三位记者——中央社的刘尊棋、《扫荡报》的耿坚百和《新民报》的张西洛，谈话内容涉及"敏感问题"自然无法通过审查。《新华日报》特意在清晨5点才将稿样送新闻检查所，稿样送去不久，报纸已经出现在重庆街头。[①]

1941 年 1 月 17 日，国民党发动皖南事变，国民党检察官亲临新华日报社，坐等检查第二天的《新华日报》。报社一面派人与检察官周旋，一面迅速编排两种不同版面的报纸。当检察官看到一个“妥当”的版面时，周恩来手书的“千古奇冤，江南一叶；同室操戈，相煎何急”已传遍山城。

所谓“暴检”，是指遵检不去刊登新闻审查未通过的文章，却用空白版面或文字暴露被审查的结果，提示读者“此处有被删登的真相”。《新华日报》第一次用“开天窗”的方式表示决绝的姿态是在 1940 年 1 月 6 日。这一天的社论栏只有八个字——“抗战第一！胜利第一！”旁注两行小字，对“开天窗”缘由予以说明：“本日两次社论：(一)《论冬季出击的胜利》(代论)、(二)《起来！扑灭汉奸！》，均奉令免登，来不及写第三次稿。故本日无社论，尚希读者原谅是幸！”[②]除了“开天窗”外，《新华日报》还会用“被删”“中略”或打省略号的方式抗议国民党当局的新闻检查。

1946 年 6 月，国民党发动了全面内战。1947 年 2 月 28 日凌晨，国民党出动 2000 多名军警宪特，按作战部署，包围了新华日报馆，强令报社从当天 3 时起停止一切工作。这一天的报纸大部分只印了一面，少数报纸印完了两面。后经主管报纸的中共四川省委书记吴玉章多次交涉，幸得以把《新华日报》从 1938 年 1 月 11 日创刊号到 1947 年 2 月 28 日这最后一期，全部装箱，带回延安。又经在南京的董必武向国民政府交涉，国民政府派飞机将报馆人员分两批送回延安。

二、抗日民主根据地的新闻事业

1.延安边区报刊的创办与发展

1935 年 10 月，中央红军完成长征到达陕北。中共中央所在地延安成为中国共产党政治文化中心，新闻事业在这里得到快速发展，中共中央机关刊物《解放》周刊、陕甘宁边区机关报《新中华报》、陕甘宁边区党委机关刊物《团结》等纷纷创刊。1939 年开始，大批文化工作者和知识青年来到延安，延安的革命报刊获得了快速发展。党内理论刊物《共产党人》、八路军总政治部的《八路军军政杂志》、全国青年联合会的《中国青年》、中共中央职工运动委员会的《中国工人》、中共中央妇女运动会主办的《中国妇女》、陕甘宁边区

① 参见侯磊：《战时新华日报的新闻宣传策略》，《青年记者》2008 年第 33 期。

② 刘家林编著：《中国新闻通史》(下)，武汉大学出版社 1995 年版，第 316 页。

文化协会的机关刊物《中国文化》、陕甘宁边区文化协会的《边区群众报》等创刊。另外，新华社还专门出版过刊登电讯稿的《今日新闻》，中共中央宣传部出版过《文摘》，八路军政治部宣传部出版过《前线画报》等。这些报刊的创办，在宣传党在抗战期间的政策、方针、纲领，传播马列主义、毛泽东思想，反映陕甘宁边区及敌后抗日民主根据地的抗战和建设成就方面发挥了重要的作用。

《解放》1937 年 4 月 24 日创刊，为 16 开的铅印杂志，初为周刊，后来改为半月刊，由中共中央党报委员会主办，以“解放周刊社”名义出版。该刊曾在上海、西安建立翻印所，使之得以在国民党统治区和沦陷区发行。该刊积极宣传中国共产党抗日民族统一战线的理论和策略，把争取民主作为宣传的中心，发挥了党和人民喉舌的作用。中央领导同志毛泽东、张闻天、朱德、周恩来、博古等都在该刊上发表过重要文章。1941 年 8 月 31 日，为了集中力量办好中央机关报《解放日报》，《解放》周刊停办，共出版了 134 期。

中共中央在陕北落脚后，首先于 1935 年 11 月在陕北瓦窑堡复刊《红色中华》，为团结抗日，1937 年 1 月 29 日《红色中华》改名为《新中华报》。

1937 年 9 月 6 日，《新中华报》改组为陕甘宁边区政府机关报，由三日刊改为五日刊，油印改为铅印。1939 年 2 月 7 日，《新中华报》改组为中共中央机关报，同时兼为陕甘宁边区政府机关报，三日刊，四开四版，主要在陕甘宁边区和各抗日民主根据地发行。此后，以中共中央机关报为中心的党报系统建立并发展壮大，延安的新闻事业进入成熟发展的阶段。

《新中华报》积极宣传抗战、团结、进步，反对投降、分裂、倒退；发表了一系列中共中央的通电、文件和大量的社论，系统地报道了中国共产党领导下的八路军、新四军的战绩以及陕甘宁边区等抗日革命根据地的政治、经济、军事、文化、教育等方面的成就。毛泽东、朱德、彭德怀的一些重要文章，都曾经在这份报纸上发表。在国民党发动的第二次反共高潮中，发表中共中央的抗议通电和文告，报道皖南事变真相，揭露国民党反共防共、消极抗日的罪行。

1941 年，抗日战争进入到最为艰苦的时期。《新中华报》无论是时效性还是篇幅都无法适应当时斗争形势的需要。因此，中共中央决定将《新中华报》和《今日新闻》合并，集中人力物力改出大型日报《解放日报》。1941 年 5 月 15 日，《新中华报》停刊。次日，改组后的《解放日报》出版。

2.其他抗日民主根据地报刊的创办和发展

抗战时期，中国共产党建立了华北、华南、华中等敌后抗日根据地。在各根据地，各级党委及政府部门、军队、群众团体纷纷创办报刊。从1937年到1939年间，华北、华中抗日民主根据地创办了近700种报刊，这些报刊大多数是油印小报。1939年后，各抗日民主根据地对报刊进行整顿，集中人力、物力创办各级党委机关报，报刊的数量缩减，但是质量有了显著的提高，布局也更加合理。

在华北地区有《晋察冀日报》，原名《抗敌报》，1937年12月11日在河北省阜平县城创刊，由晋察冀军区政治部宣传部出版，是敌后抗日根据地出版最早的一份报纸。1938年8月，改组成为晋察冀边区党委机关报。1940年11月7日，《抗敌报》改名为《晋察冀日报》，成为中共中央晋察冀分局机关报，并且进行改革，改为日刊，邓拓任社长兼总编辑。该报在敌寇残酷的“围攻”“扫荡”中，无论战斗形势多么严峻险恶，一直坚持出报。当时，由于《晋察冀日报》的印刷器材、字模等办报设备都用八匹骡子驮着，每到一地，他们就把骡子上的东西一卸，赶紧编报、印报，再转移，因此就有了邓拓同志“八匹骡子办报”的佳话。在当时战争环境下，报社社址几经迁徙，抗战胜利后，1945年9月迁至张家口市出版。

《新华日报》华北版，1939年1月1日创刊于山西省沁县后沟村，是应抗战而生的一份报纸，中共中央北方局的机关报，也是党在敌后根据地创办的第一张铅印的大型日报，创刊时为四开四版，隔日刊。报纸一出版，发行量就达3万份。1943年，中共中央北方局撤销，成立中共中央太行分局，该报同年10月1日改为《新华日报》太行版，成为中共中央太行分局机关报。该报在宣传抗日的同时，还培训新闻人才，发展印刷基地，对推进晋冀鲁豫地区报纸工作和文化事业起过重要作用。

《抗战日报》是《晋绥日报》的前身，1940年9月18日在山西省兴县创刊，创办人及总编辑赵石宾，在《抗战日报》的《发刊词》中明确表示其宗旨为“抗战到底，团结到底，建设晋西北，便是本报的三大历史使命”①。1942年8月改为中共中央晋绥分局机关报，1946年7月1日更名为《晋绥日报》。

在华东地区，山东抗日民主根据地的《大众日报》1939年1月1日创刊于山东沂水，前期是中共中央山东分局机关报。1945年冬，中共中央华东局

---

① 《发刊词》，《抗战日报》1940年9月18日。

成立后，又成为中共中央华东局机关报。该报初创时是四开油印三日刊，后改为铅印对开，刘导生、匡亚明分别任第一任社长、总编辑。抗战期间，该报社址多次迁移，先后在沂蒙山区的沂南、莒南、日照、临朐等地出版。

皖南的《抗敌报》1938年5月1日创刊于安徽泾县，五日刊，铅印对开四版，是新四军军部机关报，以新四军战士为主要读者对象，以宣传国内外形势、坚持团结抗战，报道新四军、八路军抗战业绩，揭露国民党投降分裂阴谋为宗旨，文字通俗简短，编排新颖活泼，先后开辟了"文艺""战士园地""抗敌剧场""新文字""青年队"等副刊。1941年1月皖南事变后被迫停刊。

《拂晓报》1938年9月30日创刊于河南确山县竹沟镇，是新四军第四师机关报。油印四开四版，开始为不定期出版，后改为三日刊，是由第四师师长彭雪枫亲手创办并培育起来的。《拂晓报》虽为油印报，但是刻印精细，字迹工整，常有套版与插图，可与铅印报纸媲美，曾寄到重庆、延安、莫斯科、纽约等地展览，受到读者交口称赞。该报重在宣传中国共产党抗日民族统一战线政策和抗日军民对日斗争事迹，指导部队进行时事政治教育，曾受到新四军政治部多次表扬。从1943年元旦起，《拂晓报》和《人民报》合并，报名依旧，成为中共淮北区党委机关报，5月起改为铅印，另出《拂晓报》部队版在新四军内部发行。

《江淮日报》1940年12月2日在江苏盐城创刊，是苏北根据地的第一份日报。初创时为中共中央中原局机关报，次年5月，中共中央中原局和中共中央东南局合并成立中共中央华中局，该报随之成为中共中央华中局机关报。中共中央华中局书记刘少奇兼任社长，总编辑王阑西。由于日本侵略军和国民党军队配合进行军事进犯，办报条件困难，《江淮日报》于1941年7月22日停刊。

在华南地区，中国共产党领导创办的报刊有广东东江抗日根据地出版的《新百姓报》(后改名为《东江民报》)、东江抗日游击纵队出版的机关报《前进报》、中共海南琼崖特委出版的《抗日新闻》等。在东北地区，中共地下党和东北抗日联军各军部都办有自己的报纸。

敌后抗日革命根据地的报刊是在农村和战争的环境中创办的。由于受到日伪和国民党顽固派的军事进攻、经济封锁和日军反复的"清乡""扫荡"，他们的办报条件极其艰苦。但是，他们凭着对中华民族解放事业和对党的新闻事业的无限忠诚，一手拿笔，一手拿枪，发扬艰苦奋斗的革命传统，义无反顾地投入到报刊工作中，对于宣传抗日民族统一战线政策、传达党中央的指示、反击国民党顽固派的反共宣传发挥了巨大的作用。许多新闻工作者为此献出了宝贵的生命,为党的新闻事业写下了可歌可泣的一页。

3.新华通讯社的发展

新华通讯社简称“新华社”。全民族抗战爆发以后,新华社的发稿范围逐渐扩大,《新中华报》、《解放》周刊、中共中央的文件和声音都需要通过新华社对外传播。再加上当时各个抗日民主根据地被敌人封锁,党中央的方针、政策和有关指示的传达,以及各个抗日民主根据地的情况和信息交流,很大程度上都需要依靠新华社。新华社每天的发稿量也由原来的一两千字增加到四五千字。

1939年初,新华社和《新中华报》分开,由中共中央党报委员会领导,开始独立发展,社长由向仲华担任,后博古、廖承志先后继任社长。

除总社不断扩大外,新华社自1939年起开始在敌后抗日民主根据地建立分社组织,社长一般是当地党报社长或总编辑兼任,记者也同时是当地党报的记者。至1942年底,新华社已经有5个分社组织。较大的分社开始发展为总分社。至抗战胜利时,新华社在各个抗日民主根据地建立了9个总分社和40多个分社,总社人员发展到124人。[①]

《今日新闻》从1940年3月10日起,除刊载中外通讯社电讯外,还刊载新华社发的电讯新闻,内容更加丰富。《今日新闻》于1941年3月31日停刊。1942年12月1日,改名为《参考消息》恢复出版,1947年3月,党中央撤出延安时,《参考消息》随之休刊。

4.党的广播事业的开创

中国共产党领导人毛泽东、周恩来很早就认识到无线电广播的重要作用。早在1937年全民族抗战爆发前夕,毛泽东就提出要在延安创办无线电广播电台,以打破国民党与日寇对根据地的新闻封锁,让全国各地人民都能听到中国共产党的声音。1940年3月,周恩来从莫斯科治病返回延安时,克服重重困难,从苏联带回一部苏制广播发射机。中共中央发出关于建立广播电台的指示,并成立了筹建广播电台的领导机构——广播委员会,周恩来为主任,承担具体建台任务的是中央军委三局九分队。

当时,延安无线电器材非常缺乏,条件极为艰苦,但是九分队的同志克服重重困难,依靠党的领导和集体的指挥,终于把发射机和相关设备安装起

① 参见方汉奇主编:《中国新闻传播史》,中国人民大学出版社2014年版,第191页。

来。要发电，没有动力，他们就将一部破旧的汽车头改装成发动机，用它带动发电机发电；有了发动机，但没有汽油，他们就自己动手烧木炭，用木炭生产煤气，用煤气代替汽油当燃料；发射缺少大钢铁作发射天线架，就因陋就简，用三根大木杆捆成“丫”形栽在山上当天线架。为了防止日寇的轰炸和敌人的破坏，电台的台址就在延安西北19公里外的偏僻小山村王皮湾村，山坡上开凿的两孔石窑洞，一孔为机房，一孔为发电动力间。另外，还挖了几孔土窑洞，盖了土坯石板房，作为播音室、办公室和宿舍。

1940年12月30日，延安新华广播电台正式开播，呼号XNCR，成为我国无产阶级广播事业的开端，这标志着中国共产党领导的中国人民广播事业诞生。从此，党的新闻事业从报刊、文字阶段迈入语言广播阶段，进入一个新的时期。

延安新华广播电台隶属于新华社，广播稿件由新华社广播科提供，最初每天播出2次，每次1小时左右，后来增至每天2次3小时、每天3次4小时，主要内容包括国内国际新闻及抗战消息，中共中央重要文件，《新中华报》、《解放》周刊、《解放日报》的重要社论和文章，以及名人讲演、科学常识、革命故事、音乐戏曲等。1941年皖南事变发生后，该台冲破新闻封锁，全力报道事件真相，宣传党的抗日民族统一战线政策，鼓舞和教育了抗日军民，推动了敌后抗日民主根据地的政权建设。

党中央非常重视延安新华广播电台的宣传作用。1941年5月25日，中共中央在《关于统一各根据地内对外宣传的指示》中要求：“各地应经常接收延安新华社的广播，没有收音机的应不惜代价设立之……各地报纸应经常发表新华社广播。”同年6月，中宣部在《关于党的宣传鼓动工作提纲》中明确指出：“在现代无线电业发展的情形下，以及在中国交通工具困难的情形下，发展通讯社的事业、无线电广播事业，是非常重要的。应当在党的统一的宣传政策之下，改进现有通讯社及广播事业的工作。”

由于设备简陋，发射机和其他器件经常出现故障，延安新华广播电台在创建后时播时停。1943年春，大型电子管被烧坏，暂停播音，直至1945年9月才恢复播音。延安新华广播电台开播时间虽然不长，但是它揭开了人民广播事业新的一页，宣传了党的路线方针政策，培养了一批人民广播的编播和技术人员，为人民广播事业的继续发展奠定了基础。

三、《解放日报》改版与“全党办报”思想的发展

从1941年起，抗日民主根据地进入了极端困难时期。一方面，日军集

中侵华兵力的64%以上，对各敌后抗日根据地发动了“扫荡”；另一方面，国民党顽固派掀起了第二次反共高潮，调集大量兵力包围、封锁、进攻陕甘宁边区。在这样艰苦复杂的严峻形势下，各根据地已很难维持大量的报刊出版。加上各根据地处于被分裂的分散状态，宣传工作实际上处于独立的无政府的状态，很有必要进行整顿，统一宣传步调。

《解放日报》就是在这样的背景下创刊的。1941年5月15日，毛泽东为中共中央书记处起草了创办《解放日报》的通知，通知中说：“5月16日起，将延安《新中华报》《今日新闻》合并，出版《解放日报》，新华通讯社事业亦加改进，统归一个委员会管理，一切党的政策，将经过《解放日报》与新华社向全国宣达。”毛泽东亲自题写报头，并撰写了发刊词：“本报之使命为何？团结全国人民战胜日本帝国主义一语足以尽之。这是中国共产党的总路线，也是本报的使命。”《解放日报》的首任社长是博古，总编辑为杨松，杨松去世后，先后担任总编辑的有陆定一和余光生。1946年博古因飞机失事遇难，廖承志接任社长。

谈及《解放日报》，被讨论最多的是《解放日报》的改版。对于这次改版，学界研究的一个总的结论是：《解放日报》由“不完全的党报”变成了“完全的党报”，并由此丰富了中共党报理论。

改版的公开信号，是1942年3月16日中共中央宣传部的文件——《为改造党报的通知》。该通知要求“各地方党部应当对自己的报纸加以极大注意，尤应根据毛泽东同志整顿‘三风’的号召，来检查和改造报纸”。该通知同时规定党报的主要任务是“要宣传党的政策，贯彻党的政策，反映党的工作，反映群众生活，要这样做，才是名符其实的党报”。

“改造”二字透露出的冷峻和严厉，让《解放日报》雷厉风行，马上做出回应，表示要彻底改革。1942年4月1日，《解放日报》发表社论《致读者》，宣布改版，提出改版的目的是使党报成为“真正战斗的党的机关报”。如果说《解放日报》在之前并未达到“名符其实的党报”和“真正战斗的党的机关报”的要求，那么问题出在哪里？

对于《解放日报》的批评首先集中在版面安排上。改版前的《解放日报》共有四版：一版为国内外要闻和社论，以国际内容为主；二版是远东新闻；三版是大后方新闻为主的国内新闻；四版是边区新闻和副刊，各占一半。改版前的社论多集中于国际问题，据统计有关国际问题的社论有139篇，占64.1%；有关解放区的社论有36篇，占16.6%；有关党的活动的社论仅4篇，占1.8%。[1]

一份根据地的报纸何以如此多地关注国际事件，却忽略了群众生活与边区实践？在《解放日报》出版前夕，由博古掌管的《新中华报》这样阐述《解放日报》的办刊缘起："为着更多的反映国内外之一切消息及传达我党中央一切政治主张，满足全国同胞及读者诸君之要求起见，中共中央决定将《新中华报》及《今日新闻》合并，改出中共中央机关日报，定名为《解放日报》。"在这段文字中，"更多的反映国内外之一切消息"出现在"传达我党中央一切政治主张"之前。可见博古想办的是一张党的新闻纸，而他要效仿的则是《真理报》《大公报》这样的国内外著名的大报。这种无条件地向往大报，无疑属教条主义，按照毛泽东的说法，就是"没有科学的态度，即没有马克思列宁主义的理论和实际统一的态度，就叫做没有党性，或叫做党性不完全"[2]。另外，对国际形势的关注也是基于对革命前景的担忧。时任一版编辑的吴文焘回忆，当时正是苏联抗击德国法西斯入侵的危急时刻，关系到第二次世界大战的全局和全人类的命运。于是除少数例外，第一版的头条新闻，多是苏德前线的战况或评论。随着日寇准备南下，远东形势日趋紧张，影响到中国战场，所以报纸二版主要登远东方面的新闻评论。

《解放日报》对边区新闻关注不够则是因为报社同人经验不足，当地通讯员队伍又不能提供有水平的新闻，以致无米下炊。由于报社工作人员大多是全民族抗战爆发后前来参加革命的青年人，有的是从国外和国统区奔赴延安的知识分子，他们没有充分理解战时农村分散环境下党报的特性和任务，也"几乎完全不了解陕甘宁边区的实际情况"，"对于他们所报道的运盐、交公粮等生产情况和边区社会生活，实际上是不懂的"[3]。报社自己生产力量的不足自然可以借助通讯员队伍予以弥补，然而边区民众的受教育水平极低，边区通讯员的稿件问题太多，如新闻要素不完整，标语口号式的表达多，缺乏实质内容；批评报道少，而且在有限的批评报道中，主观意气的发泄多于事实的忠实反映。[4]

---

① 参见方汉奇主编：《中国新闻事业通史》第2卷，中国人民大学出版社1996年版，第532页。

② 毛泽东：《改造我们的学习(一九四一年五月十九日)》，《毛泽东选集》第3卷，人民出版社1991年版，第800页。

③ 参见钱钢：《陆定一同志教我们写社论》，中国社会科学院新闻研究所《新闻研究资料》编辑部编辑：《新闻研究资料(总第18辑)》，中国社会科学出版社1983年版，第6页。

④ 参见黄旦：《从"不完全党报"到"完全党报"——延安〈解放日报〉改版再审视》，李金铨主编：《文人论政——知识分子与报刊》，广西师范大学出版社2008年版，第258～260页。

如果说《解放日报》没有做到"让当地群众运动和生活，经常在党报上反映，并须登在显著的重要的地位"尚有客观理由，对于党的政策、党的工作中报道滞后，则暴露出了政治素养和报刊理念上的问题。

1941 年 5 月 19 日，毛泽东在延安干部会议上做了题为《改造我们的学习》的报告，为整风运动做思想准备。1942 年 2 月 1 日，毛泽东又做了《整顿党的作风》的演讲，标志着整风运动开始。然而，此时的《解放日报》对于前者只字不提，关于后者则只在第三版右下角发了一则简讯。

1942 年的整风运动，是以整顿主观主义、宗派主义和党八股(简称"三风")为目标的党内思想改造。当时的中国共产党面对的环境，是广大农村的环境，是长期分散的独立活动的游击战争的环境，党内小生产者及知识分子的成分占据很大的比重，因此容易产生某些党员的"个人主义""英雄主义""无组织的状态""独立主义""反集中的分散主义"等违反党性的倾向。毛泽东认为，要达到整顿"三风"，"非有集体的行动，整齐的步调，不能成功"①。因此要达到改造党的目的，必须首先改造党的工作。陆定一后来回忆说："解放日报改版就是整风运动的一部分，并使报纸为整风运动服务。"②

《解放日报》1942 年 4 月 1 日在《致读者》中对于"党性"有了明确的诉求："不仅要在自己一切篇幅上，在每篇论文、每条通讯、每个消息……中都能贯彻党的观点、党的见解，而且更其重要的是报纸必须与整个党的方针党的政策党的动向密切关联，呼吸相通，是报纸应该成为实现党的一切政策，一切号召的尖兵、倡导者。"③

与之相对应，报纸版面做了重大调整。在版面安排上彻底改变了"一国际、二国内、三边区、四本市"的布局，由过去的以"外"为主变为以"我"为主。具体安排是：第一版为国内外要闻版，以国内为主，国内又以中国共产党、军队和解放区为主；第二版为边区和国内消息版；第三版为国际版，间或有少量敌占区的新闻；第四版为综合副刊。

9 月 5 日，陆定一在报社第 22 次编委会上再次传达了毛泽东对《解放日

---

① 毛泽东：《在〈解放日报〉改版座谈会上的讲话(一九四二年三月三十一日)》，中共中央文献研究室、新华通讯社编：《毛泽东新闻工作文选》，新华出版社 1983 年版，第 90 页。

② 《陆定一同志谈延安解放日报改版——在解放日报史座谈会上的讲话摘要》，中国社会科学院新闻研究所《新闻研究资料》编辑室编辑：《新闻研究资料(总第 8 辑)》，新华出版社 1981 年版，第 5 页。

③ 《解放日报》：《致读者》，蒋谷平、李新丽编：《中国新闻传播史文选》，合肥工业大学出版社 2016 年版，第 181 页。

报》的改版意见：

> 第一，日常政治必须报告中央，《读七七宣言》社论、印度问题、参议会、自卫军等几篇社论，就有些错误。另外有些消息如党校一学生自杀，是不应该登的。小至消息，大至社论，须与中央商量，报社内部亦须如此，中央与西北局要极力注意管好办报。第二，报纸不能有独立性，这就牵联到工作制度和权力问题。自由主义在报社是不能存在的。第三，为什么不允许闹独立性？不要以为某人文章写上名字就个人负责，这是关系到党的事情，为此必须规定些条例。①

这段话实际上不仅在思想上而且在制度上做了要求。就《解放日报》来看，这些条例至少分为内外两个方面。对内，陆定一在编委会上提出要建立和健全必要的制度：一是检查制度，制定报纸检查条例。公布检查结果，通知有关各方，对出现错误的原因，有关部门和个人要做出答应，也可以提出不同意见。二是拟定印刷与校对制度，印厂要实行看大样制度，签字后才能制版。三是健全办公制度，设立签到簿。编委一致同意陆定一的建议，博古在会上还决定了社论、专论、各版、头条新闻及退稿等内容的具体负责签字人。党报的内部检查制度大致确立。

更值得注意的是外部的制度建设。中共中央决定《解放日报》作为中共西北局机关报。随之，中共中央西北局通过《中共中央西北局关于〈解放日报〉工作问题的决定》，指出："今后，凡《解放日报》上发表的社论，党和边区政府的决议、指示、法令等以及中央或西北中央局负责同志发表的谈话或文章，各级党的领导即分别的在党员干部中组织研究，并讨论执行，不得借口没有接到党的直接通知而置之不理。"还要求："西北局按月讨论《解放日报》关于边区问题的宣传方针一次，《解放日报》编辑部派人经常参加西北中央局的会议，西北中央局派人出席报馆编辑部会议。""各分区党委及县委宣传部长，均应担任《解放日报》的通讯员，并与报馆取得直接联系，负责组织其所管地区内的通讯员工作，并组织同级党、政负责同志及党外人士替《解放日报》写文章。"这种种做法，使党组织对报纸的领导不再停留于表面，是深入报纸的内部，直接参与了报纸编辑部的活动。陆定一和博古自此常参加政治局会议，对于中央的指示，都在第一时间向编委会认真传达，并组织学

---

① 王敬：《陆定一在延安〈解放日报〉》，田方等主编：《延安记者》，陕西人民教育出版社 1993 年版，第 58～59 页。

习讨论，做出相应的决定向下传达。

因此，黄旦先生总结："如果说《解放日报》改版前，党报是'党组织这一巨大集体的喉舌'，尚属于一个思想和原则，那么，自此之后中，这一原则化成了具体的管理措施，党报——组织的喉舌由此深深地扎根在了党组织身上。"[①]博古后来在总结改版的基本经验时认为，一言以蔽之，就是"全党办报"四个字。

四、中外记者对抗日民主根据地的报道

在斯诺采访活动的感召下，不少外国进步记者历尽艰辛进入苏区和抗日民主根据地采访。他们以客观的态度，忠实地记录了自己的所见所闻，写下许多通讯和著作，详细向世界介绍了中国共产党的政治主张和方针路线，报道了根据地的真实情况，扩大了中国共产党在国内外的影响，使国民党的封锁和谣言不攻自破。比较著名的是艾格尼丝·史沫特莱(Agnes Smedler)、安娜·路易斯·斯特朗(Anna Louise Strong)和汉斯·希伯(Hans Shippe)。

艾格尼丝·史沫特莱，1892 年出生于美国密苏里州。史沫特莱从小就生活在饥寒交迫的环境里，在美国西部村镇的窝棚和矿工帐篷里度过了自己的童年。劳动人民的苦难经历、旧日西部强烈的个人奋斗精神，对后来史沫特莱的影响很大。经过坚持不懈的努力，史沫特莱自学成才。1917 年她只身来到纽约，开始为报刊撰稿。1921 年她到达德国柏林，在德国的 8 年里，她一面教授英语和美国研究等课，一面攻读印度史博士学位。1927 年，她写成了自传体小说《大地的女儿》，后来被翻译成多种文字，广为流传。1928 年底，经一位德国共产党人介绍，史沫特莱以德国《法兰克福日报》特派记者和英国《曼彻斯特卫报》特派记者的身份进入中国。到中国后，她广泛结交朋友，宣传中国革命和中国共产党。

1936 年，她在西安真实报道了西安事变，用英语向全世界报道了西安事变的真相。1937 年 3 月 1 日，她到达延安进行采访，成为访问延安的第一位外国女记者。史沫特莱在到达延安的第一天晚上就受到了朱德和毛泽东的亲切接见。是日，毛泽东在凤凰山住处正式接受了史沫特莱的采访，回答了她对中日战争与西安事变提出的一系列问题，阐述了中国共产党的内外政策。这次采访的内容刊发在 3 月 16 日的《红色中华》上，此后又出版了两本

① 黄旦：《从"不完全党报"到"完全党报"——延安〈解放日报〉改版再审视》，李金铨主编：《文人论政——知识分子与报刊》，广西师范大学出版社 2008 年版，第 277 页。

时事小册子《中日问题与西安事变》和《毛泽东会见记》。[①] 另外，从 3 月到 7 月，史沫特莱每星期用两三个晚上采访朱德，为撰写朱德传记搜集资料。延安民主的生活氛围，让史沫特莱感到由衷地兴奋。为了让世界了解真实的中国共产党，她向一些敢于公正报道事实的英美驻华记者发出了实地采访陕北苏区的邀请。很快纽约《先驱论坛报》记者维克托・盖因、天津《联合新闻报》记者代表伊尔・黎夫、美联社驻华特派记者厄尔・里夫等冲破国民党的层层阻挠，访问了延安，他们真实报道了中共领袖、革命妇女和普通红军战士的日常生活，使人们了解了真实的延安。

1937 年 9 月，史沫特莱离开延安。随后，她开始作为八路军的随军记者跟随朱德作战，完成了对朱德的采访，并且通过国际红十字会为八路军和新四军争取了大量的医疗援助，在这一时期她完成了著作《中国的战歌》。

1941 年 5 月，史沫特莱因病返回美国就医。其间，她为朱德撰写了传记《伟大的道路》。1949 年 10 月新中国成立后，史沫特莱决定返回中国，但是因为胃溃疡未能成行，1950 年 5 月 6 日逝世。她的《中国红军在前进》《中国人民的命运》《中国在反击》《中国的战歌》等专著，向世界宣传了中国的革命斗争，成为不朽之作。

安娜・路易斯・斯特朗，1885 年 11 月 24 日出生于美国内布拉斯加州弗兰德城，家境优裕，父亲是公理会牧师，对社会改革有强烈的兴趣，母亲受过高等教育，对人权和种族平等有坚定信念。斯特朗 1908 年在芝加哥大学获得博士学位，并且开始投身社会改革。

斯特朗一生中有 6 次到中国旅行、采访，她怀着对中国革命事业的认同感和对中国的深厚情结，忠实而客观地记录了中国革命的历程。1925 年，她第一次来到中国，报道了孙中山领导的民主革命运动和省港大罢工的真实情况。1927 年，她第二次来到中国，深入湖南农村，报道了毛泽东领导的农民革命运动。1937 年，斯特朗又到中国采访，这一次她对山西南部的八路军总部进行采访，报道了八路军的敌后抗日游击战争。1940 年，斯特朗来到重庆，对周恩来进行了采访，周恩来向斯特朗介绍了当时迫在眉睫的形势。1946 年，斯特朗在解放区进行采访，并且在延安采访了毛泽东，这次毛泽东阐述了他的著名论断——“一切反动派都是纸老虎”。1958 年8 月，她第六

① 参见任中义:《史沫特莱与中国共产党关系研究》，郑州大学历史学院博士学位论文 2015 年，第 97 页。

次来到中国，并且在北京定居。1970 年 3 月 29 日，安娜·路易斯·斯特朗在北京逝世。

汉斯·希伯，1897 年 6 月 13 日出生于奥匈帝国克拉科夫(现属波兰)。一战期间，他因反对帝国主义战争参加游行示威被捕，直到战后才被释放。出狱后加入德国共产党，曾在莱比锡和德累斯顿等地的报社工作。1925 年 5 月，28 岁的希伯以“太平洋学会”新闻记者的身份来到中国，为上海《中国周刊》等报刊撰稿。1926 年 12 月，希伯来到广州，在国民革命军总政治部编译处工作，向国内外公众宣传国民革命军领导集团的主张。他以“亚细亚人”为笔名发表了记述自己亲身经历的报道作品集《从广州到上海(1925～1927)》，披露了中国大革命的过程以及大革命失败后大批共产党员和进步人士惨遭杀害的情况，被转译成多种外文。1932 年，他再次来到中国并在上海定居，发起建立了上海第一个国际马列主义学习小组。他还经常在美国《太平洋杂志》、英国《曼彻斯特卫报》等报刊发表关于中国和远东问题的报道和评论。全民族抗战爆发后，希伯决心到延安去采访报道。在八路军武汉办事处安排下，希伯 1938 年春天来到延安，采访了毛泽东。1939 年春，希伯等前往新四军军部驻地安徽泾县云岭，采访了正在新四军视察的周恩来和叶挺军长。1941 年皖南事变后，希伯偕夫人秋迪再次访问新四军军部，会见了陈毅和粟裕。在日伪军对苏北根据地的“扫荡”中，希伯夫妇随军撤退到盐城西北乡，转战阜宁农村，和新四军战士一起参加了 50 多天的反“扫荡”战斗，完成了《中国团结抗战中的八路军和新四军》书稿。1941 年抵达山东根据地领导机关所在地临沂，采访敌后八路军的抗战斗争。11 月 30 日，部队遭到敌人合围后发生了惨烈的战斗，希伯在与凶恶残暴的日伪军浴血搏斗中不幸牺牲，年仅 44 岁。

抗战全面爆发后，国民党政府对陕甘宁边区实行严密的新闻封锁。直到 1944 年，国际反法西斯战争取得了重大进展，盟国需要中国加强抗日民族统一战线的内部团结，十分关心中国战场特别是敌后抗日根据地的情况。为了应对来自盟国的压力和国内的舆论压力，国民党当局不得不允许中外记者团采访延安。

为了最大程度地降低影响，加强对记者团的控制，国民党当局采取了一系列措施控制这次采访活动。首先就是严格选取采访团的代表人员。国民党当局最终选定了代表不同政治立场的 6 名外国记者和 9 名中国记者，另外加上领队 2 名和 4 名工作人员，总计 21 人。外籍记者 6 名，分别是：哈里森·福尔曼，代表美国合众社、伦敦《泰晤士报》；冈瑟·斯坦因，代表美联社、美国《基督教科学箴言报》；伊斯雷尔·爱泼斯坦，代表美国《时代》杂志、《纽约时报》、《同盟劳工新闻》；莫瑞斯·武道，以路透社、《多兰多明星周刊》及《巴尔的摩太阳报》特派员身份参加；普金科，苏联记者，代表塔斯社参加代表团；科马克·夏南汉神父，代表美国《天主教信号杂志》和《中国通讯》杂志。中国记者9名，分别是：张文伯，《中央日报》记者；金东平，《商务日报》记者；谢爽秋，《扫荡报》记者；孔昭恺，《大公报》编辑主任；赵超构，《新民报》主笔；赵炳烺，《时事新报》记者；周本渊，《国民公报》采访部主任；徐兆镛，中央社特派记者；杨嘉勇，中央社记者。1945年5月18日，中外记者团由重庆出发，辗转到西安。5月31日，中外记者西北考察团从陕甘宁边区东南角的凉水崖出发，抵达延安，对延安进行了为期43天的参观访问。[①] 中外记者西北考察团延安之行，是自1939年以来第一次打破国民党新闻封锁。他们回到重庆后，纷纷发表文章，对延安进行了客观、真实、生动的报道。

西北考察结束后，1945年福尔曼在美国出版《来自红色中国的报道》（翌年，这本书被翻译成《北行漫记》在北平出版）。他还将他在延安期间拍摄的照片进行编辑，出版了《西行漫影》画册。斯坦因发表了《毛泽东朱德会见记》《8600万人民随着他的道路前进》等文章，后来出版了《红色中国的挑战》。爱泼斯坦出版《突破封锁访延安》一书以及和其他记者合写的《毛泽东印象》。武道出版了《我从陕北回来了》。赵超构出版了《延安一月》。这些著作在中外引起强烈的反响，使国内外了解了红色中国的真相，“全世界对中国的看法由此改观，中共的前进反映了（国民党）中央政府的无能和落后”[②]。

第四节　解放战争时期中国共产党的新闻事业

一、解放战争时期解放区新闻事业的发展、收缩与再发展

抗战胜利后，解放区的新闻事业经历了一个发展、收缩与再发展的过程。

抗日战争胜利后，人民解放军乘胜追击。随着解放区的扩大，解放区新办了一批报刊，新闻事业一度出现迅速发展的局面。如中共中央东北局机

① 参见高建菊：《1944年中外记者西北考察团延安印象》，《陕西档案》2015年第2期。

② 方汉奇主编：《中国新闻传播史》，中国人民大学出版社2002年版，第262页。

关报《东北日报》在辽宁沈阳创刊，中共中央华中局机关报《新华日报》华中版在江苏淮阴创刊，晋冀鲁豫边区中央局机关报《人民日报》在河北邯郸创办，中共中央中原局机关报《七七日报》在湖北孝感创刊。与此同时，报刊出版的条件大为改善，由油印改为铅印，不少扩大发行地区，从农村进入城市，增加发行量，有的扩大版面，扩大信息量，或者改版为大型日报，增强时效性。山东解放区的《大众日报》在 1945 年 8 月由双日刊改为日刊；中共中央晋察冀分局的机关报《晋察冀日报》由 4 开小报改为对开 4 版大报，有时出 6 版，成为晋察冀解放区第一张城市大报。晋绥边区的《抗战日报》于 1946 年 7 月 1 日改名为《晋绥日报》，并且扩大了发行范围。从内容上看，这一阶段解放区新闻事业的主要宣传内容是揭露国民党发动内战的阴谋、呼吁争取和平和民主。

1946 年 6 月，国民党军队开始对解放区发起全面进攻，内战全面爆发。战争初期，人民解放军处于劣势，为了消灭敌人的有生力量，“不争一城一地的得失”，人民解放军主动撤离了一些城市和地方，这让解放区刚刚兴旺的新闻事业又一次走向困境，由发展转为调整和收缩。随着中国共产党从部分地区撤出，一些报刊被迫停刊，一些原本已进入城市发展的报刊重又回到农村，一些报刊缩小规模，原本已成为日报的报纸重新成为双日刊、三日刊或不定期出版。由于国民党的进攻，《七七日报》在 1946 年 6 月 24 日停刊；抗战胜利后晋察冀解放区新闻事业的中心张家口市被国民党军队占领后，《晋察冀日报》迁回河北阜平县山区农村出版，版面由对开的一大张缩小为对开半张；《大众日报》先后辗转于沂蒙山区的 10 多个村镇出版；《新华日报》华中版坚持到 1946 年 12 月 26 日才停刊；《解放日报》先是迁到延安郊区改为半张两版出版，后于 1947 年 3 月 27 日停刊。此后，党的声音主要依靠新华社和广播电台传达。

1947 年 7 月，解放区各部队由战略防御转入战略反攻，许多城市相继解放，解放区的新闻事业进入一个恢复和大发展的时期。石家庄市委机关报《石家庄日报》、中共中央中原局的《中原日报》、中共内蒙古区委机关报《内蒙古日报》、中共中央华北局机关报《人民日报》都是在这样的形势下创刊或复刊的。中共中央华北局机关报《人民日报》是在原《晋察冀日报》和晋冀鲁豫《人民日报》合并基础上发展而来。1949 年北平和平解放，华北局《人民日报》迁至北平出版，后成为中共中央机关报。

二、《晋绥日报》与解放区反“客里空”运动的开展

在解放战争时期的解放区革命事业中，有一件事意义深远。1946年5月，中共中央发布《关于土地问题的指示》，确定了由减租减息政策向没收地主阶级的土地分配给农民政策的转变，开始实行土地改革。随着革命形势迅猛发展和解放区土地改革深入进行，受到新闻从业者自身素质等诸多因素的影响，在报纸宣传报道中，夸大成绩、隐瞒缺点的个人主义、主观主义倾向也有所发展。一些新闻报道对于土改中阶级斗争的复杂性、激烈性视而不见，这与广大基层群众所亲身体验的土改存在极大差距。随着这种失实的新闻报道的增多，广大农民群众逐渐对报纸产生了不信任的情绪。

1947年6月，中共中央晋绥分局召开地委书记会议，开始纠正右的偏向。与此同时，《晋绥日报》着手检查新闻报道中的问题，由此在解放区发起了一场声势浩大的反“客里空”运动。

“客里空”俄文原意是“喜欢乱嚷的人”或“好吹嘘的人”。在苏联1942年出版的剧本《前线》中，“客里空”是其中的一个角色——一个前线特派记者。在剧本里，“客里空”不上前线，不深入部队，每天待在前线总指挥部里，信口开河、弄虚作假，“创造”新闻，最后终于露出马脚，被红军官兵从前线轰走。

1947年6月15日，《晋绥日报》在第四版摘录了《前线》中有关“客里空”的情节片段，并且配发了“编者按”，指出“我们的编者作者应该更加警惕，并勇敢地严格检讨与揭露自己不正确的采访编写的思想作风，更希望我们每一个读者都起来认真、负责、大胆地揭发‘客里空’和比‘客里空’更坏的新闻通讯及其作者，在我们的新闻阵营中，肃清‘客里空’”。解放区新闻界反“客里空”运动由此拉开帷幕。

1947年6月25日至6月27日，《晋绥日报》以《不真实新闻与‘客里空’之揭露》为题，连续刊登报社自我检查出的失实报道和读者揭发的失实报道。接着，一些报社工作人员和通讯员响应报社的号召，进行自我检查和自我批评：承认土改时期由于对党的政策宣传右倾而造成的不真实报道，给读者造成了“和平土改”的错觉；同时，普遍检查了新闻工作中的个人主义、主观主义和不负责任的作风造成的新闻报道失实现象。《晋绥日报》勇于自我批评的精神受到广大读者的赞扬，并且由此推动了新闻业务的改进和提高。

1947年9月18日，《晋绥日报》在创刊7周年纪念之际，与新华社晋绥

总分社联名发表《关于“客里空”的检查》，连载4天，将检查的重点指向报社的领导和内勤工作，提出把肃清“客里空”与检查端正领导作风结合起来。

《晋绥日报》发起的反“客里空”运动得到中共中央的肯定，后来经过新华社的宣传报道，引起轰动。8月28日，新华社发表署名总社编辑部的专论《锻炼我们的立场与作风——学习〈晋绥日报〉检查工作》，指出“《晋绥日报》这次反对‘客里空’运动，在人民新闻事业建设过程中是有历史意义的”，号召解放区新闻界向《晋绥日报》学习。

9月1日，新华社发表社论《学习〈晋绥日报〉的自我批评》，认为报纸把新闻工作向前推进了一步，再次号召各解放区的新闻工作者和其他工作部门向《晋绥日报》学习。

在新华社的号召下，整个解放区新闻界普遍开展了以学习《晋绥日报》、坚持实事求是原则、反对“客里空”虚假报道为主要内容的运动。晋冀鲁豫《人民日报》、新华社晋冀鲁豫总分社、太岳《新华日报》、新华社太岳分社、《东北日报》、新华社东北总分社等新闻单位都先后做出向《晋绥日报》学习的决定，反“客里空”运动也向纵深发展，从纠查新闻报道的失实现象深入检查新闻工作者的立场和作风，一直持续到1948年春才告一段落。

这场由《晋绥日报》发起的反“客里空”运动，其意义是重大而深远的。这场运动发扬了批评和自我批评的优良传统，检查、纠正了新闻报道失实现象。遗憾的是，反“客里空”运动在理念上开了个好头，却没能总结出一套行之有效、公平合理的批评与自我批评方法。[①]《晋绥日报》等不少报纸宣传通过“查三代”来划分阶级成分，片面强调“走贫雇农路线”，用阶级和立场的正确性，替换了新闻的真实性，把新闻业务问题上纲上线成为政治问题。比如，《晋绥日报》编辑部文章《不真实新闻与“客里空”之揭露》批评该报1946年11月16日刊登的《临县张家湾的抢收》一稿，指责作者艾柏把地主的女儿吹嘘成生产模范是因为作者看上了地主的女儿。艾柏遭撤职处分，后来更被批判为“混入革命里的阶级异己分子”，“是有意为其地主阶级服务的”。

这样一来，反“客里空”中也产生了严重的“左”倾错误，以致不少揭露“客里空”的文章也产生了“客里空”，伤害了新闻干部。针对这样的情况，1948年2月11日，毛泽东为中共中央起草了党内指示《纠正土地改革宣传中的“左”倾错误》，要求各地党的领导机关、新华总社和各地总分社以及各

① 参见王辰瑶：《反“客里空”运动的历史脉络与思想逻辑》，《国际新闻界》2011年第5期。

地报纸的工作人员，检查过去几个月的宣传工作，发扬成绩，纠正错误。根据这一指示精神，各地在 1948 年春普遍开展了一次检查“左”倾错误的活动。

三、新形势下办报的指示

为了保证党报进入城市后能够健康发展，中共中央下发了一些文件作为指导，党的领导人毛泽东、刘少奇也先后发表重要讲话，从不同的角度对新形势下如何办好党报做出明确的指示。

1.毛泽东《对〈晋绥日报〉编辑人员的谈话》

1948 年 4 月 2 日途经晋绥边区时，毛泽东对《晋绥日报》和新华社晋绥分社编辑人员发表了重要谈话，即著名的《对〈晋绥日报〉编辑人员的谈话》。谈话从全党和全局的高度，较为系统地阐述了党报的性质任务和功能作用、办报方针原则和策略方法、报纸风格及新闻工作者作风，以及全党办报、群众办报等有关党的新闻工作的一系列重要问题，成为毛泽东新闻论述中的力作名篇，也成为中国共产党新闻思想史上具有里程碑意义的经典文献。

首先，讲话论述了党报的性质任务和功能作用。毛泽东指出，“马克思列宁主义的基本原则，就是要使群众认识自己的利益，并且团结起来，为自己的利益而奋斗。报纸的作用和力量，就在它能使党的纲领路线，方针政策，工作任务和工作方法，最迅速最广泛地同群众见面”。因此，“要充分地利用报纸。办好报纸，把报纸办得引人入胜，在报纸上正确地宣传党的方针政策，通过报纸加强党和群众的联系，这是党的工作中一项不可小看的、有重大原则意义的问题”。

其次，讲话强调了办报的路线和方针，毛泽东指出，“我们的报纸也要靠大家来办，靠全体人民群众来办，靠全党来办，而不能只靠少数人关起门来办”。第一次明确提出了全党办报、群众办报的方针。

再次，关于无产阶级党报的文风，毛泽东指出，“我们党所办的报纸，我们党所进行的一切宣传工作，都应当是生动的，鲜明的，尖锐的，毫不吞吞吐吐。这是我们革命无产阶级应有的战斗风格”。他强调指出，“要教育人民认识真理，要动员人民起来为解放自己而斗争，就需要这种战斗的风格”。

最后，关于党报工作者的学习和修养问题，毛泽东认为，“报纸工作人员为了教育群众，首先要向群众学习”，“要使不懂得变成懂得，就要去做去看，这就是学习”。报社的同志要“轮流出去参加一个时期的群众工作，参加一个时期的土地改革工作，这是很必要的。在没有出去参加群众工作的时候，也应当多听多看关于群众运动的材料，并且下工夫研究这些材料"[①]。

这篇文字较为系统地论述了党报的性质任务和功能作用，阐释了党报工作的方针原则和策略方法，党报风格及党报工作者的工作作风，以及全党办报和群众办报等一系列有关党的新闻工作的基本问题。其内容丰富，论述深刻，说理充分，针对性强，是毛泽东关于新闻宣传工作讲话中的经典之作。如果说延安时期是中国共产党新闻思想走向成熟的时期，那么这篇文字就是中国共产党新闻思想已经成熟的代表性论述。它同1943年陆定一在延安《解放日报》上发表的《我们对于新闻学的基本观点》，以及1948年10月2日刘少奇在西柏坡发表的《对华北记者团的谈话》一起，对中国共产党新闻思想进入成熟期起到了标志性作用。[②]

2.刘少奇《对华北记者团的谈话》

1948年7月下旬，华北人民日报社和新华社华北总分社（当时报、社合一）抽调人员组成记者团，采访土地改革和整党工作。9月，记者团到中共中央所在地河北平山县西柏坡集中学习。刘少奇当时分管新华社工作，对这次培训十分重视，记者们的学习时间由计划中的一周延长到三周。学习的具体组织者范长江整理了问题，向刘少奇做了汇报。于是在学习的最后一天，即10月2日，刘少奇"根据事先准备好的提纲"做了这次谈话。

首先，刘少奇强调了新闻事业在联系党和群众方面具有的重要作用和地位。他说："我们党要通过千百条线索和群众联系起来，而你们的工作、你们的事业，就是千百条线索中很重要的一条。""党依靠你们的工作，指导群众，向群众学习。""人民也是依靠你们的。""人民依靠你们把他们的呼声、要求、困难、经验以至我们工作中的错误反映上来，变成新闻、通讯，反映给各级党委，反映给中央，这就把党和群众联系起来了。"因此，"办报是联系群众很重要的工作，你们就是做这个工作的"。

其次，他提出了做一个无产阶级新闻工作者应该具备的四个主要条件：第一，要有正确的态度，全心全意为人民服务，要"采取忠实的态度，把人民的要求、困难、呼声、趋势、动态，真实地、全面地、精采地反映出来"。第二，

---

① 毛泽东：《对〈晋绥日报〉编辑人员的谈话（一九四八年四月二日）》，《毛泽东选集》第4卷，人民出版社1991年版，第1318～1322页。

② 参见郑保卫：《毛泽东对〈晋绥日报〉编辑人员谈话的背景、价值及意义——写在谈话发表70周年之际》，《青年记者》2018年第7期。

必须独立地做相当艰苦的工作,“要到处去看,去问,就要读马列的书,做许多研究工作”。第三,要有马列主义理论修养。要提高理论水平,要熟悉马列主义,特别要学习唯物史观、认识论,学习阶级分析的方法。第四,要熟悉党的路线和政策,“经常学习、研究,时刻注意党的各项方针政策的执行情况”①。

《对华北记者团的谈话》,是刘少奇对新闻工作的经验总结和理论思考,是马列主义与中国新闻实践相结合的重要文献,对党的新闻工作者在城市办报、在新形势下办报具有现实的指导价值。“这一谈话同毛泽东对《晋绥日报》编辑人员的‘4·2’谈话一样,可以说是中国共产党新闻思想走向成熟的代表性文献之一,都是中国共产党新闻思想史上具有里程碑意义的重要文献。”②

四、中国共产党新闻事业从农村到城市

随着解放战争的推进,一些城市陆续解放,中国共产党的新闻事业开始从农村向城市转移。

对于如何搞好城市报刊的宣传工作问题,中共中央、中央宣传部、新华社针对出现的问题及时总结经验,发出了一系列指示和决定。1948 年8 月 15 日,中央宣传部发出了《关于城市党报方针的指示》,提出了关于城市党报工作的三大注意事项:第一,报纸主要为工农兵服务,但同时也要为干部、工商业者和知识分子服务;第二,报纸以报道农村与工厂的消息为主,同时兼顾市场、学校以及其他地方;第三,报纸副刊必须宣传马克思主义,深入浅出地对读者做教育工作。③ 11 月 18 日,中央宣传部和新华社联合发出《关于纠正各地新闻报道中右倾偏向的指示》,强调在城市政策宣传上必须防止右倾机会主义的错误,进一步阐释了党的城市办报方针。

1949 年 3 月 5 日到 13 日,中国共产党在河北平山西柏坡召开了七届二中全会,会议决定全党工作重心由乡村转移到城市。毛泽东在会上代表党中央做了报告,明确指出:“从现在起,开始了由城市到乡村并由城市领导乡

① 刘少奇:《对华北记者团的谈话(1948 年 10 月 2 日)》,中共中央宣传部新闻局编:《马克思主义新闻工作文献选读》,人民出版社 1990 年版,第 218～228 页。

② 参见郑保卫、张鸿飞、张喆喆:《刘少奇对华北记者团谈话的时代背景、理论内涵及历史意义》,《青年记者》2019 年第 1 期。

③ 参见黄瑚:《中国新闻事业发展史》,复旦大学出版社 2001 年版,第 274 页。

村的时期。”“从我们接管城市的第一天起，我们的眼睛就要向着这个城市的生产事业的恢复和发展”，城市中的各项工作，包括报纸、通讯社、广播电台的工作，“都是围绕着生产建设这一个中心工作并为这个中心工作服务的”[①]。这一报告为党的城市办报方针提供了理论依据，党的办报方针也趋于成熟。

1949 年 1 月 31 日，北平解放。中共中央领导的新闻机构陆续迁至北平。2 月 2 日，《人民日报》(北平版)作为北平市委机关刊物公开出版。3 月 15 日，华北《人民日报》迁至北平。新华通讯社于 1949 年 3 月 25 日随中共中央迁入北平，并且根据中央决定，逐步调整全国各地的分社组织，在各大区建立总分社，各省、市、自治区建立分社，在解放军部队中也建立总分社、分社、支社各级组织，努力组建一个统一的集中的国家通讯社。在新华社迁入北平的同一天，陕北新华广播电台也迁入北平，改名为北平新华广播电台，向全国播音。6 月 5 日，中共中央将原新华社的口语广播部扩充为中央广播事业管理处，廖承志任处长，领导与管理全国的广播事业。1949 年 7 月 13 日，中华全国新闻工作者协会筹备会在北平成立，胡乔木任筹备会主任，胡愈之、廖承志任副主任，萨空了、徐迈进分别任正、副秘书长。

思考题

1.红色中华通讯社、《红色中华》报、延安新华广播电台的基本情况是怎样的？

2.《解放日报》的改版过程是怎样的？《解放日报》的改版有什么意义？

3.毛泽东、刘少奇关于党报理论的观点有哪些？这些理论有何意义？

4.如何评价解放战争时期《晋绥日报》发动的反“客里空”运动？

---

① 毛泽东：《在中国共产党第七届中央委员会第二次全体会议上的报告(一九四九年三月五日)》，《毛泽东选集》第 4 卷，人民出版社 1991 年版，第 1427～1428 页。

第七章　新中国新闻事业的建设与曲折发展

新中国成立后，一方面建立起以《人民日报》、新华通讯社、中央人民广播电台为核心的党的新闻事业体系；另一方面进行私营新闻事业的改造，全面布局新中国的新闻事业。在这一时期，新闻事业在理论和实践上都有很多有益的探索，《人民日报》改版就是这种探索的成果之一。1957 年中共中央发动整风运动，随之反右派斗争扩大化，中国社会主义初期的发展被迫中断。1958 年"大跃进"运动在全国开展，1966 年爆发"文化大革命"，政治上的"左"倾延续了相当长一段时间。在这一时期，新闻事业遭受重创，尤其是"文化大革命"期间，"中央文革小组"以及后来的林彪反党集团和"四人帮"把媒体当作实现其政治野心的工具，无视新闻客观真实的基本要求，甚至提出"事实为政治服务"，导致媒体上出现了大量虚假报道和"高、大、全"典型。这些失实报道和假典型误导了人民群众，也损害了媒体声誉。1976 年"文化大革命"结束，新闻界在经历了拨乱反正后重新回到正轨。

第一节　新中国成立后党的新闻事业的全面布局

一、中国共产党新闻事业体系的建立

中华人民共和国的成立，开启了中国新闻事业的新纪元。新中国的新闻事业，在报业方面，形成了以各级党报为核心、多种人民报纸并存的新中国报业结构；新华通讯社建设成为初具规模的国家通讯社；广播事业全部实现国营，建起了从中央到地方的各级人民广播电台。以《人民日报》、新华通讯社、中央人民广播电台为核心的全国规模的比较完备和系统的党和人民

的新闻事业网络逐渐建成。

中共中央机关报《人民日报》可以追溯到1946年。晋冀鲁豫中央局成立后，即创建了机关报《人民日报》，由中宣部副部长张磐石任社长兼总编辑，社址设在邯郸。1948年，晋冀鲁豫解放区和晋察冀解放区合并，晋冀鲁豫中央局机关报《人民日报》和《晋察冀日报》合并为中共中央华北局机关报。1949年3月，中共中央华北局机关报《人民日报》由平山县迁到北平，同年8月1日升格为中共中央机关报。首任社长由胡乔木兼任，总编辑是邓拓。1949年底，范长江接任社长，邓拓仍担任总编辑，安岗任副总编辑。1952年底，范长江调到国家科委工作，安岗调中国人民大学工作，副总编辑由胡绩伟接任。

新中国成立后中央级的报刊还有两份：一份是中华全国总工会机关报《工人日报》，1949年7月15日创刊于北京，该报的主要读者是全国广大职工和工会工作者。另一份是中国民主同盟创办的《光明日报》。《光明日报》创刊于1949年6月16日，是在接收北平《世界日报》的房屋财产和机械设备的基础上创办起来的。毛泽东为创刊号题词："团结起来，光明在望。"这份报纸最初是由中国民主同盟主办，章伯钧任社长，胡愈之任总编辑。毛泽东曾夸赞："光明日报办得很好，有许多材料是独出心裁找出来的；编得也好，次序、样式比较好。"[①]1953年1月，该报改组为中国各民主党派、中华全国工商联和无党派民主人士联合主办的报纸。1955年，按照中央部署，《光明日报》开始"面向全国人民"，"以高等学校和中等专业学校的教师、学生、国家机关工作人员、文化界和其他(包括各民主党派成员)中上层知识分子为主"。1957年4月，储安平就任《光明日报》总编辑。

在新中国成立前后，划分了东北、华北、华东、中南、西南、西北六大行政区，各行政区中央局的机关报纷纷创刊。除中共中央华北局机关报《人民日报》外，中共中央东北局机关报为《东北日报》，1945年11月1日初创于山海关。《长江日报》是中共中央中南局机关报和武汉市委机关报，于1949年5月23日创刊于武汉。《群众日报》为中共中央西北局机关报，1948年1月10日在西安创刊。《解放日报》为中共中央华东局兼上海市委机关报，1949年5月28日在接管《申报》的基础上创办起来。《新华日报》为中共中央西南局机关报，1949年12月10日在接管国民党报刊《中央日报》的基础上创刊于

① 《胡乔木传》编写组编：《胡乔木谈新闻出版》，人民出版社2015年版，第89页。

重庆。

1949 年前后，全国绝大部分省会城市先后解放，中共省一级的党委机关报纷纷创刊。1939 年 1 月 1 日创刊的《大众日报》是中共山东省委机关报，是我国创办最早的省级党报。1956 年《西藏日报》创刊，至此，除台湾外的 29 个省份全部有了自己的省级党报，庞大、系统的省级党报网络建成。

1950 年 3 月，中共中央发出《关于改新华社为统一集中的国家通讯社的指示》，决定："今后新华社的各总分社、分社和支社，除向总社发稿和印发总社的稿件外，不应再单独对外发稿；其所有人员，应全部交新华社统一调度与供给。"1952 年，新华社工作人员增至 2000 余人，在国内设立 6 个总分社与 28 个分社，在国外设立 5 个分社。1956 年，国内分社有 31 个，国外分社有 19 个，形成广泛的记者网和通讯体系，并主办了一系列报刊，如《参考消息》《参考资料》《时事手册》《内部参考》《新华社电讯稿》《新闻业务》《新闻图片》《前进报》等，具备了国家通讯社的规模。

为了便于向海外华人、华侨做宣传，1952 年 9 月，中国新闻社（简称"中新社"）成立，由胡愈之、金仲华、萨空了、王芸生、顾执中等人发起创办，金仲华任社长。中新社最初设在新华社内，属于华侨广播组，对外用中国新闻社的名义。1957 年 3 月，中新社脱离新华社，成为独立的通讯社，在广东、上海、福建三地设有分社。

建立一个以新华通讯社为主体的国家通讯社网和以中央人民广播电台为中心的国营广播电台网，是当时一项重要的工作。在各地新华分社相继成立之时，主要城市的广播电台也很快播音。1949 年 6 月，中央广播事业管理处成立。12 月，北京新华广播电台改名为"中央人民广播电台"。1949 年底，全国有广播电台 49 座。1950 年 4 月，国家发布《关于建立广播收音网的决定》（以下简称《决定》）。《决定》共五条，对不同的政府机构、社会组织、群众等广播使用情况进行了总体性规定，这是新中国成立后第一个由中央政府公布的有关无线电广播的政令。到 1952 年，全国电台增加到 72 座，除西藏外，各地都有了广播电台，建立广播收音网万余个，形成了全国统一的广播新闻事业通讯网。

二、私营新闻业的改造

1948 年 11 月 8 日，在淮海战役刚刚打响时，中共中央就向各中央局、分局、前委、区党委及市委发出《中共中央关于新解放城市中中外报刊通讯社的处理办法》(以下简称《处理办法》)。

《处理办法》规定,对新解放城市旧有新闻事业的总体评估及基本方针、原则是:报纸、刊物与通讯社是一定的阶级、党派与社会团体进行阶级斗争的一种工具,不是生产事业,故对于私营报纸、刊物与通讯社一般不能采取对私营工商业同样的政策,除对极少数真正鼓励群众革命热情的进步报纸、刊物应扶助其复刊发行以外,对其他私营的报纸刊物与通讯社均不应采取鼓励政策。

根据规定,凡属于国民党反动政府及其地方政府系统下的各机关、各反动党派(如国民党各个反动派系、青年党、民社党等)及反动军队的各级组织所出版及发行的报纸、刊物与通讯社,连同其一切设备与资财,应一律予以接收,并不得再以原名复刊或发稿。比如《申报》的接管工作在上海解放前即已做好筹备。1949 年 4 月 23 日,中国人民解放军第三野战军攻占上海附近的江苏丹阳,为攻占和接管上海做准备。在丹阳,成立了以陈毅为首的上海接管委员会,其下又分财经、文教、政务、军事四个部门。新闻学家王中先生回忆说:“我们在丹阳对军管《申报》的每一个具体细节都一一落实了,甚至谁担任什么工作,在哪个房间办公都安排好了。”[①]1949 年 5 月 27 日解放军成功进入上海,按照丹阳的方案,即刻对《申报》实行了军管,没收其中的国民党官僚资本。《申报》编辑部少数人员留用,其余全部解散,经理部人员则基本留用。5 月 28 日,《解放日报》在申报馆原址创刊。以同样的方式,国民党机关报《中央日报》在广州解放时被接收并改组为《南方日报》。

新中国成立以后,关于是否允许私营报纸或民办报纸存在的问题,中央的态度很明确:应当允许。于是,不少在旧中国有很大影响的进步报纸,如上海的《大公报》《文汇报》《新民报晚刊》、武汉的《大刚报》、南京的《新民报》《南京人报》纷纷复刊。新中国成立初期,出现了一个公营、私营及公私合营并存的报业新格局。据国家新闻总署 1950 年 2 月 28 日的不完全统计,当时全国共有报纸 281 家,其中私营报纸至少为 55 家(一说 58 家),包括华东区 24 家,华北区 10 家,中南区 7 家,西南区 2 家,西北区 3 家,东北区 2 家,华侨私营报纸 7 家。全国城市中以上海的私营报纸最多,共有 14 家以上。然而,这种格局存在的时间较为短暂。据统计,全国私营报纸数量到 1950 年 6

① 王中:《上海解放初期接管新闻机构的情况》,中国人民政治协商会议上海市委员会文史资料工作委员会编:《上海文史资料选辑 第 46 辑 上海解放三十五周年文史资料纪念专辑》,上海人民出版社 1984 年版,第 380 页。

月底减为43家，到11月底为39家，到12月底为34家，至1951年4月底为31家，到8月下旬就只剩下25家了。①

这些私营报刊，少数因出现歪曲政策报道而停刊，多数则是由于报纸销路下降、广告减少、经营难以为继而停刊，或是公私合营被改造成党报。

新民报社是旧中国很有影响力的一家报社。在陈铭德、邓季惺夫妇的管理下，《新民报》最辉煌时在南京、重庆、成都、上海、北平等五地出版日报或晚报八种，号称"五社八报"，堪称跨地域的大报业集团。抗日战争时期，重庆《新民报》制定了"中间偏左，遇礁即避"的言论编辑方针，与《新华日报》互相支持，成为共产党与国民党斗争及争取走"第三条道路"的民主人士的一条重要渠道。抗战胜利后，《新民报》对国民党的抨击更加尖锐，最终被蒋介石下令永久停刊。新中国成立后，由于曾经的进步立场，《新民报》得以复刊。

然而，复刊后的《新民报》在市场上却遭遇生存的困境。经营上的困境是当时私营报刊普遍面对的局面，究其原因，主要有以下几点。其一，整个办报大环境发生了重大变化。党报及公营报纸的绝对优势，使私营报纸逐渐被边缘化和失去了民众认可。私营报纸在政治待遇、工作条件方面与党的机关报不可同日而语，在采访中也常遇到阻力。"一些机关对私营报纸记者均具戒心，说他们'钻得太厉害，问得太多'，于是加以敷衍，或竟以'不要再来'，'我们的消息不发给私营报'等语予以拒绝。"②其二，经济上的原因。新中国成立初期，生产及经济尚未恢复。这一方面导致物价飞涨，广大城市市民生活困难，读报人数减少，报纸销量急剧下降；另一方面导致广告减少，报社资金枯竭，经济拮据。这一时期的大部分私营报纸不盈反亏，且亏损严重。其三，私营报纸的职工在职业认同上也出现了问题。新中国成立初期，私营报纸中的一般职工普遍存在着不愿继续在私营报社中工作的情绪，其主要原因是：在全新的人民当家作主的社会里，他们缺少自己是主人公的感觉，思想上总觉得是在给私人老板打工；私营报纸常常不能如期支付工资，甚至时时面临倒闭的风险，远不如党报稳妥可靠；一部分继续出版的外国人在华经营的私营报纸，因当时帝国主义国家对我国态度和报纸本身宣传方向问题，受到工人在政治上的抵制。民营老报人王文彬在回忆重庆《大公

---

① 参见黄瑚：《中国新闻事业发展史》，复旦大学出版社2009年版，第273页。

② 孙旭培：《解放初期对旧新闻事业的接收和改造》，中国社会科学院新闻研究所《新闻研究资料》编辑部编：《新闻研究资料（总第43辑）》，中国社会科学出版社1988年版，第59页。

报》停刊的三点原因时，就把“职工大多认为成为国企和党报工作者稳妥可靠，没有政治、经济风险，工资福利较私营报纸好”作为一个重要的原因。[①]

为了让私营报纸生存下去，党和政府也采取了一些措施。如定期举行记者招待会，向私营报纸提供新闻线索，通过新闻工作者协会（筹委会）加强党报与私营报纸的联系，举办学习班帮助私营报纸记者提高政策水平和业务能力等。然而这些做法的效果并不明显，难以阻止私营报纸下行的势头。上海《新民报晚刊》发行最惨的一天，跌到2700份。1950年4月，成都《新民报》、南京《新民报》相继停刊。1952年1月11日，重庆《新民报》也因经济困难等停刊。

这时公私合营成为一个解决方案。1949年到1951年间，陈铭德、邓季惺夫妇二人多次向政府提出将北京《新民报》公私合营或者收归公营。经有关部门研究，考虑到陈铭德是中国国民党革命委员会（简称“民革”）成员，故于1951年5月批准由民革参与新民报社管理，实行公私合营。民革中央派出李世璋、王昆仑、梅龚彬、黄苗子等为公股代表，与陈铭德、邓季惺等共同组成新民报社管理委员会，并在报社建立了中共党支部。这次公私合营只维持了10个月时间。1951年底起，全国陆续掀起“三反”“五反”运动。1952年3月，民革与新民报社解除了合作。陈铭德、邓季惺又与北京市人民政府的有关部门联系，是年3月达成协议，《新民报》由北京市人民政府收购。1952年10月改出《北京日报》，报社的部分工作人员也转入《北京日报》。北京《新民报》走入了历史，上海的《新民报晚刊》后来由中共上海市委宣传部接手，改名《新民晚报》。重庆《大公报》、上海《大公报》和《文汇报》等报，也都是通过公私合营的方式，最终成为人民的报纸。

有一类报纸在中国共产党接管后并没有被改组为党报，也没对私人资产做任何清理，但是报社内部已经公开建立党支部，并且由党支部实际掌握着报纸的领导机构、人事安排以及采编方针，在职能上发挥着党报的作用，与党报形成中心与外围的关系。天津《大公报》和上海《新闻日报》是这一类报纸的代表，而且在成为党的外围报纸后，前者仍以民营报纸面目出现。

随着1948年冬平津战役的打响，军事占领平津的迫近，中共中央批准将天津《大公报》改名为《进步日报》出版。毛主席亲自定名新报纸为《进步日报》，并说：“办报的自我检讨、自我批判就是进步，看报的也要进步。解放

① 参见曾宪明：《解放初期大陆私营报业消亡过程的历史考察》，《新闻与传播研究》2002年第2期。

了，大家都要进步嘛！"同时，中共中央把已身在解放区但是原来在《大公报》工作过的杨刚、孟秋江等人，邀集到河北省平山县商讨并决定将《大公报》按私营企业对待，党和政府不予接管。在天津《大公报》的基础上改组易名，全社职工普选成立临时管理委员会，实行民主管理，并以全体职工名义发表宣言，宣布新生。

1949 年 1 月 14 日，人民解放军进入天津城。1949 年 1 月 17 日，中共中央发出了《中共中央对处理天津广播事业、报纸及登记国民党员等问题的指示》，称对《大公报》可"从内部革命，加入外力，利用其原有财产班底发表宣言，改换名称，组成进步分子的报纸，使平津解放后除党报外有一党外的民主报纸配合"①。2 月 27 日，《进步日报》刊登了《〈进步日报〉职工同人宣言》，与《大公报》划清界限。《进步日报》经济上自负盈亏，不领取任何方面的补助和津贴。但报社内建有党组，孟秋江任党组书记，在党组织的领导下作为一份共产党的外围报纸发挥作用。

私营广播电台的改造也基本如此。新中国成立初期，各大城市有私营广播电台 34 家。上海有 22 家，其中 6 家因违反法令被勒令停业。北京也有 3 家私营电台因"播送有毒素的节目"而被政府查封。经过几年对私营台的整顿，到 1953 年底，剩下的私营台经公私合营方式收归国有，完成了社会主义改造。上海 16 家私营台公私合营后，1952 年合并为上海联合广播电台，1953 年并入上海人民广播电台。

从 1952 年底到 1953 年初，我国的私营新闻业基本上转变为公有制，私营、民营新闻业退出历史舞台。

三、新闻总署的成立与事业基本法规的制定

1949 年 11 月，新闻总署成立，署长胡乔木，副署长范长江、萨空了。新闻总署下设一厅（办公厅）、一社（新华社）、三局（广播事业局、国际新闻局、新闻摄影局），管理全国所有的新闻机构。

新闻总署成立后，第一项重要工作是制定与颁布有关新闻事业管理的法律规范性文件。1950 年由新闻总署起草、以中央人民政府政务院名义颁布的《全国报纸杂志登记暂行办法（草案）》（以下简称《草案》）共 12 条，对报刊的出版登记、违法惩处等各个方面进行了较为详细的规定。《草案》第 9

① 转引自叶再生：《中国近代现代出版通史》第 4 卷，华文出版社 2002 年版，第 923 页。

条明确规定了报刊必须遵守下列四项要求：遵守《共同纲领》，拥护人民民主事业；遵守各级人民政府的政策法令；保守国家的国防、外交、财政、公安等有关机密事项；报道真实新闻，并禁止利用新闻进行诽谤，破坏国家人民的利益和煽动世界战争的言论与记载。《草案》提出，凡违反各项规定者，由各级新闻出版行政机构按照情节轻重分别给以警告、教育、定期停刊或终刊的处分。如有涉及刑事范围内的行为者，则由人民法庭依法处理。《草案》是新中国成立初期报纸、杂志出版的主要法规。新闻总署颁布的法令还包括《关于统一发布中央人民政府及其所属各机关重要新闻的暂行办法》《关于报纸采用新华社电讯的规定》《关于统一新华通讯社组织和工作的决定》《全国报纸杂志登记暂行办法草案》《期刊登记暂行办法》《管理书刊出版业、印刷业、发行业暂行条例》《关于各报应保守国家秘密的指示》等。新闻总署存在的两年零四个月里，制定、发布的管理新闻传播业的部门规章（规章性文件）达数十个。[①]

新闻总署的第二项重要工作是主持全国报刊的分工工作。1950 年，按照新闻总署的部署，《人民日报》的主要读者对象为干部和先进群众，《光明日报》的读者对象是各民主党派及小资产阶级、知识分子，《新民报》的读者对象主要是北京的小资产阶级及组织松散的劳动群众。这次分工与调整使新中国报纸各有重点，减少重复，节省财力，专业化报纸增多而综合性报纸减少。

新闻总署的第三项重要工作是推出报纸"企业化经营"与"邮发合一"的新办法。1949 年 12 月 17 日至 26 日，新闻总署在北京召开了全国报纸经理会议，决定"全国一切公私营报纸的经营，必须采取与贯彻企业化的方针"，"公营报纸必须把报社真正作为生产事业来经营，逐步实行经济核算制"，"条件较好的公营报纸应争取全部或大部自给，条件较差者亦应在政府定期定额的补贴下，争取最大可能的自给程度"，"私营报纸亦须在已有基础上进一步改善经营方法"。关于报纸的发行工作，这次会议确立了"邮发合一"的方针。会议认为，"报纸发行工作，应学习苏联及我国东北、山东的经验，逐步地全部移交邮政局办理"，即实行"邮发合一"。

1952 年，新闻总署在政务院领导的新中国第一次政府精简机构的改革中被撤销，此后全国新闻事业由中共中央宣传部直接领导。

---

① 参见陈建云：《中国当代新闻传播法制史论》，山东人民出版社 2005 年版，第 70 页。

新中国成立后，全国人大常委会、中央人民政府政务院（国务院）也制定和颁布了一些针对新闻传播事业的专门法令、行政法规（法规性文件），如《关于统一发布中央人民政府及其所属各机关重要新闻的暂行办法》（1949 年 12 月 9 日）、《期刊登记暂行办法》（1952 年 8 月 16 日）、《管理书刊业、出版业、发行业暂行条例》（1952 年 8 月 16 日）、《关于地方人民广播电台管理办法的规定》（1955 年 9 月 12 日）等，这些法规是新中国传媒事业管理有法可依的基础。

《中共中央关于在报纸刊物上展开批评和自我批评的决定》（1950 年 4 月19 日）和《中共中央关于改进报纸工作的决议》（1954 年 7 月 17 日），涉及对具体新闻业务的规定，实际上也起到了新闻法规的作用。①

第二节　1956 年《人民日报》的改版

新中国成立后《人民日报》认识到，要发展新中国的新闻事业，必须进行新闻理论上的准备，总结经验，学习他人的长处。1950 年 1 月 4 日起，《人民日报》第五版开辟“新闻工作”专版，在《编者的话》中指出：“我们有一个便利的条件，这就是可以大量地利用我们的先进国家苏联的经验。”

抗美援朝战争后，我国新闻界向苏联学习出现了一个高潮。1954 年初，以邓拓为团长的中国新闻工作者访问苏联，重点学习《真理报》的经验。《人民日报》的干部如胡绩伟、安岗、李庄、张沛、聂眉初等也先后到《真理报》学习访问，“一切向《真理报》学习”成了《人民日报》的一个工作方针。②

学习苏联，确实是新历史形势下确定党报战略的一条捷径，更何况党报模式和苏联新闻模式有着天然的接近性——以党性为根基。在“党报必须完全服从党组织”的党报思想指引下，人民日报社总编辑邓拓强调：“我们的语言必须是党的语言、阶级的语言、人民的语言，我们的作风必须是党的作风。这就是说，我们的一字一句都要代表党中央。”③

对苏联模式的学习，强化了以宣传为本位的办报模式。反映在报纸内容上，照本宣科的内容多，报道缺乏主动性和灵活性。1954～1955 年，《人民日报》一版版面上充斥各种会议新闻和送往迎来的消息，而反映国内工农业

① 参见方汉奇主编：《中国新闻事业通史》第 3 卷，中国人民大学出版社 1999 年版，第 52 页。

② 参见钱江：《〈人民日报〉1956 年的改版》，《新闻与传播研究》1988 年第 3 期。

③ 王晓梅：《1956 年〈人民日报〉改版的酝酿》，《新闻大学》2003 年第 3 期。

生产建设情况的新闻在一版上常常处于从属地位，篇幅较少。照搬《真理报》经验的倾向还表现为文风呆板，官话、套话多。

对于报纸存在的问题，报社人员并非没有自觉。从1955年起，邓拓经常和同事讨论应该怎样办《人民日报》。至1956年前夕，他明确表示，对《真理报》的经验，“再这样学下去怎么行？”①

就在报社内部反思苏联模式时，更大的变动在苏联发生。

1956年2月14～25日，苏联共产党召开了第二十次代表大会，会上公开批判了对斯大林的个人崇拜。苏联共产党内部矛盾公开化的同时也暴露了过去苏联在建设社会主义过程中的一些缺点和错误，如在处理重工业与轻工业、农业的关系上，片面注重重工业，忽视农业和轻工业，导致国民经济各部门发展很不平衡。4月，毛泽东发表《论十大关系》，明确了建设社会主义的根本思想是必须根据本国情况走自己的道路。毛泽东提出：“社会科学，马克思列宁主义，斯大林讲得对的那些方面，我们一定要继续努力学习。我们要学的是属于普遍真理的东西，并且学习一定要与中国实际相结合。如果每句话，包括马克思的话，都要照搬，那就不得了。我们的理论，是马克思列宁主义的普遍真理同中国革命的具体实践相结合。”②

同样是在4月，毛泽东在中共中央政治局扩大会议上提出：百花齐放、百家争鸣，应该成为我国发展科学、繁荣文学艺术的方针。5月26日，时任中共中央宣传部部长的陆定一向自然科学家、社会科学家、医学家、文学家和艺术家系统地阐述了党中央提出的“双百”方针，他指出：

> 要使文学艺术和科学工作得到繁荣的发展，必须采取“百花齐放，百家争鸣”的政策……我们所主张的“百花齐放，百家争鸣”是提倡在文学艺术工作和科学研究工作中有独立思考的自由，有辩论的自由，有创作和批评的自由，有发表自己的意见、坚持自己的意见和保留自己的意见的自由……在学术批评和讨论中，任何人都不能有什么特权；以“权威”自居，压制批评，或者对资产阶级错误思想熟视无睹，采取自由主义甚至投降主义的态度，都是不对的。③

---

① 钱江：《〈人民日报〉1956年的改版》，《新闻与传播研究》1988年第3期。

② 毛泽东：《论十大关系（一九五六年四月二十五日）》，中共中央文献研究室编：《建国以来重要文献选编》第8册，中央文献出版社1994年版，第263页。

③ 陆定一：《百花齐放，百家争鸣（一九五六年五月二十六日）》，中共中央文献研究室编：《建国以来重要文献选编》第8册，中央文献出版社1994年版，第301～308页。

一方面是苏联范本的失效，另一方面是"双百"方针带来思想的活跃和解放，这种变化自然也反映在了对新闻工作的要求中。5月28日和6月19日，刘少奇前后两次召集新华社负责同志做重要的谈话指示，对我国新闻界无条件地照抄照搬、全面学苏联的状况提出批评。刘少奇说："我们的新闻报道，学塔斯社的新闻格式，死板得很，毫不活泼。比如，往年报道天安门游行，只是官样文章，公报式新闻。公报，就是官僚主义形式。不顾时间、地点、条件，不顾读者的思想情绪，我只管发出去，你看也好，你不看也好。"[①]

《人民日报》要进行改版的设想在1956年初春渐趋成熟。经过编辑部全面、认真的准备，5月中旬邓拓、胡绩伟、王楫、杨刚、陈浚、黄操良、凌建华起草了请求改版的第二份报告。其指明"革命"条件下以"鼓动、动员""积极性"来迅速"一统到底"的"宣传模式"，需让位于从"读者需求"出发、尊重现实需要和客观规律，及时、准确地报道社会发展状况，全面、系统地解释方针政策的"新闻本位"的办报方式；在"宣传"的同时发挥"平等沟通、理性讨论"的桥梁作用，使广大群众在认识、理解的基础上有理有据地行动。为此，胡绩伟进一步修改报告，强调主动引导读者讨论，"报纸将酌情发表那些有讨论价值的意见，这不意味着编辑部同意其意见，而是让读者通过讨论自己判断"[②]。

1956年7月1日，《人民日报》发表社论《致读者》，宣布改版。这篇社论最初由《人民日报》编辑部起草，胡乔木看过后觉得不满意，遂由他本人执笔写成。6月30日夜，其清样由毛泽东亲自批示"可以发表"。社论中明确指出："《人民日报》是党的报纸，也是人民的报纸。""我们的报纸名字叫做《人民日报》，意思就是说它是人民的公共的武器，公共的财产。人民群众是它的主人。只有靠着人民群众，我们才能把报纸办好。"与1942年《解放日报》改版不同，1956年的社论似乎更强调了"人民的报纸"这一概念，但这并不意味着对"党性"原则的背离。事实上，胡乔木在1945年即已用"党性"和"人民性"来表达党报理论。他在对《新华日报》编辑部发表的讲话（后发表于1945年12月30日出版的《新华日报》内刊《新华报人》第9期，标题为《人民的报纸》）中指出，我们要使人民的东西能在报上反映出来，这样来加强人民

① 刘少奇：《对新华社工作的谈话》，中共中央宣传部新闻局编：《马克思主义新闻工作文献选读》，人民出版社1990年版，第242页。

② 转引自王晓梅：《一次注定失败的新闻改革——对1956年人民日报改版夭折的探讨》，《新闻记者》2009年第10期。

报纸的党性，也就是人民性。所以党报应该最大限度地反映人民的生活斗争，也只有这样的报才能是一个党报或人民的报。时隔11年，胡乔木虽在此次的社论中并未重提“党性”和“人民性”，但“是党的报纸，也是人民的报纸”的提法与之前党性与人民性的统一是一脉相承的。[①]

按照改版的设计，改版的方向有三：一是扩大报道范围，多发新闻；二是开展自由讨论，阐发社会言论；三是改进文风、活泼空气。这恰恰阐明了“向新闻本位回归”的三层含义。[②]“扩大报道范围”是第一层，即报纸要提供新闻和报道一切重大的新闻。“生活里的重要的、新的事物——无论是社会主义阵营的，或者是资本主义国家的，是通都大邑的，或者是穷乡僻壤的，是直接关于建设的，或者是不直接有关于建设，是令人愉快的，或者是并不令人愉快的，人民希望在报纸上多看到的一些，我们也就应该多采集、多登载一些。”“开展自由讨论”是第二层，即报纸是“讨论平台”，这是从“一统到底”的“宣传模式”向发挥平等沟通、理性讨论的桥梁作用的转变。改革文风是第三层，即要求报纸文字言之有物，这是对读者阅读需求的尊重与强调。

改版后的《人民日报》，面貌发生了很大变化。总结起来有这样几点：第一，经济新闻多了，会议新闻少了。改版前，头版头条大都是会议或者迎来送往的消息；改版后，头版头条的内容变得丰富了，经济新闻显著增加。据统计，改版后7～8月的62篇头条新闻中，反映经济建设的31篇、文化教育5篇、人民生活5篇，以及涉外新闻14篇、公告性新闻4篇，会议新闻则只有2篇。第二，新闻条目多了，新闻篇幅短了。胡乔木对于《人民日报》头版的版面处理有一条明确的意见，头版每天所用新闻不应少于15条。改版后的《人民日报》基本上是这样做的。第三，批评报道显著增加。改版后7月《人民日报》发表各类批评稿件150篇(条)，比6月的多出120余篇(条)。批评稿包括通讯、消息、读者来信和新闻综述，还有方成的漫画、邵燕祥的诗歌等。一针见血的内容和生动活泼的方式，使有些批评稿件成为长久不衰的精品。[③]

改版一个月后的8月1日，中共中央向全国各省区市党委批转了《人民日报》给中央的报告，供他们参考，明确指示：“中央批准这个报告，认为《人

---

① 参见陈力丹：《党性和人民性的提出、争论和归结——习近平重新并提“党性”和“人民性”的思想溯源与现实意义》，《安徽大学学报》(哲学社会科学版)2016年第6期。

② 参见王晓梅：《1956年〈人民日报〉的改版过程》，《新闻大学》2007年第4期。

③ 参见钱江：《〈人民日报〉1956年的改版》，《新闻与传播研究》1988年第3期。

民日报》改进工作的办法是可行的。中央还希望各地党委所属的报纸也能够进行同样的检查,以改进报纸的工作。"这样一来,各级各地党报也着手改革,由此产生了联动效应。值得注意的是,中央批转的指示肯定了"我们党的报纸,都是人民群众的报纸",同时指出:"如果版面强调它们是党的机关报,反而容易在宣传上处于被动的地位。"

《人民日报》的改版带动了全国报纸的改革,也同时带动了新华社和广播电视业的改革。各媒体的新闻报道数量增加,质量提高,时效性增强,题材更加丰富多样,这些都是符合新闻规律的表现。可惜这场新闻改革持续时间不长,1957 年下半年反右派斗争兴起后,这场新闻改革就因反右扩大化等诸多原因而被迫中止。

第三节　政治运动中的新闻事业

一、反右派斗争中的新闻事业

1957 年 4 月 27 日,中共中央发出《关于整风运动的指示》。毛泽东后来指出,党希望通过整风,达到这样的目标:造成一个又有集中又有民主,又有纪律又有自由,又有统一意志、又有个人心情舒畅、生动活泼,那样一种政治局面。① 以《文汇报》和《光明日报》为代表的报纸很快被调动起来。1957 年 5 月 1 日,《文汇报》在头版用大字号标题刊登《中共中央发出关于整风运动的指示》,并陆续刊登"鸣放"及整风的新闻或通讯。《光明日报》也邀请民主党派人士和高级知识分子参加座谈,从 5 月初起一个月内,发表座谈记录 11 次,共占 12 个版面,约 13 万字。② 这些意见很多是有益的,但也有一些是片面、偏激,甚至是错误的。

在一段时间的"鸣放"之后,6 月 8 日《人民日报》发表社论《这是为什么?》。社论指出"少数的右派分子"正"企图乘此时机把共产党和工人阶级打翻,把社会主义的伟大事业打翻"。6 月 14 日,《人民日报》又发表编辑部文章《〈文汇报〉在一个时间内的资产阶级方向》,7 月 1 日《人民日报》再发社论《〈文汇报〉的资产阶级方向应当批判》。社论发表后,《文汇报》在 7 月 2

① 参见《中国共产党简史》编写组编著:《中国共产党简史》,人民出版社、中共党史出版社 2021 年版,第 192 页。

② 参见方汉奇主编:《中国新闻事业通史》第 3 卷,中国人民大学出版社 1999 年版,第 203 页。

日和3日连续两天以编辑部名义发表《我们的初步检查》，对前一时期发表的“反动言论和报纸版面的编排”进行自我检查与批判。《光明日报》也立即“严肃地批判了社长章伯钧、总编辑储安平的方向错误”。7月15日，《光明日报》发表编辑部文章《〈光明日报〉在章伯钧、储安平篡改政治方向期间所犯错误的检查》，承认“在储安平实际掌握编辑业务的这短短的一段时间里，即是从5月到6月上旬期间，本报的基本政治方向变成了资产阶级的方向”。

对极少数右派分子的进攻进行反击，对反对党的领导、反对社会主义道路的思潮进行批判，是完全必要的，也是正确的。但是，由于对阶级斗争的形势做了过于严重的估计，把大量人民内部矛盾当作敌我矛盾，把大量思想认识问题当作政治问题，反右派斗争被严重地扩大化了。[①]

二、“大跃进”中的新闻事业

1956年初，我国经济建设就已经出现急躁冒进倾向。随着1957年一些工厂、农村出现生产迅速增长的新气象，人民群众建设社会主义的积极性大大提高，党认为经济建设应该搞得更快一些。在国际上，中国共产党在1957年11月莫斯科各国共产党和工人党代表会议上获得了崇高声誉，再加上苏联成功发射第一颗人造卫星以及提出15年赶上和超过美国，这些给包括中国在内的社会主义国家巨大鼓舞。1958年5月，党的八大二次会议通过“鼓足干劲、力争上游、多快好省地建设社会主义”的总路线。会后，“大跃进”运动在全国范围内开展起来。[②]

在全国开始“大跃进”的同时，新闻界也开展了“大跃进”运动。1958年2月27日，《人民日报》宣布了《苦战三年工作纲要(草案)》，号召全体编辑部工作人员苦战三个月，使报纸面貌焕然一新；苦战三年，使《人民日报》真正成为名副其实的党中央机关报，真正成为全国人民爱不释手的精神食粮。3月13日，《山西日报》向全国各省级党报发出挑战书，提出“比先进，学先进，赶先进”，苦战一年，在十个方面实现“大跃进”，在新闻界掀起一个相互竞赛的热潮。

---

① 参见《中国共产党简史》编写组编著:《中国共产党简史》，人民出版社、中共党史出版社2021年版，第192页。

② 参见《中国共产党简史》编写组编著:《中国共产党简史》，人民出版社、中共党史出版社2021年版，第192～193页。

“大跃进”时期，新闻界制造出一个个“农业高产卫星”。1958 年 6 月 8 日，《人民日报》报道河南省遂平县卫星农业社 5 亩小麦平均亩产达到 2105 斤。6 月 12 日，又报道该社亩产 3530 斤。随后，各地陆续放出“小麦亩产卫星”，“水稻卫星”也随之升空。8 月 27 日，《人民日报》发表《“人有多大胆　地有多大产”》一文，称“虽然下面提出的万斤指标，今年不一定完全实现，但万斤社、万斤乡一定出现，可能不止一个。全县亩产三、四千斤则是有把握的”。9 月 5 日，《人民日报》又报道《广东穷山出奇迹　一亩种稻六万斤》。该文配发的新闻图片说明是：“这块中稻田里的稻谷像金黄色的地毯一样，13 个人站在上面也压不倒。”“高产卫星”越放越高，《广西日报》报出亩产 13 万斤的“奇迹”，《江西日报》放出亩产 22.8 万斤的“卫星”。

1958 年秋冬之间，党中央发现“大跃进”和人民公社化运动中出了不少乱子。从 1958 年 11 月第一次郑州会议到 1959 年 7 月庐山会议前期，党中央领导整顿人民公社，调整高指标，做了初步纠正“左”倾错误的努力，“共产风”、浮夸风、高指标和瞎指挥得到初步遏制，形势开始有所好转。[①]

出于对新闻工作的重视和关心，这一时期，毛泽东对新闻界有过几次重要指示。

1958 年 11 月，毛泽东在对吴冷西的谈话中指出：“做报纸工作的，做记者工作的，对遇到的问题要有分析，要有正确的看法、正确的态度。”讲到瞒产和虚报时，毛泽东认为，“虚报不好，比瞒产有危险性。报多了，拿不出来。如果根据多报的数字作生产计划，有危险性，作供应计划，更危险”。所以，他要求“记者到下面去，不能人家说什么，你就反映什么，要有冷静的头脑，要作比较”。他还要求记者必须善于比较，“不要看到好的就认为全好，看到坏的就认为全坏。如果别人说全好，那你就问一问：是不是全好？如果别人说全坏，那你就问一问：一点好处没有吗？”毛泽东特别告诫：“记者的头脑要冷静，要独立思考，不要人云亦云。”他规劝记者：“这种思想方法，首先是新华社和人民日报的记者、北京的编辑部要有。不要人家讲什么，就宣传什么，要经过考虑。”他说：“记者，特别是记者头子，头脑要清楚，要冷静。”[②]

1959 年 4 月 29 日，他给省、地、县、社、队（即后来的生产大队）、小队（即

① 参见《中国共产党简史》编写组编著：《中国共产党简史》，人民出版社、中共党史出版社 2021 年版，第 194 页。

② 毛泽东：《记者头脑要冷静（一九五八年十一月二十一日）》，《毛泽东文集》第 7 卷，人民出版社 1999 年版，第 443～444 页。

后来的生产队）六级干部写信，其中第六个问题重点谈到讲真话问题。他说："包产能包多少，就讲能包多少，不讲经过努力实在做不到而又勉强讲做得到的假话。收获多少，就讲多少，不可以讲不合实际情况的假话。各项增产措施，实行八字宪法，每项都不可讲假话。老实人，敢讲真话的人，归根到底，于人民事业有利，于自己也不吃亏。爱讲假话的人，一害人民，二害自己，总是吃亏。"毛泽东还对 1958 年"大跃进"以后部分干部头脑发热时讲了假话表示理解和谅解，他说："应当说，有许多假话是上面压出来的。上面'一吹二压三许愿'，使下面很难办。"他呼吁各级干部："干劲一定要有，假话一定不可讲。"[①]

根据毛泽东的指示，新华社、人民日报社等新闻单位对于"大跃进"中高指标、高速度、"放卫星"的宣传报道开始降温。1960 年冬，党中央开始纠正农村中"左"的错误，"大跃进"运动及有关的宣传逐渐停止。

三、"文化大革命"中的新闻事业

1966 年，正当我国克服了国民经济的严重困难、完成经济调整任务、开始执行发展国民经济第三个五年计划的时候，"文化大革命"发生了。[②]

1."五一六通知"的出台与新闻界的"夺权"运动

1966 年 5 月，中央政治局扩大会议通过了"五一六通知"。"五一六通知"结尾呼吁："全党必须遵照毛泽东同志的指示，高举无产阶级文化革命的大旗，彻底揭露那批反党反社会主义的所谓'学术权威'的资产阶级反动立场，彻底批判学术界、教育界、新闻界、文艺界、出版界的资产阶级反动思想，夺取在这些文化领域中的领导权。而要做到这一点，必须同时批判混进党里、政府里、军队里和文化领域的各界里的资产阶级代表人物……""五一六通知"是文化大革命的纲领性文件。根据"五一六通知"的精神，新闻界作为要被彻底批判和"夺权"的"五界"之一，最先受到批判和冲击。

5 月 25 日，新改组的北京市委撤换了《北京日报》《北京晚报》《前线》编委会，要求《前线》杂志停刊整顿。5 月 31 日，陈伯达率工作组进驻人民日报社，宣布由工作组领导人民日报社，主要负责人吴冷西停职反省，作为"反革

① 毛泽东：《假话一定不可讲（一九五九年四月二十九日）》，《毛泽东新闻工作文选》，新华出版社 1983 年版，第 213 页。

② 参见《中国共产党简史》编写组编著：《中国共产党简史》，人民出版社、中共党史出版社 2021 年版，第 204 页。

命修正分子”进行批斗。

1967 年 1 月 1 日，《人民日报》和《红旗》杂志发表题为《把无产阶级文化大革命进行到底》的元旦社论，号召“向党内一小撮走资本主义道路的当权派和社会上的牛鬼蛇神，展开总攻击”。此后，“夺权”运动很快蔓延至全国，各地党委机关报、广播电台等成为“夺权”的焦点。

2.“文革”小报的泛滥

1967 年 1 月，《中共中央关于报纸问题的通知》指出，除了《人民日报》《解放军报》《光明日报》，“有些省市的报纸，停刊闹革命，这是可以的”。受到中央允许报纸“停刊闹革命”指示的影响，加之新闻界因“夺权”受到严重冲击，很多报纸停刊。与此同时，“文革”小报倏忽兴起，盛极一时。

“文革”小报出现后，即借着红卫兵运动的声势迅速发展。印刷方式先是油印，后来大都发展为铅印。发行范围先是在学校、机关和工厂内部，后来面向地方社会，有几份“文革”小报甚至在全国发行。当然，多数“文革”小报刊期不定，随出随停。据初步统计，已见到或有确切记载的北京地区的“文革”小报近 1000 种，约计 8770 期，全国出版的“文革”小报（铅印或胶印）超过 6000 种。①

1967 年 5 月 14 日，中共中央发出了《关于改进革命群众组织的报刊宣传的意见》（以下简称《意见》）。《意见》首先肯定了小报的积极作用，指出：“在无产阶级文化大革命中，革命群众组织编印的各种报刊、传单，在宣传战线上起了重要作用。”根据这类报刊中普遍存在的严重问题，主要提出如下改进意见：不许擅自刊登和印发毛泽东、林彪没有公开发表的文章、讲话、批示，不许擅自刊登和印发中央的内部文件；不得公开发表反对人民解放军的文章和报道；严格保守党和国家的机密。

1967 年 10 月 14 日，中共中央、国务院等联合发出《关于大、中、小学校复课闹革命的通知》。10 月 17 日，中共中央、国务院等联合发出《关于按照系统实行革命大联合的通知》。这两个通知发出后，多如牛毛的红卫兵等群众组织有的合并，“文革”小报的数量、种类开始减少。1968 年 7 月之后，工人宣传队、解放军宣传队进驻各高校。12 月，全国掀起了知识青年上山下乡运动，红卫兵等群众组织逐渐停止活动，“文革”小报也于 1968 年底至 1969 年初基本停止出版。

---

① 参见方汉奇主编：《中国新闻事业通史》第 3 卷，中国人民大学出版社 1999 年版，第 226～227 页。

3.典型报道的畸形繁荣

我国的典型报道最早出现在20世纪40年代，至60年代前期已经涌现出雷锋、焦裕禄等一批先进人物典型和“南京路上好八连”、大寨、大庆等先进集体典型。典型报道是整个社会典型宣传的组成部分，长期以来发挥着社会整合、榜样示范、时代象征等积极作用。[①] 然而，在错误思想指导下，“文化大革命”中的某些典型报道逐渐发展到为达到宣传目的不顾事实，凭空捏造的程度。

“文化大革命”期间，“四人帮”大力推行“三突出”原则，即在所有人物中突出正面人物，在正面人物中突出英雄人物，在英雄人物中突出主要英雄人物。他们还将毛泽东《在延安文艺座谈会上的讲话》中关于文艺典型“可以而且应该比普通的实际生活更高，更强烈，更有集中性，更典型，更理想，因此就更带普遍性”的理论嫁接到他们“事实为政治服务”的新闻观念之中，塑造了一批“高、大、全”式的，具有政治斗争意义的典型形象。[②]

为突出先进人物，强化社会教育与示范意义，有些媒体采用凭空捏造、以偏概全、移花接木等无视新闻真实性的报道方式。如“拉革命车不松套，一直拉到共产主义”的基层干部王国福，是关心群众疾苦、带病坚持工作的好干部，但“路线斗争”的事迹是编造出来的。这一时期，还有一些被臆造出来的假典型。如“大批资本主义、大干社会主义的典型”辽宁阜新哈尔套大集、“保卫无产阶级文化大革命的英雄战士”刘学保都属此类，产生了很坏的社会影响。

4.媒体乱象的纠正

1971年九一三事件发生后，周恩来和邓小平相继主持日常工作。周恩来在极端困难的条件下整顿和加强工业企业管理，落实正确的农村经济政策；邓小平也在恢复工作后大刀阔斧地对交通、工业、农业、科技、军事等各条战线进行整顿。这一时期，新闻媒体一方面按要求批判极左思潮，清除林彪反革命集团的影响；另一方面配合全面整顿工作，积极向国内外宣传我国的建设成就，取得的成绩不容抹杀。

“文化大革命”后期，“四人帮”虽仍能控制舆论，但政治威信和政治权力不断削弱。1976年1月8日，周恩来总理逝世。“四人帮”百般限制、干扰、破坏关于周恩来总理的宣传报道。新闻界的同志不顾禁令，记录下大量群

① 参见孙玮：《典型报道的社会功能》，《新闻大学》1997年第1期。

② 参见朱清河、林燕：《典型人物报道的历史迁延与发展逻辑》，《当代传播》2011年第4期。

众悼念周恩来总理的感人场面，还摄制了纪录片。[①]

1976年10月6日，“四人帮”被粉碎，“文化大革命”结束。在经历拨乱反正后，新闻界重新回到正轨。

思考题

1.新中国成立后，党的新闻事业体系的基本构成是什么样的？

2.1956年的《人民日报》改版有何意义与影响？

3.“文化大革命”期间新闻事业滑坡的主要原因是什么？如何避免类似的情况再次发生？

---

① 参见杨波主编：《中国广播电视编年史·第一卷（1923～1976）》，中国广播影视出版社2019年版，第731～732页。

第八章　改革开放后的新闻观念与报业实践

1976年10月粉碎“四人帮”以后，新闻界作为意识形态最敏感的领域，一方面做了很多拨乱反正的工作；另一方面在不断讨论和廓清基本观念的同时，创新发展了新闻理论与实践。中国的新闻事业终于在经历多年的动荡后重新走上正轨。1978年党的十一届三中全会以后，新中国的新闻事业进入飞速发展和全面变革的阶段。在坚持做好新闻宣传和舆论监督工作的基础上，新闻媒体持续探索产业化的道路，不断提高媒体行业技术水平，创新内容生产与服务的新形态，在国家与社会的各个层面发挥越来越重要的作用。20世纪90年代末以来，互联网的勃兴构成新闻事业发展的技术语境。网络媒体的兴起不仅为传统媒体提供了新的信息发布平台，还直接改变了新闻业的生态环境，迫使新闻业正视边界重构、流程再造的现实。在互联网技术语境中，新闻舆论工作受到党的高度重视，习近平就新闻舆论工作的方针原则，以及如何提高新闻舆论工作的能力和水平，如何推进国际传播能力建设，如何加强新闻舆论工作队伍建设等方面做出全面论述。以马克思主义新闻观为指导，我国的媒体在坚持党性与人民性相统一、舆论监督与正面宣传相统一的实践层面做了大量卓有成效的工作。在媒介行业的变革中，一些既有的新闻学基本原理和新闻教育主流范式被重新思考，新的学术命题层出不穷，教育实践不断开展。新闻学界和教育界在感受到变革压力的同时迸发出极大的活力。

第一节　拨乱反正，回归事实本位

1976年10月6日晚，华国锋、叶剑英等代表中央政治局，执行党和人民的意志,对“四人帮”及其在北京的帮派骨干实行隔离审查,同时派部队接管新华社、中央广播事业局、中央广播电台、北京电视台等新闻机关。10月10日,《人民日报》发表社论《亿万人民的共同心愿》指出:“任何背叛马克思主义、列宁主义、毛泽东思想,篡改毛主席指示的人,任何搞修正主义、搞分裂、搞阴谋诡计的人,是注定要失败的。”10月14日,中共中央正式公开宣布粉碎“四人帮”的消息,“两报一刊”发表社论《伟大的历史性胜利》,同时公开宣布华国锋继任中共中央主席的决议。

“四人帮”的错误路线被中止后,根据党中央的统一部署,新闻界首先以极大的热情展开对林彪、“四人帮”的揭批,以清除其在新闻界的恶劣影响。随后又以一系列为冤假错案平反的报道,努力把过去颠倒的历史再颠倒过来。[①]

一、实事求是,明确“实践是检验真理的唯一标准”

拨乱反正的道路并非一帆风顺。1977年2月7日,《人民日报》、《解放军报》、《红旗》杂志联合发表重要社论《学好文件抓住纲》,正式提出“两个凡是”口号:“凡是毛主席作出的决策,我们都坚决维护,凡是毛主席的指示,我们都始终不渝地遵循。”5月1日,《人民日报》用红色标题刊发了华国锋的文章《把无产阶级专政下的继续革命进行到底——学习〈毛泽东选集〉第五卷》,继续推崇“两个凡是”等一系列“左”倾理论。“两个凡是”的宣传让广大人民再次产生困惑。

新闻界为冲破“两个凡是”的束缚,做出了不懈的努力。1978年5月11日,《光明日报》发表本报特约评论员文章《实践是检验真理的唯一标准》,旗帜鲜明地指出:实践不仅是检验真理的标准,而且是唯一的标准。文章号召人们对“四人帮”设置的禁区“要敢于去触及,敢于去弄清是非”。文章发表后引起强烈反响,在党内外形成了强大的思想解放潮流,实事求是的优良传统得以恢复。

真理标准问题大讨论自1978年5月开始后,媒体发表了大量的讨论文章。6月16日,《人民日报》刊发了《关于真理的标准问题》。24日,《解放军报》发表了特约评论员文章《马克思主义的一个最基本的原则》。9月14日,《光明日报》用整整两个版面刊载了哲学幻想小说《宗教、理性、实践——访

① 参见童兵:《突破体制瓶颈　推进新闻改革——纪念中国新闻改革30周年》,童兵主编:《技术、制度与媒介变迁:中国传媒改革开放30年论集》,复旦大学出版社2009年版,第12页。

问三个时代关于真理问题的三个“法庭”》，用生动、活泼的文学形式深入浅出地阐述了“实践是检验真理的唯一标准”问题，引起读者的广泛兴趣。据不完全统计，截至 1978 年底，中央及省级报刊登载关于“实践是检验真理的唯一标准”的专文共有 650 余篇。在这期间，中央党政机关各部门、全国大多数省区市，人民解放军总部和各大军区负责人以及大批理论工作者，纷纷撰写文章或发表讲话，热情支持这场大讨论。①

1978 年，党的十一届三中全会高度评价了真理标准的讨论，认为这对于全党同志和全国人民解放思想，端正思想路线具有深远的历史意义。邓小平特别指出，这场讨论“实际上也是要不要解放思想的争论”，“是个思想路线问题，是个政治问题，是个关系到党和国家的前途和命运的问题”②。

二、重申新闻真实性原则

典型报道因为与政治宣传直接挂钩，而且具有明确的指导性，因此难免选择政治觉悟高、道德无瑕疵、业务能力强的“高大全”模式。在“高大全”的拔高中，就难免要进行事实的涂抹与拼凑。“文化大革命”后，在反省“高大全”的报道作风过程中，我国新闻界开始重新认识新闻的真实性问题。“对新闻真实性原则的重新认识实质上解决了‘媒体是什么’‘报纸是什么’的问题，并由此认清了新闻自身的规律。”③

1978 年 3 月 26 日，《人民日报》发表文章指出，新闻的本源是事实，事实是新闻的基础，新闻报道决不能捏造事实。④ 1979 年 11 月 19 日，上海《文汇报》以第二版整版的篇幅对自己刊登过的若干失实报道进行了全面的检查和反省；20 日，又发表评论员文章《坚决维护新闻报道的真实性》和《坚决说真话，不说假话　本报对若干失实报道进行检查》的文章，将造假的手法分为五大类别：“凭空捏造，无中生有”“主观臆测，强加于人”“移花接木，哗众取宠”“浮光掠影，华而不实”“道听途说，粗枝大叶”。1981 年 11 月，在庆祝新华社建社 50 周年茶话会上，习仲勋代表中央书记处讲话，围绕新闻业务他提出五点希望：一是真，新闻必须真实；二是短，新闻、通讯、文章都要短；

① 参见莫志斌、唐去非：《真理标准问题大讨论研究述评》，《中共党史研究》2008 年第 4 期。

② 邓小平：《解放思想，实事求是，团结一致向前看（一九七八年十二月十三日）》，《邓小平文选》第 2 卷，人民出版社 1994 年版，第 143 页。

③ 李良荣、李彩霞：《守住底线——论新闻界的三次反思》，《新闻大学》2008 年第 1 期。

④ 参见徐占焜：《斥“事实服从路线需要“论》，《人民日报》1978 年 3 月 26 日。

三是快，新闻报道要快发，不快就成了旧闻；四是活，要生动活泼，不要老一套、老框框、老面孔；五是强，要做到思想性强，政策性强，针对性强。[①] 1984 年，中华全国新闻工作者协会召开了全国新闻真实性问题座谈会。会议指出："当前，要在新闻界开展一个维护新闻真实性的活动，把杜绝失实报道，坚持新闻真实性原则，作为新闻单位整党的重要内容之一，并把这个问题是否解决好，作为衡量整党工作质量的一个重要标志。"[②]

对于新闻真实性的强调纠正了"事实服务于政治"的错误路线，是对新闻的尊重，也是对人民的尊重。当然，直到今天，新闻失实的现象仍无法完全避免，这是一个全球性的难题。但即便新闻记者出于主观或客观的原因写出了假新闻，他们起码知道新闻应该是真实的。

三、纠正"假大空"，突破"高大全"

20 世纪 80 年代，除了"假"的问题得到纠正，"大"和"空"的问题也在逐步修正，或者说，在对于"大"和"空"的纠正中，一定程度上避免了"假"的问题的出现。改革开放后，一方面，政治压倒一切的一元状态改变了，政治宣传不再是典型人物选择的唯一标准；另一方面，改革开放以来的新事物、新经验、新认识、新探索层出不穷，为典型报道提供了更加丰富的话题。所以，20 世纪 80 年代以来的典型人物突破了"高大全"的模式，被赋予更多专业和社会的意义。

首先，典型报道突破了以往只写工农兵的框框，出现了大批以知识分子为典型的优秀作品。1977 年邓小平分管科学和教育工作，他在全国科学大会开幕式上的讲话中，反复强调知识分子是工人阶级的一部分，要养成尊重知识、重视人才的社会风气。因此，这一时期涌现出一批知识分子典型，比如蒋筑英、罗健夫、栾茀，表现了知识分子热爱真理、热爱人民、忠诚于事业的精神。

其次，典型报道不再只是服从于政治宣传的需要，而日益成为社会美德和人性光辉的倡导者。比如《领导干部的楷模——孔繁森》开篇就定下了这样的基调："也许，岁月能改变山河，但历史将不断证明，有一种精神永远不会失落。崇高、忠诚和无私，将超越时空，成为人类永恒的追求。"

---

① 参见《习仲勋代表书记处对新华社宣传报道提出五点希望》，《人民日报》1981 年 11 月 11 日。

② 中共广东省委宣传部等选编：《马克思主义新闻观学习读本》，南方日报出版社 2001 年版，第 232～233 页。

最后，典型人物的“人性”被尊重。他们不再是“高大全”的理想人格，但却因贴近现实而有着更强的真实感，他们的喜怒哀乐和软弱挣扎引发了读者的情感共鸣。比如郭梅尼、徐家良写的《生命的支柱——张海迪之歌》，里面谈到了张海迪曾选择自杀的事实。这种“软弱”当时被很多媒体忽略了，所以郭梅尼的这篇报道被认为是对旧有的典型报道模式的突破性创新。[①]不仅如此，这篇文章将人物内心的成长作为一条主线，这就突破了以往典型人物宣传的“静止模式”，开创了用“成长模式”表现典型人物的先河。[②]

20 世纪 80 年代以来，导向上的变化亦清晰可见。虽然典型报道还难免有刻意的拔高，但已然从一味地强调无私奉献与忠诚，向尊重事实、尊重人性、尊重个人的权利转变。典型报道承担的社会功能，也由明确的指导和学习，转向对受众的感染、启发，甚至不妨呈现矛盾，引发讨论。

1981 年 9 月 18 日《人民日报》转载了《孝感报》的两则新闻，新闻中的人物是应城县农民杨小运，队里分配给他的粮食任务是 8500 斤，他表示：“他家今年愿向国家交售两万斤粮食，只要求卖给他家一辆永久牌自行车。”此时的杨小运已经不是不求回报、无私奉献的典型，开始向国家“提要求”了。对此，县委、县政府明确回复：超产多、贡献大的农民杨小运将买到一辆永久牌自行车。

1982 年 11 月，《中国青年报》头条刊登了马役军采写的通讯《镶玻璃的小伙——记大连市劳动模范、青年个体经营者辛福强》。报道刻画了一个吃苦耐劳的个体经营者的形象，辛福强处处以雷锋为榜样，愿意骑着自行车跑几十公里帮人镶玻璃，还曾经为 400 多户军烈属、五保户、贫困户免费或减价服务。1985 年，辛福强因胃癌去世。1985 年 6 月 5 日，这个镶玻璃的普通小伙子第二次上了《中国青年报》的一版头条——《跃上人生新高度——记青年个体劳动者辛福强》。1986 年，马役军第三次造访福强玻璃店，此时辛福强的妹妹打理这家玻璃店，马役军写了《福强玻璃店的新主人》一文。与哥哥不同，妹妹辛丽蓉不会免费服务，一个月收入是哥哥的 3 倍。她说：“开买卖是为了什么？就是为了赚钱。但要赚‘良心钱’，不能赚‘昧心钱’。在做生意中，我追求公平、认真、等价。”她还说：“如果我找对象，不找像我哥哥那样的人，他虽然高尚，但他不大懂得生活。”马役军说：“过去关于典型的印

---

① 参见刘家林：《新中国新闻传播 60 年长编（1949～2009）》（下），暨南大学出版社 2010 年版，第 117 页。

② 参见王辰瑶：《嬗变的新闻》，中国传媒大学出版社 2009 年版，第 65 页。

象和观念，在这个活脱脱的人面前，变得苍白无力。”①

多年来，我们的媒体塑造了许许多多的典型人物。典型人物的建构与修正，公众对典型人物的解读与反馈，折射出社会观念的变迁。比如，公众对个人生命权的要求越来越清晰。1988 年，15 岁的少年赖宁因参与救火遇难，全国各族少年掀起了向赖宁学习的热潮。90 年代，“学赖宁”与“学雷锋”并列。但进入 21 世纪，赖宁的名字被淡化了，过度宣扬和鼓励未成年人见义勇为被认为与保护未成年人的原则不相符。

因此，政治生态在变化，民众的心态也在发生改变，典型报道正在“卸下”明确的政治意图，回归报道本身。或许如陈力丹先生所说，“提供一种温馨的相互激励的道德环境，一种和谐的社会气氛”②，这便是典型报道的当代意义。

四、舆论监督:报刊批评的继续发展

1.新中国成立后报刊批评方针的确定

舆论监督特别是通过批评报道进行的舆论监督是报刊的使命。马克思曾说:“报刊按其使命来说，是社会的捍卫者，是针对当权者的孜孜不倦的揭露者，是无处不在的眼睛，是热情维护自己自由的人民精神的千呼万唤的喉舌。”③十月革命后，俄共第八次代表大会指出:“党和苏维埃报刊最重要的任务之一，是揭露和批评各种负责人员和机关的渎职行为，指出和批评苏维埃政权和党组织的缺点和错误。”舆论监督是党展开批评和自我批评的重要手段，是推进党的各项工作顺利开展的保证。

新中国成立后，党的领导人对报刊批评问题有过多次表述。1950 年 4 月19 日，中共中央发出《关于在报纸刊物上展开批评和自我批评的决定》(以下简称《决定》)，《决定》后来在《人民日报》头版位置全文刊载。这是当代中国新闻史上以中共中央的名义公开发出的第一个也是迄今为止唯一一个关于新闻舆论监督(批评报道)的专门文件。《决定》开篇即指出“吸引人民群众在报纸刊物上公开地批评我们工作中的缺点和错误，并教育党员，特别是党的干部在报纸刊物上作关于这些缺点和错误的自我批评，在今天是更加突出地重要起来了”。要公开在报刊上正确地开展批评和自我批评，应该在

---

① 罗强烈主编:《镜像成灯》，中国青年出版社 2001 年版，第 320 页。

② 陈力丹:《新中国成立 60 年来典型报道演变的环境与理念》，《当代传播》2009 年第 5 期。

③ 《马克思恩格斯全集》第 6 卷，人民出版社 1961 年版，第 275 页。

党内和人民中进行两方面的教育。一方面是要教育党员特别是干部正确地认识到,在报纸刊物上进行批评和自我批评是巩固党与人民群众的联系、保障党和国家的民主化、加速社会进步的必要方法。因此,党的各级领导机关和干部必须对报刊上反映群众意见的批评,“采取热烈欢迎和坚决保护的革命态度”,而对群众批评置之不理、限制发表和对批评者实行打击、报复与嘲笑的官僚主义态度,则要坚决予以反对。要让“人民群众能够自由地在报纸刊物上发表他们对于党和人民政府的批评和建议”,即使是这些批评和建议并非完全成熟与完全正确,也不能因此而受到打击与嘲笑。《决定》特别指出,这个方面的教育“是主要的方面”。另一方面是要教育报纸刊物的编辑人员、记者、通讯员和人民群众去区别性质不同的两种批评。《决定》把报刊上的批评分为正确的批评和破坏性的批评。正确的批评是指“人民群众(首先是工人农民)以促进和巩固国家建设事业为目的的、有原则性有建设性的、与人为善的批评”;而破坏性的批评则是“为着反对人民民主制度和《共同纲领》、为着破坏纪律和领导、为着打击人民群众前进的信心和热情,造成悲观失望情绪和散漫分裂状态的”批评,“特别是反革命分子破坏人民民主专政的言论”。对于这类批评,报刊工作人员必须加以拒绝。

《决定》发表后,《人民日报》在 1950 年 4 月当月即收到读者来信 1674 件,较 3 月增加一倍,而 5 月则增加到 2487 件。随之而来的是当代中国新闻史上报刊批评报道第一次高潮的兴起。曾任南方日报社社长的范以锦回忆,《人民日报》和各级党报在 1950 年至 1953 年间刊发了大量的批评性报道和文章,仅《人民日报》就刊发了 4243 篇。《南方日报》批评县以上党政领导干部的报道、读者来信和评论达 100 多篇。无论《人民日报》还是《南方日报》,能够拿出那么多版面来做批评报道,是很了不起的事情,因为当时的报纸只有四个版。①

1950 年 4 月,新闻总署发布《关于改进报纸工作的决定》,要求“报纸对于政府机关及其工作人员、经济组织及其工作人员的工作中的缺点和错误,应负批评的责任。这种批评应当是积极的,富于建设性的,实事求是的,和与人为善的。报纸所发表的批评应当要求被批评者作适当的声明,以便向人民群众报告批评的结果”。

1954 年 4 月,毛泽东在对胡乔木等人的一次谈话中,对报纸上的批评问

① 参见范以锦:《报人往事:1950 年代的媒体监督》,2015 年 12 月 14 日,http://cul.qq.com/a/20151214/039949.htm。

题提出了“实行‘开、好、管’的三字方针”。“开，就是要开展批评。不开展批评，害怕批评，压制批评，是不对的。”“好，就是开展得好，批评要正确，要对人民有利，不能乱批一阵。什么事应指名批评，什么事不应指名，要经过研究。”“管，就是要把这件事管起来。这是根本的关键。党委不管，批评就开展不起来，开也开不好。”①

2.舆论监督的恢复与发展

党的报刊批评的优良传统在“文化大革命”中一度中断，直到党的十一届三中全会后才又逐渐恢复和发展。

1979 年 11 月 25 日凌晨 3 点 30 分左右，石油部海洋石油勘探局“渤海二号”钻井船在渤海湾迁移井位拖航作业途中遭遇 10 级大风浪翻沉，74 位员工仅 2 人获救，死亡 72 人，直接经济损失达 3700 万元。这是 1949 年以来我国石油系统最重大的安全事故。

海洋石油勘探局在事故发生第三天的有关报告中，要求大讲“渤海二号”职工不怕牺牲的精神，对事故讲了三点看法：气象突变，突遇大风，事故不可抗拒；指挥无误；抢救英勇。事故发生后，《天津日报》、《工人日报》、新华社都派记者前去采访，但因为事故重大，石油部反对公开报道，而且中央和天津市委没有指示，所以有关这一事件的新闻未能及时面世。

为查明原因，国家多部门成立了联合调查组，1980 年 4 月提交的调查报告明确事故性质为“重大责任事故”。7 月 21 日，新华社与《人民日报》记者联合完成新华社通稿，“经中央书记处批准，以新华社通稿的形式播发”。7 月22 日，《人民日报》头版发表此稿，标题为《石油部海洋石油勘探局忽视安全工作　违章指挥蛮干　造成渤海二号钻井船翻沉重大事故》。7 月 22 日《工人日报》头版头条刊出消息稿《渤海二号钻井船在拖航中翻沉》，同时配发长篇新闻分析文章《渤海二号钻井船翻沉事故说明了什么》，首次点到石油部主要领导的错误态度。这篇新闻分析被《人民日报》等多家报纸转载。8 月 26 日，《人民日报》发表《国务院作出决定严肃处理“渤海 2 号”翻沉事故》。当时国务院对“渤海二号”事故定下的“结论”是：事故是“石油部领导不按客观规律办事，不尊重科学，不重视安全生产，不重视职工意见和历史教训造成的”。

8 月 27 日，《人民日报》发表了题为《深刻的教训》的社论。9 月 2 日，新

① 毛泽东：《报纸上的批评要实行“开、好、管”的方针(一九五四年四月)》，中共中央文献研究室、新华通讯社编：《毛泽东新闻工作文选》，新华出版社 1983 年版，第 177 页。

华社播发《天津市中级人民法院公开审判渤二事故直接责任人》并刊载在《人民日报》上，这一轰动事件暂告一段落。“渤海二号”事故的报道，打破了媒体“报喜不报忧”“重大事故一般不见报”的潜规则，也突破了我国长期以来批评报道“打苍蝇不打老虎”，不涉及高级干部的“禁区”。[①]

20 世纪 80 年代初，有多篇报道表现出这种锐气。例如，1980 年，《中国青年报》在头版头条刊登通讯《敢于向特权挑战的人——记北京丰泽园青年厨师陈爱武》，报道了陈爱武不怕打击报复，向中纪委投诉揭发某领导到饭店吃“客饭”少付钱、多吃多占的不正之风。

1987 年 5 月初，大兴安岭发生特大级火灾，大火燃烧了 25 个昼夜，烧过 100 万公顷土地，令 193 人葬身火海，5 万人流离失所。《北京青年报》经过 30 多天的艰苦采访，写出了三篇调查性报道《红色的警告》《黑色的咏叹》《绿色的悲哀》，分别探讨了火与社会、火与人、火与生态之间的关系，获得当年的“全国好新闻奖”。在《红色的警告》一文中，作者开篇肯定了大火面前人民的顽强、军队的英勇，但随即话锋一转：“然而，这毕竟是一场悲剧。”经过调查记者发现，“由于体制的不协调，由于某些干部的玩忽职守，由于对特大火灾放松了戒备，在大兴安岭——我们祖国的绿色宝库中，早已埋下了灾变的火种”。时隔多年，当年参与报道的记者叶研说：“这组报道的意义与价值是绝对不歌功颂德。这是由我们的职业意识、大众情怀和平民立场所决定的。我在有关三色报道的体会文章中曾经归纳过，灾难就是灾难，A 就是 A，不是‘非 A’，不是 B。就这么简单。把 A 说成‘非 A’是人为的更大的灾难。”

同样是在 1987 年，舆论监督作为一个概念进入政治领域，并出现在中共十三大报告中。会议报告指出，要通过各种现代化的新闻宣传工具增加对政务和党务活动的报道。进入 20 世纪 90 年代，舆论监督继续得到党和政府的高度重视和支持。1992 年中共十四大报告重申：强化法律监督机关和行政监察机关的职能，重视传播媒介的舆论监督，逐步完善监督机制，使各级国家机关及其工作人员置于有效的监督之下。这一年 2 月至7 月，由《人民日报》、《经济日报》、中央电视台等 10 家中央新闻单位就群众反映强烈的产品质量问题联合进行了一次大规模的“中国质量万里行”的采访报道，取得了良好的社会效果，受到了广大群众的称赞。1997 年，中共十五大

---

① 参见刘家林：《新中国新闻传播 60 年长编（1949～2009）》（下），暨南大学出版社 2010 年版，第 120 页。

报告再一次写入“把党内监督、法律监督、群众监督结合起来,发挥舆论监督的作用”。近年来,“舆论监督”一词开始进入法律法规文件,如1996年《河北新闻工作管理条例》(地方法规)第五条规定“新闻工作应当……发挥新闻舆论的监督作用”;1997年的《中华人民共和国价格法》第三十八条规定“新闻单位有权进行价格舆论监督”等。

20世纪90年代,媒体进一步发挥舆论监督的功能。1994年中央电视台《焦点访谈》栏目创办,1998年国务院总理朱镕基视察中央电视台时誉之为“舆论监督,群众喉舌,政府镜鉴,改革尖兵”。在《焦点访谈》栏目的成功示范下,报纸也纷纷开办专栏,其中包括《人民日报》开办的《人民论坛》、《光明日报》的《新闻聚集》、《中国青年报》的《冰点周刊》等。

3.党的十八大以来习近平对舆论监督与新闻宣传工作的论述

习近平指出,“党的新闻舆论工作是党的一项重要工作,是治国理政、定国安邦的大事”①。在继承和发展马克思主义新闻观的基础上,他针对新时代舆论生态、媒体格局和传播方式的变化,发表了关于宣传、新闻、舆论、网络工作的一系列讲话,提出了一系列新观点、新理念。

第一,习近平高度重视舆论监督工作,并且认为舆论监督与正面宣传是统一的。他指出,舆论引导和舆论监督是社会主义新闻事业的两大功能。舆论监督是加强党的建设和民主政治建设的一项重要内容,做好舆论监督工作可以有效地缓解社会主要矛盾和满足人民需求,提高人民群众对党和政府工作的满意度。在2016年2月19日召开的党的新闻舆论工作座谈会上,习近平明确要求:“新闻媒体要直面我们工作中存在的问题,直面社会丑恶现象和阴暗面,激浊扬清,针砭时弊。”②“监督的重点应该针对那些严重违反党和国家重大政策以及社会生活中存在的重大问题,要抓典型事件。”③习近平要求新闻报道必须做到两个“直面”,即不能回避工作中存在的问题、不能回避社会丑恶现象,但不能仅仅通过报道向群众报告负面事实,而要通过对负面事实的报道,达到正面宣传的目的,即立场正确,是非分明。④ 这就要求一方面,“舆论监督的出发点应该是积极的、建设性的”⑤。开展舆论监督

① 《习近平谈治国理政》第2卷,外文出版社2017年版,第331页。

② 习近平:《论党的新闻宣传工作》,中央文献出版社2020年版,第188页。

③ 习近平:《摆脱贫困》,福建人民出版社1992年版,第66页。

④ 参见陈力丹:《“舆论监督和正面宣传是统一的”——学习习近平同志“2·19”讲话》,《新闻与写作》2017年第1期。

⑤ 习近平:《摆脱贫困》,福建人民出版社1992年版,第66页。

应始终坚持重在建设，站在维护国家和人民利益的立场上展开工作，以改进工作、解决问题为目的，发挥新闻舆论监督在统一思想、凝聚力量、促进改革发展、维护社会稳定中的积极作用。另一方面，特别强调事实准确、分析客观。习近平指出，舆论监督报道“揭发的事实，务求准确。涉及党的一级组织和政府的批评，要持慎重态度，不能先入为主。要深入调查，多方听取意见，得出合乎事实的结论”[①]。

第二，强调新闻舆论工作的党性原则，同时强调党性和人民性相统一。党的新闻工作向来重视党性原则。习近平多次强调党性原则的重要性和深刻内涵。他指出，“坚持党性，核心就是坚持正确政治方向，站稳政治立场，坚定宣传党的理论和路线方针政策，坚定宣传中央重大工作部署，坚定宣传中央关于形势的重大分析判断，坚决同党中央保持高度一致，坚决维护中央权威。所有宣传思想部门和单位，所有宣传思想战线上的党员、干部都要旗帜鲜明坚持党性原则”[②]。坚持党性原则，最根本的是坚持党对新闻舆论工作的领导，党管媒体、党管舆论。习近平指出，“党和政府主办的媒体是党和政府的宣传阵地，必须姓党，必须抓在党的手里，必须成为党和人民的喉舌”[③]。“以人民为中心”是舆论监督创新的出发点与落脚点。“知屋漏者在宇下，知政失者在草野”，习近平舆论监督观的实质、目的、性质均充分体现了“以人民为中心”的思想。[④] 在 2013 年全国宣传思想工作会议上，习近平深刻论述了党性和人民性之间的关系，提出“党性和人民性从来都是一致的、统一的”，“坚持人民性，就是要把实现好、维护好、发展好最广大人民根本利益作为出发点和落脚点，坚持以民为本、以人为本。要树立以人民为中心的工作导向，把服务群众同教育引导群众结合起来，把满足需求同提高素养结合起来，多宣传报道人民群众的伟大奋斗和火热生活，多宣传报道人民群众中涌现出来的先进典型和感人事迹，丰富人民精神世界，增强人民精神力量，满足人民精神需求”[⑤]。

第三，强调在互联网语境中新闻舆论工作的特殊要求。面对互联网的崛起，习近平清楚地认识到，“互联网是我们这个时代最具发展活力的领域，

① 习近平：《摆脱贫困》，福建人民出版社 1992 年版，第 66 页。

② 习近平：《论党的新闻宣传工作》，中央文献出版社 2020 年版，第 15 页。

③ 中共中央文献研究室编：《习近平关于全面建成小康社会论述摘编》，中央文献出版社 2016 年版，第 125 页。

④ 参见高红玲、金鸿浩：《论习近平舆论监督阐述的创新意义》，《现代传播》2017 年第 11 期。

⑤ 《习近平谈治国理政》第 1 卷，外文出版社 2018 年版，第 154 页。

也是我们面临的最大变量。过不了互联网这一关，就过不了长期执政这一关”[①]。一方面，网络成为舆论监督新的阵地。互联网时代，舆论监督的格局“由过去传统媒体时代的大众传播格局发展为传统媒体和新媒体多重监督载体与信息传播扁平化相融合的新格局”[②]。近年来，由网民或自媒体爆料引发舆情，并由此形成对公权力监督的事件屡见不鲜。习近平指出，要把权力关进制度的笼子里，一个重要手段就是发挥舆论监督包括互联网监督的作用。[③] 网络中的“观点和想法肯定是五花八门的，不能要求他们对所有问题都看得那么准、说得那么对”[④]，“对网上那些出于善意的批评，对互联网监督，不论是对党和政府工作提的还是对领导干部个人提的，不论是和风细雨的还是忠言逆耳的，我们不仅要欢迎，而且要认真研究和吸取”[⑤]。另一方面，互联网时代的舆论环境要求新闻舆论工作创新发展，以适应新媒体的规律。党的新闻舆论工作是一门科学，必须按照规律办事。2013 年习近平指出，新闻舆论工作“关键是要提高质量和水平，把握好时、度、效”[⑥]。时，就是时机、节奏；度，就是力度、分寸；效，就是效果、实效。[⑦] 2016 年习近平进一步指出，随着形势发展，党的新闻舆论工作必须“创新理念、内容、体裁、形式、方法、手段、业态、体制、机制，增强针对性和实效性。要适应分众化、差异化传播趋势，加快构建舆论引导新格局”[⑧]。

第二节　走向市场：新闻媒介的体制变革

一、中国新闻媒介的产业化进程

1978 年，在思想解放的洪流中，传媒体制的变革也拉开了帷幕。

---

① 温红彦等：《引领网信事业发展的思想指南——习近平总书记关于网络安全和信息化工作重要论述综述》，《人民日报》2018 年 11 月 6 日。

② 靖鸣、刘自艰：《习近平关于舆论监督重要论述和理论体系的核心内容——习近平关于舆论监督重要论述的核心内涵及其理论贡献之二》，《新闻爱好者》2020 年第 2 期。

③ 参见陈力丹：《习近平在网络安全和信息化工作座谈会上的讲话》，《新闻前哨》2018 年第 2 期。

④ 习近平：《论党的新闻宣传工作》，中央文献出版社 2020 年版，第 195 页

⑤ 习近平：《论党的新闻宣传工作》，中央文献出版社 2020 年版，第 197 页。

⑥ 《习近平谈治国理政》第 1 卷，外文出版社 2018 年版，第 155 页。

⑦ 参见《习近平新闻思想讲义（2018 年版）》编写组编著：《习近平新闻思想讲义（2018 年版）》，人民出版社、学习出版社 2018 年版，第 90～97 页。

⑧ 人民日报社评论部：《论学习贯彻习近平总书记新闻舆论工作座谈会重要讲话精神》，人民出版社 2016 年版，第 6 页。

1978 年底，人民日报社等八家报社联名向财政部要求试行“事业单位，企业管理”。由于当时无论是国家还是报社都面临财政困局，因此财政部批准了八家报社的请求，允许他们从经营收入中提取一定比例用于改善员工福利和自身条件。1979 年 4 月，财政部正式颁发《关于报社试行企业基金的实施办法》，明确指出报社是党的宣传事业单位，在财务上实行企业化管理办法，从而确定了媒介运营基本规范。1980 年 5 月，中央批准人民日报社实行“财政包干”的办法。1983 年，财政部对中央大报实行利改税，税后利润全部由报社支配。这都是一些具体方式上的变动，并没有脱离双轨制的大框架。到 20 世纪 80 年代中期，事业单位企业管理制度在全国多数中央和省级新闻单位普遍实行。

1979 年被认为是广告元年。1979 年 1 月 4 日，《天津日报》率先恢复报纸广告，刊登了一条题为《天津牙膏厂主要产品介绍》的通栏广告，这是改革开放以来第一条消费品报纸广告。1979 年 1 月 28 日(农历正月初一)，上海电视台播出了参桂补酒的广告，并宣布从即日起受理广告业务。广告的播出引发舆论强烈反响，因为广告在中国从来被看作“资本主义生意经”，是一种带有欺骗性质的商业行为，与社会主义的原则背道而驰。国内媒体开始刊登广告的做法被视作中国“开放”的信号，《大公报》记者称之为中国经济巨轮起航时的一声长笛。1 月 23 日，《文汇报》刊登了第一条外商广告。3 月15 日，上海电视台刊播了雷达表的广告，这是我国媒体上第一条外商电视广告。5 月 14 日，中宣部发文肯定了媒介恢复广告的做法。从此，报纸可以合法地经营广告。1979 年广告刚刚复苏时，当年各新闻媒介的广告营业额为几百万元，到了 1980 年破亿元，再到改革开放 30 年之时，中国三大传统媒体广告收入超过 5000 亿元。

20 世纪 70 年代末到 1986 年，我国出现了以数量增加为中心的第一次办报高潮，报纸的种数由 1978 年的 186 家增加到 1986 的 1574 家。在数量激增的同时，1984 年以后，传媒业的经营出现了新思路，报业出现了“扩版热”，出现了一些周末版、地方版等不同版面；电台出现了“系列台热”，一家电台由单一频率、单一性质的人民台发展成多个频率、不同性质的系列台。电视业则表现为有线电视台的大量涌现，出现了多频道现象和“上星热”。

1988 年 3 月，新闻出版署和国家工商行政管理局发布了《关于报社、期刊社、出版社开展有偿服务和经营活动的暂行办法》，报社开始了“一业为主，多种经营”的尝试。所谓“多种经营”，指的是凡是广告与发行之外的利益。20世纪80年代,媒介会利用已有的设备和资源提供印刷服务或信息咨询服务,到90年代则开始尝试一些可以带来更大利润的盈利行为,比如投资房地产开发,跨行业兼并其他企业。1993年,《解放日报》兼并了上海第三十六织布厂,用于建设现代化的印务中心就是一个典型。这些经营活动本身与大众传播媒介的中心业务没有密切关联,却充分体现了媒介利益组织的属性,使产业化中的媒介个体更多地具有了一般企业的经营特征。从结果来看,有成功者,但也有相当多的媒介不顾自身优势涉足自己并不熟悉的领域,盲目投资,得到惨痛的教训。

在市场经济的引导下,媒介经营的不断发展壮大自然要求打破市场中个体与个体间的区隔,打破内向型发展的套路,走兼并与联合之路,即集团化。中国的媒介集团化道路是在政府主导下走出来的,其最初的动因,一是加入世界贸易组织(WTO)之后来自国外媒介集团的现实压力,中国媒体需要在较短的时间内做大做强,以期与媒介巨头们抗衡,而集团化恰恰是可以让企业实现跨越式发展的途径;二是当时的媒体在小规模、低水平的层次上经营,亟待整合。2000年,国家广电总局局长徐光春曾经用"星罗棋布,各自为政,自成体系,互不相连,互不相通,小打小闹,不成气候,低层次动作,小环境发展"来形容当时的广电行业。

报业集团化的部署是从1994年开始的。新闻出版总署在这一年下达《关于书报刊音像出版单位成立集团问题的通知》,并在同年6月组织了研讨会,对组建报业集团提出了传媒实力、经济实力、人才实力、技术实力和发行实力上的要求。经权衡,1996年,广州日报社成为中央选中的试点。1996年1月15日,广州日报报业集团正式成立。1998年,新闻出版总署提出的发展目标是:到2000年,报业集团要增加到5～10家;到2010年,经营规模上亿元的报社要占总量的10%。1999年,第一家广电集团——无锡广播电视集团正式挂牌,广电系统的"集团热"拉开帷幕。截至2004年底,中国共组建报业集团40家、广电集团17家。由此,中国传媒业集团化进程基本完成。①

二、关于"新闻商品性"的论争

在上述历程中,我们不难看到媒介体制大刀阔斧的革新。但在这看似

① 参见冉华:《中国传媒产业发展与制度演进研究》,学习出版社2019年版,第99页。

高歌猛进的趋势背后，未尝没有观念上的争议与分歧——新闻属于精神产品，又是上层建筑属性的意识形态，能否作为商品进入市场，参与流通？

关于新闻商品性论争是从20世纪80年代初开始的。1982年10月，北京新闻学会的会刊《新闻学会通讯》发表了罗荣兴的一篇文章。他根据马克思《资本论》第1卷中关于商品的定义，认为必须是有形的物才可能成为商品，新闻因为不是一个物品因而不是商品。因此，“我们花七分钱买一份《人民日报》，买的是作为商品的报纸，而不是非商品的新闻”①。随后的两年中有五篇争鸣的文章发表，直接参与者有四人。1984年陈力丹发表《关于新闻商品性讨论的几点意见》成为这一次学术争论的尾声。他同样引用马克思的观点，指出“优秀的具有坚强的党性的著作、报刊、新闻等，在市场经济的条件下同样也可以是很畅销的作品”。文章同时讨论了“新闻是商品”和“有偿新闻”，以及“新闻商品性”和“新闻商品化”之间的分歧。②

1992年，邓小平南方谈话为社会主义市场经济体制的创建指明了方向，党的十四大明确了建立社会主义市场经济体制的目标，我国的改革开放进入一个新的阶段。新闻媒介的体制改革真正全面地受到了触动，经费的缩减或者“断奶”，使得媒介的市场化提上日程。从1993年开始，学界开展了又一轮关于“新闻商品性”问题的大讨论。

有学者认为，这场讨论的肇始是1988年甘惜分先生发表的文章《精神产品不能提倡商品化》。作为新闻学界的泰斗，甘惜分先生指出，我们承认新闻是商品，只不过是承认新闻这种精神产品也是通过市场经济到达读者手中这一最简单的客观事实，而不是提倡新闻的生产要商品化。③

20世纪90年代，围绕新闻商品性的问题，形成以下几种观点。

第一种观点主要基于对导向的坚持和对有偿新闻的忧虑。他们认为，首先，新闻属于意识形态领域，承担导向的功能，因而不能与按需生产的商品混为一谈。1993年，郭超人在新华社工作会议上说：“新闻工作的政治性、政策性很强，新闻工作与经济工作有各自不同的客观规律……我们绝不能混淆一般的商品生产与作为党和政府喉舌的新闻工作在基本属性上的区

---

① 罗荣兴：《谈谈报纸的商品性问题》，《新闻学会通讯》1982年第19～20期。

② 参见陈力丹：《陈力丹自选集——新闻观念：从传统到现代》，复旦大学出版社2004年版，第310～322页。

③ 参见甘惜分：《精神产品不能提倡商品化》，《新闻界》1988年第1期。

别,绝不能用市场经济规律取代无产阶级新闻的党性原则。”[①]

其次,承认“新闻商品性”会导致有偿新闻。“如果把新闻当作商品,就要按照市场经济规律办事,就会按新闻的市场需求生产和交换,就会有新闻的市场价格,就会有买卖新闻商品的商人,就会按市场的价格大小的标准来挑选新闻。按市场的价格挑选新闻,自然就要破坏新闻是客观事实的报道原则,就要破坏新闻按重要性、真实性、时效性挑选新闻的新闻价值观,就要破坏真实性的原则。”[②]另外,还有学者认为新闻的价值是无法确定和计量的,“因为新闻的价值无法确定和计量,其交换价值无法量化,因之,新闻不能买卖”[③]。

第二种观点认为,报纸可以被视作商品,但新闻不是商品。何光先指出,新闻、载体、商品,这三者均属不同概念……尽管载体是一种商品,但新闻不是商品。[④]

第三种观点认为,新闻虽未必时时是商品,但具有商品属性。首先,新闻具有商品的共性。[⑤] 商品是用于交换的劳动产品,新闻也是如此。新闻具有能够满足人们特定需求的使用价值;新闻总是为他人收受而生产与传播的,因而具有交换价值;新闻总是经由买卖渠道实现交换的,借助流通领域进入消费领域。其次,新闻商品性和有偿新闻不可混为一谈。张允若认为,“有偿新闻的买卖行为是在报道对象和新闻机构(或其从业人员)之间进行的,不是在传方和受方之间进行的,也不是在传方和广告商之间进行的……炮制有偿新闻同新闻产品的正常交易是南辕北辙的问题”[⑥]。所以,有偿新闻并不是新闻,它“不是新闻的商品属性带来的‘副产品’,而是从计划经济向市场经济转换过程中,出现了暂时的新闻‘无序’状况”[⑦]。甚至有人认为,“有偿新闻实际上就是广告”[⑧]。最后,新闻与其载体不可分割。针对报纸是商品但新闻不是商品的说法,有学者称,承认报纸是新闻的载体,却把信息

① 刘保全:《报纸有无商品性？新闻有无商品性？(新闻理论界讨论综述)》,《新闻界》1994 年第 2 期。

② 戴邦:《新闻不是商品　记者不是商人》,《新闻与写作》1993 年第 8 期。

③ 刘保全:《报纸有无商品性？新闻有无商品性？(新闻理论界讨论综述)》,《新闻界》1994 年第 2 期。

④ 参见何光先:《新闻・载体・商品及其它》,《新闻与写作》1993 年第 7 期。

⑤ 参见童兵:《新闻商品性辩正》,《当代传播》1994 年第 2 期。

⑥ 张允若:《关于新闻商品性的几个认识问题》,《新闻记者》1994 年第 3 期。

⑦ 蔡雯:《新闻的商品属性与“有偿新闻”的现象辨》,《中国记者》1993 年第 9 期。

⑧ 李位三:《关于新闻商品性讨论的几点意见》,《新闻界》1995 年第 1 期。

和载体对立起来，这就像把香油和瓶子对立起来一样……载体如果不载新闻，让人们看无字报，听无声广播，看无影电视，这不是滑天下之大稽吗？[①]

当然，在坚持“新闻是商品”的同时，这一部分学者承认“新闻是特殊的商品”，认为“新闻既是商品，又是人民的精神食粮”。因此，“不能把人民的精神需要简单化，而要把人民的利益和党的利益统一起来，把人民的获知需要与人民的思辨需要统一起来，把文化市场和政治规范统一起来”[②]。

这一次的论争，持续时间长，参与讨论的学者多。虽然此次论争并没有在学理上更上一个层次，也没有最终得出一个结论，但一方面从参与的学者来看，后来成为学术界中坚力量的童兵、陈力丹、张允若、蔡雯等人，都站在了“新闻具有商品性”的一边；另一方面不待学界统一口径、达成共识，商品经济的大潮已经裹携着媒介向前走了。

三、广播电视业的技术发展与体制变革

经过第一个、第二个五年计划的建设，到1965年底，我国的中波广播网已初具规模。全国对国内广播电台共有87座，发射总功率为6717千瓦；与第一个五年计划开始前的1952年底相比，电台增加15座，发射总功率增长近20倍。

“文化大革命”期间，广播电台被看作转播重要政治内容的“高音喇叭”，大量播出“两报一刊”的政治文章，与报纸、杂志相比处于从属地位。尽管在“文化大革命”期间广播的地位、功能被高度政治异化，但就技术层面而言，人民广播事业仍然取得了相应进步。“文化大革命”期间，我国农村广播网迅速扩张，到1976年底，全国县级广播站达到2503个，比1966年多出502个；广播喇叭发展到11300多万个，比1966年初增长12倍多。再如，调频广播试验这个技术性项目，虽然在“文化大革命”中一度被批判为把中波阵地让给外国人的“投降主义”和只想“为城市老爷服务”[③]，但毕竟试验成功，1974年10月中央人民广播电台的调频广播正式开播，标志着我国广播进入了调频广播的新阶段。

1958年，我国第一套黑白电视播控设备由北京广播器材厂与清华大学

① 参见杨思迅：《“特殊商品”论——关于新闻是不是商品的对话》，《新闻与传播研究》1994年第2期。

② 杨思迅：《“特殊商品”论——关于新闻是不是商品的对话》，《新闻与传播研究》1994年第2期。

③ 徐光春主编：《中华人民共和国广播电视简史(1949～2000)》，中国广播电视出版社2003年版，第168页。

合作设计完成,国营天津无线电厂研制的中国第一台黑白电视接收机实地接收试验成功。同年,我国第一座电视台——北京电视台(1978 年 5 月更名为"中央电视台")使用这套设备试播。彩色电视的研究和试验在黑白电视开播后的第二年即已开始,但在 1962 年后中断,直至 1970 年重启。1973 年 5 月 1 日,彩色电视在北京试验播出。8 月 1 日,上海电视台开始试播彩色电视节目。

改革开放以后,尤其在 20 世纪 80 年代中期之后,我国的广播电视事业进入了高速发展时期,在技术、管理和运营机制上都有了可喜的变化。全国基本形成了从中央到地方、无线和有线相结合的广播和电视、城市和农村、对内和对外并重的现代化广播电视宣传网。

在发展思路与体制建设方面,1980 年,召开了第十次全国广播工作会议,重提坚持"自己走路"方针;1982 年,又提出在坚持"自己走路"的同时,要依靠社会力量,"开门办广播电视",后来概括为"扬独家之优势,汇天下之精华"的理念。广播事业摒弃了"文化大革命"中"无产阶级专政工具"的错误定位与"读报台""抄报台"的从属性,开始向建立符合新闻规律、符合媒体规律的科学广播事业发展。1982 年 5 月 4 日,为加强对广播电视行业的管理,全国人大常委会第二十三次会议通过《关于国务院部委机构改革实施方案的决议》,宣布成立广播电视部,撤销中央广播事业局;吴冷西任中华人民共和国广播电视部首任部长、党组书记。1986 年,广播电视部改为"广播电影电视部",后几经改组,2018 年成立国家广播电视总局。

1983 年 3 月底至 4 月初,广播电视部召开第十一次全国广播电视工作会议,提出口号:立志改革,在改革中调整、提高、整顿、发展。这次会议制定了一些极为重要、对后来发展影响深远的方针,其中最引人注目的就是"四级办广播,四级办电视,四级混合覆盖"的政策。自 1949 年以来,中国广播事业实行保证重点、先中央后地方的方针,并且只允许中央和省、市三级办广播电台,只允许中央和省两级办电视台。新的政策规定,凡是具备条件的省辖市、县,也都可以根据当地的需要和可能开办广播电台和电视台,除了转播中央和省的广播电视节目外,可以播出自办的节目,覆盖当地。"四级办电视"的政策释放出一股蓄积已久的能量,顷刻之间,市、县电视台纷纷上马,热火朝天,由 1982 年的不足 20 个市级电视台迅速增加到 1985 年的 172 个市、县电视台。电视发射台和转播台从 1980 年的 2469 个增加到 12159

个。财力雄厚的大企业、大单位也紧随其后，各自创办有线电视台网。[①] “四级办电视”的体制虽然给地方广电业注入活力，但也带来了新的问题。大量的重复制作、重复播出、重复覆盖导致了重复投入，增大了支出成本，造成了很大的社会浪费。一些不发达地区的市、县在并不具备开办电视节目的人力、物力、财力的情况下，强行上马，只能从音像市场购买廉价的海外影视剧勉强维持。乱播滥放对中央电视台和省级电视台的主导地位形成冲击，“散”“乱”成为现阶段电视事业发展的一个严重障碍。1999 年，国家广电总局发布了 82 号文件，首次明确提出停止实施“四级办电视”的方针，并随即启动“治滥治散”行动。

在广电技术方面，1984 年，我国成功发射了首颗试验通信卫星“东方红1 号”，为广播节目卫星传输工程的启动提供了必要的设备基础。1985 年 8 月 1 日起，我国为传送电视节目而租用的国际卫星转发器开始启用。同年 9 月 13 日，《人民日报》报道，中共中央、国务院向各地赠送的 53 个卫星电视地面接收站已有 45 个开通并转播中央电视台的节目。1986 年 2 月 1 日，我国成功发射了第一颗实用通信广播卫星。

在经营模式方面，中国地方台广播业务的改革在广东拉开帷幕。1986 年 12 月，珠江经济广播电台成立，以其“大众型、信息型、服务型、娱乐型”的办台方针，继承了我国广播的传统，借鉴并吸取了海外现代广播之精华，适应珠江三角洲地区听众的需要，被视为我国广播改革的第一次浪潮。当时被称为“珠江模式”的核心是“主持人中心制”：节目按大板块进行设置；主持人具有编、采、播、控的综合素质；主持人“提纲加资料”现场直播（新闻和信息除外）；听众通过热线电话同步深度参与；等等。[②] 虽然“珠江模式”更多的是一种广播业务领域的改革，尚缺乏体制上的突破，但它对中国广播业界进行了一次听众意识和市场导向意识的市场营销启蒙教育。[③]

同样的开放与改革也体现在电视领域。1987 年 2 月 1 日，中央电视台第二套节目（“经济信息频道”）由面向北京改为面向全国播出，以经济节目为特色。农牧渔业部、国家科委和国家计划生育委员会承办了三个专业栏目——《农业教育与科技》《星火科技》《人口与计划生育》。对这三个栏目，中央电视台只管播出，不管制作，实际上是将节目时间租出去了。为鼓励各

---

① 参见郭镇之：《中外广播电视史》，复旦大学出版社 2005 年版，第 270 页。

② 参见陆晔、赵民：《当代广播电视概论》，复旦大学出版社 2010 年版，第 36 页

③ 参见刘家林：《新中国新闻传播 60 年长编（1949～2009）》（下），暨南大学出版社 2010 年版，第 47 页。

地方台转播第二套节目，中央电视台规定，凡是转播二套节目的电视台，可向该频道《综合经济信息》节目介绍广告和收费的信息节目，收入按比例与中央电视台分成，第一年全部归地方台，以后逐步减少。这些经营方法充满了商业气息。

1992年，以邓小平南方谈话以及党的十四大召开为标志，新一轮的思想解放推进了广播事业的改革、创新与发展。在技术发展的推动下，广播在管理体制机制上进行了新的突破，节目样态和经营方式的创新也层出不穷。

1991年3月15日，我国第一家省级有线电视台——湖南电视台开播，从此全国各地迅速掀起兴建有线电视台的热潮。到1995年底，全国有线电视台已达1178家，用户3980万。20世纪90年代，与"有线热"同时出现的还有"上星热"。1994年1月1日，山东电视台、浙江电视台的节目上星播出。到1999年10月，全国31个省级电视台节目全部实现上星传送。同一时期，一批有广泛观众和巨大影响力的节目涌现出来。1990年，中央电视台《综艺大观》和《正大综艺》开播，二者都是十几年长盛不衰的综艺节目。1997年，作为现象级娱乐综艺节目的《快乐大本营》播出，以《快乐大本营》的成功为起点，湖南台在综艺领域独树一帜。20世纪90年代同样受到瞩目的还有电视新闻评论节目和深度报道栏目。1993年5月1日，中央台第一个集新闻性、社会性、知识性、娱乐性于一体的新闻杂志型栏目《东方时空》开播，时长60分钟，下设《早新闻》《焦点时刻》《东方之子》《生活空间》《东方时空金曲榜》等子栏目。《东方时空》在当时影响力极大，以至于让中国人养成了早上看电视的习惯。1993年12月1日，中央电视台成立"新闻评论部"，至今鼎鼎大名的《焦点访谈》就是在新闻评论部的策划下创办的。除《焦点访谈》外，新闻评论部还策划创办了新闻脱口秀节目《实话实说》和新闻调查栏目《新闻调查》。

广播电视经营机制的变革继续向纵深发展。1992年10月28日，上海东方广播电台成立，与上海人民广播电台形成竞争态势，掀开了一个城市有两家同级别电台平行运作、平等竞争的全新格局。这种竞争机制，触动了体制方面的某些问题，使广播改革在广度和深度上都有不同程度开拓。1992年6月，中共中央、国务院发布《关于加快发展第三产业的决定》，广播电视媒体开始加快"事业单位企业化管理"的步伐。2000年12月，第一家省级广电集团——湖南广播影视集团挂牌运营。2001年12月7日，中国广播影视集团成立，这是我国规模最大的新闻传媒集团，广播影视业集团化发展进入高潮。2002 年，党的十六大第一次将文化明确分成文化事业和文化产业，促进了文化产业的发展。2004 年被国家广电总局确定为“产业发展年”，国家广电总局下发的《关于促进广播影视产业发展的意见》指出：可以把电台、电视台、广电集团（总台）的除新闻宣传以外的社会服务类、大众娱乐类节目，特别是影视剧的制作经营从现有体制中逐步分离出来，按照现代产权制度、现代企业制度组建公司，实行所有权与经营权分离。2006 年初，中共中央、国务院发布《关于深化文化体制改革的若干意见》，国家广电总局随后提出探索制播分离改革，除新闻类、社会访谈类节目外，文艺、体育、科技类节目等可逐步实行制播分离。

近年来，影响广播电视业的最大因素是技术。21 世纪以来，互联网等新兴技术既带来冲击，也带来机遇，媒介融合成为新的发展之路。2001 年 3 月，国家“十五”计划纲要第一次明确提出“三网融合”，即广播电视网、电信网和互联网融合。2009 年 7 月《广电总局关于印发〈关于加快广播电视有线网络发展的若干意见〉的通知》发布，要求加快广播电视有线网络发展，推进三网融合，促进国家信息化建设。2010 年 6 月底，“三网融合”12 个试点城市名单和试点方案正式公布，“三网融合”终于进入实质性推进阶段。现在，“三网融合”的概念已经很少提起，但由互联网带来的“融合”更加清晰可见。

第三节　网络技术的崛起与新闻媒体的数字化

回顾数字传媒的发展历程，每一次技术层面的大发展都会引发数字传媒的根本性变革。Web1.0 时代，互联网刚诞生，信息大多数时候以“只读”的方式存在，数字媒体的主流表现形式为形形色色的门户网站。Web2.0 时代，移动互联网快速发展并成熟，信息不再是封闭和“只读”的，而是开放和共享的，社交成为媒体不可忽视的重要属性。Web3.0 时代，物与物、物与人、人与人将实现全面互联，每个网络用户将拥有更大限度的个性与自由。随着物联网、人工智能、云技术、5G 网络的逐渐完善，Web3.0 的面貌越来越清晰地呈现在人们的面前。伴随着互联网技术发展提供的传播手段与传播生态，新闻媒体数字化经历了不断创新和逐渐深化的过程。

一、从报纸电子版到新闻网站

1994 年，中国在实现了与国际互联网全功能连接的同时，也正式搭上了信息时代的发展快车。1994 年 5 月，中国科学院高能物理研究所设立了国内第一个 Web 服务器，推出中国第一套网页；中国科学院计算机网络信息中心完成了中国国家顶级域名(cn)服务器的设置。

纸质媒体与互联网的融合，其最初形式是“报纸电子版”，即将纸质媒体呈现的内容以网页的方式复制到相应的网页中，或不加任何编辑，通过扫描转化为电子形式，提供网络下载或在线阅读。1993 年 12 月 6 日，《杭州日报・下午版》通过该市的联机服务网络进行传输，由此拉开了中国报纸电子化的帷幕。1995 年 10 月 20 日，《中国贸易报》电子版在人民大会堂做了演示，这是国内第一家正式在国际互联网上发行的电子日报。它的问世引起了国内新闻界同行的广泛关注，英国路透社立即成为该报电子信息的订户。1996 年 1 月 2 日，《广州日报》电子版正式进入互联网。

1997 年 1 月 1 日，《人民日报》正式推出网络版，内容包括所出版的系列报刊。1997 年 6 月 18 日，国务院新闻办正式批准《人民日报》及其所属六报四刊进入国际互联网。此举不仅意味着《人民日报》的网络发展有了保障，而且也意味着整个中国媒体的网络化之路得到了有关部门的认可。[①]

广播电视机构中，中央电视台起步最早，1996 年底开始尝试。一些著名栏目，如《东方之子》《实话实说》《3・15 特别节目》等，也被推上了互联网。中央电视台在 1997 年重新注册了顶级域名：www.cctv.com。中国国际广播电台也于 1997 年在互联网上设立网址。一些地方广播电台、电视台行动亦十分积极。1996 年 12 月，广东人民广播电台率先建立网站，成为国内第一个上网的广播电台。

伴随着网络技术的发展及人们对于互联网平台的深入理解，互联网时效性、互动性、能容纳多种符号和海量内容的优势被充分认识，网络不仅作为传统媒体扩大传播范围的渠道，更成为传媒媒体内容拓展和形式更新的平台。

1999 年，一批冠以“××网”“××在线”的媒体网站应运而生。如《中国计算机报》网站改名为“赛迪网”，文汇新民联合报业集团网站改为“申网”，《深圳商报》网站改为“深圳新闻网”。除了报社独立创办网站外，2000 年出现的千龙网和东方网颇令人注目，它们是由政府主导的行政区域内众多媒体参与组建的大型新闻网站群。千龙网是国内第一家地方重点网站，由北

① 参见马涛：《中国报业数字化 30 年》，中国传媒大学出版社 2014 年版，第 45 页。

京日报社、北京晚报社、北京晨报社、北京青年报社、北京广播电视报社、北京人民广播电台和北京电视台等多家媒体共同投资组建。东方网则与解放日报社、文汇报社、新民晚报社等上海14家主要新闻单位达成了资源共享的协议。

2000年，由国内新闻媒体设办，以独立域名运行的新闻网站达到2000家，比1999年底多了1300家。[①] 加之一批商业性网站拥有了新闻登载资格，网络新闻媒体的阵营更加壮大。搜狐、网易、新浪、腾讯四大门户网站成为民众获取新闻信息的重要渠道，它们在新闻传播中也确有精彩的表现。2001年9月11日发生在美国的“9·11”事件发生后仅10分钟，新浪网就发布了第一条消息，并随即推出专题《美国遭遇恐怖主义袭击》，在随后的24小时中，共发布近600条信息。新浪网新闻频道在这一事件中的最高日流量一度超过8000万，与同时期的美国各大网站基本持平。[②]

由电子版向新闻网站的转变，是新闻媒体数字化变革的深化，体现传统媒体拥抱新技术的积极态度，但新闻网站在体制、观念以及外部环境方面的局限也很明显。比如以传统媒体的思路办新媒体的特质非常明显。报社或报业集团主办新闻网站尚停留在大众传播和单向传播阶段，注重的是对新闻信息的采编和发布。与商业网站相对，对于互动性、服务性的开发明显不足。另外，互联网初期建立起来的是一种免费的信息消费文化，网络用户群虽已建立，但消费市场并未形成。商业媒体可以通过资本市场获取高额的风险投资，新闻媒体却只能依靠媒体投入与一部分中央和地方政府的投入，投资来源渠道单一，资本规模小。因此经济回报上的匮乏，成为各传统媒体媒介网站共同的难言之隐。[③]

伴随着互联网生态的不断成熟，新闻网站也不断发展。2007年，人民网、中国网、新华网创建10周年。新华网、人民网的日均页面浏览量分别增至1.6亿和8000多万，人民网总营业收入从2003年到2007年增幅达750%。2008年6月20日，时任中共中央总书记胡锦涛在人民日报社考察时专门视察了人民网，提出要正视舆论“新格局”，即在传统的党报、国家电

---

① 参见邓炘炘：《网络新闻传播在中国：现状与展望》，邓炘炘、李兴国主编：《网络传播与新闻媒体》，北京广播学院出版社2001年版，第55页。

② 参见方汉奇：《中国新闻传播史》，中国人民大学出版社2014年版，第369页。

③ 参见陈力丹：《不成熟的网络新闻传播》，邓炘炘、李兴国主编：《网络传播与新闻媒体》，北京广播学院出版社2001年版，第52页。

视台之外，关注都市报纸和网络新媒体的兴起。在人民网，胡锦涛与“强国论坛”网友聊天20多分钟。党和国家最高领导人与网民在线对话，在中国还是第一次。胡锦涛在讲话中还强调，“互联网已成为思想文化信息的集散地和社会舆论的放大器，我们要充分认识以互联网为代表的新兴媒体的社会影响力”，“努力使互联网成为传播社会主义先进文化的前沿阵地、提供公共文化服务的有效平台、促进人们精神生活健康发展的广阔空间”①。

新闻网站大致在21世纪第一个10年逐渐发展至顶峰，此后，除了人民网、新华网等新闻网站外，多数地方网站转而重点做公众号和客户端。

二、“社交媒体＋移动互联”语境下的媒介融合

Web2.0是相对于Web1.0的互联网第二代服务，它既包括互联网的底层技术变革，例如P2P技术对既往的客户端/服务器结构的冲击，同时也指互联网应用层面的变化，例如博客、Wiki（维基）、IM（即时通讯）、RSS、SNS、Tag（标签）等技术及应用的发展。尽管对于Web2.0目前仍然没有一个统一的定义，但一般而言，交互性、用户生产内容（user-generated content，UGC）、开放性和社交性等，成为Web2.0技术应用的公认特性。②

当Web2.0叠加移动互联技术时，人们可以随时随地接入互联网，生产信息与消费信息、“线上”与“线下”的界线消失了，媒介以前所未有的方式深度介入人们的日常生活，也在根本上改变了新闻媒体面对的媒介生态。

大量UGC内容的生产、平台型媒体对内容的聚合以及以“小屏”为介质的数字产品阅读习惯的形成，对报纸、杂志和广播电视业形成直接的冲击。这种冲击首先在广告和发行收入上表现出来。《传媒蓝皮书：中国传媒产业发展报告（2015）》显示，在2014年传媒细分行业的数据中，下降幅度最大的是报纸发行收入，报纸广告收入是连续4年下降，2014年的下降幅度更是达到15％。与此同时，网络广告收入和网络游戏收入的增长速度尽管有所放缓，但仍保持了较高的增长，特别是网络广告收入首次超过电视广告收入，收入规模超过1500亿元。广告和发行收入下滑，新媒体的营利模式又未能及时建立，很多报纸被迫走上减版、休刊或停刊的道路。2018年是报纸停刊较为集中的一年。从知名全国的都市报《京华时报》《法制晚报》，到《人民公

① 胡锦涛：《在人民日报社考察工作时的讲话》，《人民日报》2008年6月21日。

② 参见苏涛、彭兰：《技术载动社会：中国互联网接入二十年》，《南京邮电大学学报》（社会科学版）2014年第3期。

安报·消防周刊》《新农村商报》等行业报，再到《赣州晚报》《安阳晚报》等地市晚报，超过40家报纸相继停刊。

面对新媒体的冲击，传统媒体也在不断地调整，在渠道拓展、流程再造等方面进行全面的更新。2007年新浪微博上线，2011年微信上线，2012年今日头条上线，2016年抖音上线……这些社交媒体流量优势的实现，让传统媒体不得不将自己的内容放在这些“竞争者”的平台上，以实现信息的多元出口。除了借助平台型媒体外，很多媒体还建立了自己的客户端。目前除“人民日报”“央视新闻”“环球TIME”“新华社”“澎湃”“新京报”“财新”等少数新闻客户端具有全国影响力外，绝大多数新闻媒体自办的客户端装机量和打开率并不高。伴随着数字战略的确立，很多新闻媒体开始对传统新闻机构进行全面的调整。2018年“新京报”客户端上线，报社提出颠覆新闻内容对报纸的依赖，打造“新京报”客户端，从以报纸为中心转移到以客户端为中心，高质高效追赶、适应现代传播格局的要求。与之相配合的，是以“构建统分结合的大中心制”和“一次采集、多元生成、多渠道分发”为核心的组织架构和采编流程的重新规划。在确立“数字优先”的战略三年后，《新京报》线上收入占80%，报纸广告仅占20%。

如果说网络兴起后赋予公众更多信息获取和表达的能力，那么社交媒体的出现则让公众有能力建立一个以自我为中心的信息网络。加之算法推荐和分享机制取代之前的编辑分发机制，信息茧房的效应日益明显，舆论场越来越呈现圈层化的特质。舆论场中的交锋越来越多地建基于立场和情绪，而非事实与真相，这对主流媒体的舆论引导工作提出了更高的要求。2014年8月18日，中央全面深化改革领导小组第四次会议审议并通过了《关于推动传统媒体和新兴媒体融合发展的指导意见》(以下简称《意见》)，《意见》指出，推动媒体融合发展，要按照积极推进、科学发展、规范管理、确保导向的要求，推动传统媒体和新兴媒体在内容、渠道、平台、经营、管理等方面深度融合，着力打造一批形态多样、手段先进、具有竞争力的新型主流媒体，建成几家拥有强大实力和传播力公信力影响力的新型媒体集团，形成立体多样、融合发展的现代传播体系。要一手抓融合，一手抓管理，确保融合发展始终沿着正确的方向推进。近年来，以人民日报社、新华社、中央电视台等为代表的中央主流媒体率先投入中央厨房、融媒体中心的建设。省级媒体迅速响应，积极投入融媒体中心建设的大潮中，并启动600个县级融媒体中心建设。无论在人力、财力、技术、资源配置上的投入，还是在机制改革等多方面的践行，都取得了阶段性的成绩。2019 年 1 月，习近平在第十二次中共中央政治局集体学习时提出了全新的“四全媒体”论：“全媒体不断发展，出现了全程媒体、全息媒体、全员媒体、全效媒体。”习近平强调，“要运用信息革命成果，推动媒体融合向纵深发展，做大做强主流舆论”[①]。以此为目标，中央及地方各级主流媒体以重大主题报道作为创新实践的契机，将全程、全息、全员、全效四维框架嵌入传播的理念与实践之中。特别是结合“两会”报道以及五四运动百年、新中国成立七十周年、建党百年等具有特殊历史纪念意义的事件，全方位提升传播力、引导力、影响力和公信力，引领舆论方向，探索新时代全媒体融合转型的进路。

三、智媒时代的新闻业创新实践

近年来，社会化媒体应用、移动互联网、大数据、云计算等技术的广泛应用构成互联网泛在智能发展的基础，而人工智能（AI）、物联网、虚拟现实/增强现实（VR/AR）等技术的发展则成为驱动媒体智能化的直接技术动因，并最终使“智媒”成为未来媒体发展的一种主要趋向。[②]

人工智能带来了新闻生产流程的全面变革。第一，智能传感器的广泛应用，拓宽了信息采集的维度，延伸了新闻采集的边界。2017 年，新华社研发的“媒体大脑”可以通过视频摄像头、传感器、无人机、行车记录仪等智能采集设备，以及数据源自动采集的数据获取信息、实时监测新闻事件、自动发现新闻线索，然后通过“媒体大脑”，调用该新闻事件相关的地理位置信息、历史数据资料、同类事件信息。第二，机器参与的新闻自动化生产大大提高了生产效率。2015 年 9 月，国内第一篇自动化新闻稿件发出，它是由腾讯财经开发的写作机器人 Dreamwriter 完成的。2015 年 11 月，新华社启用人工智能写作机器人“快笔小新”，成为最早引入机器人写作的传统媒体。“快笔小新”的内容生产流程主要有数据采集、数据加工、自动写稿、编辑签发四个环节，可以提供部分中英文双版体育赛事和财经新闻。第三，AI、VR主播的出现可以解放人力，服务于更多的应用场景。2018 年，新华社与搜狗联合推出全球首个 AI 合成主播“新小浩”。AI 合成主播提取新闻播音员的

---

① 《习近平在中共中央政治局第十二次集体学习时强调：推动媒体融合向纵深发展，巩固全党全国人民共同思想基础》，《人民日报》2019 年 1 月 26 日。

② 参见苏涛、彭兰：《“智媒”时代的消融与重塑——2017 年新媒体研究综述》，《国际新闻界》2018 年第 1 期。

声音、唇形、表情等，可以完成24小时不间断的新闻播报工作，打破了新闻播音员主持人一天只能工作8小时的时间限制，为观众带来了全新的新闻观看体验。第四，智能推荐革新新闻分发方式，让信息更有效地抵达目标受众人群。当然，基于算法的智能推荐可能造成"信息茧房"效应，从而加剧舆论场的"割裂"，这引起了社会的警觉，但也有学者开始探讨是否使用算法强化共同体的可能性。①

在AI渗透方面，如今对AI使用已不仅是智能的信息采集和新闻发布，还延伸到产业链的每一个环节。如新华社推出的MAGIC短视频智能生产平台，兼有自动采集生成、语音转写、自动分发、内容监测等新闻生产的完整功能；新华社推出的"现场云"新闻在线生产系统3.0版本，为入驻媒体免费提供基于移动端的全媒体采编发功能，大大压缩了采访、上传、审核和发布环节的时间。这些都成为AI全面渗透新闻生产链条的典范。

受到关注的还有上述技术在5G时代的应用。2019年全国"两会"期间，人民日报社新媒体中心运用"5G+VR"技术，对大会进行高清直播，让用户几乎同步地获取信息和感受现场气氛，带来沉浸式体验，一定程度上增强了人民群众的政治参与感。在内容生产步入移动化、智能化的基础上，AI、5G等技术应用逐渐消融现实和虚拟的边界，形成虚拟真实化的全景观，让接收端从"他"视角变成"我"视角，可以更好地获取、感知和辨析信息内容。5G让各种新的传播手段成为现实，在为人们提供丰富体验的同时也带来了相应的风险。VR/AR技术在5G时代的大规模商用，给用户带来更强的沉浸感与扩张感，与之相应的则是对真实性标准的反思；5G能够促进云服务水平的进一步提升，让用户享受轻便、低价的优质体验的同时，对个人信息的保护也有更严峻的挑战；物联网将在5G时代成为现实，人与物的连接产生新的应用模式，也给过载状态下人与物的关系带来新的反思。②

近年来，从算法推荐到虚拟现实、增强现实、人工智能，再到虽未广泛应用但已热议的区块链和5G技术，既有的传播生态和秩序被颠覆，行业边界消弭，一些原本已成定论的新闻观念正在受到挑战，甚至什么是新闻都在被重新思考与讨论。但不容置疑的是，技术的迭代演进已成为推动媒介发展的重要力量，也必将为传媒业带来无尽的想象空间和变革的可能。

---

① 参见彭兰：《算法对共同体的强化与促成》，《青年记者》2021年第9期。

② 参见慕海昕、彭兰：《新体验、新风险：5G环境中的人与传播》，《新闻论坛》2019年第3期。

第四节 新中国新闻教育的发展

一、新中国建立后新闻教育的延续与调整

新中国成立后，不少民国时期创办的新闻教育机构或外迁或停办，但仍有一些得以保留，如燕京大学新闻学系、圣约翰大学新闻学系、复旦大学新闻系、暨南大学新闻学系、民治新闻专科学校和苏州的社会教育学院新闻系等。[①]

这一时期，新闻院系大多走了一条撤销、合并和调整之路。在北京，1952年北京大学中文系成立，燕京大学新闻学系并入，改设编辑专业，后改为新闻专业。在上海，圣约翰大学和暨南大学的新闻系并入复旦大学。苏州社会教育学院的新闻系并入江苏文化教育学院，后停办。1953年，民治新闻专科学校停办。

与此同时，一批新的新闻院系成立。如1949年7月，华东新闻学院在上海创办，院长恽逸群、教务长王中，以"在短时期树立为人民服务的基本观念，为新民主主义新闻事业工作"为办学宗旨。讲习班7月招生540人，8月1日开学，同年11月结业；专修科1949年12月招生68人，1950年6月毕业；研究班1949年12月招生220人，1950年8月毕业。设置的课程有辩证唯物主义、新人生观、国内外形势、中国革命问题、新闻业务与政策等。教师有冯定、黎玉、刘瑞龙、徐仑、范长江、恽逸群、金仲华、胡曲园、张明养、胡风、王芸生、魏文伯、石啸冲、孙晓村、王中、顾执中等。1951年停办。1949年11月1日，新华社新办了新闻训练班，后来改建为北京新闻学校，主要是培养当时急需的新闻干部，学习时间较短。北京新闻学校直属新闻总署，副署长范长江兼任校长，学员都是从全国各地招考来的大学毕业生和具有同等学历、掌握一门外国语的青年知识分子。1951年7月，第二期学员完成学业后，北京新闻学校停办。[②]

1955年4月，中国人民大学新闻系成立，同年9月开始招生，是中华人民共和国建立后在高等学校设立的第一个新闻系。1958年8月，北京大学

① 参见方汉奇：《发现与探索：方汉奇自选集》，首都师范大学出版社2009年版，第527页。

② 参见刘家林：《新中国新闻传播60年长编（1949～2009）》（上），暨南大学出版社2010年版，第120页。

中文系新闻专业(它的前身是燕京大学新闻系)并入中国人民大学新闻系,增强了该系的办学实力。1958年,北京广播学院成立,我国从此有了专门培养广播电视人才的高等院校。1961年,复旦大学招收了两名新闻史专业的硕士研究生,这是我国首次招收新闻专业研究生。

1949～1966年新闻传播教育事业的确取得了非常大的进步。随着“文化大革命”的到来,全国新闻传播教育事业陷入停滞。中国人民大学新闻系、北京广播学院停止教学活动,之后又相继停办,复旦大学新闻系被批判为“根本培养不出革命的战斗的新闻工作者”而停止招生。其他学校新闻院系也销声匿迹。[①]

“文化大革命”前期,全国各新闻院系相继停招停办。“文化大革命”后期,随着大学开始招收工农兵学员,新闻教育又有所恢复。北京大学中文系恢复设立新闻专业,将停办的中国人民大学新闻系的师资和资料设备并入;复旦大学新闻系于1970年开始招收工农兵学员,“文化大革命”期间共招收了六届;北京广播学院于1973年复办后开始招生。除此之外,在“文化大革命”期间,江西大学和广西大学也开展过新闻传播教育。但这一时期由于受到社会因素影响,整个新闻教育大不如以前,教学质量受到严重影响。

二、改革开放后教育事业的恢复开拓

“文化大革命”结束后,新闻教育事业面临的首要问题是“文化大革命”期间新闻教育事业被迫中断造成新闻人才奇缺,而新闻事业的发展迫切需要大批新闻人才,在这种形势下,新闻教育事业逐渐复苏并进一步开拓。[②]

1977年,伴随着高考制度的恢复,北京大学、复旦大学、北京广播学院以及广西大学的新闻专业又开始招生,学制四年。1978年,中国人民大学复校,北京大学新闻专业又重新并入中国人民大学新闻系。暨南大学、杭州大学、江西大学的新闻系相继恢复。与此同时,郑州大学、山西大学、四川大学、安徽大学、河北大学等高校也新建起新闻系(专业)。据统计,到1982年,全国本科和大专一级的新闻教育单位总计有12个。

1983年8月,中宣部和教育部联合发布了《关于加强新闻教育工作的意见》,提出发展新闻教育事业,要考虑新闻事业发展需要,同时也要考虑实际

① 参见邓绍根、李兴博:《百年回望:论中国新闻传播教育发展历程及其特点》,《现代传播》2019年第6期。

② 参见方汉奇:《中国新闻事业通史》第3卷,中国人民大学出版社1999年版,第601页。

可能;保证重点,发挥原有院系潜力的同时,要积极规划新专业,统筹规划,合理布局。这成为新闻教育工作的核心指导原则。[①] 其中,在新闻教育工作意见里面提出了"1985 年原各大行政区至少应有一所高等院校设置新闻专业"的要求,在这种形势下,新闻教育迎来发展热潮。吉林大学、兰州大学、新疆大学、宁夏大学、武汉大学、华中工学院、厦门大学等高校,相继增设了新闻系或新闻专业,至此,全国设有新闻专业的院校达到 21 所。1983 年,全国共有新闻系(专业)教师 518 人,学生共计 2814 人,其中本科生 1877 人,研究生 177 人,进修生 380 人,函授生 380 人。[②]

1987 年,国家教委将专业设置纳入国家统一管理,后又分别于 1993 年、1997 年修订,设立了"新闻学与传播学"一级学科,下设新闻、广播电视新闻、广告、出版编辑 4 个专业。随着媒介实践的发展,一些新兴专业进入本科专业名录。根据《普通高等学校本科专业目录(2020 年)》,新闻传播类下设置的本科专业包括新闻学、广播电视学、广告学、传播学、编辑出版学、网络与新媒体、数字出版、时尚传播和国际新闻与传播 9 个专业。另外,自 2001 年起,教育部下放部分高校本科专业自主权,传媒经济学、舆论学、跨文化传播学等专业也出现在某些高校的招生目录中。

1985 年,中国人民大学新闻系和复旦大学新闻系开始招收新闻学专业博士。1997 年,在国务院学位委员会和国家教育委员会颁布的研究生专业目录中,新闻学由过去的二级学科上升为一级学科,名为"新闻传播学",下设新闻学和传播学两个二级学科。新闻传播学升为一级学科后,中国人民大学、复旦大学、北京广播学院获一级学科授权点,中国社会科学院研究生院获二级新闻学博士点。截至 1999 年底,全国共有新闻学与传播学硕士授予点 23 个、博士授予点 6 个、博士后流动站 1 个。[③]

1994 年,中宣部等部门联合召开全国新闻教育工作座谈会。会议提出要深化改革,加强职业道德教育,做好在职教育等。随后,业余新闻教育、新闻函授、广播电视大学新闻专业、新闻自学考试等都有很大发展,形成了完备的新闻传播教育体系。

---

① 参见李兴博:《新中国新闻传播教育的历史图景及其成就》,《福建师范大学学报》(哲学社会科学版)2020 年第 4 期。

② 参见中国社会科学院新闻研究所编:《中国新闻年鉴(1984)》,人民日报出版社 1984 年版,第 26 页。

③ 参见童兵、林涵:《20 世纪中国新闻学与传播学》,复旦大学出版社 2001 年版,第 380 页。

三、新时期新闻教育的创新深化

进入21世纪以来，新闻传播教育继续保持快速发展，具体表现在总体规模不断扩大，学科建设更加迅速，学科体系进一步完善，本科、硕士、博士、博士后教育与培养齐头并进，新闻教育不断深化和创新。统计数据显示，截至2015年，全国共有681所大学开设了新闻传播类专业，约占高校总数的三分之一，这些学校拥有1244个新闻传播专业点，在校本科生规模22.6万人。到2019年，开办新闻传播类专业的本科高校达到721所，本科专业1352个。①

2001年12月24日，中共上海市委宣传部与复旦大学签订协议共建新闻学院，成为全国首个开展部校共建的新闻院系。这一举措开创了我国新闻传播人才培养的新模式。2013年12月20日，中宣部、教育部在复旦大学召开现场会，总结推广上海市委宣传部与复旦大学共建新闻学院的经验。“部校共建”的办学模式从尝试到全国范围推广。

近些年，随着“部校共建”和“卓越新闻传播人才教育培养计划”的实施，马克思主义新闻观逐渐成为新闻传播教育的核心内容。② 2000年9月10日，教育部高等教育司向有关文科高等学校下发了《新闻学类专业基本教学条件》的通知，为新闻传播教育如何发展指明了方向。

2000年以来，国家政策支持力度继续加大，国家相关部门也多次对新闻传播教育事业做出指导和规划。为进一步推动高校实验教学改革，促进优质教学资源整合共享，培养学生动手能力、实践能力、创新能力，提高教育质量，教育部于2005年启动国家级实验教学示范中心建设工作，传媒类国家级实验教学示范中心评审工作从2006年开始。同年，武汉大学新闻传播学实验教学中心成为教育部批准的国家级实验教学示范中心，此后三年又有中国传媒大学、东北师范大学、复旦大学等15家单位的传媒类实验教学中心获批成为建设单位。2009年教育部开始对在建的传媒类实验教学中心示范单位开展验收工作，到2012年，获批的16家建设单位全部通过验收，正式挂牌为国家级示范教学中心。同年上海外国语大学等三家单位的传媒类

① 参见中国新闻史学会新闻传播教育史委员会:《中国新闻传播教育年鉴(2019)》,武汉大学出版社2019年版,第2页。

② 参见邓绍根、李兴博:《百年回望:论中国新闻传播教育发展历程及其特点》,《现代传播》2019年第6期。

实验教学中心成为新的建设单位。[①] 新闻传播学科实验设施建设迈上新台阶，实验教学水平大幅提升。

随着云计算、大数据、VR、AR 等新技术层出不穷，媒介融合逐渐成为传媒业发展的基本趋势，并被纳入国家发展战略。新闻传播学界在专业设置、课程安排上紧跟互联网技术步伐，在本科专业中适时增加了网络与新媒体专业和数字出版专业，在教学中注重吸收新技术成果，改进教学内容。人才培养目标上也朝着具有全媒体新闻传播知识和能力的应用型、复合型、创新型人才迈进。[②]

当前，党和国家迫切需要“政治坚定、业务精湛、作风优良、党和人民放心”的新闻工作者，高度重视和大力推进新闻人才培养。在打造“新文科”、培养“卓越新闻人才”、创建“一流专业”的目标引领下，中国的新闻教育正一方面牢固树立马克思主义新闻观的指导地位，强化课堂思政；另一方面努力与时俱进，在开放办学、跨学科发展、产学研合作等方面积极创新，不断探索科学的新闻传播人才培养模式。

思考题

1.改革开放后我国的新闻观念发生了怎样的变化？这些观念的变化在实践中有怎样的体现？

2.报刊为何负有舆论监督的使命？你认为我国的新闻媒体如何才能更好地发挥新闻舆论的监督作用？

3.中国的媒介产业化经历了怎样的发展历程？如何理解新闻媒介“产业”与“事业”的双重属性？

4.你认为新型主流媒体应如何借助新兴的技术提高传播力和影响力？

5.在了解了新闻教育发展的历程后，你认为当前新闻教育的核心和根本是什么？

---

① 参见中国新闻史学会新闻传播教育史委员会：《中国新闻传播教育年鉴（2016）》，武汉大学出版社 2016 年版，第 637 页。

② 参见教育部高等学校教学指导委员会编：《普通高等学校本科专业类教学质量国家标准》（上），高等教育出版社 2018 年版，第 96 页。

后　记

钱穆在《国史大纲》中开篇即谈到对待历史的态度："一、当信任何一国之国民，尤其是自称知识在水平线以上之国民，对其本国已往历史，应该略有所知。二、所谓对其本国已往历史略有所知者，尤必附随一种对其本国已往历史之温情与敬意……"新闻传播类专业的学生对待新闻传播史的态度也应如此。

中国新闻传播史是研究中国新闻事业发展历程及其规律的科学，是新闻传播类专业学生的必修课。我们不妨将新闻史看作新闻业者的"职业记忆"，把新闻史的书写看作新闻业的"元话语"。在对于历史中的重要事件、重要媒体和著名新闻从业者的回顾与言说中，我们不仅能尝试理解今天的新闻业如何发展而来，可能去向何方，更能深刻体悟什么才是新闻、新闻媒体及新闻人该有的样子。尤其中国共产党的新闻事业建立以来，只有了解中国共产党的党报理论来源与社会背景，了解全党办报与群众办报在体制上的建设与调整，了解"政治家办报""党管媒体""以正面宣传为主"等重要观念的生成语境及精神内核，才能更加清晰地把握和理解当今的新闻业。

作为山东省马克思主义新闻观教育统编教材之一，本书是在马克思主义唯物史观的统领下完成的。我们坚持实事求是的原则和辩证思维，坚持用发展的、联系的观点看问题，致力于还原历史本来的面目，并在纷繁复杂的现象背后找出规律性的东西。为了让学生更好地把握新闻史的全貌，我们一方面做了些"删繁就简"的工作，书中提及的媒体或许不像其他教材那么全面，但历史发展的线索因此可以更加清晰；另一方面我们在一些重要史实上不吝笔墨——如"苏报案"、《新青年》的创刊与发展、《解放日报》改版等——将具体的历史问题放在特定历史语境中，同其他社会问题联系起来统一考察，希望学生能够感受历史的细节，走向历史的深处。

除了通过新闻史的学习完备知识结构，我们希望新闻史中的家国情怀让学生们获得更长效的滋养。一部中国新闻史，可以被看作中国新闻从业者实现其家国情怀的历史。

王韬提出“日报立言”，是希望用报刊这一西方的现代化工具实践中国传统知识分子的立言理想、清议传统；严复主张办报以“通上下之情，通中外之故”，是希望挽救危亡，实现民族国家的崛起。《新青年》编辑部同人约定“不谈政治”，是想在“教育思想文化等非政治的因子上建设政治的基础”；瞿秋白以一介书生投身社会政治，是在用生命和热血探索马克思主义的中国道路。日寇的铁骑之下，胡适等人创办《独立评论》，是自嘲“乱世之饭桶”的知识分子“补得一分是一分，救得一弊是一利”的舆论努力；范长江写下《中国的西北角》，是对西北地区能否成为救亡图存的大后方的实地考察；邹韬奋创办“六刊一报”，是屡遭封禁仍践行“真诚地为人民服务”的百折不回。储安平创办《观察》，以“公开的批评”表达自由主义知识分子对政治的关切；邓拓主持《人民日报》，以保守稳健的姿态表达着一个马克思主义宣传工作者对党和国家的爱护。新中国成立后，无论是对党性与人民性的讨论，对舆论监督的坚持，还是对新闻专业主义的探索与思考，亦无一不是为了理想中的国家与社会。总之，这些优秀的新闻从业者一直以来以实践论证的，大抵是那句“报馆有益于国事”。

更进一步，我们希望学习新闻史可以帮助学生实现思维方式的提升。我们以一本教材提供了关于新闻史的知识版图，也尝试借助一些重大事件和时间节点提醒学生理解历史的多重面向。然而囿于篇幅和教材的写作方式，新闻史中还有太多生动丰富的细节、多元碰撞的观点和深刻复杂的机理未及展开。我们期待这本教材能够成为学生思考的起点，希望书中的留白能让学生站在一个“显而易见”的结论面前问一句“何以至此”(why)，更能够在把握历史的事实面貌后再追问一句“这又如何”(so what)。这两个问题事关历史研究的问题意识和公共价值，也是一个理性的社会公民应具备的思维方式。

如前所述，我们期待本教材能够提供知识、刺激思考。然而由于编者的水平有限，这样的愿景未必能够实现，甚至书中的一些疏漏错误也未能完全避免，祈请读者批评指正。我们在教材写作的过程中，借鉴、引用了很多研究者的学术成果，并尽可能做出详细的注释。在此谨向他们表示感谢，未尽之处敬请海涵。

编者

2022 年 4 月 7 日于济南